TOLOS, FRAUDES E MILITANTES

ROGER SCRUTON

TOLOS, FRAUDES E MILITANTES

Pensadores da Nova Esquerda

Tradução de
ALESSANDRA BONRRUQUER

10ª edição

EDITORA RECORD
RIO DE JANEIRO • SÃO PAULO
2022

CIP-BRASIL. CATALOGAÇÃO NA PUBLICAÇÃO
SINDICATO NACIONAL DOS EDITORES DE LIVROS, RJ

Scruton, Roger

S441t Tolos, fraudes e militantes: pensadores da Nova Esquerda / Roger Scruton; tradução de Alessandra Bonrruquer. – 10ª ed. – Rio de Janeiro: Record, 2022.

Tradução de: Fools, frauds and firebrands
Inclui índice
ISBN 978-85-01-11302-3

1. Ciência política – Filosofia. I. Bonrruquer, Alessandra. II. Título.

17-45919 CDD: 320.01
CDU: 320.01

Título original em inglês: Fools, frauds and firebrands

Texto revisado segundo o novo Acordo Ortográfico da Língua Portuguesa.

Direitos exclusivos de publicação em língua portuguesa para o Brasil
adquiridos pela
EDITORA RECORD LTDA.
Rua Argentina, 171 – 20921-380 – Rio de Janeiro, RJ – Tel.: (21) 2585-2000,
que se reserva a propriedade literária desta tradução.

Impresso no Brasil

ISBN 978-85-01-11302-3

Sumário

Introdução

Em um livro anterior, lançado em 1985 e intitulado *Pensadores da Nova Esquerda*, reuni uma série de artigos publicados na *The Salisbury Review*. Editei os artigos originais, cortando escritores como R. D. Laing e Rudolf Bahro, que nada têm a nos dizer atualmente, e incluí substancial material novo, dedicado a eventos cada vez mais influentes — por exemplo, a chocante "máquina de nonsense" inventada por Lacan, Deleuze e Guattari, o ataque escorchante a nossa herança "colonial" feito por Edward Said e o recente renascimento da "hipótese comunista" pelas mãos de Badiou e Žižek.

Meu livro anterior foi publicado no auge do reinado de terror de Margaret Thatcher, quando eu ainda dava aulas em uma universidade e era conhecido entre os intelectuais ingleses de esquerda como proeminente oponente de sua causa, que era a causa das pessoas decentes do mundo todo. Assim, o livro foi recebido com escárnio e ultraje, com os críticos tropeçando uns nos outros pela chance de cuspir no cadáver. Sua publicação foi o início do fim de minha carreira universitária, pois suscitou sérias dúvidas tanto sobre minha competência intelectual quanto sobre meu caráter moral. Essa súbita perda de status levou ao ataque de todos os meus textos, falassem eles ou não de política.

Um filósofo acadêmico escreveu à Longman, a editora original, dizendo: "É com consternação que relato que muitos colegas aqui [i.e., em Oxford] sentem que a marca Longman — uma marca respeitada — foi conspurcada pela associação com a obra de Scruton." Ele continuou de maneira ameaçadora, expressando a esperança de que "as reações negativas geradas por essa publicação particular façam com que, no futuro, a Longman pense mais cuidadosamente sobre sua política". Um autor de best-sellers educacionais ameaçou levar suas obras para outra editora se o livro permanecesse nas prateleiras e, rapidamente, os exemplares restantes de *Pensadores da Nova Esquerda* foram retirados das livrarias e transferidos para meu galpão.

Naturalmente, relutei em retornar à cena de tal desastre. Gradualmente, contudo, após os eventos de 1989, certa hesitação passou a entrar na visão da esquerda. Hoje é comum aceitar que nem tudo dito, pensado ou feito em nome do socialismo foi intelectualmente respeitável ou moralmente correto. Talvez eu estivesse mais alerta que o normal para essa possibilidade em função de meu envolvimento, enquanto escrevia, com as redes clandestinas na Europa comunista. Esse envolvimento me deixara face a face com a destruição e ficou óbvio para a maioria das pessoas que se deram ao trabalho de também se expor a ela que os modos esquerdistas de pensar eram sua principal causa. *Pensadores da Nova Esquerda* surgiu em edições *samizdat* na Polônia e na Tchecoslováquia e foi subsequentemente traduzido para chinês, coreano e português. Aos poucos, especialmente após 1989, tornou-se mais fácil expor minha opinião e me deixei persuadir por meu editor, Robin Baird-Smith, de que um novo livro poderia fornecer algum alívio aos estudantes compelidos a mastigar a glutinosa prosa de Deleuze, a tratar com seriedade os loucos sortilégios de Žižek ou a acreditar que há mais na teoria da ação comunicativa de Habermas que sua inabilidade em comunicá-la.

O leitor entenderá, pelos parágrafos anteriores, que este não é um livro de palavras moderadas. Eu o descreveria antes como provocação. Todavia, envido todos os esforços para explicar o que é bom nos autores que reviso, e não só o que é ruim. Minha esperança é que o resultado possa ser lido com proveito por pessoas de todas as vertentes políticas.

Ao preparar o livro para publicação, fui imensamente auxiliado pelos comentários e críticas de Mark Dooley, Sebastian Gardner, Robert Grant e Wilfrid Hodges, todos inocentes dos crimes cometidos nestas páginas.

Scrutopia, janeiro de 2015.

1.

O que é a esquerda?

O uso moderno do termo "esquerda" deriva dos Estados Gerais de 1789, na França, quando a nobreza se sentou à direita do rei, e o "terceiro Estado", à esquerda. Poderia ter sido o contrário. De fato, *foi* o contrário para todos, com exceção do rei. Contudo, os termos "esquerda" e "direita" permaneceram conosco e agora são aplicados a facções e opiniões no interior de cada ordem política. O retrato resultante, de opiniões políticas espalhadas em uma única dimensão, pode ser compreendido em sua integridade apenas no âmbito local e em condições de governo contestado e antagônico. Além disso, mesmo quando captura os contornos de um processo político, o retrato dificilmente pode fazer justiça às teorias que influenciam esse processo e formam o clima da opinião política. Por que, então, usar a palavra "esquerda" para descrever os autores considerados neste livro? Por que usar um único termo para englobar anarquistas como Foucault, marxistas dogmáticos como Althusser, niilistas exuberantes como Žižek e liberais ao estilo americano como Dworkin e Rorty?

A razão é dupla: primeiro, os pensadores que discuto se identificaram usando exatamente esse termo. Segundo, ilustram uma persistente percepção do mundo que tem sido característica permanente da civilização ocidental ao menos desde o Iluminismo, nutrida pelas elaboradas teorias sociais e políticas que discutirei aqui. Muitos dos autores que analiso foram associados à Nova Esquerda, que chegou à proeminência nos anos 1960 e 1970. Outros fazem parte do amplo campo do pensamento político do pós-guerra, de acordo com o qual o Estado está ou deveria estar encarregado da sociedade, com o poder de distribuir seus ativos.

Pensadores da Nova Esquerda foi publicado antes do fim da União Soviética, da emergência da União Europeia como poder imperial e da transformação da China em agressivo expoente do capitalismo de submundo. Os pensadores de esquerda naturalmente tiveram de acomodar esses eventos. O colapso do comunismo na Europa Oriental e a debilidade das economias socialistas em toda parte deram breve credibilidade às políticas econômicas da "nova direita", e até mesmo o Partido Trabalhista inglês conseguiu ganhar popularidade, eliminando a Cláusula IV (compromisso com a propriedade estatal) de sua constituição e aceitando que a indústria já não é responsabilidade direta do governo.

Durante algum tempo, pareceu que poderia haver um pedido de desculpas no horizonte, vindo daqueles que haviam devotado seus esforços intelectuais e políticos ao embelezamento da União Soviética ou ao louvor das "repúblicas do povo" da China e do Vietnã. Mas o momento de dúvida durou pouco. Uma década depois, o establishment de esquerda estava de volta ao banco do motorista, com Noam Chomsky e Howard Zinn renovando suas destemperadas denúncias contra os Estados Unidos; a esquerda europeia reagrupada contra o "neoliberalismo", como se ele sempre tivesse sido o problema; Dworkin e Habermas coletando prestigiados prêmios por livros quase ilegíveis, mas impecavelmente ortodoxos; e o comunista veterano Eric Hobsbawm sendo recompensado por uma vida de inabalável lealdade à União Soviética com a nomeação para "Companheiro de Honra" da rainha.

É verdade que o inimigo já não era descrito como antes: o molde marxista não se encaixava facilmente às novas condições e parecia tolo defender a causa da classe operária quando seus últimos membros estavam se unindo às fileiras de desempregados ou autônomos. Mas então veio a crise financeira, com pessoas de todo o mundo sendo lançadas na pobreza relativa enquanto os aparentes culpados — banqueiros, financistas e especuladores — escapavam com suas bonificações intactas. Como resultado, livros criticando a economia de mercado começaram a gozar de nova popularidade, quer nos lembrando que os bens reais não são cambiáveis (*O que o dinheiro não compra*, de Michael Sandel), quer argumentando que o mercado, nas condições atuais, causa maciça transferência de riqueza dos mais pobres para os mais ricos (*O preço da desigualdade*, de Joseph Stiglitz, e *O capital no século XXI*, de Thomas Piketty). E, do sempre fértil solo do humanismo marxista, os pensadores extraíram novos argumentos para descrever a degradação moral e espiritual da humanidade em condições de livre troca (*A estetização do mundo: viver na era do capitalismo artista*, de Gilles Lipovetsky e Jean Serroy; *Sem logo*, de Naomi Klein; e *I Spend, Therefore I Am*, de Philip Roscoe).

Os pensadores e escritores de esquerda logo retomaram o equilíbrio, assegurando ao mundo que jamais haviam se deixado enganar pela propaganda comunista e renovando seus ataques à civilização ocidental e sua economia "neoliberal" como principal ameaça à humanidade em um mundo globalizado. Atualmente, "direita" é um termo tão ofensivo quanto era antes da queda do Muro de Berlim, e as atitudes descritas neste livro se adaptaram às novas condições com muito pouca moderação de seu zelo oposicionista. Esse curioso fato é um dos muitos quebra-cabeças que considero nas páginas que se seguem.

A posição da esquerda já estava definida quando a distinção entre esquerda e direita foi inventada. Os esquerdistas acreditam, como os jacobinos da Revolução Francesa, que os bens deste mundo são injustamente distribuídos e que a culpa não é da natureza humana, mas sim de usurpações praticadas por uma classe dominante. Eles se definem em oposição ao poder estabelecido, defensores de uma nova ordem que retificará o antigo agravo dos oprimidos.

Dois atributos da nova ordem justificam sua busca: libertação e "justiça social". Elas correspondem aproximadamente — mas apenas aproximadamente — à liberdade e à igualdade defendidas durante a Revolução Francesa. A libertação advogada pelos atuais movimentos de esquerda não significa simples liberdade em relação à opressão política da direita para que cada um siga sua vida em paz. Ela significa emancipação das "estruturas": instituições, costumes e convenções que moldaram a ordem "burguesa" e estabeleceram um sistema partilhado de normas e valores no coração da sociedade ocidental. Mesmo os esquerdistas que rejeitam o libertarismo dos anos 1960 veem a liberdade como forma de *soltura* das amarras sociais. Grande parte de sua literatura é devotada a desconstruir instituições, como família, escola, lei e Estado-nação, por meio das quais a herança da civilização ocidental chegou até nós. Essa literatura, vista no auge de sua fertilidade nos textos de Foucault, apresenta como "estruturas de dominação" o que outros veem meramente como instrumentos da ordem civil.

A libertação das vítimas é uma causa sem descanso, dado que novas vítimas sempre surgem no horizonte assim que as últimas escapam para o vazio. A libertação das mulheres da opressão masculina, dos animais do abuso humano, dos homossexuais e transexuais da "homofobia" e mesmo dos muçulmanos da "islamofobia" foi absorvida nas mais recentes agendas da esquerda, a fim de ser preservada em leis e comitês supervisionados por uma oficialidade censora. Gradualmente, as velhas normas da ordem social foram marginalizadas ou mesmo penalizadas como violações dos "direitos humanos". De fato, a causa da "libertação" viu a proliferação de mais leis do que jamais foram inventadas para suprimi-la — apenas pense no que agora se ordena em nome da "não discriminação".

Do mesmo modo, o objetivo da "justiça social" já não é a igualdade perante a lei ou iguais reivindicações aos direitos da cidadania, como defendidas durante o Iluminismo. O objetivo é um rearranjo compreensivo da sociedade, a fim de que privilégios, hierarquias e mesmo a desigual distribuição de bens sejam superados ou desafiados. O mais radical igualitarismo dos marxistas e anarquistas do século XIX, que buscava a abolição da propriedade privada, talvez já não tenha apelo tão amplo. Mas, por trás do objetivo de "justiça social", marcha outra e mais obstinada mentalidade igualitária, que acredita que a desigualdade em qualquer esfera — propriedade, lazer, privilégio legal, posição social, oportunidades educacionais ou qualquer outra coisa que possamos desejar para nós mesmos ou nossos filhos — é injusta até que se prove o contrário. Em cada esfera na qual a posição social dos indivíduos possa ser comparada, a igualdade é a posição padrão.

Construída na prosa amena de John Rawls, essa suposição pode passar despercebida. Nos mais agitados pedidos de Dworkin por "respeito como igual", em oposição a "igual respeito", pode fazer com que as pessoas se perguntem para onde o argumento está se dirigindo. Mas o ponto mais importante a se notar é que esse argumento não permite *que nada fique em seu caminho*. Nenhum costume, lei ou hierarquia, nenhuma tradição, distinção, regra ou devoção pode superar a igualdade se não puder fornecer credenciais independentes. Tudo que não se conforma ao objetivo igualitário deve ser destruído e reconstruído, e o mero fato de que algum costume ou instituição foi repassado e aceito não é um argumento a seu favor. Desse modo, a "justiça social" se torna uma demanda mal disfarçada pela "limpeza total" da história que os revolucionários sempre tentaram.

Esses dois objetivos, libertação e justiça social, obviamente não são compatíveis, não mais que a liberdade e a igualdade defendidas pela Revolução Francesa. Se a libertação envolve liberar o potencial do indivíduo, como impedir que os ambiciosos, determinados, inteligentes, bonitos e fortes saiam na frente, e o que devemos nos permitir como meios para reprimi-los? É melhor não confrontar essa questão impossível. É melhor convocar os velhos ressentimentos que examinar o que virá depois de sua expressão. Ao declarar guerra às hierarquias e instituições tradicionais em nome de seus dois ideais, portanto, a esquerda é capaz de obscurecer o conflito entre eles. Além disso, a "justiça social" é um objetivo tão inacreditavelmente importante, tão inquestionavelmente superior aos interesses estabelecidos que se posicionam contra ele, que purifica cada ação executada em seu nome.

É importante tomar nota desse potencial purificador. Muitas pessoas na esquerda são céticas em relação aos impulsos utópicos; ao mesmo tempo, tendo se aliado sob uma bandeira moralizadora, inevitavelmente se veem arrebatadas, inspiradas e por fim governadas pelos membros mais fervorosos de sua seita. Pois a política de esquerda é uma política com *propósito*: seu lugar no interior da aliança é julgado por quão longe você está disposto a ir em nome da "justiça social", como quer que seja definida. O conservadorismo — ao menos, o conservadorismo na tradição inglesa — é uma política de costumes, compromissos e perene indecisão. Para o conservador, a associação política deve ser vista do mesmo modo que uma amizade: não possui propósito dominante, mudando dia após dia, de acordo com a lógica imprevisível das conversas. Desse modo, os extremistas no interior da aliança conservadora são isolados, considerados excêntricos e mesmo perigosos. Longe de serem parceiros mais profundamente comprometidos em uma empreitada comum, são separados, por sua própria determinação, daqueles que buscam liderar.[1]

---

[1] Esse argumento é longamente discutido em meu livro *Como ser um conservador* (Rio de Janeiro: Record, 2015). Ver também o capítulo 10.

Marx rejeitava as várias correntes socialistas de sua época como "utópicas", contrastando o "socialismo utópico" com seu próprio "socialismo científico", que prometia o "comunismo integral" como resultado previsível. A "inevitabilidade histórica" dessa condição livrava Marx da necessidade de descrevê-la. A "ciência" consiste nas "leis de movimento histórico" estabelecidas em *O capital* e outros textos, de acordo com as quais o desenvolvimento econômico causa mudanças sucessivas na infraestrutura da sociedade, permitindo--nos prever que, um dia, a propriedade privada desaparecerá. Depois de um período de tutela socialista — a "ditadura do proletariado" —, o Estado "definhará", não haverá leis nem necessidade delas e tudo será propriedade comum. Não haverá divisão do trabalho e cada pessoa viverá da ampla variedade de suas necessidades e desejos, "caçando pela manhã, pescando à tarde, cuidando do gado à noite e se engajando em crítica literária após o jantar", como nos é dito em *A ideologia alemã*.

Chamar isso de "científico" e não utópico é, em retrospecto, pouco mais que uma piada. A observação de Marx sobre caçar, pescar, cuidar do gado por hobby e fazer crítica literária é a única tentativa que ele faz de descrever como será a vida sem propriedade privada — e, se você perguntar quem fornecerá a espingarda ou a vara de pesca, quem organizará a matilha de cães de caça, quem manterá os abrigos e canais, quem disporá do leite e dos bezerros e quem publicará a crítica literária, tais perguntas serão ignoradas como "irrelevantes" e questões a serem resolvidas por um futuro que não é da sua conta. Quanto à imensa quantidade de organização requerida por essas atividades de lazer da classe superior universal em uma condição na qual não existe lei, propriedade, nem, consequentemente, cadeia de comando, a questão é trivial demais para ser comentada. Ou melhor, é séria demais para ser considerada e, portanto, passa despercebida. Pois o menor senso crítico basta para reconhecer que o "comunismo integral" de Marx incorpora uma contradição: é um Estado no qual todos os benefícios da ordem legal ainda estão presentes, embora não haja leis, e no qual todos os produtos da cooperação social ainda existem, mesmo que ninguém mais goze dos direitos de propriedade que, até então, forneceram o único motivo para produzi-los.

A natureza contraditória das utopias socialistas é uma explicação para a violência envolvida na tentativa de impô-las: é necessária uma força infinita para obrigar as pessoas a fazerem o impossível. E a memória das utopias pesou intensamente tanto sobre os pensadores da Nova Esquerda dos anos 1960 quanto sobre os liberais de esquerda americanos que adotaram sua agenda. Já não é possível se refugiar nas vaporosas especulações que satisfaziam Marx. Raciocínio real é necessário se quisermos acreditar que a história tende ou deveria tender na direção socialista. Donde a emergência dos historiadores socialistas, que sistematicamente minimizam as atrocidades cometidas em nome do socialismo e atribuem a culpa pelos desastres às forças "reacionárias" que impedem seu avanço. Em vez de tentar definir os objetivos da libertação e da igualdade, os pensadores da Nova Esquerda criaram uma narrativa mitopoética do mundo moderno na qual guerras e genocídios foram atribuídos àqueles que resistiram à justa "luta" pela justiça social. A história foi reescrita como conflito entre o bem e o mal, entre as forças da luz e as da escuridão. E, embora relativizada e embelezada por seus muitos e brilhantes expoentes, essa visão maniqueísta permanece conosco, preservada nos currículos escolares e na mídia.

A assimetria moral, que atribui à esquerda o monopólio da virtude moral e sempre usa "direita" como termo ofensivo, caminha lado a lado com uma assimetria lógica: a suposição de que o ônus da prova pertence ao outro lado. Esse ônus tampouco pode ser dispensado. Assim, nos anos 1970 e início dos anos 1980, quando as teorias de Marx eram recicladas como o verdadeiro relato dos sofrimentos da humanidade sob os regimes "capitalistas", era raro encontrar qualquer menção, nos jornais de esquerda, às críticas que seus textos haviam recebido no século anterior. Sua teoria da história foi questionada por Maitland, Weber e Sombart;[2] sua teoria do valor-trabalho, por Böhm-Bawerk, Mises e muitos outros;[3] suas teorias sobre a falsa consciência, a alienação e a luta de classes, por uma ampla variedade de pensadores, de Mallock e Sombart a Popper, Hayek e Aron.[4] Nem todos esses críticos podiam ser colocados à direita do espectro político ou haviam sido hostis à ideia de "justiça social". Contudo, nenhum deles, até onde pude descobrir ao escrever este livro, recebeu algo além de escárnio como resposta da Nova Esquerda.

Isso dito, devemos reconhecer que os óculos marxistas já não estão sobre o nariz da esquerda. Por que foram removidos, e por quem, é difícil dizer. Mas, qualquer que tenha sido a causa, a política de esquerda descartou o paradigma revolucionário defendido pela Nova Esquerda em favor de rotinas burocráticas e da institucionalização da cultura do bem-estar social. Seus dois objetivos, libertação e justiça social, permanecem no lugar, mas são promovidos pela legislação e por comitês e comissões governamentais autorizados a extirpar as fontes de discriminação. A libertação e a justiça social foram burocratizadas. Ao olhar para os intelectuais de esquerda das décadas anteriores ao colapso da União Soviética, portanto, estou observando uma cultura que agora sobrevive amplamente em seus

---

[2] F. W. Maitland. *The Constitutional History of England*. Londres, 1908; W. Sombart. *Der Moderne Kapitalismus*. Berlim, 1902, 1916 e 1927; e *Socialism and the Social Movement*. Tradução de M. Epstein. Londres, 1909; Max Weber. *Economy and Society*. Tradução de E. Fischoff *et al.* e edição de Guenther Roth e Claus Wittich, volume 1. Nova York, 1968 [Edição brasileira: *Economia e sociedade*. Brasília: UnB, 2012].

[3] Eugen von Böhm-Bawerk. *Karl Marx and the Close of his System*. Clifton, NJ, 1949; Ludwig von Mises. *Socialism*. 2ª edição. New Haven, 1953.

[4] W. H. Mallock. *A Critical Examination of Socialism*. Londres, 1909; W. Sombart, *op. cit.*; Karl Popper. *The Open Society and its Enemies*. 5ª edição. Londres, 1966; F. A. Hayek. *The Road to Serfdom*. Londres, 1945 [*O caminho da servidão*. São Paulo: Instituto Ludwig von Mises Brasil, 2010]; Raymond Aron. *Main Currents of Sociological Thought*, volume 1. Tradução de Richard Howard e Helen Weaver. Londres, 1968 [*As etapas do pensamento sociológico*. São Paulo: Martins Fontes, 2007].

redutos acadêmicos, alimentando-se da prosa cheia de jargões que acumulou nas bibliotecas universitárias nos dias em que as universidades faziam parte da "luta" anticapitalista.

Mas repare nessa palavra. Ela pertence a um vocabulário fechado, que entrou na linguagem com Marx e foi gradualmente simplificado e arregimentado nos anos em que os socialistas constituíam a elite intelectual. Desde seus primeiros dias, o movimento comunista lutou com a linguagem e apreciou as teorias marxistas parcialmente porque forneciam rótulos convenientes para marcar amigos e inimigos e dramatizar o conflito entre eles. E esse hábito se provou contagioso, de modo que todos os movimentos de esquerda subsequentes foram, em certa extensão, maculados por ele. De fato, a transformação da linguagem política tem sido o principal legado da esquerda, e um dos objetivos deste livro é resgatá-la da novilíngua socialista.

Devemos o termo "novilíngua" ao estarrecedor retrato de um fictício Estado totalitário pintado por George Orwell. Mas a captura da linguagem pela esquerda é muito mais antiga, começando com a Revolução Francesa e seus slogans. Ela assumiu as características que fascinaram Orwell com a Internacional Socialista e o ávido engajamento da *intelligentsia* russa. Aqueles que emergiram triunfantes da Segunda Internacional, em 1889, haviam sido agraciados com a visão de um mundo transformado. Essa revelação gnóstica era tão clara que nenhum argumento era necessário, e nenhum era possível, para fornecer a ela uma prova legitimadora. Tudo que importava era distinguir entre os que partilhavam a visão e os que dissentiam dela. E os mais perigosos eram aqueles que dissentiam por uma margem tão pequena que ameaçavam misturar suas energias com as deles, poluindo o fluxo puro de ação.

Desde o início, portanto, os rótulos foram necessários para estigmatizar os inimigos internos e justificar sua expulsão: eles eram revisionistas, desviacionistas, esquerdistas infantis, socialistas utópicos, fascistas sociais e assim por diante. A divisão entre mencheviques e bolcheviques que se seguiu ao Segundo Congresso do Partido Operário Social-Democrata Russo em 1904 foi o epítome desse processo — e essas peculiares palavras fabricadas que cristalizavam mentiras, dado que os mencheviques (minoria) na verdade compunham a maioria, foram desde então entalhadas na linguagem política e nos motivos da elite comunista.

O sucesso desses rótulos na marginalização e condenação dos oponentes fortaleceu a convicção comunista de que era possível modificar a realidade modificando as palavras. Era possível criar uma cultura proletária apenas inventando a palavra *proletkult*. Era possível causar o fim da economia livre simplesmente gritando "crise do capitalismo" toda vez que o assunto surgisse. Era possível combinar o poder absoluto do Partido Comunista com o livre consentimento do povo ao anunciar o governo comunista como "centralismo democrático" e ao descrever os países onde era imposto como "democracias do povo". A novilíngua rearranja a paisagem política, dividindo-a de maneiras pouco familiares e criando a impressão de que, como a descrição do corpo humano feita por um anatomista, ela revela a estrutura oculta na qual as unidades superficiais são afixadas. Dessa maneira, torna mais fácil tratar como ilusões as realidades com as quais convivemos.

A novilíngua ocorre sempre que o objetivo primário da linguagem — descrever a realidade — é substituído pelo objetivo rival de exercer poder sobre ela. O fundamental ato de fala é apenas superficialmente representado por essa gramática assertória. As sentenças da novilíngua soam como asserções, mas sua lógica subjacente é a do sortilégio. Elas conjuram o triunfo das palavras sobre as coisas, a futilidade do argumento racional e o perigo da resistência. Como resultado, a novilíngua desenvolveu sua própria e especial sintaxe, que — embora proximamente relacionada à sintaxe empregada nas descrições comuns — evita cuidadosamente qualquer encontro com a realidade ou exposição à lógica do argumento racional. Françoise

Thom defendeu essa tese em seu brilhante estudo *La langue de bois*.[5] O objetivo da novilíngua comunista, em suas irônicas palavras, tem sido o de "proteger a ideologia dos maliciosos ataques das coisas reais".

Os indivíduos humanos são as mais importantes dessas coisas reais, os obstáculos que todos os sistemas revolucionários devem superar e todas as ideologias devem destruir. Sua ligação a particularidades e contingências; sua constrangedora tendência de rejeitar o que foi planejado para seu aprimoramento; sua liberdade de escolha e os direitos e deveres pelos quais a exercem — todos esses são obstáculos para os revolucionários conscienciosos que lutam para implementar seus planos de cinco anos. Daí decorre a necessidade de enunciar a escolha política de maneira que os indivíduos não tomem parte dela. A novilíngua prefere falar de forças, de classes e da marcha da história e vê as ações dos Grandes Homens como assuntos aceitáveis somente porque os Grandes Homens, como Napoleão, Lenin e Hitler, são na verdade expressões de forças abstratas, como imperialismo, socialismo revolucionário e fascismo.[6] Os "ismos" que governam a mudança política trabalham *através* das pessoas, mas não *a partir* delas.

Conectada ao incessante uso de abstrações está a característica que Thom descreve como "pandinamismo". O mundo da novilíngua é um mundo de forças abstratas no qual os indivíduos são meramente corporificações locais dos "ismos" que se revelam neles. Daí ser um mundo sem ação. Mas não sem movimento. Ao contrário, tudo está em constante fluxo, levado adiante pelas forças do progresso ou impedido pelas forças da reação. Não há equilíbrio, estase ou repouso no mundo da novilíngua. Toda imobilidade é uma trapaça, a quietude de um vulcão que pode entrar em erupção a qualquer

---

[5] Françoise Thom. *La langue de bois*. Paris, 1984. Tradução de C. Janson. *Newspeak*. Londres, 1985.

[6] Ver a famosa carta de Engels a Borgius. Tradução de Sidney Hook. *New International*, v.1, n.3 (setembro-outubro de 1934), p. 81-5.

momento. A paz jamais surge como condição para o repouso e a normalidade. É sempre algo pelo que "lutar", e "Combate pela paz!" e "Luta pela paz!" assumiram seu lugar entre os slogans oficiais do Partido Comunista.

Da mesma fonte, vem a propensão pelas mudanças "irreversíveis". Dado que tudo está em fluxo e a "luta" entre as forças do progresso e da reação ocorre sempre e em toda parte, é importante que o triunfo da ideologia sobre a realidade seja constantemente registrado e endossado. Daí resulta que as forças progressistas sempre alcançam "mudanças irreversíveis", ao passo que as reacionárias são pegas no contrapé por suas contraditórias e meramente "nostálgicas" tentativas de defender uma ordem social condenada.

Muitas palavras de origem respeitável terminam como novilíngua, usadas para denunciar, exortar e condenar, sem respeito pelas realidades observáveis. Com nenhuma palavra isso foi mais verdadeiro que com o termo "capitalismo", quando usado para condenar as economias livres como forças de escravização e exploração. Podemos discordar do argumento central exposto por Marx em *O capital* e, ao mesmo tempo, aceitar que há algo como um capital econômico. E podemos descrever uma economia na qual substancial capital está nas mãos de indivíduos privados como capitalista, dando ao termo o sentido de uma descrição neutra que pode ou não, no devido tempo, ser parte de uma teoria explicativa. Mas não é assim que o termo é usado em frases como "crise do capitalismo", "exploração capitalista", "ideologia capitalista" e assim por diante, nas quais funciona, novamente, como sortilégio — o equivalente, na teoria econômica, ao grande grito de Kruchev na tribuna das Nações Unidas: "Vamos enterrar vocês!" Ao descrever as economias livres com esse termo, lançamos um feitiço que as extingue. A realidade da livre economia desaparece atrás da descrição e é substituída por um estranho edifício barroco, constantemente desabando em uma sequência onírica de ruínas.

Em um diálogo normal, os conceitos surgem da necessidade de compromisso, de chegar a um acordo e estabelecer uma pacífica coordenação com pessoas que não partilham de nossos projetos ou afeições, mas que precisam tanto de espaço quanto nós. Tais conceitos têm pouca ou nenhuma relação com os esquemas e planos da esquerda revolucionária, dado que permitem que aqueles que os empregam mudem de rumo, abandonem um objetivo e escolham outro, corrijam seu curso e demonstrem o tipo de flexibilidade do qual, em última instância, a paz duradoura sempre depende.

Assim, embora eu, o intelectual no sótão, possa contemplar com satisfação e consciência limpa a "liquidação da burguesia", ao entrar na loja do andar de baixo, preciso falar outra linguagem. Somente no mais distante sentido do termo a mulher atrás do balcão é membro da burguesia. Se, mesmo assim, eu escolher vê-la assim, é porque estou conjurando com a palavra "burguês" — estou tentando ganhar poder sobre essa pessoa por meio de um rótulo. Ao encarar a balconista como ser humano, devo renunciar a essa presunçosa tentativa de poder e lhe conceder voz própria. Minha linguagem precisa dar espaço para sua voz, e isso significa que deve ser modelada de forma a permitir a resolução do conflito e a construção da concordância, inclusive a concordância em discordar. Faço observações sobre o tempo, resmungo sobre a política, digo banalidades — e minha linguagem tem o efeito de suavizar a realidade, torná-la útil e flexível. A novilíngua, que nega a realidade, também a endurece, ao transformá-la em algo alienígena e resistente, uma coisa para se lutar contra e triunfar sobre.

Eu posso ter descido de meu sótão com um plano em mente, pretendendo fazer o primeiro movimento na direção da liquidação da burguesia sobre a qual li em meu manual marxista. Mas esse plano não sobreviverá à primeira troca de palavras com minha vítima escolhida, e a tentativa de impô-lo ou usar a linguagem que o anuncia terá o mesmo efeito do vento na fábula de Esopo, competindo com o sol para remover a capa do viajante. A linguagem ordinária aquece e suaviza; a novilíngua congela e endurece. O discurso comum gera, a partir de seus próprios recursos, os conceitos que a novilíngua proíbe: favorável/desfavorável, justo/injusto, direito/dever, honesto/desonesto, legal/ilegal, seu/meu. Tais distinções, que pertencem à livre troca de sentimentos, opiniões e bens, quando expressas livremente e geradoras de ação, também criam uma sociedade na qual a ordem é espontânea, e não planejada, e na qual a desigual distribuição de recursos surge "por uma mão invisível".

A novilíngua não apenas impõe um plano como também elimina o discurso pelo qual os seres humanos podem viver sem um. Se a justiça é mencionada na novilíngua, não se trata da justiça das transações individuais, mas da "justiça social", o tipo de "justiça" imposta por um plano que invariavelmente envolve privar os indivíduos de coisas que adquiriram através de negociações justas com o mercado. Na opinião de quase todos os pensadores que discuto aqui, o governo é a arte de tomar e então redistribuir as coisas a que todos os cidadãos supostamente têm direito. Não é a expressão de uma ordem social preexistente, modelada por nosso livre consentimento e nossa natural disposição de levarmos a nós mesmos e a nossos vizinhos em consideração. É o criador e gerenciador de uma ordem social modelada de acordo com uma ideia de "justiça social" e imposta ao povo por uma série de decretos de cima para baixo.

Intelectuais são naturalmente atraídos pela ideia de uma sociedade planejada, na crença de que estarão encarregados dela. Como resultado, tendem a perder de vista o fato de que o discurso social real é parte da resolução dos problemas cotidianos e da empenhada busca por acordos. O discurso social real se desvia das "mudanças irreversíveis", vê todos os arranjos como ajustáveis e dá voz àqueles de cuja concordância necessita. Exatamente da mesma fonte emanam o direito consuetudinário e as instituições parlamentares inglesas, que expressam a soberania do povo inglês.

Repetidamente, nas páginas seguintes, encontraremos a novilíngua dos pensadores de tendências esquerdistas. Onde conservadores e liberais da velha guarda falam de autoridade, governo e instituições, aqueles à esquerda se referem a poder e dominação. Leis e gabinetes desempenham papel apenas marginal na visão da esquerda sobre a vida política, ao passo que classes, poderes e formas de controle são evocados como fenômenos fundadores da ordem civil, juntamente com a "ideologia" que mistifica essas coisas e as resgata do julgamento. A novilíngua representa o processo político como "luta" constante, ocultada pelas ficções da legitimidade e da aliança. Remova a ideologia, e a "verdade" da política será revelada. A verdade é o poder e a esperança de depô-lo.

É por isso que quase nada da vida política como a conhecemos encontra lugar no pensamento daqueles que descrevo aqui. Instituições como o Parlamento e os tribunais; chamados espirituais associados a igrejas, capelas, sinagogas e mesquitas; escolas e corpos profissionais; organizações de caridade, clubes e sociedades privadas; escoteiros, bandeirantes e torneios de vilarejo; times de futebol, bandas e orquestras; corais, companhias de teatro e grupos de filatelia — em resumo, todos os modos pelos quais as pessoas se associam e criam, a partir de seu consensual entrelaçamento, os padrões de autoridade e obediência pelo qual vivem, todos os "pequenos pelotões" de Burke e Tocqueville — estão ausentes da visão esquerdista de mundo ou, se presentes (como em Gramsci e E. P. Thompson, por exemplo), são sentimentalizados e politizados, a fim de se tornarem parte da "luta" da classe operária.

Não deveríamos nos surpreender com o fato de que, quando os comunistas tomaram o poder na Europa Oriental, sua primeira tarefa tenha sido decapitar os pequenos pelotões — de modo que Kádár, quando foi ministro do Interior do governo húngaro de 1948, conseguiu destruir 5 mil em um único ano. A novilíngua, que vê o mundo em termos de poder e luta, encoraja a visão de que todas as associações não controladas pelos virtuosos líderes são um perigo para o Estado. E, ao se agir com base nessa visão, ela se torna verdadeira. Quando o seminário, a tropa ou o coro só podem se reunir com permissão do Partido, o Partido automaticamente se torna seu inimigo.

Dessa forma, parece-me não ser acidental que o triunfo do modo esquerdista de pensar tenha tão frequentemente levado a governos totalitários. A busca da abstrata justiça social caminha de mãos dadas com a visão de que as lutas pelo poder e as relações de dominação expressam a verdade de nossa condição social e de que os costumes consensuais, as instituições herdadas e os sistemas legais que trouxeram paz às comunidades reais são meramente disfarces usados pelo poder. O objetivo é tomar esse poder e usá-lo para libertar os oprimidos, distribuindo todos os ativos da sociedade de acordo com os justos requerimentos do plano.

Intelectuais que pensam dessa maneira eliminam a possibilidade de compromisso. Sua linguagem totalitária não abre caminho para a negociação e, em vez disso, divide os seres humanos em grupos de inocentes e culpados. Por trás da passional retórica de *O manifesto comunista*, da pseudociência da teoria do valor-trabalho de Marx e da análise classista da história humana, jaz uma única fonte emocional: o ressentimento contra os que controlam as coisas. Esse ressentimento é racionalizado e amplificado pela prova de que os donos de propriedades formam uma "classe". De acordo com a teoria, a classe "burguesa" tem uma identidade moral partilhada, acesso partilhado e sistemático às alavancas do poder e um corpo partilhado de privilégios. Além disso, todas essas boas coisas são adquiridas e retidas através da "exploração" do proletariado, que nada tem para dar, exceto seu trabalho, e desse modo é sempre privado de suas justas recompensas.

Essa teoria tem sido efetiva, mas não meramente porque serve à função de amplificar e legitimar o ressentimento, mas também porque é capaz de expor suas rivais como "mera ideologia". Aqui, acredito, está a mais astuta característica do marxismo: a de ter sido capaz de se apresentar como ciência. Tendo sido confrontado pela distinção entre ideologia e ciência, Marx se dispôs a provar que sua própria ideologia era, *em si mesma*, ciência. Além disso, essa alegada ciência enfraquecia as crenças de seus oponentes. As teorias do estado de direito, da separação dos poderes, do direito à propriedade e assim por diante, tendo sido expostas por pensadores "burgueses" como Montesquieu e Hegel, eram exibidas pela análise marxista das classes como mecanismos que buscavam não a verdade, mas o poder: maneiras de reter os privilégios conferidos pela ordem burguesa. Ao expor essa ideologia como pretensão em proveito próprio, a teoria das classes sociais justificava suas próprias reivindicações de objetividade científica.

Existe uma espécie de astúcia teológica nesse aspecto do pensamento marxista, uma astúcia que encontramos na concepção de episteme de Foucault, que é uma versão atualizada da teoria da ideologia de Marx. Como a teoria das classes é ciência genuína, o pensamento político burguês é ideologia. E como a teoria das classes expõe o pensamento burguês como ideologia, ela deve ser ciência. Entramos no círculo mágico de um mito de criação. Além disso, ao revestir a teoria de linguagem científica, Marx a dotou com o caráter de um selo de iniciação. Nem todos podem falar essa linguagem. Uma teoria científica define a elite que consegue entendê-la e aplicá-la. Ela oferece provas do conhecimento iluminado da elite e, dessa maneira, seu direito de governar. É essa característica que justifica a acusação, feita por Eric Voegelin, Alain Besançon e outros, de que o marxismo é um tipo de gnosticismo, um direito de "governar pelo conhecimento".[7]

---

[7] Ver Eric Voegelin. *Science, Politics and Gnosticism*. Washington, 1968; e Alain Besançon. *The Intellectual Origins of Leninism*. Tradução de Sarah Matthews. Oxford, 1981.

Observado com a altivez do super-homem de Nietzsche, o ressentimento pode parecer o amargo resíduo da "moralidade escrava", a empobrecida perda de caráter que ocorre quando as pessoas sentem mais prazer em rebaixar os outros que em elevar a si mesmas. Mas essa é a maneira errada de olhar para ele. O ressentimento não é uma coisa boa nem para o sujeito, nem para o objeto. Mas a função da sociedade é conduzir nossa vida social de modo que ele não ocorra: vivemos com auxílio da ajuda mútua e do coleguismo não para que todos sejamos igual e inofensivamente medíocres, mas para ganhar a cooperação dos outros em nossos pequenos sucessos. Viver dessa maneira cria os canais pelos quais o ressentimento escorre para longe por iniciativa própria: canais como costumes, doação, hospitalidade, culto partilhado, penitência, perdão e direito consuetudinário, todos imediatamente interrompidos quando o totalitarismo chega ao poder. O ressentimento é, para o corpo político, o que a dor é para o corpo: é ruim senti-la, mas é boa a capacidade de senti-la, dado que, sem ela, não sobreviveríamos. Assim, não devemos nos ressentir com o fato de nos ressentirmos, mas aceitar isso como parte da condição humana, algo a ser administrado juntamente com nossas outras alegrias e aflições. Contudo, o ressentimento pode ser transformado em emoção dominante e causa social e, portanto, se libertar das amarras que normalmente o contêm. Isso acontece quando ele perde a especificidade de seu alvo e se dirige à sociedade como um todo. Parece-me que é isso que ocorre quando os movimentos de esquerda assumem. Em tais casos, o ressentimento deixa de ser uma resposta ao sucesso não merecido de outra pessoa e se torna uma postura existencial: a postura de alguém que foi traído pelo mundo. Tal pessoa não busca negociar com as estruturas existentes, mas sim ganhar o poder total, a fim de abolir as próprias estruturas. Ela será contra todas as formas de mediação, compromisso e debate, e contra as normas legais e morais que dão voz ao dissidente e soberania ao cidadão comum. Tentará destruir o inimigo, concebido em termos coletivos, como classe, grupo ou raça que até então controlou o mundo e que, agora, precisa ser controlado. E todas as instituições que concedem proteção àquela classe ou lhe dão voz no processo político serão alvos de sua raiva destruidora.

Em minha opinião, essa postura é a essência de uma séria desordem social. Nossa civilização sobreviveu a essa desordem, não uma ou duas, mas meia dúzia de vezes desde a Reforma. Ao considerar os pensadores que discuto neste livro, acredito que a compreenderemos de uma nova maneira — não meramente como inapropriada religião ou forma de gnosticismo, como outros comentadores a viram, mas também como repúdio ao que nós, herdeiros da civilização ocidental, recebemos como legado histórico. Lembro-me das palavras do Mefistófeles de Goethe quando chamado a se explicar: *Ich bin der Geist der stets verneint* — Eu sou o espírito que sempre nega, aquele que reduz Algo a Nada e, assim, desfaz a obra da criação.

Essa negatividade essencial pode ser percebida em muitos dos escritores que discutirei. A sua é uma voz oposicionista, um grito contra o real em nome do incognoscível. A geração dos anos 1960 não estava disposta a fazer a pergunta fundamental sobre como justiça social e libertação podiam ser reconciliadas. Ela desejava apenas teorias, por mais opacas e ininteligíveis que fossem, que autorizassem sua oposição à ordem existente.[8] Assim, identificou as recompensas da vida intelectual por meio de uma imaginária unidade entre os intelectuais e a classe operária e buscou uma linguagem que pudesse expor e deslegitimar os "poderes" que mantinham a ordem "burguesa". A novilíngua foi essencial a seu programa, reduzindo o que outros viam como autoridade, legalidade e legitimidade a poder, luta e dominação. E quando, nas palavras de Lacan, Deleuze e Althusser, a máquina de nonsense começou

---

[8] Ver Peter Collier e David Horowitz. *Destructive Generation: Second Thoughts about the Sixties*. Nova York: Simon & Schuster, 1989.

a cuspir suas impenetráveis sentenças, das quais nada podia ser entendido, com exceção de que todas tinham o "capitalismo" como alvo, pareceu que o Nada finalmente encontrara voz. Dali em diante, a ordem burguesa seria vaporizada e a humanidade marcharia vitoriosa para o Vazio.

2.

Ressentimento na Grã-Bretanha: Hobsbawm e Thompson

Uma característica notável do público leitor inglês é o fato de que ele está sempre disposto a tratar os historiadores como líderes do mundo das ideias. Quando o recém-formado Partido Trabalhista tomou forma como força política no início do século XX, as populares histórias de H. G. Wells, os Webb e seus colegas fabianos transformaram o socialismo em sinônimo de "progresso". A reescritura da história, com a mensagem socialista enterrada profundamente em seu interior, tornou-se uma espécie de ortodoxia da esquerda e *A religião e o surgimento do capitalismo* (1926), de R. H. Tawney, foi o texto seminal de toda uma geração de intelectuais ingleses. Para Tawney, o movimento trabalhista caminhava lado a lado com as igrejas protestantes na oposição à "sociedade aquisitiva" que ele criticara em um livro anterior de mesmo nome. Foi um notório historiador, Arnold Toynbee, quem deu nome ao Toynbee Hall, sede da Associação Educacional dos Trabalhadores (WEA em inglês), onde Tawney morou com seu amigo William Beveridge, que se tornaria um dos arquitetos do Estado de bem-estar social. Desse modo, a história trabalhista e a WEA ficaram inextricavelmente ligadas e a ideia de que o modo de se unirem forças com os trabalhadores era lhes ensinar história se tornou quase um dogma da esquerda intelectual inglesa.

Entre os historiadores que trabalharam para estabelecer as fundações da Nova Esquerda na Grã-Bretanha, dois em particular se destacam, ambos pelo brilhantismo de seus textos e pelo continuado impacto de seu comprometimento. Eric Hobsbawm e E. P. Thompson foram acalentados pelo movimento comunista que acolheu tantos em seu abraço antes e durante a Segunda Guerra Mundial. E ambos foram ativos no apoio ao movimento pela paz nos anos em que esse era o objetivo-chave da política externa soviética. Mas, enquanto Hobsbawm era uma figura do establishment e um respeitado membro da academia, Thompson jamais se sentiu confortável no ambiente acadêmico e em 1971 deixou a Universidade de Warwick, em protesto contra sua comercialização. Ele se orgulhava de ser um intelectual freelance, nos moldes de Karl Marx. Seus textos surgiram em críticas e panfletos e sua *magnum opus* — *A formação da classe operária inglesa* — ficou bem longe da estrutura de história social acadêmica em voga em 1963, quando foi publicada.

Hobsbawm tem sido muito criticado, menos por suas simpatias comunistas que por sua inabalável lealdade ao Partido durante a exposição de seus crimes, abandonando a filiação somente quando não teve escolha, pois o Partido Comunista da Grã-Bretanha, constrangido, finalmente optou pela dissolução em 1990. Thompson, em contraste, deixou o Partido em 1956, em resposta à invasão soviética da Hungria, que o Partido Comunista da Grã-Bretanha se recusou a condenar e Hobsbawm afirmou aprovar (no *Daily Worker* de 9 de novembro de 1956), embora o fizesse "com o coração pesado". Até sua morte em 2012, ele continuou a conceder essa aprovação de coração pesado às atrocidades que outros antigos comunistas viam com cada vez mais ultraje, e isso lançou certa sombra sobre sua reputação. Mas seu caso também ilustra quão longe se pode ir na colaboração com um crime, se ele for cometido pela esquerda. Os crimes cometidos pela direita não recebem tal absolvição e isso nos diz algo importante sobre os movimentos de esquerda, que parecem ter a capacidade assumida pelas religiões de tanto autorizar o crime quanto limpar a consciência daqueles que são coniventes com ele.

É, de fato, em termos religiosos que devemos entender a fascinação que o comunismo exerceu sobre os jovens intelectuais entre as duas guerras. Os espiões de Cambridge — Philby, Burgess, Maclean e Blunt — traíram muitas pessoas, causando suas mortes, e, ao revelar as identidades dos patriotas que, na esperança de um futuro democrático e não comunista, organizavam a resistência aos nazistas, asseguraram que Stalin seria capaz de "liquidar" os mais importantes oponentes de seu planejado avanço sobre a Europa Oriental.

Isso não causou remorso aparente nos espiões, que eram animados pelo repúdio compulsivo a seu país e suas instituições. Eles pertenciam a uma elite cujos membros haviam perdido a confiança em seu direito aos privilégios herdados e transformado em religião a negação dos valores instilados pela sociedade em que nasceram. Estavam famintos por uma filosofia que justificasse sua fixação destrutiva e o Partido Comunista a forneceu, oferecendo não apenas doutrina e compromisso, mas também filiação, autoridade e obediência — as próprias coisas que, em sua forma herdada, estavam determinados a rejeitar.

Organizações clandestinas criam um bando de anjos visitantes que se movem entre as pessoas comuns, coroados por um halo observável apenas para eles mesmos. Mas essa maçonaria dos eleitos não era a única fonte de apelo do Partido Comunista. Sua doutrina prometia tanto um futuro radiante quanto uma "luta" heroica a caminho dele. A sociedade europeia praticamente se destruíra durante a Primeira Guerra Mundial, da qual as pessoas comuns emergiram apenas com perdas, sem nenhum ganho compensatório. Para jovens intelectuais desiludidos com a realidade subsequente, a utopia se tornou um bem valioso. Era a coisa na qual se confiar, precisamente porque nada continha de real. Exigia sacrifício e compromisso e dava sentido à vida, ao fornecer uma fórmula que reescrevia cada negativo como positivo e cada ato destrutivo como ato de criação. A utopia fornecia instruções, secretas e implacáveis, mas autoritárias, que mandavam trair tudo e todos que ficassem no caminho — o que significava tudo e todos. A animação de tudo isso era irresistível para pessoas que queriam se vingar de um mundo que haviam se recusado a herdar.

Não foi somente na Grã-Bretanha que o Partido Comunista exerceu sua influência maligna. Em um livro vívido e perturbador, Czesław Miłosz descreveu o poder satânico do comunismo sobre sua geração de intelectuais poloneses, fechando suas mentes a todos os argumentos contrários e extinguindo, uma por uma, as lealdades pelas quais seus compatriotas viviam — à família, à Igreja, ao país e à ordem legal.[1] Os escritores, artistas e músicos da França e da Alemanha também caíram sob esse feitiço. O Partido Comunista atraía não por causa de suas políticas concretas ou de qualquer programa de ação plausível dentro da ordem existente. Ele atraía porque se dirigia à desordem *interna* da classe intelectual, em um mundo onde não havia nada real em que acreditar.

A habilidade do Partido de transformar negativo em positivo e repúdio em redenção oferecia precisamente a terapia psíquica de que necessitavam aqueles que haviam perdido toda fé religiosa e afeição cívica. Sua condição negativa foi bem expressa, em benefício dos intelectuais franceses, por André Breton em seu segundo Manifesto Surrealista, de 1930:

---

[1] *The Captive Mind*, 1953. Tradução de Jane Zielonko. Harmondsworth: Penguin Modern Classics, 2001 [*Mente cativa*. São Paulo: Novo Século, 2010].

> Tudo ainda precisa ser feito e cada meio deve ser digno de tentativa, a fim de destruir as ideias de família, país, religião [...] [Os surrealistas] pretendem saborear integralmente o profundo pesar, tão bem encenado, com o qual o público burguês [...] saúda a firme e inflexível necessidade que demonstram de rir como selvagens na presença da bandeira francesa, de vomitar sua repulsa no rosto de cada padre e apontar para a procriação de "deveres básicos" a arma de longo alcance do cinismo sexual.

Por mais infantil que pareça em retrospecto, o manifesto é também um claro pedido de ajuda. Breton está pedindo um sistema de crenças que ofereça uma nova ordem e uma nova forma de filiação — uma que inverta todas essas negativas e as reescreva na linguagem da autoafirmação.

Hobsbawm tinha mais desculpas que a maioria dos novos recrutas do Partido Comunista. Nascido em Alexandria, de pais judeus, órfão ainda na infância e vivendo em Berlim com os familiares que o haviam adotado, ele sofreu o trauma da ascensão de Hitler ao poder em seus anos mais vulneráveis. Escapando por pouco com a família adotiva para a Inglaterra, viu-se desenraizado, traumatizado, com a mente esvaziada de todas as lealdades herdadas e, contudo, faminto por algo que desse sentido à vida intelectual à qual se adaptava tão perfeitamente e que também o recrutaria para a guerra contra o fascismo. Ele se ligou à causa comunista com inabalável devoção e estudou os modos pelos quais poderia defender essa causa através da erudição.

É impossível saber, e provavelmente imprudente perguntar, quantos intelectuais comunistas de sua geração estiveram envolvidos nas atividades subversivas que agora associamos ao círculo em torno de Philby, Burgess e Maclean. Surgiram suspeitas em relação ao historiador da guerra civil inglesa Christopher Hill, oficial do Ministério de Relações Exteriores durante os cruciais dois últimos anos da guerra, nos quais Stalin dependia de seus espiões em Londres para facilitar a tomada da Europa Oriental. Hill, subsequentemente diretor de Balliol, foi membro do Grupo de Historiadores do Partido Comunista de Oxford após a guerra, juntamente com Hobsbawm, Thompson e Raphael Samuel. Em 1952, ele e Samuel fundaram o influente jornal *Past and Present*, devotado à leitura marxista da história. Associado a esse trabalho estava o sociólogo radical Ralph Miliband, que chegara como refugiado da Bélgica em 1940 e cujo pai polonês lutara no Exército soviético contra seu próprio país na guerra polonês-soviética de 1920 — a guerra durante a qual Lenin tentara, sem sucesso, estabelecer a ponte que uniria os movimentos comunistas na Rússia e na Alemanha.

Miliband era colaborador ativo da *New Reasoner*, criada por E. P. Thompson e outros em 1958. Em 1960, ela se uniu à *Universities and Left Review* para se tornar a *New Left Review* (ver capítulo 7). Suas simpatias estavam com o movimento socialista internacional, mas, até onde sei, ele jamais foi membro do Partido Comunista, mesmo que estivesse inclinado a percorrer a revolucionária, em vez da parlamentar, "estrada para o socialismo". Sua decepção com o Partido Trabalhista, ao qual se filiara em 1951, encontra cáustica expressão em seu livro *Capitalist Democracy in Britain*, publicado em 1982. Nessa obra, ele argumenta que o Partido Trabalhista, ao endossar as instituições da política inglesa, efetivamente silenciou a voz da classe operária e, dessa forma, ajudou a conter a "pressão vinda de baixo" que, em todos os outros lugares, irrompera como revolução. Ao mesmo tempo, relutantemente reconhece que a habilidade das instituições inglesas de conter os protestos vindos de baixo explica a paz sem paralelos vivida pelo povo inglês desde o fim do século XVII. Substitua "conter" por "responder a" e essa sentença seria o primeiro passo em uma resposta da direita a sua distorcida leitura de nossa história nacional.

Qualquer que seja a extensão de seu envolvimento na política comunista, esses escritores se distinguem dos espiões de Cambridge e de colegas viajantes por um fato principal, que é sua seriedade intelectual. Eles viram o comunismo como tentativa de colocar a filosofia de Karl Marx em prática e aceitaram o marxismo como primeira e única tentativa de elevar o estudo da história ao status de ciência. Seu interesse para nós hoje é inseparável de seu desejo de reescrever a história em termos marxistas e, ao fazê-lo, usar o entendimento histórico como instrumento de política social.

Nenhum leitor das obras históricas de Hobsbawm pode deixar de se sentir atraído por elas. Sua amplitude de conhecimento é acompanhada pela elegância de sua prosa, e é um testemunho de seus talentos como erudito e homem de letras que tenha sido eleito tanto para a Academia Inglesa quanto para a Real Sociedade de Literatura. Sua história em quatro volumes sobre o surgimento do mundo moderno — *A era das revoluções: 1789-1848*, *A era do capital: 1848-1875*, *A era dos impérios: 1875-1914* e *A era dos extremos: 1914-1991* — é uma notável obra de síntese, seriamente enganosa apenas no quarto volume, no qual a tentativa de embelezar o experimento comunista e jogar a culpa por todos os males na porta do "capitalismo" tem um aspecto parcialmente sinistro, parcialmente antiquado. Seu relato sobre a Revolução Industrial e seu alcance imperial — *Industry and Empire: From 1750 to the Present Day* — conseguiu lugar merecido como texto escolar sobre o assunto, reimpresso quase todos os anos desde a primeira publicação em 1968. Refletindo sobre o método adotado nesses livros, ele escreveu que "nenhuma discussão séria sobre história é possível sem fazer referência a Marx ou, mais exatamente, sem começar onde ele começou. E isso significa, basicamente [...], uma concepção materialista da história".[2] E é com essa alegação que qualquer avaliação da contribuição de Hobsbawm à vida intelectual deveria começar.

[2] "What Can History Tell us about Contemporary Society". Em: *On History*. Londres: Abacus, 1998, p. 42 [*Sobre história*. São Paulo: Companhia de Bolso, 2013].

A teoria "materialista" da história foi uma resposta a Hegel, que via a evolução das sociedades humanas como impulsionada pela consciência de seus membros, consciência essa manifestada na religião, na moralidade, nas leis e na cultura. Não, respondeu Marx notoriamente. Não é "a consciência que determina a vida, mas a vida que determina a consciência" (*A ideologia alemã*). A vida não é um processo consciente ocorrendo no reino das ideias, mas uma realidade "material" enraizada nas necessidades do organismo. E a base da vida social é igualmente material, envolvendo a produção, distribuição e troca de bens. A atividade econômica é a "base" sobre a qual repousa a "superestrutura" da sociedade. Os fatores "mentais" ou "espirituais" tão frequentemente destacados como agentes de mudança histórica — movimentos religiosos, inovações legais, a autocompreensão e a cultura das comunidades locais e mesmo as instituições que formam a identidade de um Estado-nação — devem ser entendidos como subprodutos da produção material. As sociedades humanas evoluem porque as forças produtivas crescem, necessitando de constantes revoluções nas relações de propriedade, da escravidão ao feudalismo, dele ao capitalismo e além. A superestrutura muda em resposta às necessidades e oportunidades da produção, mais ou menos como as espécies se adaptam à pressão evolutiva. E a consciência de uma sociedade, na religião, na cultura e nas leis, é o resultado desse processo, motivado, em última análise, pelas leis de crescimento econômico.

Como extrair algum sentido disso é uma fascinante questão à qual, até onde sei, apenas um pensador moderno forneceu uma resposta plausível — G. A. Cohen, em *A teoria da história de Karl Marx: uma defesa*.[3] Mas a ideia pode ser entrevista em alguns poucos exemplos. Considere as mudanças no direito imobiliário inglês durante

---

[3] *Karl Marx's Theory of History: A Defense*. Princeton, NJ: Princeton University Press, 1979 [*A teoria da história de Karl Marx: uma defesa*. Campinas: Unicamp, 2013].

o século XIX. As novas leis permitiam que arrendatários vitalícios vendessem suas propriedades sem ônus, possibilitando o uso da terra para mineração e produção industrial. Esse é um exemplo de forças econômicas causando uma mudança de longo alcance nas relações de propriedade e uma transferência de poder e iniciativa da aristocracia rural para a emergente classe média. Considere o surgimento do romance uma forma de arte durante a segunda metade do século XVIII. Ele tratava da autoimagem da sociedade emergente, entrincheirando ideias de liberdade e responsabilidade individual nos planos de vida da classe proprietária. Isso mostra a emergência de uma nova forma artística em resposta a mudanças fundamentais na ordem econômica. Considere as várias reformas eleitorais durante o século XIX. Elas serviram para consolidar o poder das novas classes proprietárias e assegurar que a legislação protegesse seus interesses. Isso mostra instituições políticas mudando em resposta à necessidade econômica.

Em todos esses exemplos, vemos a demanda das forças produtivas por instituições e culturas que facilitem sua expansão. A expansão das forças produtivas é o fato *básico*, aquele que explica todas as mudanças sociais que surgem em resposta a ele. Instituições e formas culturais existem porque oferecem suporte às relações econômicas, do mesmo modo que o telhado de uma casa suporta as paredes sobre as quais se apoia. E as relações econômicas existem porque permitem que as forças produtivas cresçam em resposta a mudanças tecnológicas e demográficas.

Contudo, uma coisa é afirmar que as instituições surgem porque são funcionais; outra é afirmar que desaparecem porque já não o são. Assim, quando a lei de herança passou a impedir o desenvolvimento dos recursos naturais na Inglaterra, ela já não era funcional. Como resultado, houve pressão para modificá-la. Mas isso não significa que a lei original tenha surgido porque era economicamente funcional. Pode ter sido — de fato, foi — uma resposta às demandas da ambição familiar e dinástica. Além disso, instituições sociais podem ser economicamente não funcionais e persistir, por causa das outras funções que desempenham ou meramente por causa da afeição que sentimos por serem "nossas". Assim, a política do xogunato Tokugawa, que isolou o Japão da maior parte do mundo entre 1641 e 1853, foi economicamente não funcional, impedindo a explosão de comércio internacional que subsequentemente levaria à grande riqueza do país. Mas era funcional de outros modos, concedendo ao Japão um extenso período de paz que tem poucos paralelos na história de qualquer nação e encorajando o desenvolvimento da refinada cultura xintoísta, que criou um espaço tão consolador para os mortos.

Assim, a que se resume, exatamente, a teoria marxista da história? Existe uma indisputável rede de conexões entre a vida social e a vida econômica, mas não se pode determinar qual é causa e qual é efeito, pois não há experimentos para testar hipóteses. Na prática, portanto, a história marxista é menos uma explicação que uma mudança de ênfase. Onde outros podem estudar lei, religião, arte e vida familiar, os marxistas se concentram nas realidades "materiais", ou seja, na produção de comida, casas, maquinário, mobília e meios de transporte. Se for suficientemente seletivo, você pode dar a impressão de que os bens materiais são o real motor da mudança social, dado que sem eles, afinal, nenhum outro bem pode existir. Embora seja um estímulo útil na busca por fatos relevantes, isso não chega a ser uma explicação causal e é bastante enganoso como relato da história moderna, na qual a inovação legal e política foi tão frequentemente tanto a causa quanto o efeito da mudança econômica.

Mais interessante ainda para os historiadores marxistas da geração de Hobsbawm era a ideia de classe. E, como veremos ao discutir Perry Anderson (capítulo 7), eles enfatizam períodos de levante e rebelião, esperando encontrar evidências de uma "luta de classes" que alimenta a agitação social e política. Nessa conexão, Marx distinguiu entre "classe em si" e "classe para si". Em um sistema capitalista, o proletariado consiste em todos aqueles que nada têm para trocar, salvo seu poder de trabalho. Objetivamente falando, os membros do proletariado formam uma classe porque possuem interesses econômicos partilhados, em particular o interesse de se libertar da "escravidão do salário" e obter controle sobre os meios de produção. A burguesia forma uma classe pela mesma razão — ou seja, seu interesse comum de reter o controle sobre os meios de produção. Desses interesses rivais surge a "luta de classes", uma competição no mundo das forças materiais da qual os próprios participantes não estão totalmente conscientes.

As pessoas não meramente *possuem* interesses econômicos. Às vezes, estão conscientes deles. E, ao se tornarem conscientes, desenvolvem elaboradas histórias para justificar seu direito e a justiça ou injustiça de sua situação. Quando isso acontece, e quando a consciência dos interesses econômicos partilhados também é partilhada, surge a "classe para si". E isso, para Marx, é o primeiro passo na direção da revolução.

Isso é tanto poético quanto animador. Mas é verdadeiro? E, se for verdadeiro, indica uma nova maneira de fazer história? Hobsbawm, Thompson, Hill, Samuel e Miliband acharam que a resposta para ambas as perguntas era "sim". Como resultado, decidiram reescrever a história do povo inglês como a história de uma "luta de classes". O resultado é uma ênfase constante nos bens materiais e vantagens sociais da emergente classe média e no empobrecimento e degradação dos trabalhadores. Eis aqui um típico sumário de Hobsbawm, tratando do reinado de George IV. Ele se segue a uma prolongada zombaria da aristocracia rural, com suas caçadas, seus torneios de tiro e seus colégios internos:

> Igualmente plácidas e prósperas eram as vidas dos numerosos parasitas da sociedade aristocrática rural, alta e baixa — o rural e interiorano trabalho dos funcionários e fornecedores da nobreza e

> da burguesia e as profissões tradicionais, sonolentas, corruptas e, com o prosseguimento da Revolução Industrial, cada vez mais reacionárias. A Igreja e as universidades inglesas continuaram inertes, amortecidas por suas rendas, seus privilégios e abusos e suas relações com seus pares, com sua corrupção sendo atacada com mais consistência na teoria que na prática. Os advogados, e o que se passava por serviço público, permaneciam sem reforma ou regeneração [...].[4]

Sem dúvida há verdade nisso. Mas o fato está inserido na linguagem da luta de classes e em termos que não concedem espaço para qualquer diferença nas pessoas descritas ou no sistema que as continha. Aqueles "parasitas" poderiam igualmente ser descritos como mercadores e comerciantes, e os profissionais "reacionários" como professores, médicos e agentes que, apesar de todas as suas falhas, asseguraram que o capital social fosse passado adiante e aprimorado durante todo o século XIX. E, em cada período, deve ter havido algumas pessoas boas entre eles, incluindo muitas avessas à corrupção. Hobsbawm admite que a corrupção na Igreja era vigorosamente criticada, mas ignora as críticas por serem mais consistentes "na teoria que na prática". Quanto aos advogados e funcionários públicos, não lhes é dada atenção. Inclusive a extraordinária mobilidade social do século XIX inglês, que permitiu que Sir Robert Peel, pai do primeiro-ministro, passasse de pequeno proprietário rural independente a capitão da indústria, está envolta na mesma linguagem revanchista, como se culpasse o sistema de classes por estender suas boas-vindas aos que abrem caminho por ele.

A descrição da nova classe operária também é viciada, mas no sentido oposto. Seu mundo tradicional — e a velha "economia moral", como E. P. Thompson a descreveria — fora destruído pela

---

[4] *Industry and Empire*. Harmondsworth: Penguin, 1969, p. 81.

Revolução Industrial. Confinados nas novas cidades em expansão, lembrados a todo momento de sua "exclusão da sociedade humana", condenados a trabalhar pela taxa de mercado definida pelos economistas liberais, que era a taxa mais baixa pela qual o trabalho podia ser trocado por dinheiro, os operários eram salvos da inanição, quando desempregados, pelas Leis dos Pobres, "que pretendiam não tanto ajudar os desafortunados quanto estigmatizar os autoconfessos fracassos da sociedade".[5]

Essa foi, na verdade, a época das Sociedades Benevolentes e das Sociedades Construtoras, que criavam oportunidades para que os trabalhadores pudessem se tornar donos de suas casas e membros da nova classe média. Foi a época dos Institutos de Mecânica, criados por membros caridosos da classe média a fim de oferecer instrução aos que trabalhavam em tempo integral. Foi a época das bibliotecas para operários, das bandas das minas de carvão e das Leis das Fábricas, que, uma por uma, eliminaram a pior parte dos abusos tornados possíveis pelo processo industrial. Mas todas essas coisas são ignoradas por Hobsbawm, para quem constituem não gestos de bondade, mas simplesmente maneiras de prolongar a exploração.

Dessa maneira, ele é capaz de descrever o — admitidamente longe de indolor — processo pelo qual a Revolução Industrial foi acomodada por nossas instituições sociais e políticas como processo de "luta de classes", embora direcionado, em todos os momentos, contra a classe operária. E onde os fatos contrariam diretamente a história marxista, ele explicitamente tenta evitá-los. Assim, temos a notória predição de Marx de que os salários cairiam sob o capitalismo, pois os trabalhadores seriam forçados a aceitar uma barganha ainda mais dura para gozar da "escravidão ao salário", que era tudo que havia em oferta. Pesquisas refutaram essa predição e mostraram que os salários e os padrões de vida, com alguns poucos contratempos,

---

[5] Idem, p. 88.

elevaram-se de modo constante durante a Revolução Industrial.[6] Em vez de aceitar isso e reescrever sua história de acordo, Hobsbawm coloca toda a questão entre colchetes, como que para impedir que contamine a pureza de suas crenças:

> Se [sua pobreza material] realmente piorou ou não é algo que tem sido acaloradamente debatido entre os historiadores, mas o próprio fato de que a questão pode ser suscitada já fornece uma sombria resposta: ninguém argumenta seriamente que as condições se deterioraram quando elas claramente não o fizeram, como nos anos 1950.[7]

Em outras palavras, é suficiente para o historiador considerar o que foi debatido: não há necessidade de dar mais um passo e chegar à verdade.

Os fatos são mais interessantes e memoráveis quando fazem parte de um drama e, se a história quiser desempenhar algum papel na política, tem de ser o drama da vida moderna. Mas alegar que o resultado é novo, científico e baseado em teorias, ao contrário das antigas narrativas de realizações nacionais e reforma institucional, certamente é bastante injustificado. A história marxista pretende reescrever a história com as classes no topo da agenda. E isso envolve demonizar a classe superior e romantizar a inferior.

A reescrita da história por Hobsbawm, de acordo com o modelo marxista de "luta de classes", envolve a desmoralização das fontes de lealdade que unem as pessoas comuns não a sua classe (como requer a doutrina marxista), mas a sua nação e suas tradições. A classe é uma ideia atraente para os historiadores de esquerda porque denota uma coisa que nos divide. Ao vermos a sociedade em

---

[6] Peter H. Lindert e Jeffrey G. Williamson. "English Workers' Living Standard During the Industrial Revolution: A New Look", *Economic History Review* v. 36, n. 1, p. 1-25, 1983.

[7] *Industry and Empire, op. cit.*, p. 91.

termos de classe, estamos programados para encontrar antagonismo no âmago de todas as instituições por meio das quais as pessoas tentaram limitá-lo. Nação, lei, fé, tradição, soberania — essas ideias, por contraste, denotam coisas que nos unem. É nesses termos que tentamos articular a coesão fundamental que mitiga a rivalidade social, seja de classe, status ou papel econômico. Assim, tem sido um projeto vital da esquerda, ao qual Hobsbawm fez sua própria e distinta contribuição, mostrar que essas coisas são de certo modo ilusórias e não representam nada de durável ou fundamental na ordem social. Para falar em termos marxistas, o conceito de classe pertence à ciência; o de nação, à ideologia. A ideia de nação e suas tradições pertence à máscara estendida sobre o mundo social pela necessidade burguesa de percebê-lo equivocadamente.

Assim, em *Nações e nacionalismo desde 1780*, Hobsbawm tenta mostrar que as nações não são as coisas naturais que alegam ser, mas invenções com o intuito de fabricar uma enganosa lealdade a esse ou àquele sistema político prevalente. Em *A invenção das tradições* — uma coleção editada por ele e Terence Ranger[8] —, uma variedade de autores afirma que muitas tradições sociais, cerimônias e símbolos de identidade étnica são criações recentes, encorajando as pessoas a imaginarem um passado imemorial do qual descendem e que dota a sua filiação social de uma enganosa forma de permanência. Esses dois livros pertencem a uma crescente biblioteca de estudos devotada à "invenção do passado", incluindo clássicos como o de Benedict Anderson, *Comunidades imaginadas: reflexões sobre a origem e a difusão do nacionalismo* (1983), e o de Ernest Gellner, *Nations and Nationalism* (1983).

Essa literatura estabeleceu, para além de qualquer dúvida, que, quando as pessoas se tornam conscientes de seu passado e o reivin-

---

[8] Eric Hobsbawm e Terence Ranger. *A invenção das tradições*. Rio de Janeiro: Paz e Terra, 2012.

dicam como possessão coletiva, elas não pensam como os historiadores empíricos e os estatísticos sociais. Elas pensam como profetas, poetas e criadores de mitos, projetando em seus antepassados o senso presente de sua identidade, a fim de reivindicar o passado como *seu*. Mas o que se segue disso? Exatamente o mesmo processo pode ser testemunhado nos textos historiográficos de Hobsbawm, Thompson e Samuel, nos quais o que é projetado no passado não é a consciência atual de nacionalidade, mas a experiência atual de classe. Há, nos ataques da Nova Esquerda à nação e à identidade nacional, uma falha em levar sua própria herança intelectual a sério. Marx distinguia a "classe em si" da "classe para si" precisamente porque acreditava que a estrutura de classes das sociedades modernas passou a existir muito antes de as pessoas estarem conscientes dela. O que o relato da Revolução Industrial feito por Hobsbawm ilustra é a maneira pela qual a moderna "consciência de classe" pode ser lida nas condições que a precederam e, desse modo, criar um senso de pertencimento a uma longa tradição de "luta" que une o professor atual aos túmulos dos mortos industriais, glorificando seu trabalho.

Da mesma forma, devemos distinguir a "nação em si" da "nação para si". É claro que a última é uma invenção recente, a expressão de uma consciência que se desenvolve com o tempo e em resposta a emergências atuais. De modo algum isso demonstra que a lealdade nacional é mais ficcional que a solidariedade de classe que atrai escritores como Hobsbawm. Nas peças de Shakespeare, vemos uma versão inicial da consciência nacional que floresceria durante as guerras napoleônicas e, mais tarde, uniria o povo inglês na luta contra a Alemanha nazista.[9] Ao ser desafiada pela ascensão do nazismo, essa "nação para si" se provou muito mais efetiva que

[9] Embora, é claro, no tempo de Shakespeare a consciência nacional tivesse a Inglaterra como foco: a identidade "britânica" ainda não estava claramente formulada. Ver Linda Colley. *Britons: Forging the Nation 1707—1837.* Londres, 1992.

a solidariedade internacional do proletariado, que se mostrou, por contraste, um mero sonho dos intelectuais.

É fácil afirmar que as tradições são inventadas quando os exemplos escolhidos são aqueles discutidos pelos autores reunidos em torno de Hobsbawm e Ranger. A dança campestre escocesa e o kilt das terras altas; a procissão de Lord Mayor e a Cerimônia das Nove Lições e Cânticos; os uniformes e costumes dos regimentos distritais — todas essas coisas, é claro, são produtos da imaginação. Mas a imaginação também nos fornece símbolos de uma profunda e perene realidade, e esses exemplos particulares de "tradição para si" são de pouca importância quando comparados à "tradição em si" que os conservadores desejam aprimorar e preservar.

Considere o exemplo que, propriamente compreendido, deixa a teoria da história marxista em ruínas: o direito consuetudinário das pessoas de língua inglesa. Ele não apenas existe há mil anos, com precedentes do século XII ainda autoritários nos tribunais do século XXI, como também se desenvolveu de acordo com uma lógica interna própria, mantendo a continuidade em meio à mudança e unindo a sociedade inglesa durante todas as emergências nacionais e internacionais. Ele se mostrou o motor da história e o iniciador da mudança econômica, e em nenhum aspecto pode ser relegado à epifenomênica "superestrutura" que os marxistas acreditam não possuir poder causal autônomo. Para mim, as grandes obras de Coke, Dicey e Maitland não deixam dúvidas nessa questão — e é claro que não são mencionadas na literatura de esquerda, uma vez que não deixam quase nada em pé no edifício construído por Marx.[10]

O direito consuetudinário é apenas um exemplo de tradição duradoura que vive *em* si mesma, seja ou não *para* si mesma. Outros

[10] Sir Edward Coke. *Institutes of the Lawes of England*, 1628–1644; A. V. Dicey. *Introduction to the Study of the Law of the Constitution*, 1889; F. W. Maitland. *The Constitutional History of England*, 1919.

exemplos incluem a liturgia da comunhão católica, a escala diatônica na música, a orquestra sinfônica, a banda de música, o *pas de basque* nas danças em formação, o terno de duas peças com gravata,[11] os cargos no Parlamento, a coroa, o garfo e a faca, o molho *béarnaise*, saudações como *Grüß Gott* e *sabah an-noor*, a prece antes das refeições, as boas maneiras e a honra na paz e na guerra. Algumas são triviais, outras, absolutamente fundacionais na comunidade onde ocorrem, e todas dinâmicas, mudando com o tempo em resposta às novas circunstâncias daqueles ligados a elas, a fim de manter a comunidade unida em face de ameaças internas e externas. Estude essas coisas, note quantas estão ausentes ou são depreciadas nas obras dos historiadores esquerdistas e você começará a se perguntar se o marxismo fez qualquer grande contribuição para nossa compreensão do desenvolvimento histórico.

Antes de deixarmos as obras de Hobsbawm, consideremos seu relato da Revolução Russa.[12] Ele não descreve as políticas de Lenin detalhadamente, resumindo-as em novilíngua marxista. Assim, escreve que Lenin agiu em benefício das "massas", em face da implacável oposição da "burguesia": "Contrariamente à mitologia da Guerra Fria, que via Lenin essencialmente como organizador de golpes, o único ativo real que ele e os bolcheviques possuíam era a habilidade de reconhecer o que as massas queriam" (p. 61) e, "se um partido revolucionário não toma o poder quando o momento e as massas clamam por isso, em que difere de um partido não revolucionário?" (p. 63). Ele ignora a questão de quem são as "massas" e se realmente clamaram pela violência que o Partido estava prestes a impor. Cita a sinistra novilíngua do próprio Lenin com aprovação: "Quem — disse ele tão frequentemente — poderia pensar que a vitória

---

[11] Ver Anne Hollander. *Sex and Suits*. Nova York: Knopf, 1994.

[12] *The Age of Extremes*, p. 56-84 [*A era dos extremos*. São Paulo: Companhia das Letras, 1995].

do socialismo 'seria possível [...] exceto pela completa destruição da Rússia e da burguesia europeia'?" E, sem parar para considerar o que significava essa "completa destruição", ignora todas as objeções aos métodos de Lenin, como se jamais tivessem sido questionados:

> Quem poderia se dar ao luxo de considerar as possíveis consequências de longo prazo, para a revolução, de decisões que tinham de ser tomadas *agora*, caso contrário seria o fim da revolução e já não haveria consequências a considerar? Um a um, os passos necessários foram dados [...] (p. 64)

O que quer que os bolcheviques tenham feito foi realizado pelo "necessariamente implacável e disciplinado exército de emancipação humana" (p. 72) e, nesses termos, Hobsbawm é capaz de desconsiderar tudo que Lenin *de fato* fez em seu caminho até a "completa destruição" da burguesia.

E que estranha forma essa "emancipação" assumiu! Como a história marxista não se preocupa com coisas como direito e processo judicial, Hobsbawm não vê necessidade de mencionar o decreto de Lenin de 21 de novembro de 1917, que abolia os tribunais, a ordem dos advogados e a profissão legal e deixava o povo sem a única proteção que já tivera contra a intimidação e a prisão arbitrárias. Afinal, era somente a burguesia, que de qualquer modo já estava a caminho da "completa destruição", que recorria aos tribunais. Evidentemente, não são mencionadas a fundação da Cheka, precursora do KGB, e a autorização de Lenin para que empregasse todos os métodos terroristas necessários para expressar a vontade das "massas" contra a vontade das meras pessoas comuns. Nem a fome de 1921, a primeira de três grandes fomes causadas pelo homem na história inicial da União Soviética, usada por Lenin para impor a vontade das "massas" aos recalcitrantes camponeses ucranianos que ainda não haviam aceitado essa descrição para si mesmos. Lendo essas páginas de *A era dos extremos*, fico atônito que o livro não tenha sido um escândalo da mesma ordem que o embelezamento do Holocausto feito por David Irving. Mas, novamente, sou forçado a reconhecer que os crimes cometidos pela esquerda não são realmente crimes e que, de qualquer modo, aqueles que os desculpam ou os ignoram em silêncio sempre têm o melhor dos motivos para fazê-lo.

Isso me leva a E. P. Thompson. Se Thompson permanece importante para nós atualmente, é porque estava agudamente consciente dos problemas apresentados pela teoria de classes marxista e pela maneira descuidada como "em si" e "para si" haviam sido confundidos. Para ele, é a classe *para* si que importa. Na teoria marxista original, de acordo com a qual a classe é definida por uma posição nas relações de produção e por uma função econômica que une todos aqueles que a exercem, a classe operária inglesa deveria ter existido desde a primeira produção capitalista, na Inglaterra medieval.[13] Thompson afirma que, ao contrário, nada existia naquela época que pudesse ser utilmente comparado à classe operária do século XIX. Em outros trechos, repreende os historiadores marxistas que, ansiosos para dar credibilidade à história esquemática de *O manifesto comunista*, tentam nos persuadir de que a economia da França antes da revolução ("burguesa") era "feudal". Ele acreditava que tais ideias mostravam uma fixação em categorias simples à custa da complexidade dos fenômenos históricos.

É difícil discordar. Mesmo assim, ele permanece convicto de que a teoria marxista de luta de classes é iluminadora e pode ser aplicada, em forma modificada, à história da Inglaterra. Em *A formação da classe operária inglesa*, Thompson argumenta que nenhuma ideia de classes "materialista" e simplista é adequada: "a classe é definida

---

[13] Em outras palavras, desde a Idade Média. Ver Alan MacFarlane. *The Culture of Capitalism*. Londres, 1987 [*A cultura do capitalismo*. Rio de Janeiro: Zahar, 1989]; e *The Origins of English Individualism*. Londres, 1978.

pelos homens enquanto vivem sua própria história e, no fim, essa é sua única definição". Em outras palavras, a classe em si surge com a classe para si, e a velha ideia marxista de que a classe precede a consciência de classe não tem autoridade. De outro modo, como poderia ter sentido a noção de que as classes estão sempre engajadas em uma "luta"? Robert Michels o disse de forma sucinta: "Não foi a simples *existência* de condições opressoras, mas o *reconhecimento dessas condições pelos oprimidos* que, no curso da história, constituiu o fator primário das lutas de classes".[14] Isso levanta a questão — crucial para a Nova Esquerda — sobre se as pessoas realmente podem ser oprimidas sem acharem que o são.

A classe operária inglesa, argumenta Thompson, foi produto de muitas coisas, não apenas das condições econômicas da manufatura industrial, mas também da religião não conformista que forneceu a todas as pessoas a linguagem com a qual expressar suas novas ligações, do movimento pela reforma parlamentar e eleitoral, das associações nas cidades manufatureiras e de mil outras particularidades que ajudaram a forjar uma identidade e uma determinação que articulariam as necessidades e queixas da força de trabalho industrial. Essa ideia de classe formada pela interação entre circunstâncias "materiais" e a consciência delas é certamente mais persuasiva que a adotada por Hobsbawm. Na aplicação de Thompson, apresenta um retrato da classe operária do qual ninguém precisa discordar: uma coleção de pessoas distinguidas em parte pelo trabalho assalariado com o qual ganhavam a vida, mas também envolvidas nos costumes sociais, instituições políticas, crenças religiosas e valores morais estabelecidos que as uniam à tradição nacional que partilhavam com seus compatriotas.

É difícil usar essa ideia para avançar a análise marxista da sociedade, de acordo com a qual o proletariado emerge como força

---

[14] Robert Michels. *Political Parties*. Tradução de E. e C. Paul. Londres, 1915, p. 248

inédita e internacional, sem laços locais ou identidade nacional e sem interesse em preservar a ordem política estabelecida. A interpretação "revisionista" da história inglesa feita por Thompson mostra o quanto nossas tradições políticas foram capazes de se adaptar às circunstâncias e dar expressão institucional a queixas que, desse modo, foram conciliadas e superadas. Uma classe operária moldada por valores não conformistas, ansiosa por representação no Parlamento e que conscientemente se identifica com os parlamentaristas do século XVII e com as obras de Bunyan não pode ser descrita como um dos lados da "luta de classes" marxista, a inimiga jurada de toda a ordem estabelecida e de todas as instituições que concedem legitimidade aos poderes constituídos. Mas Thompson insiste que sua interpretação atribui à classe operária o histórico papel que o mito esquerdista designou para ela: "Tais homens conheceram o utilitarismo em suas vidas diárias e buscaram combatê-lo, não cegamente, mas com inteligência e paixão moral. Eles lutaram não contra a máquina, mas contra os relacionamentos exploradores e opressores intrínsecos ao capitalismo industrial."[15]

Os homens em questão formavam a classe operária inglesa, como Thompson a descreveu. Mas note a peculiar vagueza da observação final, que recuou da realidade concreta para a novilíngua marxista. Contra o que eles *estavam* lutando? Um mero "ismo" — o utilitarismo? Mas como se luta contra uma doutrina filosófica e quais eram as armas disponíveis para a classe operária industrial? Ou eles lutavam contra a exploração? Se o fizeram, como ela é definida? Os trabalhadores acreditavam que relacionamentos opressores eram "intrínsecos" ao capitalismo industrial? E o que significam "industrial" e "capitalismo"? O "comunismo industrial", por exemplo, seria tão ruim quanto?

---

[15] *The Making of the English Working Class*. Londres: Penguin, 1968, p. 915 [*Formação da classe operária inglesa*. Rio de Janeiro: Paz e Terra, 2012].

Thompson não dá nenhuma resposta clara a tais perguntas; a implicação de que a classe operária estava unida por sua oposição ao capitalismo é apresentada por prestidigitação. Certamente os operários reagiram, majoritariamente de forma negativa, às fábricas e às condições que prevaleciam nelas. Mas a propriedade privada dessas fábricas — que é tudo o que "capitalismo" significa nesse contexto — certamente era irrelevante para suas inquietações mais profundas. O que os incomodava eram as condições nas quais tinham de trabalhar a fim de ganhar seus salários, e eles teriam ficado igualmente incomodados se as fábricas fossem propriedade do Estado, de cooperativas ou de qualquer outro que alegasse estar de mãos atadas. O que realmente queriam era *um acordo melhor* e, gradualmente, compreenderam que só o conseguiriam com o aumento de seu poder de barganha. A resposta não jazia na propriedade pública das fábricas, mas na sindicalização da força de trabalho. Como a história subsequentemente deixou claro, os sindicatos defendem os interesses de seus membros somente onde os salários são o preço de mercado do trabalho: em outras palavras, somente em uma economia livre ("capitalista").

Isso nos leva de volta a Hobsbawm e à teoria marxista de classes. A análise da classe operária inglesa feita por Thompson finaliza por descrevê-la como agente coletivo que faz coisas, opõe-se a coisas, luta contra coisas e pode ter sucesso ou fracassar. Em outro texto ("As peculiaridades dos ingleses", em *A miséria da teoria*), ele expressa saudável ceticismo em relação a essa visão antropomórfica dos processos históricos que persistiu na teoria marxista de "luta de classes". Mas usar essa "metáfora", como Thompson a descreve, ainda implica coisas que podem não ser verdadeiras. A história certamente contém agentes coletivos que agem como um "nós" e possuem um senso de objetivo comum. É uma importante tese conservadora o fato de que as classes não estão entre eles.

O que, então, une as pessoas mais efetivamente como um "nós" e permite que combinem suas forças em um senso de destino comum e interesses partilhados? Como Thompson deixa claro, os fatores mais significativos são precisamente os que não fazem parte das condições "materiais": linguagem, religião, costumes, associações e tradições de ordem política — em suma, todas as forças que absorvem indivíduos em competição na identidade partilhada de uma nação. Identificar a classe operária como agente, mesmo que "metaforicamente", é ignorar o verdadeiro significado da consciência nacional como genuíno agente de mudança.

A sentimentalização do proletariado tem sido parte integral da historiografia do trabalho e Thompson não foi, de modo algum, imune a ela. Ele se via como parte de uma grande obra de emancipação que o uniria aos operários em um laço de grata afeição. Essa obra, que o atraíra ao Partido Comunista, mais tarde exigiria que se posicionasse contra as maquinações do capitalismo internacional, muito depois de ter reconhecido que a União Soviética não era o aliado natural de alguém que buscava ser amigo da classe operária. Em *A miséria da teoria*, escreve:

> [Marx] parece propor não uma natureza angelical, mas homens que, dentro do contexto de certas instituições e culturas, conseguem pensar em termos de "nosso", e não "meu" ou "deles". Fui testemunha participante, em 1947, na eufórica sequência de uma transição revolucionária, de exatamente tal transformação de atitude. Os jovens camponeses, estudantes e operários iugoslavos, que com muito ânimo construíam sua própria ferrovia, indubitavelmente possuíam esse conceito afirmativo de *nasha* ("nosso"), embora esse *nasha* — como pode ter se provado afortunado para a Iugoslávia — fosse, em parte, o *nasha* da consciência socialista e, em parte, o *nasha* da nação.[16]

[16] "The Peculiarities of the English". Em: *The Poverty of Theory*, p. 67 [*Peculiaridades dos ingleses e outros artigos*. Campinas: Unicamp, 2012].

Esse hábil contrabando do *nasha* da consciência socialista para o argumento, quando a única evidência real é que as pessoas trabalhavam juntas, como fazem quando são libertadas da ocupação estrangeira, é evidência da necessidade emocional de Thompson.

É fácil concordar que, "dentro do contexto de certas instituições e culturas", as pessoas pensam em termos de "nosso", e não de "meu" ou "deles": o reconhecimento dessa verdade é o que une conservadores e nacionalistas contra a "consciência socialista" que, naquele momento, era ensinada aos iugoslavos. Pois, como agora sabemos, eles estavam sendo enganados. Todo o processo de reconstrução estava sendo manipulado pelo marechal Tito, o croata que Stalin ajudara a chegar ao poder depois que vira a morte dos patriotas cujos nomes e localizações obtivera com Philby e Blunt no Foreign Office.

O país fabricado por Tito não criou nem o "nosso" da consciência socialista nem, se é que existe tal coisa, aquele da nação. Quando os reais *nasha* de sérvios, croatas, eslovenos e montenegrinos finalmente se afirmaram, foi uns contra os outros e em profunda rejeição pela monstruosa ordem que Stalin e Tito haviam imposto. A referência ao "*nasha* da consciência socialista" é nada mais que uma sentimentalização, reminiscente do heroico operário que olha severamente para o futuro do assustador pôster na parede. Duvido que houvesse qualquer falante nativo de uma língua eslovena na geração pós-guerra que não ouvisse tal frase suprimindo um amargo sorriso.

Isso não significa que a historiografia de Thompson é mera propaganda. Longe disso. Como Hobsbawm, ele tinha uma bela mente investigativa, afinada com os fatos empíricos e com uma magistral capacidade de reuni-los. Ele eloquente e poderosamente afirmou a obrigação de todo historiador de descartar suas organizadas teorias quando entram em conflito com as evidências. E denunciou vigorosamente o florescente charlatanismo da Nova Esquerda, exemplificado da forma mais grotesca em Althusser (ver capítulo 6). Foi parcialmente por essa razão que foi expulso da *New Left Review* por

Perry Anderson e jogado à própria sorte, onde havia rumores de que meros "empiristas" conseguiam sobreviver com magros restos de informação, sem o benefício das "grandes teorias". Todo leitor de *A miséria da teoria* deve se sentir grato por esse pensador de esquerda que estava determinado a pensar dentro dos limites do bom senso e da honestidade intelectual.

Ao mesmo tempo, uma autoilusão simplificadora assombra as páginas do volume em que esse ensaio foi publicado. Essa autoilusão é mais manifesta nos lamentos a respeito dos operários que revelam a verdadeira fonte do elo "institucional e cultural" que os une.

> Na ação dos doqueiros nas docas Victoria e Albert, que ameaçaram se recusar a atender quaisquer navios que não estivessem decorados em honra à libertação de Mafeking — os mesmos doqueiros cujo apoio Tom Mann buscou obter para fundar um internacionalismo proletário —, já podemos ver as avassaladoras derrotas à frente.[17]

Em outras palavras, os operários, que deveriam expressar sua verdadeira natureza na causa do "internacionalismo proletário", haviam retornado ao antiquado patriotismo da ideologia burguesa. Eu me pergunto: será que poderiam ser curados com uma pitada de *nasha*?

A autoilusão de Thompson também está manifesta em sua carta aberta a Kołakowski, na qual o comunista veterano, que acreditara e depois vira através do credo marxista quando aplicado à Europa Oriental, é censurado por sua "apostasia":

Meus sentimentos possuem um tom ainda mais pessoal. Tenho, ao virar suas páginas em *Encounter,* um senso pessoal de mágoa e traição. Meus sentimentos não lhe dizem respeito: você deve fazer o que acha certo. Mas explicam por que escrevi não um artigo ou polêmica, mas esta carta aberta.[18]

---

[17] Idem, p. 98.
[18] "An Open Letter to Leszek Kołakowski". Idem, p. 160.

Somente alguém que apostou alto demais, que se identificou com uma doutrina sem justificativa suficiente para crer nela, pode adotar um tom magoado. Nessa carta e em artigos posteriores sobre o desarmamento,[19] testemunhamos a *necessidade* que animava sua escrita: a necessidade de acreditar no socialismo como filosofia do proletariado e no próprio proletariado como paciente inocente e agente heroico da história moderna.

Essa necessidade de acreditar assumiu formas surpreendentes. Talvez nenhuma seja mais notável que sua recusa em considerar a evidência exposta por escritores como Kołakowski: a evidência de que a tirania comunista derivou sua natureza precisamente da mesma atitude sentimental sobre os operários e da mesma simplificadora denigração do "capitalismo" e de tudo que parece estar implicado nele, que inspiraram seus textos. Thompson acreditava no poder das ideias. Mas se recusava a reconhecer as consequências das ideias que lhe eram mais caras.

Sua atitude pouco crítica em relação a seu próprio pregacionismo é similar a sua atitude em relação ao marxismo. Pois, em última análise, foi o marxismo que tornou possível inventar o passado. Os seres humanos surgem na história marxista somente como "forças", "classes" e "ismos". Instituições legais, morais e espirituais possuem lugar apenas marginal ou são colocadas em discussão somente quando podem facilmente ser vistas em termos de abstrações que falam através delas. Categorias mortas, impostas à matéria viva da história, reduzem tudo a fórmulas e estereótipos. Thompson descreve um passado revestido pela grade de suas próprias emoções.

A marginalização marxista das instituições, da lei e da vida moral não ficou confinada aos historiadores da Nova Esquerda na Grã-Bretanha. Os historiadores franceses dos *annales*, que preferem estatísticas sociais a grandes narrativas; a teoria da "dominação" de

---

[19] Reunidos em *Zero Option*. Londres, 1982; e *The Heavy Dancers*. Londres, 1984.

Foucault; o relato da práxis revolucionária feito por Gramsci; e o ataque da Escola de Frankfurt à "instrumentalização" do mundo social tiveram o efeito de depreciar as instituições e colocar mecanismos fictícios em seu lugar. Somente em um lugar do mundo pensadores recentes da esquerda viram a operação e a reforma do direito como assunto-objeto principal da política: os Estados Unidos da América. Graças à constituição americana e à longa tradição de pensamento crítico inspirada por ela, o esquerdismo americano tem adotado frequentemente a forma de um argumento legal e constitucional, entremeado por reflexões sobre a justiça que, misericordiosamente, estão livres do ressentimento de classe que surge nas obras da esquerda europeia. Assim, mesmo que defendam um papel cada vez maior para o Estado na vida das pessoas comuns, os americanos de esquerda são descritos não como socialistas, mas como liberais, como se fosse liberdade, e não igualdade, o que prometem. No capítulo que se segue, explorarei em que, nos anos recentes, isso se traduziu.

3.

Desdém nos Estados Unidos: Galbraith e Dworkin

O triunfo da constituição dos Estados Unidos foi tornar a propriedade privada, a liberdade individual e o estado de direito características inamovíveis não apenas do cenário político americano, mas também de sua ciência política. Em tempos recentes, quase toda a filosofia americana de tendências esquerdistas foi fundada nessas preconcepções liberais clássicas e desafiou muito pouco as instituições fundamentais da sociedade "burguesa" como concebidas pelos marxistas. Em vez disso, chamou a atenção para a patologia da sociedade livre — o "consumismo", o "consumo conspícuo" e o mundo da sociedade e da publicidade de massa. De Veblen a Galbraith, o que afligiu os críticos da economia livre foi não a propriedade privada — pedra fundamental de sua própria independência —, mas a propriedade privada dos outros. Nos últimos tempos, foi o espetáculo da propriedade nas mãos de pessoas ordinárias, grosseiras e incultas que preocupou os críticos domésticos do capitalismo americano.

Longe de ver esse "consumismo" como resultado necessário da democracia, a esquerda tentou mostrar que ele consiste não em democracia, mas em uma forma patológica dela. Nos Estados Unidos, a propriedade é muito palpável e factual e, embora alguém possa se iludir sobre os corações e as mentes das pessoas comuns, é impossível permanecer iludido sobre o lixo que elas espalham em seus quintais. Para o visitante da Costa Leste, os subúrbios texanos são uma horrível afronta à civilização: através da propriedade, da publicidade e da mídia, o americano comum põe a si mesmo em evidência, prejudicando a ilusão de igualdade. Ele claramente não pertence à mesma espécie do liberal diante dele e essa é uma verdade dura que, mesmo assim, precisa ser engolida.

Uma solução para esse dilema que fez sucesso durante os anos 1960 entre pensadores como Baran, Sweezy e Galbraith foi ver a sordidez americana moderna como produto de um "sistema" de poder estabelecido.[1] Não é a demanda popular que promove a cultura de consumo, mas um propósito político. Capitalistas e políticos desavergonhadamente encorajam as pessoas a expandirem seus apetites, a despeito dos decisivos argumentos por sua contenção. Ao lutar contra a cultura de consumo, portanto, os liberais não estão menosprezando os americanos comuns, mas atingindo os poderes que os oprimem.

O marxista europeu, olhando para as misérias do início da Revolução Industrial na Inglaterra, muito provavelmente será tentado, pela visão de Hobsbawm e Thompson, a ver uma "luta de classes" em cada tumulto social. Mas, com exceção de um breve período durante a Depressão, a visão marxista jamais teve ampla aceitação entre a esquerda americana. Os Estados Unidos não apresentam as múltiplas barreiras ao progresso social que existiram na Europa; o país oferece espaço, recursos, determinação e oportunidades abundantes e, em particular, uma estrutura política avessa à criação de elites hereditárias permanentes. O resultado é que as "classes" permanecem fluidas, temporárias e sem atributos morais aparentes.[2]

---

[1] Ver especialmente P. A. Baran e P. M. Sweezy. *Monopoly Capital*. Londres e Nova York, 1966.

[2] Ver W. Sombart. *Why Has There Been No Socialism in America?* Londres, 1906.

Há uma espécie de teologia envolvida no discurso da "luta de classes". Forças cósmicas se chocam no espaço de trabalho e nas ruas das grandes cidades industriais inglesas e precisam se concentrar em falanges opostas como as dos anjos em guerra do *Paraíso perdido* de Milton. Para que isso aconteça, o trabalhador precisa identificar seu patrão como antagonista, com interesses opostos ao seu em cada instância, e o intelectual deve ficar ao lado do trabalhador em busca da justiça pela qual ambos lutam.

Essa história faz pouco sucesso nos Estados Unidos, onde tanto empregador quanto empregado estão subindo a escada do sucesso, diferindo apenas em seu avanço relativo. Assim, os oponentes intelectuais da cultura americana de trabalho duro e mobilidade social não gozam da "solidariedade entre intelectuais e proletariado" que foi tão poderosa durante a criação da agenda do socialismo europeu. Eles precisam se dirigir diretamente aos poderes estabelecidos. Conseguiram isso com a criação de um "antiestablishment" cuja autoridade social supera o mero dinheiro da classe capitalista. É assim que devemos ler a *New York Review of Books*, cujo desdenhoso resumo da aridez cultural americana tem moldado a postura oposicionista de professores universitários e jornalistas desde os anos 1960: sua mensagem é que eles têm o dinheiro, mas *nós* temos os cérebros.

No mesmo espírito, os Estados Unidos produziram uma impressionante tradição de economistas sarcásticos, comentadores instruídos e espirituosos da grande colmeia produtiva que paga tão generosamente por seu escárnio. Thorstein Veblen começou a tradição com um estudo clássico — *A teoria da classe ociosa* (1899) — no qual elogia a utilidade dos vícios peculiares da extremidade superior da escala social. Sua ironia tinha o mesmo tom da de Mandeville em *A fábula das abelhas*, mas com uma virada no enredo. O "consumo conspícuo" de sua "classe ociosa" é útil precisamente para a perpetuação da classe ociosa, ao reciclar os lucros obtidos com o trabalho alheio. Não que ele visse alguma alternativa ou desejasse um esquema sem classes. Cético demais para adotar tal solução e crítico implacável do que considerava ser a fraude intelectual do marxismo, ele permanecia distante da realidade americana, rindo baixinho da perfeição simbiótica com que o organismo se mantinha vivo.

É um grande elogio a J. K. Galbraith dizer que, em seu auge, ele foi tão espirituoso e envolvente quanto Veblen. O que lhe faltava em insight sociológico sobrava em audácia e, como seu grande predecessor, ele ampliou constantemente sua perspectiva por meio da busca deliberada pela controvérsia. Sua teoria era global, nos mesmos amplos moldes da "economia política" concebida por Smith, Ricardo e Mill. Como Veblen, não era esquerdista ortodoxo. Mesmo assim, suas conclusões e os argumentos apresentados em defesa delas foram de grande importância para a formulação da posição da esquerda durante os anos 1960. Na época, Galbraith (embora nascido e criado no Canadá) havia sido nomeado embaixador americano na Índia pelo presidente Kennedy. Em seguida, serviu como conselheiro econômico dos governos da Índia, do Paquistão e do Sri Lanka. Tornou-se palestrante do programa de rádio *Reith Lectures* da BBC em 1966 e, ao morrer em 2006, aos 98 anos, recebera cinquenta diplomas honorários de universidades em todo o mundo. Ele pode ser descrito como o mais notório crítico do establishment a receber sua aclamação, rivalizando, nesse status, apenas com Edward Said e Ronald Dworkin.

Galbraith acreditava que a teoria econômica tradicional, com sua ênfase nos mercados competitivos, não podia ser aplicada às dinâmicas do "novo Estado industrial", expressão que cunhou para denotar tanto as "economias capitalistas" do Ocidente quanto as "economias socialistas" do império soviético. Além disso, a tradicional ênfase na produção como critério de sucesso social, econômico e político não era melhor que a ideologia, uma crença conveniente que azeitava as engrenagens de um novo tipo de Estado ao mesmo tempo que envenenava as fontes de contentamento.

Galbraith ofereceu uma análise de todo o sistema socioeconômico de produção industrial, levando em conta vários fatores que, segundo ele, foram previamente ignorados: "oligopólios", "poderes de equilíbrio", processo centralizado de tomada de decisões e declínio constante tanto da motivação pelo lucro quanto da efetividade da competição. Daí emerge sua análise — espalhada em vários livros importantes —, uma imagem que lentamente entra em foco da sociedade industrial como sistema impessoal, controlado por uma "tecnoestrutura" com velado interesse na produção. A legitimidade desse sistema depende da propagação de mitos políticos — em particular o mito da "Guerra Fria", por meio do qual a corrida armamentista e a consequente superprodução de tecnologia, com seu efeito incidental sobre a produção de todas as outras coisas, estão firmemente entranhadas no processo político. Esses mitos são subprodutos de mudanças estruturais profundas dentro das economias subjacentes do mundo "capitalista", que se afastaram progressivamente do paradigma empreendedor assumido por Marx, Marshall, Böhm-Bawerk e Samuelson.[3] Cada vez mais, argumenta Galbraith, o "mercado" é suplantado como determinante fundamental dos preços e da produção. Conforme a capacidade se desenvolve e manipula a demanda, a indústria se livra de sua influência limitante. O consumidor é reduzido de soberano a súdito e as empresas começam a obedecer a um processo autogerador de planejamento que se espalha pelo sistema industrial e não tem outro propósito senão sua própria expansão.

Nas economias modernas, segundo ele, a propriedade e o controle estão quase que inteiramente separados: aqueles que tomam as decisões em benefício de uma empresa são cada vez menos aqueles que gozam dos lucros e não precisam ser pessoalmente responsáveis pelas

---

[3] Alfred Marshall. *Principles of Economics,* 1890; Eugen von Böhm-Bawerk. *Karl Marx and the Close of his System,* 1896; Paul Samuelson. *Foundations of Economic Analysis,* 1947, 1983.

consequências do que fazem. Os termos de emprego são fixados por forças impessoais que operam em toda a empresa e determinam as várias recompensas de seus membros — força de trabalho, gerência e direção. Nada, em princípio, evita que as recompensas oferecidas ao trabalhador ultrapassem aquelas recebidas pelo gerente. Desse e de outros modos, a preciosa ideia de "exploração" capitalista encontra sua nêmese, assim como a concepção marxista de classe. De fato, há duas classes na economia livre moderna: empregados e desempregados. Nenhuma delas tem monopólio de poder sobre a outra, dado que o processo político fornece a ambas proteção contra a coerção e existe máxima mobilidade social entre elas.

A economia resultante ilustra o que Galbraith chama de "poderes equilibrantes". Para entender a estrutura de lucro e recompensa, argumenta ele, não devemos olhar nem para a propriedade nem para o controle, mas para a interação de poder dos produtores, com poderes "equilibrantes" que reivindicam o produto e negociam parte dele. Esses poderes não são forças de mercado, mas, ao contrário, forças que inerentemente distorcem a configuração do mercado. Duas em particular são politicamente significativas: os sindicatos, que negociam o preço do trabalho, e os compradores oligopólicos, que negociam o preço do produto. Mesmo que os poderes exercidos por essas duas forças sejam desiguais, elas estabelecem os preços por acordo, não pela força. Se o resultado é ou não um sistema de "justa recompensa" é algo que não pode ser estabelecido de maneira abstrata e certamente não pelas teorias marxistas que veem todas as relações em uma sociedade capitalista como formas veladas de coerção.

Socialistas sérios, confrontados pelo argumento de Galbraith, seriam forçados a reexaminar sua prometida alternativa ao sistema capitalista. Torna-se extremamente questionável que o controle centralizado de um sistema que já se emancipou do controle capitalista alteraria a real posição do trabalhador. Os planos socialistas meramente perpetuam o sistema dado de controle, aumentando o anonimato e a falta de responsabilidade pelos resultados de seu exercício. Daí o "socialismo ter passado a significar o governo pelos socialistas que aprenderam que o socialismo, como compreendido anteriormente, não é prático".[4] Além disso, a visão socialista é dependente, para ter força moral, de uma forma de capitalismo que já não existe: ela depende da imagem do empreendedor cruel, motivado apenas pelo lucro, que emprega somente aqueles que são compelidos pela necessidade a aceitar seus salários. O socialismo se definiu contra essa imagem e disso resultou que "o infortúnio do socialismo democrático tem sido o infortúnio do capitalismo. Quando o último parou de exercer controle, o primeiro deixou de ser uma alternativa".[5]

Tais argumentos, é claro, são excessivamente simplificados. Mesmo assim, se a visão de Galbraith sobre a moderna economia capitalista for ao menos parcialmente verdadeira, a crítica socialista já não é relevante. E, dado que a visão de Galbraith é essencialmente a de Max Weber, tem sido irrelevante há bastante tempo.[6] Mas Galbraith acrescenta uma extensa crítica própria, com uma força retórica que se equipara à do socialismo tradicional. Ele pretende destruir a imagem da economia capitalista como mecanismo de autorregulação estruturado por "forças de mercado".

O poder de equilíbrio, argumenta, do tipo exemplificado pelos sindicatos, oligopólios e novas "tecnoestruturas" dentro da corporação, é autogerador, enquanto o poder de competição não é. Assim, no longo prazo, a economia "capitalista" será dominada por poderes com a tendência inerente de crescer e esvaziada da competição que os disciplinaria em nome do interesse público.[7] O planejamento

---

[4] *The New Industrial State* (1967). Edição revisada e editada. Londres, 1972, p. 101 [*O novo Estado industrial*. São Paulo: Pioneira, 1983].

[5] Idem, p. 104.

[6] *Economy and Society* (1922). Editado por Guenther Roth e Claus Wittich. Berkeley: University of California Press, 1978.

[7] *American Capitalism: The Concept of Countervailing Power*. Cambridge, MA, p. 104.

assumirá precedência sobre a interação e deixará de se contentar com a resposta de curto prazo do mercado. A "tecnoestrutura" que sustenta a corporação moderna se tornará cada vez mais ambiciosa, formando elos com outras empresas, com o governo e com cada organização que possa servir para ampliar seu poder. Por uma variedade de mecanismos, a corporação evitará a responsabilização de seus diretores e acionistas[8] e embarcará na busca autônoma por seu próprio crescimento. Nem o lucro da empresa nem os incentivos pecuniários aos executivos contarão muito na determinação da direção da tomada de decisões:

> [...] a realidade é que o presente nível de renda dos executivos permite a identificação (com os objetivos da empresa) e a adaptação (dos objetivos da empresa aos seus). Essas são motivações operacionais. Também são as únicas de caráter pessoal: o executivo não pode permitir que se pense que seu comprometimento com os objetivos da empresa é menos que completo ou que ele é indiferente à oportunidade de modelar esses objetivos. Sugerir que os subordina a sua resposta ao pagamento seria confessar que é um executivo inferior.[9]

Essa citação ilustra o principal mecanismo intelectual de Galbraith. Uma observação psicológica, expressa em tom irônico, é usada para apoiar uma teoria econômica de consequências imensas e de longo alcance. Se verdadeira, segue-se que a hipótese padrão — a companhia tende a maximizar o lucro — é falsa e a recebida teoria de economia de mercado é inválida. De acordo com Galbraith, as empresas tendem a maximizar não o lucro, mas o poder. Ademais, fazem isso não em competição, mas em cooperação com outras empresas, pois o poder não é da empresa individual, mas da "tecnoestrutura" comum a todas elas.

---

[8] *The New Industrial State, op. cit.*, p. 81 e seguintes.
[9] Idem, p. 139.

É justo dizer que a opinião econômica não está persuadida de que Galbraith está certo.[10] Mais significativa que o valor de verdade de suas conclusões, contudo, é a qualidade das provas apresentadas em seu favor: nenhuma estatística, nenhuma análise detalhada da empresa moderna ou de exemplos específicos, nenhum exame da estrutura de tomada de decisão, nenhuma comparação entre a corporação privada e o monopólio estatal e nenhuma teoria sobre a personalidade legal das corporações no Estado moderno. Nada nos é oferecido além da psicologia social, expressa no irônico idioma de Veblen e nutrida pelo constitucional desdém do professor pela vida vazia dos executivos.

Da mesma atitude, vem sua convicção sobre uma "sabedoria convencional" cujos dogmas caricaturiza ou deixa sem definição. É essa "sabedoria convencional" que repreende em seu livro mais notório — *A sociedade afluente* — por sua ênfase na competição livre, nos mercados abertos e em virtudes indisputavelmente importantes como "equilíbrio orçamentário". A "sabedoria convencional" é o principal instrumento de controle social, comparável à ideologia oficial de um Estado comunista.

> Nos países comunistas, a estabilidade das ideias e do propósito social é conseguida pela aderência formal a uma doutrina oficialmente proclamada. O desvio é estigmatizado como "incorreto". Em nossa sociedade, uma estabilidade similar é imposta bem mais informalmente pela sabedoria convencional.[11]

---

[10] Ver, por exemplo, Elizabeth Brunner. "Industrial Analysis Revisited". Em: Harry Townsend. *Price Theory: Selected Readings*. 2ª edição. Penguin, 1980, e suas referências. Deve-se dizer que um corolário da teoria de Galbraith — o de que a empresa às vezes (e talvez com cada vez mais frequência) tende a perseguir soluções satisfatórias e suficientes em vez de soluções maximizadoras — é amplamente apoiado. Ver R. Nelson e S. Winter. *An Evolutionary Theory of Economic Change*. Cambridge, MA, 1982.

[11] *The Aflluent Society* (1958). Edição revisada e editada. Londres, 1969, p. 17 [*A sociedade afluente*. São Paulo: Pioneira, 1987].

É difícil dizer quão sério ele é em tais pronunciamentos. De qualquer modo, uma característica importante deve ser notada, dado que anuncia a essência e a influência de obras posteriores: a ideologia comunista, diz ele, estigmatiza o desvio como "incorreto", ao passo que nossa "sabedoria convencional" *impõe* a estabilidade.

Assim, por prestidigitação, o "sistema capitalista" passa a parecer tão opressor quanto seu equivalente comunista. O fato de que milhões pagaram com suas vidas pelo "desvio" e outros continuaram a sofrer aprisionamento, perseguição e perda de cada vantagem social concebível pelo mais leve "erro" parece ter escapado a sua observação. Ao mesmo tempo, sua própria liberdade, não somente para expressar suas "pouco convencionais" (na verdade, bastante convencionais e keynesianas) opiniões, mas também para ascender às mais altas posições da influência e do poder intelectuais como resultado, é cuidadosamente ocultada atrás da palavrinha "imposta".

A sociedade afluente consiste no principal ataque de Galbraith ao ethos de produção que, segundo ele, "tornou-se um objetivo de proeminente importância em nossas vidas", embora "não um objetivo que persigamos compreensiva ou mesmo refletidamente".[12] A impensada busca pela produção é responsável pelo caos e pela miséria das sociedades capitalistas modernas, nas quais os serviços públicos são sacrificados a uma superabundância de bens de consumo. Mais importante, essa busca trouxe a perigosa tentativa de garantir o crescimento constante da demanda. A ideia de que a demanda sempre crescerá para corresponder ao fornecimento é um dogma desacreditado da economia clássica, refutado pela teoria da utilidade marginal decrescente. Mas, em face da "ameaça" apresentada por essa teoria, a "sabedoria convencional" se mostrou brilhantemente engenhosa: "a decrescente urgência dos desejos não foi admitida".[13]

---

[12] Idem, p. 131-132.
[13] Idem, p. 141.

Em vez disso, assumiu-se que os bens são algo importante e mesmo urgente a fornecer e, portanto, *devemos* produzi-los, a fim de que um imperativo moral tome o lugar de nossos apetites em declínio. Desse modo, os desejos saciados pelos bens de consumo são elevados a uma categoria superior, em que a lei da utilidade marginal decrescente já não se aplica. Embora uma pessoa possa ter vinho, água ou petróleo suficientes, a honra e as realizações estão sempre com estoques baixos.

Galbraith continua sua celebrada descrição da sociedade de consumo, na qual os desejos humanos já não são o motivo controlador da produção, mas o principal item de manufatura. O constante fluxo de bens é sustentado pela deliberada criação de desejos — por meio da publicidade, da constante variação de produtos e da vasta máquina de propaganda, que nos diz que somos desonrados por nossa falha em consumir:

> Conforme a sociedade se torna cada vez mais afluente, cada vez mais desejos são criados pelo mesmo processo através do qual são satisfeitos [...] Assim, os desejos se tornam dependentes da produção. Em termos técnicos, já não se pode assumir que o bem-estar é maior em um nível mais elevado que em um menos elevado de produção. Pode ser o mesmo. O nível mais elevado de produção possui, meramente, um nível mais elevado de criação de desejo, necessitando de um nível mais elevado de satisfação de desejos.[14]

Essa é a atualização de uma tese que remonta ao Velho Testamento — a tese de que o homem, em sua condição de caído, está sujeito à tirania dos apetites, porque seus apetites não são realmente seus, mas impostos a ele, magicamente, por outros, notavelmente pelos ídolos e fetiches do mercado.

---

[14] Idem, p. 152.

Essa história transforma a prova de nossa liberdade — ou seja, o fato de que podemos obter o que queremos — em prova de nossa escravidão, dado que nossos desejos não são realmente nossos. Algo da mesma natureza é subjacente ao sarcasmo de Veblen sobre o "consumo conspícuo" e ao ataque à publicidade no altamente influente livro de Vance Packard, *A nova técnica de convencer*.[15] É uma presença que assombra as teorias de alienação e de fetichismo da mercadoria de Marx. Encontraremos outra versão muito influente no capítulo 5, ao considerarmos a Escola de Frankfurt e sua crítica ao capitalismo cultural. E ela foi recentemente polida e renovada para uso dos consumidores pós-modernos em um brilhante livro de Gilles Lipovetsky e Jean Serroy.[16] Mas sua antiguidade também sugere sua futilidade como fonte das queixas modernas. A busca por uma política que supere o pecado original não é um projeto político coerente. E, se o problema diante de nós é que os seres humanos podem e querem ser manipulados, qual o benefício de substituir um estilo de manipulação por outro?

Galbraith argumenta que, a fim de combater a miséria pública, devemos gastar mais em serviços públicos, educação, bem-estar social e planejamento centralizado. Também devemos taxar a produção, a fim de equilibrar a urgência que dá origem aos problemas modernos e, ao mesmo tempo, financiar os serviços públicos que são sua cura.[17] Mas, é claro, um imposto sobre a produção só pode financiar serviços públicos se o nível de produção for alto e, como no restante da solução de Galbraith, apenas julgamentos comparativos detalhados poderiam possivelmente lhe conceder algum fundamento — julgamentos que ele não tem interesse em fazer e que certamente mostrariam que sua "solução" é uma fantasia.

---

[15] Vance Packard. *The Hidden Persuaders*. Nova York, 1957.

[16] Gilles Lipovetsky e Jean Serroy. *L'esthétisation du monde: Vivre à l'âge du capitalisme artiste*. Paris: Gallimard, 2012 [*A estetização do mundo: viver na era do capitalismo artista*. São Paulo: Companhia das Letras, 2015].

[17] *The Affluent Society*, p. 278.

Isso é típico de sua abordagem. Apaixonado demais por sua sardônica psicologia para tirá-la da posição central que ocupa em seu pensamento, ele ao mesmo tempo está agudamente consciente de que é improvável que qualquer psicologia chegue aos ouvidos dos políticos. Somente o economista acadêmico pode exercer poder real sobre o sistema que o irrita, pois somente ele parece ter o conhecimento médico sobre suas doenças. Assim Galbraith, como Marx, disfarça a psicologia de economia e oferece suas ilógicas recomendações políticas como se tivessem toda a autoridade de um Hayek ou um Keynes.

Desse modo, a despeito de sua atitude desdenhosa em relação ao socialismo, Galbraith é capaz de entrar no território que o socialismo chama de seu. Ele começa por ver todo o organismo político dos Estados Unidos em termos econômicos, como um "sistema" cujos membros e tendões se movem em resposta aos imperativos comerciais. O mito central e paralisante do marxismo toma conta de sua imaginação e se torna a fundação de uma posição profundamente oposicionista. Lei, políticas, cultura e instituições passam para segundo plano em um grosseiramente descrito "sistema econômico" cujos imperativos impessoais supostamente governam toda a vida social. Essa visão forneceu a base teórica para um dos mais importantes dogmas da Nova Esquerda americana: a teoria de que o Estado "capitalista" é um sistema tão controlador quanto o comunista, dado que é servo das corporações e da necessária finalização de um processo de planejamento que se origina na tecnoestrutura da empresa oligopólica.[18]

A tecnoestrutura, por sua vez, passa a se identificar com o Estado[19] e adquire o mesmo movimento centralizado e impessoal na direção de um plano completo e totalmente compreensivo. A produção ame-

---

[18] *The New Industrial State*, p. 256-257.

[19] Idem, p. 311.

ricana gera, portanto (nas palavras que foram o presente de despedida do presidente Eisenhower à propaganda soviética), um "complexo industrial e militar" e, com ele, uma "cultura armamentista" com a qual legitimar os vastos gastos com defesa. O principal instrumento desse processo de legitimação é o "mito da Guerra Fria", por meio do qual a contínua expansão da economia é justificada por imperativos militares. Essa "guerra sem lutas claramente anula o perigo de que as lutas possam acabar"[20] e, desse modo, justifica o avanço tecnológico constante e, com ele, a infinita variedade da produção e a incessante renovação do desejo de consumir.

A descrição do "sistema" americano mantido pelo "mito da Guerra Fria" permite que Galbraith dirija aos Estados Unidos as mesmas críticas que, na época, eram feitas à União Soviética. Ele reconhece que "ninguém pode minimizar a diferença representada pela primeira emenda".[21] Mas acrescenta que os sistemas de gerenciamento econômico são totalmente comparáveis. Ambos estão sujeitos aos "imperativos do planejamento", o que significa, em ambos os casos, "deixar de lado os mecanismos do mercado em favor do controle de preços e do comportamento econômico individual".[22] A breve referência à primeira emenda serve meramente para marginalizar a diferença política e chamar a atenção para a semelhança econômica, que, para ele, é a verdade *profunda* tanto dos Estados Unidos quanto de sua rival soviética. Enquanto elabora sua fantasia, torna-se claro que as semelhanças entre a União Soviética e os EUA, que ele vê como *profundas*, são precisamente as mais superficiais, ao passo que o que ele vê como tão superficial que mal se pode notar — a presença ou ausência de liberdade de expressão, governo constitucional e estado de direito — é o mais profundo em ambos os arranjos.

---

[20] Idem, p. 332.
[21] Idem, p. 334.
[22] Idem.

Previsivelmente, suas críticas ao sistema americano lhe renderam uma posição segura dentro dele. Mas sua nomeação como embaixador na Índia, em 1961, impôs certa medida de realismo a sua visão e ele ficou momentaneamente consciente da verdade que um século de pensamento marxista tentara negar: não é o sistema econômico de uma nação que determina seu caráter, mas suas instituições políticas. Ele também viu que uma ordem política que confere honras a seus críticos é de uma natureza radicalmente diferente de uma que os envia para a morte em campos de trabalhos forçados.

Durante seu tempo no cargo, Galbraith fez palestras sobre desenvolvimento econômico em várias universidades indianas, apoiando a agora desacreditada tese de que o auxílio estrangeiro é uma preliminar necessária para a "decolagem" das economias do Terceiro Mundo. Ao mesmo tempo, admitiu uma verdade que — graças à obra de escritores como P. T. Bauer, Elie Kedourie e, mais recentemente, Dambisa Moyo[23] — se tornou amplamente reconhecida: o fato de que o auxílio estrangeiro é ineficaz sem as instituições estrangeiras e, particularmente, sem o estado de direito, a segurança dos contratos e os processos parlamentares levados ao Terceiro Mundo pelos imperialistas europeus (alguns deles, ao menos) e subsequentemente ameaçados de destruição.[24]

Essas palestras, portanto, demonstraram a falsidade do mito que floresce no discurso "econômico" de Galbraith — o mito de que a corporação é um monstro sinistro, expansionista e incontrolável cujos propósitos impessoais governam nossas vidas e satisfações. Ele reconhece a real diferença entre a corporação em uma economia capitalista e o "coletivo" do sistema soviético, qual seja, que a primeira é uma genuína personalidade legal, e a segunda, um tipo

---

[23] P. T. Bauer. *Dissent on Development*. Londres, 1971; Elie Kedourie. *The Crossman Confessions and Other Essays*. Londres, 1984; Dambisa Moyo. *Dead Aid*. Londres, 2009.
[24] *Economic Development*. Cambridge, MA, 1964, p. 42.

de ficção opressora.[25] O coletivo comunista, seja fábrica, fazenda, sindicato ou ramo do Partido, era protegido das consequências reais de suas ações, gozava de extensa e implícita imunidade em relação às emendas legais e não podia ser censurado por nenhum de seus inferiores.

Isso se relaciona a uma das conquistas da civilização europeia e do direito romano do qual ela surgiu. Os poderes no Estado ocidental são identificados, sempre que possível, como pessoas jurídicas e, desse modo, estão subordinados à lei. A corporação pessoal pode ser acusada de — e, portanto, arruinada por — suas próprias ações insolentes e, por essa razão, Galbraith justamente nos urgiu a protegê-la.[26] Foi precisamente a impessoalidade das instituições comunistas que as tornou não responsabilizáveis, assegurando que nada pudesse controlá-las ou limitá-las, com exceção da coerção, que tinha de ser aplicada *de fora*. Esta é a real verdade da Guerra Fria: a de que o governo pessoal, confrontado com um poder expansionista, mas totalmente impessoal, não conseguia proteger a si mesmo através da negociação e da diplomacia, mas somente por meio de uma estratégia de dissuasão.

Galbraith se justificou como crítico necessário da comunidade de negócios. Como disse certa vez: "Aqueles que afligem os confortáveis servem igualmente com aqueles que confortam os aflitos."[27] Mas quem está realmente confortável no establishment americano: o homem de negócios ou seu crítico acadêmico, o coração produtivo do sistema ou o parasita alimentado por seu trabalho?

Nenhum dos críticos do arranjo americano fez essa pergunta de modo mais pertinente que Ronald Dworkin. Nascido em Massachusetts em 1931, ele passou da prática legal para a academia em 1962,

---

[25] Idem, p. 95.
[26] Idem, p. 98.
[27] *American Capitalism*, p. 52.

tornando-se professor Hohfeld de jurisprudência de Yale em 1968. Em 1969, foi para Oxford como professor de jurisprudência, combinando essa posição com a de professor da Universidade de Nova York de 1967 até sua morte, em 2012. Como Galbraith, colecionou doutoramentos honorários às dezenas, juntamente com prêmios prestigiados do tipo que o establishment de esquerda concede a seus membros. E, por meio de seus polêmicos textos na *New York Review of Books*, exerceu ampla influência sobre o entendimento público da herança legal dos Estados Unidos e, desse modo, sobre a direção da política americana.

Dworkin não era, como Galbraith, um satirizador espirituoso. Ele não ria de seus oponentes conservadores reais ou imaginários, mas os banhava em um fluxo contínuo de desprezo. Valorizava a imagem de si mesmo como crítico prolífico e devastador de uma herança legal conservadora que não tinha argumentos intelectuais próprios. Mas sua melhor obra, que data de seus primeiros anos na academia, tende na direção de conclusões opostas às que pretendia. Nela, ele apresenta uma teoria do processo judiciário que, longe de minar as hipóteses da jurisprudência conservadora, fornece um novo modo de lhes dar fundamento.

De Bentham e Austin a Kelsen e Hart, a jurisprudência acadêmica tem sido dominada por várias formas de "positivismo legal"[28], cujos dogmas principais são identificados por Dworkin como: primeiro, a lei se distingue dos padrões sociais por sua conformidade a uma "regra-mestre" — como a regra de que o que é prescrito pela rainha no Parlamento é lei. Segundo, todas as dificuldades e indeterminações da lei são resolvidas por "discernimento judicial", e não pela descoberta de respostas genuínas a questões legais independentes.

---

[28] Ver Jeremy Bentham. *Introduction to the Principles of Morals and Legislation*. Londres, 1789; H. Kelsen. *General Theory of Law and State*. Chicago, 1945; H. L. A. Hart. *The Concept of Law*. Oxford, 1961.

Terceiro, uma obrigação legal existe quando, e somente quando, uma lei estabelecida a impõe.

Juntos, esses três dogmas definem a ideia de lei como sistema de comando, não respondendo a nenhum limite interno além da consistência e sendo emitida por uma autoridade suprema e soberana com o objetivo de regular o comportamento social. A sentença é uma questão de estabelecer primeiro a lei; em seguida, os fatos; e, finalmente, a aplicação da primeira aos segundos. Essa ideia é errônea, argumenta Dworkin, assim como os três dogmas de que deriva. Uma "regra-mestre" não é necessária nem suficiente para um sistema legal. Não é necessária porque a lei pode surgir, como fez nosso próprio sistema de direito consuetudinário, inteiramente do raciocínio judicial, que observa primariamente os precedentes judiciais e sua "força gravitacional". Tampouco é suficiente, dado que uma legislatura suprema pode criar leis somente se houver tribunais para aplicá-las, e os juízes desses tribunais devem empregar "princípios" que não são deriváveis da regra-mestre.

Os princípios, para Dworkin, são menos mutáveis que as regras e mais fundamentais para o caráter do sistema legal. Sem eles, a sentença seria impossível ou cheia de brechas inaceitáveis. A existência desses princípios é provada pelos "casos difíceis" em que o juiz deve determinar direitos e responsabilidades das partes sem o benefício de qualquer lei que os defina explicitamente. A sentença, em tal caso, não é um exercício de "discernimento", mas uma tentativa de determinar os reais e independentes direitos e deveres das partes — ou assim, ao menos, devem pensar os juízes se quiserem exercer seus poderes judiciais. Os juízes não devem pensar em si mesmos como inventando os deveres e direitos que definem, nem que estão exercendo algum tipo de "discernimento" de que não necessitam na condução normal de seus gabinetes. Eles devem evocar os princípios, que possuem uma autoridade diferente da autoridade das leis criadas pela legislatura. Esses princípios (como o de que ninguém pode se beneficiar de seus próprios malfeitos) são características permanentes do processo judiciário, evocados na aplicação da lei mesmo em casos centrais e problemáticos.

Dworkin acredita que tais considerações servem para mostrar que as teorias da "regra-mestre" e do "discernimento judicial" são mitos. Além disso, o inescapável fato dos casos difíceis serve para refutar o terceiro dogma do positivismo legal, o de que toda obrigação legal é criada por uma regra legal preexistente e preestabelecida. Em casos difíceis, a lei não é tanto aplicada quanto descoberta. E esse processo de descoberta é responsável pela estrutura da jurisprudência e também da equidade. Ele é, portanto, a fundação sobre a qual os sistemas inglês e americano foram construídos.

Pode-se acrescentar que nenhum sistema de editos pode equivaler ao direito até que eles sejam aplicados por tribunais imparciais, de acordo com procedimentos reconhecidos de adjudicação. Os processos de raciocínio que são inseparáveis das decisões — a manifestação de ambos os lados, a perspectiva imparcial e a responsabilidade pública pelo veredicto — são, portanto, um componente essencial de todo verdadeiro sistema legal, estejam ou não incluídos, como no direito administrativo inglês, como "princípios de justiça natural".

Podemos interpretar o argumento de Dworkin como defendendo uma visão procedimental da justiça. De acordo com essa visão, o direito exige uma sentença; a sentença requer uma atitude baseada em princípios em relação a um caso particular; a atitude baseada em princípios vê o julgamento não como decisão, mas como descoberta; finalmente, a descoberta convida à concordância de outros e responde à "força de atração" de outros julgamentos, com os quais pretende se harmonizar. Segundo esse atraente retrato (parte integral de muitas visões conservadoras da ordem política), o direito é a "busca comum pelo julgamento verdadeiro", no qual as perenes disputas humanas são resolvidas por princípios que surgem natural e inevitavelmente na mente daqueles que as observam com imparcialidade.

Dworkin não chega a essa conclusão por motivo importante. Ele quer que seu leitor o tome não como porta-voz da "justiça natural", mas como alguém que fornece a verdadeira interpretação da constituição americana — interpretação obscurecida pela confusão conservadora. Assim, ele escreve que:

> Nossa constituição repousa sobre uma teoria moral particular, qual seja, a de que os homens possuem direitos morais contra o Estado. As difíceis cláusulas da Carta de Direitos, como as de devido processo legal e igual proteção, devem ser compreendidas como conceitos morais, e não concepções particulares; assim, um tribunal que assume o fardo de aplicá-las integralmente deve ser um tribunal ativista, no sentido de que deve estar preparado para expressar e responder a questões de moralidade política.[29]

Em outras palavras, a constituição americana autoriza a Suprema Corte a assumir uma abordagem "ativista", livre para rejeitar qualquer legislação que não se conforme à "moralidade política" de seus membros. Para Dworkin, não houve nada inconstitucional na decisão da corte em *Roe v. Wade*, o caso de 1973 que permitiu o aborto em toda a União, desafiando as legislaturas eleitas na maioria dos estados. Não é necessário examinar os detalhes da sinuosa decisão do juiz Blackmun, que dependia de se encontrar o "direito à privacidade" na constituição americana, a despeito de o documento não mencionar nada dessa natureza, e que arbitrariamente declarava que os não nascidos não possuíam direitos constitucionais. É suficiente que a "moralidade política" da corte nada tenha visto de errado no aborto e algo errado em sua proibição.

Em quase todos os textos de Dworkin, encontraremos esse pedido especial por ativismo judiciário, desde que os ativistas sejam

---

[29] *Taking Rights Seriously*. Londres, 1976, p. 147 [*Levando os direitos a sério*. São Paulo: Martins Fontes, 2010].

políticos liberais. Alegando fornecer uma teoria geral do direito, seu real interesse é a defesa de uma posição política em relação à qual, na visão conservadora das coisas, o direito é no máximo neutro e, em alguns aspectos, profundamente antagônico. Ele sempre retorna à constituição, como se *esse* fosse o campo decisivo para as decisões legais, pois a constituição americana se espalha por mais de quatrocentos grossos volumes de casos jurídicos e pode ser lida como são lidos os textos sagrados, através dos óculos de milhares de teólogos.

Contudo, seu autoassumido status de "sacerdote da Constituição" é um disfarce. Em seus artigos iniciais, a maioria de seus exemplos é retirada de casos do direito civil inglês (como *Spartan Steel and Alloys Ltd. v. Martin*[30]) ou de casos americanos que aplicam princípios derivados de precedentes ingleses (como *Henningsen v. Bloomfield Motors Inc.*[31]). Não pode estar certo, portanto, concluir que o processo judicial, como ele o descreve, é um ramo da constituição dos Estados Unidos. Seus argumentos, na verdade, derivam de uma posição que se pode chamar de "naturalismo procedimental" e que fundamenta a defesa conservadora da justiça de jurisprudência. De acordo com essa posição, o direito surge espontaneamente da tentativa de se chegar a uma conclusão unânime entre juízes imparciais, nas questões em que se crê que uma parte prejudicou a outra. Juízes independentes e imparciais não retiram suas decisões do nada, mesmo que não tenham nenhuma regra legal para guiá-los. Eles são orientados pela razão prática, que os obriga a reconhecer precedentes estabelecidos e diferenciar-se deles ou aplicá-los.

O resultante sistema de direito consuetudinário não depende da legislação nem para seu conteúdo como mecanismo de resolução de conflitos, nem para sua forma como sistema de imperativos. Tampouco depende de uma constituição escrita ou de qualquer

---

[30] [1973] 1 QB 27.

[31] 32 N.J. 358, 161 A.2d 69 (N.J., 1960).

coisa que se pareça, mesmo que remotamente, com a "moralidade política" que Dworkin discerne na constituição americana. Ele personifica soluções que surgiram com o tempo para os conflitos resultantes de nossas tentativas de vivermos juntos em sociedade. Oferece remédio para as partes prejudicadas e, desse modo, ajuda a manter o equilíbrio da ordem social. Para dizer de outro modo, o direito consuetudinário não é a expressão de uma revisionista "moralidade política" nem a aplicação de princípios contidos em uma constituição. Ele é a aplicação dos princípios inerentes à própria ideia de justiça imparcial e que são tacitamente assumidos em todas as nossas transações consensuais.

Essa visão conservadora do direito foi defendida em outros termos por Adam Smith em suas palestras sobre jurisprudência.[32] E foi interessantemente revivida em nossa época por Hayek, um escritor inteiramente ignorado por Dworkin. O argumento de Hayek sobre o direito consuetudinário domina o primeiro volume de *Direito, legislação e liberdade*. "Para o homem moderno", argumenta ele, "a crença de que as leis que governam a ação humana são produto da legislação parece tão óbvia que a afirmação de que a lei é mais antiga que a criação de leis tem quase o caráter de um paradoxo. Contudo, não há dúvida de que as leis existiram durante eras antes que ocorresse ao homem que ele podia alterá-las."[33] As pessoas não podem formar uma sociedade e então criarem leis para si mesmas, como Rousseau imaginou. Pois a existência de leis está pressuposta no próprio projeto de viver em sociedade — ou, ao menos, uma sociedade de estranhos. A lei é real, embora tácita, muito antes de ser escrita, e cabe ao juiz descobri-la ao examinar os conflitos sociais e expor as hipóteses partilhadas que permitem sua

---

[32] Adam Smith. *Lectures on Jurisprudence*. Edição Glasgow das obras de Adam Smith, 1976. Republicado pela Liberty Press, 2005.

[33] *Law, Legislation and Liberty*. Edição em um volume. Londres, 1982, p. 73.

resolução. A lei em sua condição natural, portanto, deve ser construída no modelo do direito consuetudinário inglês, que precedeu os poderes legislativos do Parlamento e, durante muitos séculos, o viu não como corpo legislativo, mas como outra corte legal, cuja função era resolver as questões que não podiam ser respondidas pelo estudo dos precedentes existentes.

Hayek indica que a lei escrita e a legislação soberana foram tardias na sociedade humana e ambas abrem caminho para abusos que, no direito consuetudinário, usualmente são autocorrigidos.[34] A distinção entre direito e lei tem sido tacitamente reconhecida em muitas línguas europeias — *diritto versus legge, droit versus loi, Recht versus Gesetz, právo versus zákon* e assim por diante. De modo interessante, não existe uma diferença tão clara na língua inglesa, ainda que o direito inglês seja quase único na preservação dos procedimentos do direito consuetudinário. O legislador vê as leis como artefato humano criado para um objetivo e pode desejar usá-lo não apenas para retificar injustiças, mas também para criar uma nova ordem social, em conformidade com alguma "moralidade política" — que é essencialmente como Dworkin vê a constituição americana. Para ele, o código legal não é um sumário dos direitos, deveres e procedimentos implícitos no governo consuetudinário, mas sim uma planta-baixa para a nova sociedade liberal.

Não há nada para impedir que o legislador radical aprove leis que desafiam a justiça ao conceder privilégios, confiscar bens ou extinguir vantagens em nome dos interesses de alguma agenda pessoal ou política. Um sinal disso é a adoção da "justiça social" como objetivo do direito, em vez da justiça natural como limite procedimental. Para

[34] De modo geral, os escritores da Antiguidade concordam com a visão de lei de Hayek. De acordo com Demóstenes, "toda lei (*nomos*) é uma descoberta e um presente dos deuses" (Antífona I, iii, 27), uma visão mantida por Platão em *As leis*, pelos trágicos gregos e por muitas outras fontes da época. Ver a discussão em Rémi Brague. *La loi de Dieu: histoire philosophique d'une alliance*. Paris, 2005.

Hayek, por contraste, o objetivo do direito consuetudinário não é a engenharia social, mas a justiça no sentido próprio do termo, ou seja, a punição ou retificação de ações injustas. O juiz, ao examinar um caso específico, tenta encontrar a regra que o solucionará. De acordo com Hayek, tal regra é parte de uma rede de regras, todas implicitamente evocadas por aqueles que se engajam em transações livres. Os juízes, com razão, pensam em si mesmos como descobrindo a lei, pela razão de que não haveria casos para julgar se a existência de uma lei relevante não estivesse implícita na conduta das partes.

No sistema inglês, certamente é verdade que a lei é descoberta, e não inventada, pelo juiz.[35] É verdade também que é formulada como regra — como a regra em *Rylands v. Fletcher*, por exemplo, que nos diz que "aquele que, para seus próprios fins, levar até suas terras, colecionar ou manter qualquer coisa que possa causar danos em caso de fuga deve mantê-la por sua conta e risco e, se não o fizer, será responsável *prima facie* por todo o dano que for consequência natural da fuga".[36] Mas também é verdade que o juiz pode decidir por uma das partes sem formular explicitamente a regra que justifica seu julgamento: o *ratio decidendi* pode ser controverso mesmo em casos nos quais todos concordam que a decisão foi correta. Esse interessante fato fornece apoio adicional à ideia de que a lei é anterior a sua determinação judicial e de que a crença de que assim é tanto guia o juiz quanto limita suas ambições. Não é possível usar os procedimentos do direito consuetudinário para mudar a natureza da sociedade, redistribuir propriedade adquirida sem fraude ou coerção, violar entendimentos ordinários ou perturbar expectativas de longa data e relações naturais de confiança. Pois o direito consuetudinário é obra de regras já implícitas nessas coisas. É uma rede tecida por uma mão invisível.

---

[35] Defendi essa posição em *England: An Elegy*. Londres, 2000, capítulo 6.

[36] [1868] UKHL 1.

As leis verdadeiras — "regras abstratas", como Hayek as chama —, portanto, não são parte de um plano de ação, mas surgem da empreitada de cooperação social através do tempo. São parâmetros dentro dos quais a cooperação entre estranhos, para seu mútuo benefício, torna-se possível. E, como com o mercado, o benefício que conferem é parcialmente epistêmico. Ao seguirmos essas regras, nos equipamos com o conhecimento prático que será especialmente útil quando nos aventurarmos no desconhecido — ou seja, conhecimento sobre como nos comportar em relação aos outros, a fim de assegurar sua cooperação na obtenção de nossos objetivos.

Assim como os preços em um mercado condensam em si informações que, de outro modo, estariam dispersas na sociedade contemporânea, as leis condensam informações que estão dispersas no passado de uma sociedade.[37] Dessa ideia, basta um pequeno passo para reconstruirmos a célebre defesa de Burke dos costumes, da tradição e do "preconceito" contra o "racionalismo" dos revolucionários franceses. Traduzindo o argumento de Burke para o idioma moderno, o conhecimento de que necessitamos em circunstâncias desconhecidas da vida humana não é derivado nem contido na experiência de uma única pessoa, nem pode ser deduzido *a priori* de leis universais. Esse conhecimento nos é transmitido pelos costumes, instituições e hábitos de pensamento que se formaram ao longo de gerações, por meio de tentativas e erros das pessoas, muitas das quais pereceram durante sua aquisição. Tal é o conhecimento contido no direito consuetudinário, um legado social que jamais poderia ser adequadamente substituído por uma doutrina, plano

[37] É claro que os processos envolvidos são diferentes. Os preços são informativos parcialmente porque aqueles que cobram demais ou de menos por suas mercadorias são rapidamente afastados do mercado; o direito consuetudinário é informativo porque as decisões que criam conflitos são gradualmente anuladas e as que reforçam a ordem social implícita gradualmente assumem o status de precedentes.

ou constituição, por mais entrincheirada que essa constituição possa estar em uma visão de direitos individuais.

Se acreditamos, como Smith e Hayek, que o direito jaz mais profundamente na psique que as leis e não está preocupado em impor um plano ou "moralidade política" independente da justiça natural que dita seus procedimentos, podemos compreender por que as revoluções sociais começam com a anulação do estado de direito e por que a independência judicial raramente é uma característica dos Estados que desejam recrutar a sociedade para uma agenda imposta de cima para baixo. Mas Dworkin, que deseja tirar vantagem das profundas verdades contidas no direito consuetudinário, também tem um objetivo ideológico e constantemente tenta enxertá-lo em um sistema legal que é inerentemente resistente a ele. O direito consuetudinário está preocupado em fazer justiça no caso individual, não em perseguir alguma reforma de longo alcance das maneiras, morais e costumes da comunidade como um todo. É uma presença discreta e vigilante na vida das pessoas comuns. Não busca ser invocado, mas, ao contrário, apresenta-se relutantemente quando é chamado a retificar um erro. Isso está tão distante da visão de Dworkin que é surpreendente que ele não procure em outra parte por sua concepção de direito. Mas ele argumenta como advogado, e não como filósofo: qualquer argumento que possa confundir seu oponente é útil, desde que ele possa empregá-lo para avançar na direção de seu objetivo.

O objetivo é claro: defender as causas liberais da vez. Na época de sua obra mais importante, *Levando os direitos a sério*, essas causas eram amplamente as do movimento de direitos civis e da oposição à guerra do Vietnã. Por isso incluíam a desobediência civil e a discriminação reversa. A liberdade sexual também era importante e, quando a agenda seguiu em frente, Dworkin acrescentou o feminismo, a defesa do "direito ao aborto" e mesmo (para consternação de muitas feministas) a pornografia. Em resumo, se os conservadores eram contra, ele era a favor. Ele forneceu fogos de artifício intelectuais, desdém aristocrático e zombaria cosmopolita em longos e abundantes floreios. E assumiu que nunca era ele, mas sempre seu oponente, quem tinha o ônus da prova. Para Dworkin, assim como para os escritores da *New York Review of Books* de modo geral, a posição liberal de esquerda estava tão obviamente correta que cabia aos conservadores refutá-la. Cabia a eles mostrar que havia uma convicção moral consensual contra a pornografia, que sua oposição aos direitos dos homossexuais (de qualquer forma que pudessem ser promovidos) era algo mais que "preconceito", que a segregação estava contida no espírito da constituição ou que a recusa em saudar a bandeira ou prestar serviço militar não estava.[38]

Essas bordoadas na consciência conservadora chegam a extremos consideráveis. Assim, Dworkin escreve: "desde que os direitos estão em jogo, a questão é [...] se a tolerância destruiria a comunidade ou traria a ameaça de grandes danos, e me parece simplesmente irracional supor que as evidências tornam isso provável ou mesmo concebível."[39] Para um conservador, é uma questão de bom senso o fato de que a constante liberalização, a constante reforma das leis à imagem do estilo de vida da elite de Nova York, pode eventualmente trazer ameaça de danos à comunidade. Essa opinião é imediatamente descartada. É *irracional* supor que as evidências tornam isso provável; irracional até mesmo supor que tornam isso *concebível*. Esse é um julgamento notável. Os antropólogos demonstraram muitas vezes que a imposição de costumes urbanos à sociedade subsaariana destrói sua coesão. Mas, aparentemente, é irracional sequer *conceber* que a transferência dos costumes de Nova York para a Geórgia rural possa ter efeito comparável.

No artigo "Levando os direitos a sério", que contém a essência do pensamento de Dworkin, ele discute o notório julgamento dos "Sete

---

[38] Exemplos retirados de *Taking Rights Seriously*.

[39] Idem, p. 196.

de Chicago". Nesse julgamento, certos militantes de esquerda foram acusados de conspirar para cruzar as fronteiras interestaduais com a intenção de causar tumulto. Para Dworkin, era claro que os Sete de Chicago estavam protegidos pelo direito constitucional à livre expressão. Eis o que ele tinha a dizer àqueles que não concordavam:

> Pode-se dizer que as leis antitumulto [os] deixam livres para expressar [seus] princípios de modo não provocativo. Mas isso é ignorar a conexão entre expressão e dignidade. Um homem não pode se expressar livremente quando não pode igualar sua retórica a seu ultraje ou quando deve modificar sua postura a fim de proteger valores que lhe parecem nulos perto daqueles que está tentando defender. É verdade que alguns dissidentes políticos falam de maneiras que chocam a maioria, mas é arrogante por parte da maioria supor que os métodos ortodoxos de expressão são a maneira adequada de falar, pois isso é uma negação do igual interesse e respeito. Se a essência do direito é proteger a dignidade dos dissidentes, então devemos fazer julgamentos sobre discurso adequado com as personalidades dos dissidentes em mente, e não a da "silenciosa" maioria para quem as leis antitumulto não representam nenhuma restrição.[40]

O argumento de Dworkin implica que o direito de expressão existe a fim de "proteger" a dignidade dos dissidentes. Ele é notável por sua conclusão velada: quanto mais "silenciosas" e seguidoras da lei forem suas atividades, menos você poderá protestar contra as afirmações provocativas daqueles que não dão a mínima para seus valores. A voz do dissidente é a voz do herói; foi para *seu* benefício que a constituição foi projetada. O ensaio avança para a conclusão de que "qualquer tratamento duro dado pelo governo à desobediência civil, ou qualquer campanha contra os protestos vocais, pode contar contra sua sinceridade". Em outras palavras, um governo

---

[40] Idem, p. 201.

verdadeiramente sincero, tendo aprovado uma lei, deve ser leniente em relação àqueles que a desobedecem.

Mas, claro, ele não está falando sério. Imagine que os Sete de Chicago fossem militantes de direita, criando desafetos em nome de uma causa detestável para Dworkin — contra o aborto, por exemplo, ou contra a imigração. Pode ter certeza de que não lhes seriam oferecidos direitos compatíveis com seu nível de indignação nem sua "dignidade" mereceria nada além de seu aprisionamento.

No ensaio sobre "desobediência civil", ele lida de maneira peremptória com os conservadores que argumentam que deveríamos punir aqueles que encorajam a desobediência às leis. "Pode-se argumentar", escreve, "que, se aqueles que aconselham a resistência à convocação ficarem livres de acusação, o número dos que resistem a ela crescerá, mas não creio que seria muito maior que o número daqueles que resistiriam de qualquer modo."[41] Ele está escrevendo sobre a guerra do Vietnã, argumentando que a "consciência está profundamente envolvida" e que "é difícil acreditar que muitos que aconselharam a resistência (à convocação) o fizeram com base em qualquer outra razão". A implicação é que a consciência — porque se prestou, por mais que de maneira absoluta e impensada, a uma causa de tendências esquerdistas — merece a proteção da lei. Mais: pode até mesmo desafiar a lei, dado que, "se a questão toca direitos pessoais ou políticos fundamentais e se é possível discutir se a Suprema Corte cometeu um erro, um homem está dentro de seus direitos sociais ao se recusar a aceitar essa decisão como conclusiva".[42]

Em outras palavras, a consciência liberal pode ficar satisfeita com uma mera opinião sobre o que a lei poderia ou deveria ser. A consciência conservadora, contudo, jamais tem direito à mesma indulgência, devendo sempre trabalhar sob o inamovível ônus da

---

[41] Idem, p. 219.
[42] Idem, p. 215.

prova. Assim, a desobediência civil na causa da segregação perde automaticamente as credenciais da desobediência civil em uma causa liberal. "Se não tomarmos nenhuma ação contra o homem que bloqueia a porta da escola [...] violamos os direitos morais, confirmados pela lei, da estudante [negra] que ele bloqueia. A responsabilidade da leniência não pode chegar tão longe".[43] O oponente de Dworkin não pode se confortar com a visão de que a lei está, a esse respeito, "discutivelmente" errada. É *suficiente* que os negros tenham o direito moral, "como indivíduos", de não serem segregados. É claro, cada convocado também tem o direito, como indivíduo, à presença dos colegas nas fileiras a seu lado. Mas esse direito, dá-se a entender, é "menos fundamental". Além disso, ninguém pode realmente respeitar a personalidade que motiva o senso de direitos do segregacionista, dado que, "exceto em casos muito raros, um estudante branco prefere a companhia de outros brancos por possuir convicções sociais e políticas racistas ou sentir desprezo pelos negros como grupo".[44]

Essa última observação — em si mesma uma descuidada indiferença por um grupo inteiro de americanos, em bases que poderiam facilmente ser caracterizadas como racistas — serve como premissa para a discussão da discriminação reversa. Essa era, na época, uma importante causa liberal, e Dworkin foi especialmente ardiloso em sua defesa. Uma prática na qual indivíduos de algum grupo historicamente "desfavorecido" recebem vantagens das quais outros, mais qualificados, são excluídos claramente apresenta um desafio à ideia de que há direitos humanos universais, pertencentes a cada pessoa como indivíduo. Dworkin admite que "os critérios raciais não são necessariamente os padrões corretos para decidir que candidatos devem ser aceitos nas faculdades de Direito"[45] e é reconfortante,

---

[43] Idem, p. 210.
[44] Idem, p. 236.
[45] Idem, p. 239.

para aqueles que acham o racismo desagradável, ler que os critérios raciais, em tal caso, não são *necessariamente* corretos. Mas a sintaxe já sugere para onde o argumento — ou melhor, a defesa — de Dworkin está se dirigindo. Ele prossegue da seguinte maneira:

> [...] nem o são os critérios intelectuais ou, na verdade, qualquer outro conjunto de critérios. A justiça — e a constitucionalidade — de qualquer programa de admissão deve ser testada da mesma maneira. É justificada se serve a uma política adequada que respeita os direitos de todos os membros da comunidade de serem tratados como iguais, e não em caso contrário.[46]

Como pode ser assim? Dworkin apresenta duas razões. A primeira reside na distinção geral que faz entre "tratamento igual" e "tratamento como igual", acreditando que a constituição visa assegurar o último, independentemente da cláusula de "igual proteção". Assim, trato John e Mary igualmente quando, ao entrevistá-los para um emprego, considero apenas suas qualificações e a probabilidade de fazerem bem o trabalho. Mas isso pode não ser suficiente se pretendo tratá-los como iguais. Para chegar a esse padrão mais preciso, devo considerar a extensão em que as mulheres têm sido discriminadas e, portanto, em que extensão foi necessário, para Mary, um esforço maior para chegar ao mesmo estágio, em relação ao emprego, que John. Nesse caso, tratar os dois *como iguais* pode exigir que eu compense Mary pelas desvantagens injustas, dando-lhe precedência sobre John.

Esse argumento imediatamente transfere o conceito de direito do indivíduo para o grupo, de modo que os indivíduos já não são considerados meramente indivíduos quando se trata de estabelecer seus direitos, mas também membros de grupos, alguns dos quais

---

[46] Idem

podem sofrer com o fardo de uma desvantagem inamovível, especialmente os homens brancos. Mas Dworkin possui outro argumento além desse. No caso em consideração, defende ele, *não há* direitos relevantes. Não existe algo como o direito de ser considerado para uma vaga na faculdade de Direito com base no mérito intelectual. Portanto, se os direitos não nos fornecem um princípio orientador, devemos transferir nossa atenção do caso individual para a política geral. A política *serve* à causa dos direitos ou a *obstrui*?

Em virtude desses dois argumentos, variadamente aplicados e adequadamente adaptados às tentativas dos oponentes de refutá-los, Dworkin é capaz de se livrar do irritante obstáculo dos direitos individuais e devolver tudo à "teoria moral" contida, em algum lugar, de algum modo, na constituição. Essa teoria defende um direito predominante, que é o direito de ser tratado como igual e se traduz em um sistema de desvantagens e privilégios distribuídos de acordo com a filiação a um grupo, e não com o pertencimento a um país ou à raça humana.

Há, de fato, alguma plausibilidade na ideia de que um indivíduo não tem o direito de ser considerado por seus méritos ao se candidatar a um benefício educacional. Mas a razão é bem diferente da fornecida por Dworkin. O benefício é uma *doação* e é direito do doador distribuí-la como desejar. Se esse fosse o ponto de Dworkin, ele estaria argumentando de modo coerente com a grande tradição do liberalismo americano, contra a crença de que temos o direito de coagir os indivíduos a agirem de acordo com a política. Mas ele não hesita em aplicar tal coação. No exemplo fornecido, a faculdade de Direito certamente é obrigada a oferecer vagas em conformidade com os ditames da política. (Ela não pode, por exemplo, oferecer vagas somente para o sexo masculino ou para pessoas brancas.) Mas a política não é a meritocracia normal que vemos implícita na cláusula de igual proteção da constituição. Pois aplicar essa política é criar desigualdades sociais e "devemos cuidar para não empregar a cláusula de igual proteção em detrimento da igualdade". Não devemos permitir que nossa preocupação com os direitos individuais obstrua políticas que (ao menos segundo Dworkin) irão gerar mais igualdade e direitos mais efetivos no longo prazo.

Esse exemplo é extremamente interessante. Pois ele mostra a facilidade com que o liberal pode privar seu oponente de sua única defesa. O liberal diz, com efeito: "Não reconheço nenhum argumento exceto os direitos individuais e as políticas necessárias para assegurá-los." E, quando o conservador busca defender seus direitos, o liberal puxa o tapete sob seus pés, dizendo "esses *não são* direitos". O conservador argumenta que, se um privilégio for concedido, ele é ou uma doação, caso em que o doador pode determinar como deve ser distribuído, ou um direito, caso em que a posição padrão estabelecida pela constituição é a de "igual tratamento". A que equivale o igual tratamento no exemplo fornecido é uma questão separada, e judicial. Mas a hipótese é que isso significa conferir a cada pessoa os direitos garantidos pela constituição, nem mais, nem menos.

Em outro trecho, Dworkin ridiculariza o sentimento de que as concessões aos indivíduos e seus "direitos" podem às vezes ser anuladas por uma política projetada para assegurar estabilidade social e política. Ele argumenta, contra certos movimentos utilitaristas rotineiros, que nenhuma questão de mera política pode anular a reivindicação de justo tratamento feita por um indivíduo. "Não devemos confundir estratégia com justiça nem fatos da vida política com princípios de moralidade política."[47] Ou ao menos não ao criticar o argumento de Lord Devlin em favor da incorporação de elementos da moralidade sexual tradicional nas leis ou ao destilar escárnio contra "a indignação, intolerância e repulsa populares" (que, segundo ele, não devem ser confundidas com "convicção moral"). A estratégia que defende o desfavorecido pode passar brutalmente

---

[47] Idem, p. 253.

sobre quaisquer direitos nomeados pelos conservadores, pois, se os conservadores os nomearam, podemos estar certos de que não são "direitos", assim como podemos estar certos de que, quando os conservadores buscam evitar algo, não é por convicção moral, que apenas os liberais possuem, mas por sentimentos de "indignação, intolerância e repulsa".

É claro que há profundas e difíceis questões de filosofia política em jogo aqui. Dworkin pode muito bem estar certo em sua suposição de que os benefícios que os conservadores desejam defender não são direitos genuínos. Mas quais direitos *são* genuínos, e em que bases? Referir-se de maneira vaga à constituição americana e à alegada "teoria moral" sobre a qual foi fundada não é uma resposta a essa pergunta, especialmente quando os casos citados como ilustração foram decididos por tribunais ingleses. Dworkin é inflexível ao dizer que está argumentando a partir de princípios, e não de leis revogáveis, mas, quando a discussão entra no elevado reino da filosofia, precisamos saber como esses princípios são justificados. E essa é a questão da qual ele foge.

Em um livro subsequente, *O império do direito*, ele elabora uma nova estratégia para vencer discussões, que é ver o direito *hermeneuticamente*, "aberto à interpretação" em todos os aspectos e, portanto, sempre adequado à interpretação em favor dos liberais.[48] Segundo ele, uma interpretação é uma tentativa de dar a *melhor* leitura a algum artefato humano — a leitura que o mostra como mais adequado a seu objetivo final. Nessa visão, a interpretação crítica de uma obra de arte é uma tentativa de fazer a leitura que lhe conceda o maior valor estético. Em que consiste a "melhor" interpretação depende da atividade discutida. Obviamente, o direito não é uma busca por valor estético. Pelo que, então? Uma resposta seria justiça. Mas não é, ou não obviamente, a resposta que Dworkin fornece — novamente,

[48] *Law's Empire*. Cambridge, MA: Harvard University Press, 1988.

confrontado com o desafio de falar claramente, ele recua para atalhos obscuros. Às vezes, enfatiza o papel do direito na "orientação e limitação do poder do governo" — ou seja, salvaguardando direitos individuais. Em outras, escreve sobre sua função de resolver conflitos, assim como o direito civil. Em passagens mais teóricas, descreve o direito como limitado por um ideal de integridade e, no fim, essa parece ser sua teoria favorita, embora obscura.

Essa busca pela "melhor" leitura do direito é feita em muitos níveis: nos tribunais (quando os juízes interpretam as leis, quando decidem casos difíceis e quando tentam reconciliar suas decisões com os precedentes relevantes); nas reflexões dos juristas (quando racionalizam ou criticam as decisões dos tribunais); e nos argumentos dos filósofos legais (quando buscam pelos princípios primordiais).

Para Dworkin, o direito deve ser visto não como comando, convenção, predição ou mero instrumento da política. O direito é antes (de acordo com seu humor) uma expressão de direitos civis, morais ou constitucionais; uma realização da "moralidade política"; ou uma expressão das "obrigações associativas" da comunidade sobre a qual é exercido. Se ele alterna tão rápida e confiantemente entre esses vários idiomas, é parcialmente porque tem uma teoria (que brilha grande, mas pálida, em um crepúsculo estilístico) segundo a qual todas as funções do direito coincidem.

Aqui e ali, ele expressa essa teoria em termos quase religiosos. "Nosso" direito, argumenta, é uma atividade "protestante". Ao dizer isso, não menciona o fato de que o direito consuetudinário está conosco desde o auge do papado, gozando da explícita sanção do direito canônico da Igreja católica. Ele está preocupado em retomar as causas de *Levando os direitos a sério* e descrever o direito como arma nas mãos dos dissidentes. "Nós", sugere, ao pertencermos a uma peculiar tradição legal que é "nossa", subscrevemos uma moralidade altamente individualista que enfatiza os direitos do indivíduo contra a autoridade do poder soberano e que é totalmente "política" em sua força e aplicação. Essa condição de "moralidade política" define a comunidade à qual todos "nós" supomos pertencer. Como vimos, confrontado com um oponente que acredita que "nós" não somos todos leitores da *New York Review of Books*, Dworkin se mostra relutante em admitir que os direitos individuais podem triunfar sobre políticas liberais incorporadas. Mesmo assim, argumenta que o direito tem como objetivo preservar os direitos e responsabilidades que são reconhecidos dentro de uma "comunidade" e, portanto, assegurar a identidade dessa comunidade através do tempo — assim como cada indivíduo assegura sua identidade através do tempo ao assumir responsabilidade por suas ações passadas e futuras.

Em uma altamente carregada e enganosa analogia, ele compara o direito a um "romance coletivo" — um romance continuado por muitos autores, com o objetivo partilhado de produzir uma única e integrada obra de arte. Ao seguir um precedente, um juiz está engajado em um ato que tanto interpreta o que veio antes quanto modifica o contexto da interpretação. A restrição é que deve buscar expressar e manter a "integridade" da lei — em outras palavras, preservar os direitos e responsabilidades que foram resguardados naquela lei pela comunidade. A "integridade" da lei é, no fim, o mesmo fenômeno que a personalidade da comunidade a que ela serve.

Tendo resumido a teoria como a entendo, devo expressá-la com minhas próprias palavras. O direito, como "nós" o conhecemos, não é um corpo de regras, mas uma tradição, e sua importância jaz não em seus resultados, mas em seu "significado" — naquilo que recupera por meio da interpretação. O direito também expressa uma personalidade corporativa, que é a da comunidade em seu aspecto político. Ele resguarda direitos, responsabilidades e — deixe-me acrescentar, embora Dworkin caracteristicamente não o faça — deveres, e os leva adiante de geração em geração.

O processo de decisão judicial requer instituições específicas — por exemplo, independência judicial e um registro fidedigno das decisões do passado. Mas depende ainda mais de certo "espírito público", gerado pela aliança partilhada das pessoas. Essa aliança não é nem contratual nem universal, mas o reconhecimento de um destino comum que une as pessoas em um Estado-nação.

Se observo que tal teoria do direito já foi defendida em nome do conservadorismo político, não é a fim de desconsiderar qualquer alegação de originalidade por parte de Dworkin — pois seu modo de chegar a essas conclusões foi marcado, em cada ponto, por seu característico e exuberante intelecto. É antes para chamar a atenção para seu isolamento de todas as tradições de pensamento fora dos campos da jurisprudência anglo-americana e da filosofia analítica. Ele teria poupado muitos problemas a seus leitores se tivesse percebido em que extensão suas conclusões foram antecipadas por Smith, Burke, Hegel e de Maistre. E, embora isso pudesse significar ter de renunciar a uma de suas posturas favoritas — a do liberal esclarecido que ainda não se convenceu da existência de algo como o conservadorismo intelectual —, também o teria forçado a confrontar a enorme desarmonia existente entre sua defesa de "nossa" tradição legal e sua combativa promoção das causas (como a discriminação reversa) que correntemente a debilitam.

O "nós" de Dworkin inclui todos os liberais anglófonos, mas talvez não todos os americanos fora das cidades costeiras. Seus exemplos, como já comentei, são retirados do direito inglês e americano e discutidos à luz dos princípios do direito consuetudinário de precedentes e *stare decisis* (ainda que sem referência à importante distinção entre direito consuetudinário e equidade). A maior parte do mundo é governada por sistemas legais que, ao menos ostensivamente, *não* obedecem a esses princípios. Muitos países europeus possuem sistemas legais baseados no código napoleônico, no qual a doutrina de precedentes é oficialmente repudiada (ao menos na forma adotada pelos tribunais ingleses). Mesmo assim, esses países são governados de modo legal e por um sistema de apelações destinadas a proteger os direitos individuais (embora talvez não os mesmos direitos embutidos no direito consuetudinário).

E aqui, creio, é onde vemos a profunda debilidade do modo de argumentar de Dworkin. É o modo do advogado, que emprega qualquer truque útil à mão, mas não o do filósofo, que mantém um olho na verdade universal. Ele jamais menciona o código napoleônico ou os muitos sistemas codificados similares. Tampouco menciona o direito romano, ainda que esse código contenha mecanismos interessantes por meio dos quais casos difíceis podem ser reconciliados com o princípio subjacente. Nem faz referência ao direito canônico — a fundação dos sistemas europeus de justiça criminal — ou, muito menos, ao direito islâmico, no qual há genuína interpretação e independência judicial, mesmo que "o que diz a lei" tenha sido repetido desde o Profeta. E, é claro, omite qualquer menção ao direito comunista — os sistemas de "legalidade socialista" instalados por Stalin, que não possuem precedentes fidedignos, nenhum registro legal propriamente mantido e nenhuma independência judicial. E por que jamais menciona o direito internacional, o mais controverso de todos os concorrentes ao título? Serão todos casos desviantes?

Se tivesse considerado ao menos alguns dos sistemas rivais, Dworkin teria sido forçado a concluir que "nós" somos um grupo menor do que ele imagina e que há necessidade de uma teoria mais ampla em escopo, mais rica em conceitos e menos dependente de uma dieta de exemplos unilaterais do que a teoria que ele nos deu. Mas isso também mostra que sua teoria da "interpretação" não é tanto uma verdadeira filosofia do direito quanto um instrumento de advocacia com o qual confiscar a constituição americana de seus devotos conservadores. Fora do contexto da defesa de suas causas, é impossível dizer como a teoria deve ser aplicada ou em que realmente consiste.

Um conservador, confrontado com a tarefa de desenvolver uma teoria do direito que fosse algo mais que advocacia, ficaria infeliz com um conceito de interpretação que está ligado a um contexto histórico específico e parece expressamente projetado para validar a "moralidade política" de Ronald Dworkin. Creio que ele começaria sua teoria com um conceito que não desempenha nenhum papel no relato de Dworkin: o de soberania. Soberania significa o poder legítimo de comandar obediência. Para aqueles, como Hobbes, Hegel e de Maistre, que olharam para o abismo, é o *sine qua non* da ordem legal, a condição a partir da qual começam as relações pacíficas e consensuais. Nem o terrorismo nem sua forma institucional em um governo totalitário lançam suas sombras sobre o império de Dworkin. O homem dworkiniano é uma criatura já seguramente governada pela lei e protegida por espertos juristas de seus comandos menos bem-vindos. Sua "moralidade política" é constituída quase inteiramente de direitos e reivindicações e deixa pouco espaço para as ideias de dever e obediência. Quando chega a hora de lutar por seu país, ele pode se apoiar na cláusula de escape da desobediência civil. Quando os conservadores tentam impor sua opressiva moralidade em matéria de sexo, casamento e aborto, ele pode facilmente descobrir o direito de fazer o que quiser, "interpretado" na constituição por obsequiosos juízes liberais.

Mas o que, no fim das contas, significa "interpretação"? Dizer que o objetivo de interpretar uma atividade é fornecer a "melhor" versão dela é dizer muito pouco. Não dizemos o que é futebol argumentando que o objetivo do futebol é jogar futebol bem. Precisamos de uma teoria mais concreta e mais detalhada sobre em que consiste o "melhor". Dworkin, como Hans-Georg Gadamer (a quem se refere em uma passagem crucial), cita abundantemente o exemplo da linguagem.[49] E é verdade, claro, que a linguagem fornece nosso

[49] Hans-Georg Gadamer, expositor moderno da "hermenêutica", cujo *Truth and Method*, de 1960 (vários tradutores. Londres: Sheed and Ward, 1979 [*Verdade e método*. Petrópolis: Vozes, 2015]), contém um vago, porém influente, pleito pela prioridade da interpretação sobre a explicação nas ciências humanas.

exemplo central de interpretação. Mas qual é a "melhor" interpretação do discurso do outro? Não é necessariamente a interpretação que o torna verdadeiro, útil ou compatível com o que quer que a pessoa diga ou acredite. É a interpretação que nos diz o que aquele discurso significa.

Críticos literários estão acostumados com a ideia de que "o que um texto significa" não é o mesmo que "o que o autor *diz* que significa". Todas as discussões em torno da falácia intencional e da "morte do autor", contudo, passaram incólumes por Dworkin, e ele nos deixa com uma ideia de "melhor" interpretação que é inteiramente improvisada em torno de suas conclusões favoritas. É impossível derivar de seu argumento qualquer teoria sobre o que acontece quando, por exemplo, um juiz tenta circundar uma lei injusta ou opressiva invocando princípios de equidade. De fato, nenhuma parte da tradição incorporada em nossa Corte da Chancelaria é mencionada em seu argumento. E ele jamais nos diz o que acontece quando juízes aplicam uma lei porque *precisam* e não porque ela se harmoniza com outros aspectos do sistema legal — como quando são forçados a anular acordos contratuais em nome dos interesses da legislação social.

Suspeito que um verdadeiro acadêmico, preocupado com a ideia de interpretação, teria se afastado de suas causas favoritas para olhar para o conceito de *ijtihād* do direito islâmico. Até o triunfo dos teólogos asharitas no século X de nossa era e o destrutivo dogma de que "o portão de *ijtihād* está fechado", os juristas das quatro escolas aceitas concordavam que a lei governando um caso particular devia surgir pela interpretação do Corão e dos hadiths, de acordo com certos princípios que harmonizariam a decisão com as declarações explícitas do Profeta. Muito trabalho acadêmico foi devotado a compreender exatamente como os juristas islâmicos iniciais procediam e teria sido interessante ler as opiniões de Dworkin a respeito — ou sobre qualquer outra coisa que não fossem os impetuosos floreios de sua advocacia liberal. Mas essas coisas serão buscadas em vão. Permanece incerto, até o fim de seu argumento, o que significa "interpretação" ou a quem se refere sua onipresente primeira pessoa do plural. Ele termina com estas palavras: "é isso o que o direito significa para nós; para as pessoas que queremos ser e para a comunidade que buscamos ter". A que a única resposta coerente é: fale por si mesmo.

Nas figuras de Galbraith e Dworkin vemos a emergência, nos Estados Unidos, de um beligerante establishment liberal. Ambos foram homens brilhantes, com domínio do raciocínio circunstancial. Ambos tiveram uma atitude descuidada em relação ao estudo acadêmico sério. Ambos despejaram escárnio sobre as ideias recebidas da sociedade americana, a fim de abrir caminho para a rebeldia. E ambos gozaram das enormes recompensas que estão disponíveis para aqueles que subvertem a antiga cultura de família, iniciativa, Deus e bandeira. Examine seus argumentos atentamente, contudo, e encontrará apenas atalhos, retórica e desprezo pelas opiniões contrárias. Apesar de toda sua esperteza, eles deixaram as reais questões intelectuais exatamente no mesmo lugar onde as encontraram.

4.

Libertação na França: Sartre e Foucault

Durante a última década do século XIX, o caso Dreyfus, no qual um oficial judeu do Exército francês foi exilado por falsas acusações de traição, suscitou a questão sobre o que significa ser francês. Que tipo de lealdade é necessária para que o país defenda a si mesmo? A questão foi feita após a humilhação da França pelos exércitos de Bismarck, provocando um patriotismo que chegou tarde demais para salvar o dia e que ainda estava incompleto durante a emergência seguinte, em 1914.

O notório artigo de Zola, "J'accuse", publicado em 1898 em um jornal diário, *L'Aurore*, apontou o dedo para o governo francês e as classes políticas, acusando-os de antissemitismo. O patriotismo, argumentou Zola, não tinha nada a ver com raça e tudo a ver com cidadania. Seu artigo foi o ápice do conflito envolvendo a relação entre a ortodoxia católica e o status do cidadão judeu. Também suscitou questões sobre a própria natureza da França e da lealdade a ela, com a qual o país foi incapaz de contar em sua hora de necessidade.[1]

---

[1] Essas questões permanecem tão vivas quanto antes: ver Alain Finkielkraut. *Le mécontemporain*. Paris: Gallimard, 1991.

No livro *Em busca do tempo perdido*, Proust retorna obsessivamente ao caso Dreyfus, como se fosse a única intrusão do mundo dos eventos públicos no reino interno de sentimentos requintados e luxúria destemperada que era sua principal preocupação. Ele associou o caráter "estrangeiro" do judeu na alta sociedade à vida do homossexual secreto em uma cultura católica. De fato, em nenhum lugar o caso Dreyfus é mais proeminente que nas páginas de *Sodoma e Gomorra* devotadas ao desejo homossexual — páginas que também são um sutil pedido por tolerância em relação àqueles cuja identidade íntima é escondida do restante da sociedade e que, consequentemente, vivem conscientemente à margem.

Proust e Zola eram patriotas urbanos, para quem a cidadania tinha precedência sobre a religião e a cultura. Entre os *dreyfusards*, havia escritores católicos que buscavam um tipo mais enraizado e menos legalista de patriotismo. Eles identificavam a França com o interior, seu modo de vida camponês, sua economia tradicional e as formas nativas de devoção católica. Embora fossem católicos sinceros, desejavam dar um caráter mais territorial a sua devoção e ligar sua fé ao cenário da França, em algo parecido com o modo como a fé anglicana fora ligada ao cenário da Inglaterra pelos romancistas e poetas vitorianos. Joana d'Arc, a virgem guerreira cuja bela história precedia a Revolução em três séculos e meio, tornou-se símbolo de sua nova forma de patriotismo, que deveria ser uma consagração da terra e do povo, assim como uma reafirmação de comprometimento católico.

A principal figura do movimento era Charles Péguy, fundador e editor dos notórios *Cahiers de la Quinzaine*, nos quais muitas das mais importantes obras da literatura francesa da primeira década do século XX foram publicadas — incluindo *Jean Christophe*, de Romain Rolland, e obras de Anatole France e Julien Benda. *Mystère de la charité de Jeanne d'Arc*, de Péguy, foi publicado em 1911, três anos antes de sua morte em batalha, e a canonização de Joana d'Arc pela Igreja em 1920 deveu-se, em grande parte, à influência e à campanha de

Péguy. Sua síntese do catolicismo e do patriotismo exerceu grande influência sobre o filósofo Jacques Maritain e sua esposa Raïssa, e em torno deles se congregou um influente círculo de escritores e pensadores nos anos após 1918, quando a França lutava para se recuperar do massacre sem sentido da Primeira Guerra Mundial.[2]

Esse *renouveau catholique* do pós-guerra incluía pintores (Georges Rouault), compositores (Charles Tournemire e Francis Poulenc) e escritores como Paul Claudel, Jean Cocteau, Francis Jammes, Charles du Bos, Gabriel Marcel e François Mauriac.[3] Seus esforços podem ser testemunhados em uma extraordinária publicação intitulada *Chroniques*, cujo primeiro volume surgiu em 1925, sob editoria de Claudel, Cocteau, Jacob, Maritain e (é estranho dizer) G. K. Chesterton — todos apaixonadamente católicos na época. A causa do nacionalismo francês entrou em um período conturbado, contudo, quando uma causa rival, mais secular e muitas vezes francamente ateísta, começou a ganhar ascendência. Essa foi a beligerantemente monarquista *Action Française* de Charles Maurras (movimento que fundara com um jornal de mesmo título em 1898 e que cresceu em força durante as duas primeiras décadas do século XX). Maurras era um antissemita que se unira entusiasticamente à condenação do capitão Dreyfus e tinha um temperamento singularmente violento, proferindo ameaças de morte contra políticos proeminentes que acabaram lhe rendendo uma sentença de prisão.

A crise da Segunda Guerra Mundial, com a capitulação dos franceses e o estabelecimento do regime de Vichy, significou que

---

[2] Ver Raïssa Maritain. *We Have Been Friends Together*. Tradução de Julie Kernan. Nova York: Longmans, Green and Co., 1942, e *Adventures in Grace*. Tradução de Julie Kernan. Nova York: Longmans, Green and Co., 1945. A história dos Maritain e sua "coleção" de intelectuais simpatizantes é contada por Jean-Luc Barré. Tradução de Bernard E. Doering. *Jacques and Raïssa Maritain: Beggars for Heaven*. South Bend: University of Notre Dame Press, 2005.

[3] Ver o estudo de Stephen Schloesser. *Jazz Age Catholicism: Modernism in Postwar Paris, 1919-1933*. Toronto, 2005.

toda a ideia de nacionalismo francês passou a ser maculada pelo crime de colaboração. Muito da literatura francesa do pós-guerra foi reação a isso. Maurras, por exemplo, foi colaborador do regime de Vichy e julgado após a guerra por fornecer auxílio e encorajamento ao inimigo. Sua sentença de morte foi comutada para prisão perpétua, embora outros membros intelectuais de seu movimento tenham sido menos afortunados. Um deles, o ferozmente antissemita romancista Robert Brasillach, foi fuzilado, a despeito de um pedido de clemência ao general De Gaulle assinado por muitos dos mais importantes escritores da época, incluindo Paul Valéry e Jean Cocteau. Após a guerra, os escritores se dividiram em inocentes e culpados, com os inocentes sendo frequentemente autointitulados e incluindo muitos que haviam apressadamente inventado uma ficção de afiliação à Resistência. Os colaboradores mais declarados, como Maurras, Brasillach e o romancista Drieu la Rochelle, foram delatados por uma população cuja própria inocência era, em muitos casos, uma fabricação retrospectiva.[4]

Não surpreende, portanto, que muito da literatura francesa de guerra seja devotado às complexidades da traição, cometida por pessoas frequentemente mais dispostas a baixar os braços em nome da segurança pessoal que a sacrificar a vida por um amigo. Lembre-se da notória história *Bola de sebo*, de Maupassant, que narra a tentativa, por um grupo de respeitáveis burgueses, de sacrificar uma prostituta — a única patriota entre eles — aos avanços de um oficial alemão. Ou considere aqueles dois poderosos romances lançados entre as guerras mundiais, *Viagem ao fim da noite*, de Louis-Ferdinand Céline, e *La jument verte*, de Marcel Aymé, o primeiro falando do caos moral da Primeira Guerra Mundial, e o segundo, da traição entre vizinhos

[4] Afirma-se que até 5 milhões de cartas de denúncia foram enviadas às autoridades em Vichy, França, ou aos ocupantes alemães. Ver André Halimi. *La Délation sous l'Occupation*. Paris: Éditions Alain Moreau, 1983.

no conflito franco-prussiano de 1870-1871. Em ambos, vemos um país tomado pela suspeita, buscando por um patriotismo que tão frequentemente o elude e parecendo desprovido do espírito de sacrifício que anima (por mais melancolicamente que seja e com qualquer grau de autoengano) a literatura inglesa da Primeira Guerra Mundial.

Ilustrativo do trauma é o escritor Drieu la Rochelle. Ele lutou bravamente na Primeira Guerra Mundial, sendo ferido três vezes e recebendo a Croix de Guerre. Emergiu da experiência como uma das principais figuras literárias da Paris entreguerras. Mas não se sentia atraído pelo renascimento católico e, durante os vinte anos seguintes, levou uma vida desordenada, devotada à sedução de mulheres e à composição de sombrios romances nos quais as mulheres e sua sexualidade ocupavam o centro do palco. Ele repudiava as ideias nacionalistas que acreditava terem causado a Grande Guerra e defendia uma Europa unida e um novo internacionalismo como única maneira de conseguir um futuro pacífico.

Inicialmente, Drieu apoiou os comunistas como defensores evidentes da causa internacionalista e se uniu ao Partido, juntamente com tantos de seus contemporâneos. Quando saiu do Partido e se declarou fascista, não foi por repudiar aquilo em que um dia acreditara. Para ele, o socialismo internacional que o atraíra para o Partido Comunista estava sendo mais bem expresso pelos partidos fascistas em ascensão na Alemanha e na Itália. E ele dificilmente pode ser culpado por pensar assim, em uma época na qual nazistas e comunistas iniciaram sua aliança secreta. Há um tipo de desejo de morte, um desgosto pela vida, que une a política internacional e as sórdidas experiências de um personagem como Drieu.[5] Seu suicídio, que o salvou de ser julgado por traição, já estava implícito no *ennui* e na *nostalgie de la boue* que preenchem as páginas de *L'homme couvert de femmes*, um romance que expressa, já no título, o divórcio entre

---

[5] Ver Pol Vandromme. *Drieu la Rochelle*. Paris: Editions Universitaires, 1958.

sexo e amor que definiu sua experiência. Sua vida, assim como sua arte, foi um registro de devastação espiritual para a qual ele buscou, em vão, um remédio político.

Os esforços de Péguy, Maritain e seus seguidores para unir catolicismo e nacionalismo em um abraço apertado eram inaceitáveis, não apenas para pessoas como Drieu la Rochelle, mas também para os intelectuais comuns de tendências esquerdistas. Muitos deles eram não crentes — com a cultura nacional já tendo sido parcialmente colonizada pelo deísmo de Auguste Comte e pelo ateísmo de Zola, Proudhon e Georges Sorel. A influência do marxismo foi sentida em toda a sociedade e, após a Revolução Russa, o Partido Comunista Francês passou a crescer rapidamente, recrutando muitos dos mais importantes intelectuais do país, incluindo o romancista e poeta Louis Aragon, o pintor Pablo Picasso e o surrealista André Breton.

Pode-se argumentar que a resultante *trahison des clercs* foi menos prejudicial que a dos espiões de Cambridge e seu círculo, dado que menos dependia da França que da Inglaterra durante a guerra e o período subsequente. Mas as consciências culpadas dos intelectuais franceses no pós-guerra podem ser vistas claramente em suas reações intensamente hostis a *O livro negro do comunismo*, organizado pelo ex-maoista Stéphane Courtois e publicado em 1997. Esse livro fornece a contagem de corpos dos crimes comunistas e descreve a parte dos intelectuais ao sancioná-los e inspirá-los. Também insiste na comparação (para Courtois uma quase identidade) entre comunismo e nazismo.[6] Para muitos intelectuais franceses que se voltaram para o Partido Comunista em reação aos horrores do nazismo, essa comparação não foi apenas ofensiva; foi uma traição. Contudo, os comunistas foram em certa medida responsáveis pela erosão da vontade de lutar contra os nazistas, estando sob ordens indiretas de

---

[6] Stéphane Courtois (org.). *O livro negro do comunismo*. Rio de Janeiro: Bertrand Brasil, 1999.

Hitler durante os meses cruciais da derrota francesa. (Foi graças ao PCF que as fábricas de munição entraram em greve quando Hitler — então beneficiário do pacto nazi-soviético — marchou para a França.)

As crenças, as campanhas e a autoimagem da geração de escritores do pós-guerra podem ser lidas contra esse doloroso pano de fundo. E, em quase todos eles, destaca-se a influência de Alexandre Kojève, um exilado russo cujas palestras sobre Hegel na *École Pratique des Hautes Études* durante os anos 1930 foram frequentadas por grandes nomes da literatura francesa do pós-guerra — Bataille, Lacan, Sartre, de Beauvoir, Lévinas, Aron, Queneau, Merleau-Ponty e muitos outros. Enquanto o Partido Comunista estava ocupado colocando o maquinário da indústria nas mãos dos sindicatos e do Estado socialista, Kojève — que era servidor público francês de alta patente e um dos arquitetos da União Europeia — amaciava a classe intelectual com dialética hegeliana, a fundação da religião marxista que tomara o poder em sua nativa Rússia. Fontes nos serviços de segurança franceses alegaram que era agente soviético. Mas não temos provas independentes disso. Afinal, ele declarou a todos ser seguidor de Josef Stalin, e que agente soviético diria tal coisa?[7]

As palestras de Kojève sobre Hegel foram subsequentemente editadas e transformadas em livro por Raymond Queneau, o espirituoso autor de *Zazie no metrô*. Elas se dedicam a expor o argumento de *Fenomenologia do espírito*, de Hegel, em particular a dialética da liberdade, de acordo com a qual o ser humano se torna uma autoconsciência livre através do processo de conflito com o Outro. Duas ideias parecem ter pulado da boca de Kojève para as mentes de sua plateia, ressurgindo como temas na literatura do pós-guerra: a identidade entre liberdade e autoconsciência e a dialética de sujeito e objeto. É válido fazermos um breve resumo dessas duas ideias e

---

[7] Isso me faz lembrar da peça de Max Frisch, *The Fire-Raisers*, ostensivamente inspirada na tomada comunista da Europa Oriental após 1945.

seu lugar na filosofia de Hegel, dado que surgirão em muitas de minhas discussões em capítulos posteriores.

Para Hegel, o processo por meio do qual nos tornamos plenamente conscientes de nós mesmos como sujeitos e o processo por meio do qual "percebemos" nossa liberdade são um e o mesmo. Eu me conheço por meio de minhas ações livres e, agindo livremente, crio o eu que conheço. O autoconhecimento não é um solitário exercício de introspecção. É um processo *social*, no qual encontro e luto com o "Outro", cuja vontade, em conflito com a minha, força-me a reconhecê-lo em mim mesmo. Em uma passagem justamente notória, Hegel argumenta que há, tanto na vida do indivíduo quanto na história mais ampla da humanidade, uma transição da "luta de vida e morte" entre vontades conflitantes para a relação de autoridade e servidão, na qual um lado se submeteu e o outro prevaleceu, e daí para a vida de labuta, na qual o escravo cria para si mesmo as condições de liberdade. O processo continua até que a escravidão dê espaço, por meio de sua própria dinâmica interna, à cidadania, à legalidade e ao acordo mútuo.[8]

Hegel alcançou conclusões conservadoras em seu argumento e, de fato, forneceu alguns dos conceitos fundamentais da visão de direita que defenderei no capítulo final. Mas o que impressionou a plateia de ateus espiritualmente famintos de Kojève nos anos 1930 foi a visão que jaz dormente nas páginas de Hegel: a liberdade radical e o indivíduo autogerado. Eles perceberam que, explorando o eu e sua liberdade, era possível reencantar seu mundo desencantado e colocar o sujeito humano novamente no centro das coisas. Além disso, receberam uma visão da Queda com a qual explicar sua alienação. A Queda era o Outro, o Sujeito transformado em Objeto, a coisa contra a qual a liberdade define a si mesma e com a qual está em constante conflito.

[8] Hegel. *The Phenomenology of Spirit*. Capítulo 4 [*Fenomenologia do espírito*. Petrópolis: Vozes, 2011].

Eu e Outro, Sujeito e Objeto, Liberdade e Alienação — os opostos se acumularam e se espalharam como fogo pelos cérebros ressecados dos devotos de Kojève, para ressurgirem transmutados na literatura do pós-guerra, quando uma nova onda de culpa e repúdio engolfou sua devastada terra natal. Para Simone de Beauvoir, a dialética do eu e do outro explicava pela primeira vez a sujeição da mulher — a *altérité* a que as mulheres eram condenadas pela maneira estabelecida de representá-las. Para Georges Bataille, a fascinação do sujeito com o objeto se tornou o componente principal do erotismo, a maneira pela qual o mundo das coisas é infectado por nossa liberdade. Para Lacan, a dialética hegeliana foi recontada na história do "estágio do espelho" da psique, o momento em que o sujeito se vê como objeto e, assim, torna-se Outro para si mesmo. E assim por diante com todos os escritores e pensadores que se sentaram aos pés de Kojève e aprenderam com ele a recuar de Marx para Hegel e ver que, o que quer que estivesse errado no mundo, era culpa do Outro.

É claro que é impossível reduzir um pensador tão complexo quanto Sartre a uma única influência. Juntamente com o hegelianismo de Kojève, ele estava profundamente imerso na fenomenologia de Husserl e seu radical retrabalho da estranhamente envolvente filosofia da "autenticidade" de Martin Heidegger. Estudou durante um ano com Husserl na Alemanha enquanto preparava uma tese sobre a imaginação, e então ensinou em escolas pela maior parte dos anos 1930, antes de ser convocado para o Exército francês e acabar capturado em Padoux em 1940. Foi libertado, tendo declarado más condições de saúde em função de sua visão defeituosa, retornou a Paris e voltou a ensinar no Lycée Condorcet. Foi ativo, mas não perigosamente, na Resistência, uma experiência que lhe deixou uma impressão duradoura, e seu envolvimento com os quadros comunistas no período imediatamente após o fim da guerra inspirou sua peça anticomunista *Les mains sales*.

Sartre prosperou sob a ocupação e foi capaz de publicar sua *magnum opus, O ser e o nada,* sem censura em 1943. Além disso, foi cofundador, em 1945, da bem-sucedida revista *Les Temps modernes,* que continuou a editar durante duas décadas. Tendo recusado a Légion d'Honneur em 1945, foi incapaz de recusar o Nobel de Literatura em 1964, dado que as regras não permitiam. Mas não compareceu à cerimônia de premiação em Estocolmo e entregou o prêmio em dinheiro a causas socialistas. Jamais foi membro do Partido Comunista, não acreditando em partidos ou qualquer outro tipo de instituição. Mas *Les Temps modernes,* sob sua direção, foi inflexível em seu apoio às campanhas comunistas. Além disso, suas próprias denúncias políticas (tipificadas por aquela feita contra seu antigo amigo e coeditor Albert Camus) eram brutalmente stalinistas, assim como sua visão do mundo moderno como utópico e míope: fatos que o aproximaram tanto do espírito do Partido Comunista Francês que tornaram sua autoproclamada distância apenas simbólica. Foi ao se congraçar com o Partido que ele retirou *Les mains sales* dos palcos.

Sartre anunciou *Les Temps modernes* como jornal devotado a *la littérature engagée.* Em nenhum sentido, contudo, essa frase descreve suas excursões literárias iniciais — o breve estudo sobre a imaginação publicado em 1936 e o romance *A náusea,* de 1938, ambos reflexões sobre a vida interior e sua separação do mundo da ação. É justo dizer que *A náusea* mudou o curso da literatura francesa ao lhe fornecer um novo tipo de centro narrativo. O herói do romance, Roquentin, está tomado de repulsa pelo mundo das coisas. Ele se sente maculado por sua encarnação, que o une flagrante e irreversivelmente a um mundo diferente dele mesmo. A experiência de náusea ocorre sempre que a existência perde seu "inofensivo ar de categoria abstrata" e se torna "a própria substância das coisas". Ele vê então que "o que existe deve existir até o ponto de embolorar, inchar, tornar-se obsceno". Aqui, pela primeira vez plenamente na obra de Sartre, encontramos sua peculiar transformação da versão kojeviana do Outro, o "não eu" que permanece inamovivelmente oposto ao "eu" da liberdade e da autoconsciência.

A repulsa de Roquentin — *"une espèce d'écœurement douceâtre"* — contrasta com seu senso de liberdade interior. Ele sente que, dentro de si, existe a capacidade de repudiar o mundo, recusar seus excessos. Sua repulsa, portanto, adquire um foco mais específico: as outras pessoas, em particular as que considera "burguesas", cujos rostos brilham com o que é para ele injustificada retidão. O burguês é o Outro encarnado, a onipresente negação do eu. Roquentin contempla a imersão da burguesia na família e no Estado, seu fácil consolo na religião, nas reuniões sociais e nos papéis — e sua resposta é uma determinada abnegação. A burguesia é o epítome da má-fé, o registro vivo de uma liberdade abjurada, o testemunho do eu traído. O que quer que aconteça, *ele* não trairá a si mesmo dessa maneira. A história de sua repulsa é a história de sua recusa em pertencer.

Roquentin foi o primeiro de muitas criações literárias dessa natureza — centros de consciência que observam sem pertencer. Assim é Meursault, o narrador de *O estrangeiro* (1942), de Camus, bem como o anônimo narrador em primeira pessoa de *Au moment voulu* (1951), de Maurice Blanchot, e o narrador "ausente" de *O ciúme* (1957), de Alain Robbe-Grillet, a obra que iniciou o *nouveau roman* e na qual nada realmente acontece e todos os sentimentos são implícitos. Para o cético leitor inglês, todos esses observadores em sofrimento parecem adolescentes introspectivos, que lisonjeiam a si mesmos pretendendo que sua repulsa é um tipo de santidade. Injusto, talvez, mas um modo de reconhecer que há uma maneira totalmente diferente de ver Roquentin, como manifestação do pecado capital do orgulho, o pecado do Satã de Milton, o pecado de Sartre, que ele procurou dignificar, durante toda a vida, com os mais altos títulos teológicos.

Com Roquentin, Sartre começou a tarefa de criar sua própria salvação a partir da premissa do eu. E foi essa tarefa que continuou em sua obra-prima, *O ser e o nada* (1943), e na notória palestra

"Existencialismo e humanismo", de 1945. Em uma extraordinária combinação de argumento filosófico, observação psicológica e evocação lírica, ele descreve o suplício e a tarefa da consciência em um mundo que não possui significado além daquele que eu, por meio de minha liberdade, imprimo a ele.

Os filósofos medievais tomaram de Aristóteles a ideia de que respondemos à pergunta "O que existe?" ao identificarmos a natureza essencial das coisas. Se isso diante de mim existe, então isso é algo. Se é algo, então há alguma coisa que isso é. E a coisa que isso é — um homem, um cão, um galho, uma pilha de areia — é definida por sua essência. Daí que "a essência precede a existência": conhecemos o mundo compreendendo essências e buscando as coisas que as exemplificam. Mas essa maneira de ver as coisas, argumenta Sartre, depende de uma metafísica insustentável. Não existe natureza humana, dado que não existe um Deus para possuir uma concepção sobre ela. As essências, como construções do intelecto, desaparecem com a mente que as concebe. Para nós, portanto, nossa existência — nossa não conceituada individualidade, cuja realidade é a liberdade — é a única premissa de toda indagação e o único ponto de observação seguro em um mundo cujo significado ainda não foi estabelecido. A verdadeira premissa da filosofia é que "a existência precede a essência". Minha existência não é governada por nenhuma moralidade universal e não possui nenhum destino prefigurado, como poderia ser contido em uma visão da natureza humana. O homem deve construir sua própria essência, e mesmo sua existência é, em certo sentido, uma realização: ele existe completamente apenas quando é o que pretende ser.

A consciência é "intencional": ela postula um objeto em que vê a si mesma, como em um espelho. Como na dialética de Hegel, objeto e sujeito surgem juntos, em fundamental antagonismo. Sartre expressa esse antagonismo em termos já emprestados de Hegel por Marx. O antagonismo no coração do ser é aquele entre o "em-si" e o "para-si" (*en-soi* e *pour-soi*). Ao se estabelecer em relação a um objeto fundamentalmente "outro", o eu cria uma separação em seu mundo, um tipo de fenda. Eu mesmo ocupo essa fenda: é o reino do nada, *le néant*, que "jaz enrodilhado no coração do ser, como um verme".

Sartre revela um inesquecível retrato do dilema em que somos colocados pela autoconsciência no mundo dos objetos. Para a visão de mundo religiosa, a autoconsciência é uma fonte de alegria, prova de nossa separação da natureza, de nossa relação especial com Deus e de nossa redenção final, ao saltarmos do mundo para os braços de nosso criador. Para Sartre, a autoconsciência é um tipo de nada todo-dominante, uma fonte de ansiedade: prova de nossa separação, certamente, mas também de nossa solidão, que é uma solidão sem redenção, uma vez que todas as portas em nossas paredes internas foram pintadas por nós mesmos e nenhuma delas se abrirá.

Além disso, o eu, o *pour-soi*, jamais pode se tornar objeto de sua própria consciência. Ele é sempre o sujeito, a coisa que conhece, e não o objeto conhecido. Posso voltar minha atenção subitamente em direção a ele, esperando pegá-lo desprevenido. Mas ele rodopia para fora de minha visão antes que eu possa captá-lo. Pegar a consciência inconsciente é exatamente o que é impossível. A experiência do nada, portanto, é elusiva, assim como o ego é elusivo: o eu é o nada e o nada é o eu. Ocasionalmente, contudo — expectantes ou desapontados —, estamos conscientes da soberania do nada e da aterrorizante dependência mútua entre o nada e o ser. É somente a autoconsciência (um *para-si*) que pode trazer esse nada para o mundo. Para o organismo meramente sensível, não existe fratura entre sujeito e objeto. Com a fratura, contudo, surge o desafio existencial. Surge a questão: "Como devo preencher o vão que me separa do mundo?" A angústia que invade o eu em virtude dessa questão é a prova da liberdade. Não pode haver nada mais certo que minha liberdade, dado que nada existe para mim — nada é *outro* — até que a fratura esteja aberta, e minha liberdade, exposta.

A angústia se mostra no sentido de que os objetos não são adequadamente distintos uns dos outros, são inertes, não diferenciados, aguardando separação. Essa é a origem da peculiar náusea metafísica de Roquentin, da qual o objeto primário é a dissolução do mundo. O mundo se torna lodo — o *fango originale* de Boïto e o *Iago* de Verdi. Sartre conclui *O ser e o nada* com uma longa descrição do lodo (*le visqueux*), evocando a rainha dos pesadelos, que parece surgir da vala do nada e confrontá-lo com uma última negação. O lodo é um derretimento dos objetos, um "úmido e feminino sugar", algo que "vive obscuramente sob meus dedos" e que "percebo como tontura". O lodo

> me atrai para si como o fundo de um precipício poderia me atrair [...] Em um sentido, é como a suprema docilidade do possuído, a fidelidade de um cão que *se dá* mesmo quando já não o querem, e, em outro sentido, há sob essa docilidade uma sub-reptícia apropriação do possessor pelo possuído.[9]

No lodo, confrontamos a absorção do "para-si" pelo "em-si": o mundo dos objetos coalesce em torno do sujeito e o arrasta para baixo de si.

O lodo, portanto, é uma imagem do "eu em perigo": de uma liberdade perdida para o "caído" mundo dos objetos. Em reação a esse perigo, ao qual a própria liberdade me incita, posso me esconder de mim mesmo, enterrando-me em algum papel predeterminado, contorcendo-me para caber em um traje feito para mim, cruzando o abismo que me separa dos objetos apenas para me tornar eu mesmo um objeto. Isso acontece quando adoto uma moralidade, uma religião, um papel social que foi projetado por outros e fornece um

---

[9] *Being and Nothingness*. Tradução de Hazel Barnes. Londres: Methuen, 1957, p. 606-611 [*O ser e o nada*. Petrópolis: Vozes, 2011].

enganoso refúgio de minha própria autenticidade. O resultado é a "má-fé" — o crime dos bons cidadãos sobre os quais Roquentin lança seu veemente desprezo. O lodo me repele e me atrai, precisamente porque é uma imagem da doce e pegajosa promessa da má-fé.

A falsa simulação do em-si pelo para-si (do objeto pelo sujeito) deve ser contrastada com o autêntico gesto individual: o ato livre por meio do qual o indivíduo cria tanto a si mesmo quanto a seu mundo, juntos, ao lançar um no outro. Não me pergunte *como* isso é feito, dado que o processo não pode ser descrito. O fim é o que importa e é isso que Sartre descreve como comprometimento (*engagement*). Mas comprometimento com o quê?

Não há resposta para essa questão que não contradiga a premissa da autenticidade. Qualquer adoção de um sistema de valores que seja representado como objetivamente justificado constitui uma tentativa de conferir minha liberdade ao mundo dos objetos e, consequentemente, perdê-la. O desejo por uma ordem moral objetiva é uma exibição de má-fé e uma perda da liberdade sem a qual nenhum tipo de moralidade seria concebível. A justificativa de Sartre para sua própria moralidade, portanto, é inerentemente contraditória — um fato que de modo algum o impede de expô-la nos termos mais passionais:

> Emerjo sozinho e aterrorizado em face do único e primordial projeto que constitui meu ser: todas as barreiras e todas as balaustradas caem por terra, aniquiladas pela consciência de minha liberdade; não tenho e nem posso ter acesso a qualquer valor contra o fato de que sou eu que mantenho os valores em existência; nada pode me garantir contra mim mesmo; separado do mundo e de minha essência pelo nada que *sou*, tenho de perceber o significado do mundo e de minha essência: decido sozinho, sem justificativas ou desculpas.[10]

---

[10] *Existentialism and Humanism*. Tradução de Philip Mairet. Londres, 1948 [*O existencialismo é um humanismo*. Petrópolis: Vozes, 2012].

O comprometimento político é um resultado estranho para o culto da autenticidade. Para entender sua necessidade para Sartre, devemos vê-lo no contexto de sua absolutamente distorcida visão das fontes "objetivas" de valor, todas envolvendo algum tipo de autotraição. É como se ele procurasse uma resposta metafísica para a rendição francesa aos nazistas, na forma de uma rebeldia íntima ao Outro uniformizado. Seu argumento está enraizado nos termos que Kojève tomou de Hegel. Mas, ao contrário de Hegel, cuja filosofia era uma afirmação de tudo que é, Sartre foi o grande negador, o Mefistófeles da filosofia ocidental, acreditando que o amor, a amizade, o contrato e a ordem "burguesa" normal estão repletos de contradições.

Ele introduz a noção de "ser para os outros" a fim de descrever a peculiar posição em que eu, como ser autoconsciente, necessariamente me encontro. Sou a um só tempo sujeito livre a meus próprios olhos e objeto determinado aos olhos dos outros. Quando outro ser autoconsciente olha para mim, sei que busca em mim não o objeto, mas também o sujeito. O olhar de um ser autoconsciente, portanto, tem a peculiar capacidade de penetrar, de criar uma demanda. Essa é a demanda que eu mesmo, como subjetividade livre, revelo ao mundo. Ao mesmo tempo, minha existência como objeto corpóreo cria uma opacidade, uma barreira impenetrável entre minha subjetividade livre e o outro que busca se unir a ela. Essa opacidade é a origem da obscenidade, e meu reconhecimento de que meu corpo se apresenta para o outro como o dele se apresenta para mim é a fonte da vergonha.

Esses pensamentos levaram Sartre a sua incomparável descrição do desejo sexual. Se desejo uma mulher, argumenta ele, isso não é simplesmente uma questão de luxúria para me gratificar em seu corpo. Se fosse apenas isso, qualquer objeto adequado, mesmo um simulacro do corpo feminino, serviria do mesmo modo. Meu desejo me uniria então ao mundo dos objetos, assim como estou unido a ele e arrastado para baixo do lodo. Eu experimentaria a extinção do "para-si" na negra noite da obscenidade. No desejo verdadeiro, o que eu desejo é o *outro, ele mesmo*. Mas o outro só é real em sua liberdade e falsamente representado por cada tentativa de concebê-lo como objeto. Assim, o desejo busca a liberdade do outro a fim de se apropriar dele como se fosse seu.

Consequentemente, o amante — que deseja possuir o corpo do outro somente como e apenas até onde ele mesmo o possui — é restrito por uma contradição. Seu desejo se realiza somente ao compelir o outro a se identificar com seu corpo — a perder seu para-si no em-si da carne. Mas o que se possui então não é a liberdade do outro, mas simplesmente a casca da liberdade — uma liberdade negada. Em uma passagem notável, Sartre descreve o sadismo e o masoquismo como "recifes nos quais o desejo pode naufragar".[11] No sadomasoquismo, uma parte tenta forçar a outra a se identificar com sua carne sofredora, a fim de possuir o outro no corpo, por meio do próprio ato de atormentá-lo. Novamente, contudo, o projeto não dá resultado: a liberdade oferecida é negada na própria oferta. O sádico é reduzido, por sua própria ação, a um espectador distante da humilhação do outro, separado da liberdade com a qual busca se unir através do obsceno véu da carne torturada.

A descrição do desejo sexual expressa as mais urgentes observações de Sartre e não tem comparações na literatura filosófica. É uma descrição que Mefistófeles poderia ter sussurrado no ouvido de Fausto enquanto ele arruinava a inocente Gretchen — tanto um paradigma da fenomenologia quanto uma sincera expressão de horror existencial. Para Sartre, todas as relações são envenenadas pelo corpo — o em-si espaçotemporal — que encarcera nossa liberdade. Todos os amores, e basicamente todas as relações humanas, são fundados nessa contradição, enquanto tentamos ao mesmo tempo ser e não ser essa coisa que somos. Sartre não estava argumentando

---

[11] *Being and Nothingness, op. cit.*, p. 364-406.

a partir de sua própria experiência. Estava argumentando *a priori*, afirmando que é isso que o desejo deve ser na experiência de um sujeito autoconsciente.

Embora fosse feio, com corpo flácido e rosto de sapo, ele fazia muito sucesso entre as mulheres — uma das quais, Simone de Beauvoir, foi sua mentora e companheira por toda a vida. Seu arranjo livre permitiu que ela assistisse a suas muitas seduções e aproveitasse os próprios e frequentemente lésbicos relacionamentos, vivenciando, tanto como observadora quanto como participante, a prova cabal de que *pour-soi* jamais consegue se unir a *pour-soi*, o que quer que o *en-soi* esteja fazendo. O comprometimento, como de Beauvoir descobriu, não pode ter outro humano como seu objeto, mas somente... somente o quê?

Essa é a questão silenciosa que assombra a paisagem devastada da prosa de Sartre. E ele lutou durante alguns anos com a tentativa de lhe fornecer uma resposta ética, acreditando que deveria ser possível roubar, do invólucro da liberdade absoluta, a essência de ordem moral que ela escondia. Em seu postumamente publicado *Cahiers pour une morale*, composto em 1947-1948, ele explorou a ideia de que, ao justificar minha própria liberdade como fundação absoluta da vida pessoal, também justifico a do outro.[12] Mas, em sua obra publicada, rejeitou tais compromissos em favor da demanda absoluta por autenticidade.

Um cético poderia responder argumentando que a autenticidade que Sartre valoriza tanto, assim como a liberdade que cria sua necessidade, é uma ilusão. Talvez não exista algo como a liberdade absoluta, nenhum ponto de partida incondicional para cada jornada individual na direção do comprometimento. Ou, se existe tal coisa, talvez devamos vê-la como Kant a viu: como fundação transcendental

---

[12] Paris: Gallimard, 1983. Tradução de David Pellauer como *Notebooks for an Ethics*. Chicago: Chicago University Press, 1992.

de uma moralidade objetiva que nos amarra uns aos outros em uma relação de respeito universal e nos força à submissão perante a lei moral. Mas Sartre, embora simpatizasse com a posição de Kant, via somente falta de autenticidade nesse último passo de submissão à lei que governa outros. Isso é apenas outra maneira pela qual o mundo envenena nossos esforços, compelindo-nos a nos identificarmos com algo que não nós mesmos.

Qual, pode-se perguntar, é a verdadeira fonte da repulsa de Sartre em relação a sua própria existência corpórea — uma repulsa exibida ora em um senso de obscenidade, ora no *post coitum triste* de um desejo que se sente nauseado por sua própria consumação? Que sentimento possui um foco tão específico e, contudo, também surge no desdém de Roquentin pela normalidade "burguesa" e em uma náusea metafísica que envolve toda a criação?

Parece-me que Santo Agostinho apresentou uma resposta melhor que a sugerida por Sartre. Para Santo Agostinho, é o sentimento do pecado original que causa nossa repulsa pelo mundo. Temos vergonha de nossa encarnação sempre que somos confrontados por ela e sentimos que nossa liberdade interior é "violada" por sua prisão carnal. Vemos a nós mesmos como exilados no mundo, constantemente atingidos pelo fedor da mortalidade. Além disso, é no ato sexual que o senso do pecado original nos invade mais completamente. Pois, sexualmente excitado, estou consciente de que meu corpo é opaco à minha vontade e se rebela contra ela. No sexo, o corpo me domina e controla, enchendo-me de vergonha por minha obscena subserviência.[13] É no ato que nos engendra que nossa mortalidade é sentida de maneira mais aguda e é nele que o putrefato e lodoso caráter da carne é mais vergonhosamente apresentado à consciência.

---

[13] *The City of God*. Livro XIV, capítulos 16 a 26 [*A cidade de Deus. Parte II — Livros XI a XXII*. Petrópolis: Vozes, 2012].

Se reunirmos as mais poderosas observações de Sartre — e aquelas que desempenham o papel mais importante em sua metafísica da liberdade —, claramente não estaremos longe do espírito agostiniano: o espírito do anacoreta cristão bradando contra os prazeres do mundo e, contudo, incerto de ter realmente renunciado a eles. A assustadora consciência da conspurcação, que faz com que o anacoreta se volte para Deus, faz com que Sartre, que não vê nenhum Deus, volte-se para seu solitário santuário interior, onde o eu está resguardado entre os ícones atravancados de seu próprio faz de conta.

Em resumo, ele exige "comprometimento" para satisfazer uma necessidade religiosa. Foi afirmado muitas vezes — inclusive pelo grande amigo da juventude de Sartre, Raymond Aron — que o marxismo preenche a brecha deixada pela religião.[14] Mas é nas obras mais tardias de Sartre que o significado dessa observação se torna mais aparente. De acordo com a metafísica exposta em *O ser e o nada*, a resposta correta para a pergunta "Com o que devo me comprometer?" deveria ser "Com qualquer coisa, desde que seja lei apenas para você mesmo". Mas essa não é a resposta dada por ele, cujo comprometimento é com um ideal que está em tensão com sua própria filosofia — a revolução em nome da "justiça social".

Ele é levado nessa direção não pela rota da afirmação, mas pelo sombrio caminho da negação. Tendo libertado o gênio da autenticidade, ele deve cumprir sua ordem secreta, e essa ordem é a destruição. Nada real pode ser "autêntico". O autêntico se define em oposição ao Outro — o que significa em oposição ao mundo que outros criaram e onde se sentem em casa. Tudo que pertence aos outros é parcial, remendado e comprometido. O eu autêntico busca a solução *total* para o enigma da existência, de sua própria criação,

---

[14] Raymond Aron. *L'Opium des intellectuels*. Paris, 1955 [*O ópio dos intelectuais*. São Paulo: Três Estrelas, 2016].

sem reconhecer nenhuma autoridade ou legitimidade maculada pelo inaceitável mundo "deles".

É essa postura de negação que leva o eu a adotar a filosofia revolucionária de Marx. Pois, mesmo que essa ação seja supremamente injustificada, ainda assim fornece a libertação mais fácil de uma situação de dor intolerável: a situação de estar completamente sozinho em um universo sem Deus. Há três características no marxismo que agradaram a Sartre. Primeiro, é uma filosofia de oposição, completamente saturada por um desprezo quase religioso pela ordem "burguesa". Segundo, é total em sua solução e promete uma nova realidade, obediente a uma concepção perfeita de si mesma. Em outras palavras, o marxismo abole a realidade em favor de uma ideia. E essa ideia é modelada pela transcendental liberdade do "para-si". A promessa de comunismo total é uma promessa *numênica*, um chamado fantasmagórico do Reino dos Fins. Nada sabemos sobre esse reino, exceto que todos os seus cidadãos são livres e iguais e que todas as leis são autenticamente escolhidas.

Finalmente — e, para Sartre, essa é a promessa mais encorajadora de Marx —, a comunidade do futuro será precisamente o que o "para-si" exige. Ela fornecerá o relacionamento permitido do qual a alma autêntica é separada por sua autenticidade e, ao mesmo tempo, manterá essa autenticidade intacta. O Reino dos Fins combinará, em um elo que é tanto incompreensível quanto necessário, a relação terrena com o proletariado e a liberdade transcendental do anti-herói existencialista. Esse relacionamento permitido não será maculado por convenções, papéis ou rituais — por nenhuma forma de "alteridade". E, mesmo assim, será um relacionamento com a classe tornada sagrada pela história, cujo cálido propósito humano compensará toda a repulsa engendrada pela sombria tarefa da autenticidade. A promessa numênica que assombra a filosofia marxista é, portanto, uma promessa de redenção.

Não é acidental o fato de a força emocional do marxismo ser expressa tão naturalmente no idioma de Kant. Como demonstrarei mais tarde e com mais detalhes ao falar dos escritores da Escola de Frankfurt e de seu contemporâneo György Lukács, a moralidade marxista se apoia pesadamente na segunda versão do imperativo categórico de Kant, que nos ordena jamais tratar a humanidade como meio, mas sempre como fim. Do mesmo modo, Sartre, cuja filosofia começa com uma versão da liberdade transcendental de Kant, parece inexoravelmente atraído na direção da filosofia de acordo com a qual os imperativos numênicos um dia governarão o mundo. O "comunismo total" não é nada menos que o Reino dos Fins kantiano, e a promessa de Marx é a de uma liberdade transcendental tornada empiricamente real. Essa promessa oferece fé ao anti-herói existencialista; é a primeira e única resposta à angústia de Roquentin, para quem, como argumentou Iris Murdoch,

> Todo *valor* reside no inalcançável mundo da completude inteligível que ele representa para si mesmo em simples termos intelectuais; ele não é (até o fim) iludido e levado a imaginar que *qualquer* forma de empreendimento humano seja adequada a sua ânsia de se unir à totalidade [...][15]

O anti-herói existencialista que se entrega, ainda que com um floreio de "comprometimento", a um projeto político a que outros também podem se unir está, à primeira vista, demonstrando má-fé. Ele peca contra o que há de mais sagrado, o eu, o *néant* enrodilhado no coração do ser. Mas a expiação desse pecado não é tão difícil, afinal. O anti-herói precisa apenas se assegurar de que seu comprometimento não é a imperfeição fragmentada do real, mas a "totalidade" purificada da ideia abstrata. É suficiente comprometer-se com o que Kant chamou de uma "Ideia da Razão", mas que podemos descrever igualmente como Utopia: ao fazer isso, você ganha um mundo sem

---

[15] Iris Murdoch. *Sartre, Romantic Rationalist*. Londres, 1953, p. 22.

perder a liberdade. Ao recusar a qualidade fragmentada do real, o existencialista conquista a salvação de que necessita — o ponto de vista "total" obtido no Reino dos Fins.

Para evitar que essa autenticidade seja questionada, contudo, o anti-herói deve prestar grande atenção à forma. Ele deve se assegurar de que sua servil submissão à ideologia de outro tenha a aparência de total rejeição. Assim, a submissão de Sartre a Marx — seu islã pessoal — é apresentada como crítica desafiadora à doutrina do profeta. A pretensiosamente intitulada *Crítica da razão dialética*, cujo primeiro volume foi publicado em 1959 e que jamais foi terminada, parece um exercício de sadismo intelectual no qual o filósofo amado é excruciantemente torturado, a fim de que sua essência subjetiva possa ser oferecida e abjurada.

Parece que Marx nos dá uma "totalidade", mas em formas que ainda precisam ser apropriadas para uso autêntico. A ambição de Sartre é possuir essa "totalidade", dominá-la, controlá-la e imprimir a ela sua própria autenticidade. Mas essa é uma ambição que não deve parecer facilmente realizável; afinal, "outros" estão observando e *não devem aprovar*. Assim, Sartre se prepara para a adoração no altar marxista com uma habilidosa litania de invocações sem sentido, amaldiçoando o tempo todo o deus que conjura, como fazem certas tribos que esperaram tempo demais pelas chuvas. O que se segue não é de modo algum atípico:

> Mas, pela própria reciprocidade de coerções e autonomias, a lei termina escapando a todos e, nos agitados momentos de totalização, surge como Razão dialética, ou seja, externa a todos porque é interna a cada um, e como totalização em desenvolvimento, embora sem totalizador, de todas as totalizações totalizadas e de todas as totalidades destotalizadas.[16]

---

[16] *Critique of Dialectical Reason: Theory of Practical Ensembles*. Tradução de Alan Sheridan-Smith e edição de Jonathan Rée. Londres, 1976, p. 39.

Uma palavra se destaca, particularmente carregada de inconfessa emoção — "totalização", que encontraremos novamente nos textos de Lukács e que surge em *Crítica da razão dialética* como sortilégio crucial. Como muitas palavras de uso litúrgico, ela não é definida, mas meramente repetida e aplicada com tal mesmerizante falta de sentido para atrair uma falange de admiradores preparados para servirem como sacerdotes da fé. Repetidamente na *New Left Review* durante os anos 1960 e 1970, a cultura ocidental foi criticada por ser impermeável à visão de mundo "totalizante".[17] E se o mundo, assim recoberto pelos ardentes sentimentos do ideólogo, parecer ameaçador, não se iluda: ele é. "Totalização" é o nome de um desafio que, por sua própria abrangência, justifica todo esforço para impô-la. A oposição, que significa apenas a perspectiva "parcial" e "serial" da classe governante e seus lacaios, quando confrontada com a passional totalização do radical esquerdista, *não tem direitos*. É apenas um poder abandonado, sem amigos e pronto para a guilhotina. É assim que aquela Utopia, dotada de poder "totalizante", triunfa antecipadamente sobre cada realidade.

Martin Jay argumentou, em benefício da Nova Esquerda, que a categoria da totalidade é *distinta* do marxismo.[18] Tomada literalmente, tal afirmação certamente é falsa. Seria melhor seguir Weber, que identifica a importância da "revelação profética" em sua habilidade de representar o mundo como totalidade ordenada e vê o clero como um dos mediadores entre essa concepção total e a desordenada fragmentação do mundo natural.[19] O marxismo partilha a categoria da totalidade não somente com a religião tradicional, mas também com

---

[17] Especialmente por Terry Eagleton e Perry Anderson. Ver *Exiles and Émigrés*, de Eagleton, publicado em 1970.

[18] Martin Jay. *Marxism and Totality: The Adventures of a Concept from Lukács to Habermas*. Berkeley, 1984.

[19] Max Weber. *Economy and Society*. Edição de G. Roth e C. Wittich e tradução de Ephraim Fischoff *et al*. Nova York, 1968, vol. 2, p. 451.

seu próprio arqui-inimigo e irmão de sangue, o fascismo, a postura política defendida por Gentile como "concepção total da vida".[20]

Em outro sentido, contudo, Martin Jay tocou uma importante verdade. O neomarxismo se distingue não pela categoria da totalidade, mas pelo *nonsense* ritual com que essa categoria é cercada e no qual suas defesas litúrgicas são escondidas. A retórica da totalidade esconde o lugar vazio no coração do sistema, onde Deus deveria estar. Para Sartre, a totalidade não é um estado nem um conceito, mas uma *ação*. Ela não reside na natureza das coisas, sendo levada até elas pela fúria "totalizante" do intelectual. A totalização é concebida em termos existencialistas, como ação transcendental do eu. Mas é também um momento milagroso no qual a fissura na realidade se fecha e o mundo é curado. Essa união mística, como a união entre lança e graal, une as metades anelantes de um universo partido. Quando o intelectual se abaixa para tocar as mãos estendidas do proletário, a mágica maligna da ordem "burguesa" é desfeita e o mundo se unifica.

Sartre afirma rejeitar o marxismo por seu relato parcial e mecânico da condição humana. Mesmo assim, expressa seu comprometimento "total" em categorias marxistas. Para ele, o mundo social ainda está dividido entre burguesia e proletariado, ainda depende das "relações de produção" e isso ainda significa que, sob o capitalismo, a extração de "mais-valia" do proletariado "alienado" age por "exploração" burguesa, levando a uma "luta" sempre mais intensa entre as classes. Ele repetida e acriticamente liga essas categorias marxistas às teorias de Marx. Sua rejeição da "razão dialética" (categoria importada para o marxismo por Plekhanov e Engels) é inteiramente destituída de substância intelectual. Sempre que sua prosa muda da submissão servil para o pretenso criticismo, decai para a ladainha sem sentido. "O totalizador" então aperfeiçoa sua própria

---

[20] G. Gentile. *Che cosa e il fascismo? Discorse e polemichi*. Florença, 1925, p. 39.

"totalização" ao totalizar novamente totalidades destotalizadas, emergindo, finalmente, exatamente onde deveria saber que emergiria, como defensor impenitente da "práxis totalitária".[21]

Ler *Crítica da razão dialética* é uma experiência sombria. Essa masmorra totalitária quase nunca é tocada pela luz do sol e os poucos bolsões de ar são onde o espírito de Sartre respira, dedicando-se livremente a exalações líricas, mas insubstanciais. A força do jargão consiste em desviar a atenção do leitor de tudo que é verdadeiramente questionável na visão marxista e criar um falso conflito em um mundo de sonhos. Em nenhum lugar as afirmações reais do marxismo são confrontadas. Em nenhum lugar a divisão da sociedade entre "proletariado" e "burguesia" é questionada, o mito da "luta de classes" examinado ou a teoria da "exploração" investigada. Mesmo a linguagem morta da economia marxista realiza seus deveres mistificadores sem ser atrapalhada pela observação crítica. Essa disfarçada aceitação do dogma marxista tampouco é redimida pelas imagens fenomenológicas:

> A fraude da exploração capitalista é baseada em um contrato. E embora esse contrato necessariamente transforme o trabalho ou práxis em mercadoria inerte, formalmente ele é uma relação recíproca: uma troca livre entre dois homens que *reconhecem um ao outro em sua liberdade*; ocorre apenas que um deles finge não notar que o Outro é forçado pela necessidade a vender a si mesmo como objeto material.[22]

Naturalmente, é sempre *como* objetos materiais que nos relacionamos com os outros e, se *O ser e o nada* é um guia para a condição humana, então nenhuma transição para "relações socialistas de produção" poderia superar essa deficiência que nosso próprio corpo nos impõe. De qualquer modo, já não estamos cansados, a essa altura, da condenação tautológica da economia livre, que define o que pode

[21] *Critique of Dialectical Reason, op. cit.*, p. 317.
[22] Idem, p. 110.

ser comprado como *coisa* e então diz que o homem que vende seu trabalho, ao se tornar uma coisa, deixa de ser humano? Deveríamos reconhecer que, de todas as desculpas desonestas oferecidas para a escravidão, essa é de longe a mais perniciosa. Pois o que é o trabalho não comprado, se não o trabalho escravo? Deveríamos reconhecer o enorme ônus de prova que reside com aquele que condena o mercado em favor de alguma alternativa intelectual. Quem exerce o controle nessa nova situação, e como? O que é capaz de extrair trabalho de uma pessoa que, de outro modo, o reteria, e como ela é reconciliada com a ausência de recompensa privada? Tais questões são precisamente as que não podem ser respondidas do ponto de vista de um Reino dos Fins, pois surgem das "condições empíricas" da natureza humana e não podem receber uma resposta "transcendental".

O argumento com Marx, na verdade, interessa muito pouco a Sartre. De incontáveis maneiras — por meio do vocabulário, dos exemplos, da estrutura e, acima de tudo, do estilo —, *Crítica da razão dialética* mostra total rejeição das regras de investigação científica e é um voo determinado para longe da verdade. Supor que esse livro pode cumprir a promessa oferecida pelo título é uma grande impertinência. O leitor deve aceitar *inquestionavelmente* tudo que pertence ao comprometimento de Sartre, e disso resulta que apenas perguntas *irreais* podem ser feitas:

> Como a práxis em si pode ser uma experiência tanto de necessidade quanto de liberdade se nenhuma delas, de acordo com a lógica clássica, pode ser compreendida em um processo empírico?
>
> Se a racionalidade dialética realmente é uma lógica de totalização, como pode a História — o enxame de destinos individuais — surgir como movimento totalizador e como se pode evitar o paradoxo de que, a fim de haver totalização, já deve haver um princípio unificado, ou seja, o paradoxo de que somente as totalidades existentes podem totalizar a si mesmas?[23]

[23] Idem, p. 79.

Um escritor que imagina que *essas* são as perguntas desafiadoras que o marxismo precisa responder claramente está tramando algo. Está tentando desviar nossa atenção, não somente das reais críticas teóricas ao marxismo — que deixaram a teoria da história, do valor e das classes sociais mais ou menos em ruínas —, mas também das terríveis consequências práticas do marxismo, com suas vãs profecias milenares e sua visão "totalizante" de uma Utopia "pós-política".

O comprometimento escolhido por Sartre é, na verdade, marxismo de um tipo totalmente ultrapassado. Encontramos, emergindo de suas páginas, as mesmas fantasias destrutivas, as mesmas falsas esperanças e o mesmo ódio patológico pelo imperfeito e pelo normal que caracterizaram todos os seguidores de Marx, de Engels a Mao. Devemos novamente supor que nosso mundo está sob controle "burguês", unificado em sua oposição à "práxis comum dos operários",[24] e imaginar que esses operários ("a classe sem propriedade") buscam "socializar" os meios de produção.[25] As relações de mercado não são expressões de liberdade econômica, mas a escravização concreta do homem ao diabólico reino do Outro.[26] A alteridade envenena todos os benefícios que o "capitalismo" nos oferece; nossa democracia não é verdadeira democracia, mas meramente "democracia burguesa" e, quando um homem vota sob nosso sistema de governo, sempre vota como Outro, e não como si mesmo.[27] Contra o pano de fundo dessas gastas mentiras, disfarçadas na linguagem de Kojève, Sartre tenta induzir a aceitação automática da visão marxista da história moderna.

A erosão da verdade pelo utopismo comunista é vista em sua forma mais efetiva não em *Crítica da razão dialética*, mas nos ensaios subsequentes, reunidos em *Situações* VIII e IX e publicados como

---

[24] Idem, p. 213-214.
[25] Idem, p. 215-216.
[26] Idem, p. 291.
[27] Idem, p. 351.

Marxismo e existencialismo.[28] Nessa surpreendente obra, Sartre repete a desculpa padrão para as crueldades dos bolcheviques (tornadas necessárias pelo "cerco anticomunista"). Ele atribui a culpa pela persistência da crueldade comunista a Stalin e, subsequentemente, ao fato de que o Partido Comunista se tornou uma *instituição* — em outras palavras, um dos pontos focais da "alteridade" (ou "serialidade", como a obra do Demônio agora é chamada) que resiste ao projeto "totalizante" do intelecto iluminado. Tal crítica é extremamente útil para salvar o que pretende condenar. O Partido Comunista é ruim, mas apenas do modo como os escoteiros, a Sorbonne e os bombeiros são ruins — por exigirem ação coletiva e inautêntica de acordo com normas institucionais. A real obra de assassinato e destruição do Partido não é importante, se comparada a essa característica que partilha com todo empreendimento social duradouro.

Assim, não devemos nos surpreender com seus comentários sobre a invasão soviética da Tchecoslováquia. A causa fundamental do "problema tcheco" não foi o socialismo, mas a imposição de um socialismo que não era "doméstico". "As razões pelas quais o povo escolhe o socialismo importam comparativamente pouco; o essencial é que o construa com as próprias mãos."[29] O erro da União Soviética foi impedir que esse processo natural ocorresse. É inevitável que um jacobino moderno use a palavra "povo" como Sartre o faz — como palavra da novilíngua para denotar uma unidade abstrata que pode "escolher o socialismo" e construí-lo com suas próprias e coletivas, ou ao menos coletivizadas, mãos. E é inevitável que esse "povo" seja visto como forma de unanimidade. A alternativa — ação coletiva na ausência de acordo total — se parece demais com uma "instituição" para que Sartre a reconheça pelo que é, ou seja, o melhor que meros humanos podem fazer.

---

[28] *Between Existentialism and Marxism*. Tradução de J. Matthews. Londres, 1974, republicado em 1983 [*Marxismo e existencialismo: controvérsia sobre a dialética*. Rio de Janeiro: Tempo Brasileiro, 1984].

[29] Idem, p. 86.

Mesmo assim, é um pouco surpreendente, à luz da experiência tcheca, que um intelectual humanista ainda feche a mente para um fato importantíssimo: o de que a maioria do "povo" pode na verdade *rejeitar* o socialismo, apesar de suas promessas e realizações. Um "povo" pode perceber que não quer a "socialização dos meios de produção" e pode suspeitar de uma "igualdade" que o priva de oportunidades e liberdades que até então considerou garantidas. Para Sartre, assim como para Hobsbawm, as crueldades do socialismo revolucionário derivaram das "necessidades da época" (mas quem criou essas necessidades?). O erro da União Soviética foi simplesmente compelir os tchecos a adotarem um sistema apropriado apenas para "os camponeses russos de 1920" e não para "os operários tchecos de 1950"[30] — uma teoria que mostra mais desprezo pelos camponeses russos que respeito pelos tchecos.

O movimento tcheco de reforma figura de modo interessante na percepção de Sartre. Segundo ele, esse movimento conseguiu uma há muito ansiada "unidade entre os intelectuais e a classe operária".[31] Seu objetivo místico era a criação de "uma totalização concreta continuamente destotalizada, contraditória e problemática, jamais fechada em si mesma, jamais completa e, mesmo assim, uma experiência singular".[32] Os operários tchecos não estavam "pedindo o retorno do liberalismo burguês, mas, como a verdade é revolucionária, clamavam pelo revolucionário direito de dizer a verdade".[33] Lançar feitiços é a maneira de Sartre fortalecer sua fé. Toda a verdade se torna propriedade da revolução e nenhum operário, em sua hora de verdade, pode fazer nada além de se unir a ela. A possibilidade de ser "liberal burguês" ou antissocialista finalmente lhe foi roubada. O velho grito de guerra leninista agora é proferido ao contrário: aquele

---

30 Idem, p. 100.
31 Idem, p. 111.
32 Idem, p. 109.
33 Idem, p. 111.

com quem estamos não está contra nós, mesmo quando luta até a morte contra o que fazemos.

O operário supostamente tem a ganhar em sua relação com o intelectual. Mas é primariamente o intelectual que se beneficia de um relacionamento no qual apenas ele dita os termos. Seu zelo compassivo (como Rousseau o descreve) é baseado em uma necessidade emocional vasta e urgente demais para não ser tirânica. Se os intelectuais se mostram impiedosos em relação aos operários nos quais conduzem seus experimentos, é parcialmente porque, vendo o mundo da perspectiva "totalizante" do Reino dos Fins, não conseguem perceber a existência real, mas empírica, de suas vítimas. O operário é reduzido a mera abstração, não pela labuta da produção capitalista, mas pela retórica impetuosa da esquerda intelectual. O operário é o meio para a exultação do intelectual e pode ser abolido sem escrúpulos se falhar em realizar sua tarefa. É essa completa aniquilação *intelectual* do meramente empírico operário que torna possível seu extermínio em massa no meramente empírico mundo.

O que é notável nos textos tardios de Sartre — ao menos na parte envolvida no jihad do "comprometimento" — é o copioso fluxo de novilíngua "totalizante". Somente um assunto parece engajar seriamente suas emoções (seriamente o suficiente para levá-lo a escrever como se significasse algo): sua identidade interior com o proletariado. Essa identidade é o resultado final da guerra total contra a burguesia que iniciou na pessoa de Roquentin. Em seu satânico comentário sobre o escritor Jean Genet, Sartre descrevera o bem como "mera ilusão", acrescentando que o "mal é um nada (*néant*) que se produz nas ruínas do bem".[34] Naquele livro, enfatizou sua profunda ligação com *la morale du Mal*. Pelo mecanismo místico de equivalências, ele sugere que nada pode ser dito a respeito do bem que também não possa ser dito a respeito do mal e que a escolha "autêntica" entre

[34] *Saint Genet, comédien et martyr*. Paris, 1952, p. 690.

os dois deve mantê-los em equilíbrio. Pela lógica do desafio, o bem deve então partilhar do mal que destroça a realidade burguesa.

Sartre segue o caminho de Baudelaire (outra de suas obsessões, e uma com a qual é muito parecido espiritualmente). Seu caminho é o da alma que anseia pelo bem, mas cujo orgulho (que aceitará como bem apenas o que resultar de sua própria criação) sempre a força a destruí-lo. O bem chega até ele maculado pela nódoa da "alteridade" e, desse modo, ameaça a autenticidade do eu. Então ele precisa usar o mal para aniquilar o bem. A distante identidade com o proletariado é um tipo de promessa paradisíaca, a visão de uma inocência sagrada demais para ser descrita, jazendo por trás do bem e do mal e vislumbrada apenas em raros e sacros momentos, como nas barricadas de 1968.

Contudo, essa tão ansiada identidade não pode ser obtida de fato. Para entrar no Reino dos Fins, o proletário precisa primeiro ser tosquiado de suas condições empíricas — que são acessórios de escravidão. Ao fazê-lo, todavia, deixa de ser proletário. O encontro do intelectual com seu deus, consequentemente, é um episódio puramente interior, uma devoção privada da qual o proletário real, com seu desejo por conforto, por propriedade e pelas coisas do mundo, deve ser permanentemente excluído.

É natural, assim, que as discussões de Sartre sobre política moderna centrem-se na posição do intelectual e na questão de como ele deve se preparar para o rito de passagem ao reino prometido. O intelectual, argumenta, deve rejeitar toda "sensibilidade de classe" — e, em particular, a sensibilidade de sua própria classe, que é a *petite bourgeoisie* — em favor das "relações humanas de reciprocidade", nas quais ele e o proletariado serão unidos por um laço sagrado.[35] O inimigo do intelectual nesse processo de polimento não é o proletário real, empírico — que não tem voz na questão —, mas o "falso intelectual", um "tipo criado pela classe dominante para defender sua

[35] *Between Existentialism and Marxism, op. cit.*, p. 251.

ideologia particularista com argumentos que fingem ser produtos rigorosos do raciocínio exato".[36] Com essas palavras, Sartre desconsidera, sem nomear, escritores como Raymond Aron, Alain Besançon e Jean-François Revel, que tentaram romper as ilusões esquerdistas e sempre foram recebidos com raiva, desprezo ou indiferença.

Assim, fecha-se o círculo de sua aventura na direção do "comprometimento". Ele anseia por uma autenticidade na qual o eu é tanto *causa sui* quanto *primum mobile*. Mas passa, em passos persuasivos, a acreditar em um "sistema", um mundo criado de acordo com uma ideia abstrata. O mundo "totalizado" é o caramanchão paradisíaco de seu casamento transcendental. Ali ele se une, por fim, ao proletário de seus sonhos. Mas esse paraíso é abstrato, insubstancial e tomado por contradições, e o intelectual imediatamente combate a pessoa que lhe diz isso. Ao se aproximar do proletariado, portanto, Sartre encontra apenas seu velho rival intelectual, com o qual inicia, como sempre, uma mortal, porém inconclusiva, contenda:

> O verdadeiro intelectual, como pensador *radical*, não é nem moralista, nem idealista: ele sabe que a única paz que vale a pena obter no Vietnã custará sangue e lágrimas e só chegará [...] *após* a derrota americana. Em outras palavras, a natureza de sua contradição o obriga a *se comprometer* em cada um dos conflitos de nosso tempo, porque todos eles — de classe, nacionais e raciais — são efeitos particulares da opressão dos subprivilegiados e porque, em cada um desses conflitos, ele se encontra, como homem consciente de sua própria opressão, ao lado do oprimido.[37]

Revel comenta a regularidade com que os intelectuais de esquerda, em sua luta contra a opressão, ficaram do lado que a exercia.[38]

---

[36] Idem, p. 252.
[37] Idem, p. 254.
[38] Jean-François Revel. *Comment les démocraties finissent*. Paris, 1983, capítulo 1.

E vemos esse processo em operação na prosa de Sartre. Ao reduzir seu "comprometimento" a uma questão puramente intelectual, um combate com falsos profetas que refutam seus argumentos, ele reduz as vítimas da opressão a uma ideia puramente abstrata — uma *desculpa* para sua própria presunção heroica. O destino de nenhuma pessoa real poderia ser melhorado graças a seus esforços numênicos.

O caso do Vietnã é apenas um exemplo. Quando onze membros do time israelense enviado às Olimpíadas de Munique foram assassinados em 1972, Sartre foi enfático na justificação do crime, fato que causou certa hesitação entre aqueles que normalmente corriam para endossar seus julgamentos. Em 1984, quatro anos após sua morte, Marc-Antoine Burnier reuniu os muitos exemplos de sua insanidade revolucionária.[39] É com sombria incredulidade que lemos sobre seu apoio aos regimes de extermínio que uniram intelectuais e proletariado somente nos locais de "reeducação", onde passavam suas últimas e miseráveis horas. "Por meio de documentos irrefutáveis, soubemos da existência de campos de concentração na União Soviética", escreveu Sartre, vinte anos depois de a verdade ser de conhecimento comum entre aqueles que não se fechavam voluntariamente a ela. E, mesmo assim, urgiu seus compatriotas a "julgarem o comunismo por suas intenções, e não por suas ações".

Em todas as campanhas que a União Soviética iniciou contra o Ocidente, qualquer que fosse o custo em vidas humanas e felicidade, Sartre ficou do lado soviético ou criticou a União Soviética em uma linguagem que apenas reiterava suas mentiras favoritas. Depois do Congresso Mundial da Paz de Viena, em 1954, ele viajou a Moscou, a convite soviético, retornando para relatar que "há total liberdade para críticas na URSS" — uma observação que talvez seja mais fácil de compreender quando nos lembramos do significado que dava à palavra "total". Subsequentemente, ficou chocado com

---

[39] Marc-Antoine Burnier. *Le Testament de Sartre*. Paris, 1984.

a intervenção soviética na Hungria, tão chocado que se dedicou a elogiar a ação do comunismo em outros lugares — primeiro em Cuba e então (quando seus olhos se abriram) na China, cuja única virtude distinguível era o fato de ainda ser desconhecida. Somente no fim da vida, quando se manifestou em apoio aos refugiados do Vietnã comunista — apertando publicamente a mão de Raymond Aron após uma ruptura de muitos anos —, ele parece ter desistido da luta. Mas, a essa altura, seu trabalho já estava terminado.

A retórica antiburguesa de Sartre mudou a linguagem e a agenda da filosofia francesa no pós-guerra e incendiou as ambições revolucionárias dos estudantes que haviam chegado a Paris vindos de antigas colônias. Um desses estudantes mais tarde retornou a seu nativo Camboja e colocou em prática a doutrina "totalizante" que tinha como alvo a "serialidade" e a "alteridade" da classe burguesa. E, na raiva purificadora de Pol Pot, não é desarrazoado ver o desprezo pelo ordinário e pelo real expresso em quase todas as linhas da prosa demoníaca de Sartre. *"Ich bin der Geist der stets verneint"*, diz Mefistófeles. O mesmo pode ser dito de Sartre, para quem *l'enfer c'est les autres* — o inferno são os outros (*Entre quatro paredes*, 1947). Como o Satã de Milton, Sartre viu o mundo transfigurado por seu próprio orgulho, e foi esse orgulho que o levou a desdenhar o prêmio Nobel, pois homenagens se originam no Outro e, consequentemente, não são dignas da atenção do Eu.

Apesar de todos os seus defeitos morais, contudo, não há como negar sua estatura como pensador e escritor. A obra que melhor mostra isso é *As palavras*, publicada em 1963, escrita em reação ao culto a Proust e com a intenção de retificar o crescente equívoco sobre o lugar das palavras na vida e no desenvolvimento de uma criança. Para Sartre, a infância não era o refúgio vitalício evocado por Proust, mas o primeiro de muitos erros, no qual todos os outros podiam ser premunidos. Ele escreve com uma concisão sardônica que, em si mesma, é uma reprimenda a Proust, e o resultado — fortemente influenciado pelo surrealista Michel Leiris — é uma obra-prima autobiográfica, digna de ser comparada a *Confissões de um comedor de ópio*, de De Quincey, e *Father and Son*, de Sir Edmund Gosse. *As palavras* demonstrou os verdadeiros poderes de Sartre como escritor e, nesse livro, ele se emancipou temporariamente da prosa sombria e cheia de jargões de *Crítica da razão dialética*. O livro foi escrito por um homem capaz de rir — e que deve ter se permitido rir quando o riso não era uma arma nas mãos do Outro. Mas, para ele, a vida não era matéria de riso. Querendo apenas o que era abstrato e "totalizado", ele condenou o que era real à miséria e à servidão. No fim, a totalidade totalizada é o que parecia ser no começo: o comprometimento total com a "práxis totalitária".

Olhando para a França do século XX a partir do ponto privilegiado oferecido por Sartre, somos imediatamente atingidos por duas características distintivas da esquerda francesa: inimizade e fervor revolucionário. Um profundo desapontamento com a realidade e o desejo de destruí-la em nome da Utopia tem sido a posição padrão da esquerda pensante na França, desde os jacobinos até hoje. Mas o século XX acrescentou uma nova dimensão à desilusão: uma crença de que todos os ideais e lealdades são meramente convites à traição e de que a redenção reside no interior do indivíduo, a ser concedida apenas por ele mesmo.

Na subsequente busca por autenticidade, há a permanente necessidade de um inimigo. O *gauchiste* sabe que os valores são ilusórios e encontra sua identidade em uma vida conduzida sem as fáceis trapaças que governam as vidas alheias. Como não tem valores, seu pensamento e sua ação podem ser dados somente como garantia negativa. Ele deve fortalecer sua posição desmascarando as fraudes dos outros. Além disso, esse desmascaramento não pode ser definitivo. Ele precisa ser perpetuamente renovado, a fim de preencher o vácuo moral que reside no centro da existência. Somente se houver algum oponente prontamente identificável e, por assim dizer, renovável essa luta por autenticidade — que, na verdade, é a mais aguda luta pela existência — pode ser mantida. O inimigo deve ser uma fonte de ilusões e trapaças e deve possuir um poder secreto e elaborado, sustentado pelo próprio sistema de mentiras que enfatiza seus valores. Tal inimigo merece ser desmascarado e há uma espécie de virtude heroica em seu agressor, que livra o mundo da camisa de força de influências secretas.

Já encontramos esse inimigo nos textos de Sartre, mas é à aristocrática França de Luís XIV que devemos o desdenhoso rótulo pelo qual é conhecido. O oponente renovável é o "burguês": o pilar da comunidade, cuja hipócrita respeitabilidade e incompetência social inspiraram cada variedade de desprezo renovável. Essa criatura, é claro, sofreu considerável transformação desde que Molière ridicularizou pela primeira vez suas pretensões sociais. Durante o século XIX, adquiriu um complexo caráter duplo. Marx o representou como principal agente e beneficiário da Revolução Francesa — e também como novo escravagista, cujos tentáculos chegavam a cada bolsão de influência e poder —, enquanto os intelectuais de café continuavam, em tons mais amargos, a zombar mordazmente da aristocracia. *Épater le bourgeois* se tornou uma assinatura dos artistas descontentes, a garantia de suas credenciais sociais, com as quais demonstravam seus direitos aristocráticos e seu desprezo pela usurpatória dominação da ascendente classe média.

Em alemão, o termo *Bürger* não tem significado comparável, e a ideia iluminista de "sociedade civil" como reino da cidadania livre sob um legítimo estado de direito ressurge em Hegel como *bürgerliche Gesellschaft*. Por essa razão, o termo francês, com sua maculada história de desdém, sempre foi preferido pela esquerda europeia. Sob a dual influência de Marx e Flaubert, o burguês emergiu do século XIX como monstro, tão distante de suas humildes origens que já não podia ser reconhecido. Ele era o "inimigo de classe" do dogma leninista, a criatura cujo domínio a história nos ordena destruir.

Também era o repositório de toda moralidade, toda convenção e todos os códigos de conduta que podem atrapalhar a liberdade e a efervescência de *la vie bohème*.

A teoria da ideologia marxista tentou unir as duas metades do retrato, descrevendo os "confortáveis" valores como disfarce social do real poder econômico. Mas era vaga e esquemática, sem possuir a qualidade concreta requerida pelo gratificante e renovável desprezo. Assim, muito do esforço da esquerda francesa no século XX foi devotado a completar o retrato. O objetivo tem sido criar o inimigo perfeito: o objeto contra o qual definir e aguçar a própria autenticidade, transformando-a em espirituosidade.

O trabalho de definir o burguês ideal, que Sartre começou em *A náusea*, foi completado em 1952 com a publicação de *Saint Genet*, a obra-prima do satanismo moderno, na qual o burguês é caracterizado por uma extraordinária complexidade de emoções, indo de uma heterossexualidade enraizada à hostilidade ao crime. Ele finalmente emerge como defensor de uma ilusória "normalidade", preocupado em proibir e oprimir todos aqueles que, ao desafiar essa normalidade, desafiam também o domínio social e político que ela oculta.

O sentimento antiburguês que jaz nas raízes do pensamento francês de esquerda explica parcialmente sua rejeição de todos os papéis e funções que não são de sua criação. Sua principal base de poder tem sido não a universidade, mas o café, pois, durante muito tempo, ocupar posições de influência dentro das "estruturas" do Estado burguês foi considerado incompatível com as demandas de retidão revolucionária. Qualquer influência de que o *gauchiste* goze deve ser adquirida por meio de seu próprio trabalho intelectual, produzindo obras e imagens que desafiem o *status quo*. O café se torna o símbolo de sua posição social. Ele observa o show que passa, mas não se une a ele. Em vez disso, aguarda por aqueles que, atraídos por seu olhar, se separam da multidão e "se aproximam" de sua posição.

Pela mesma razão, devemos reconhecer a emergente dependência que começa a existir entre o *gauchiste* e a verdadeira classe média. O *gauchiste*, em seguida à escandalosa narrativa de Sartre, começa a ser visto como confessor da classe média. Ele apresenta uma imagem ideal da condição pecadora dessa classe. O "burguês" da iconografia de Sartre é um mito, mas possui semelhanças com o cidadão urbano comum que, vendo-se distorcido nesse retrato, fica preocupado com a ideia de possibilidades morais. Ele admite possuir propriedade, ser casado e tentar ser um marido semileal e um pai consciencioso. Confessa entusiasticamente crimes puramente hipotéticos. E começa a exaltar o *gauchiste* como absolvedor de sua corrupta consciência. O *gauchiste*, assim, torna-se o redentor da classe cujas ilusões ele foi nomeado para desmascarar.

Daí decorre que, em certo momento e apesar de sua grosseria — que, na verdade, não é nada além da virtude necessária a sua profissão —, o *gauchiste* começou a gozar de abundantes privilégios sociais. Passou a ser carregado nos ombros da burguesia cujos hábitos pisoteava e a gozar novamente do lugar do aristocrata ao sol. Comparecia às melhores festas parisienses, mas mesmo a pior recepção ocorreria contra estantes cheias de seus textos. Tão próxima, de fato, é essa relação simbiótica entre o *gauchiste* e sua vítima que chega a parecer com o anterior, e aparentemente indissolúvel, elo entre aristocrata e camponês. A maior diferença é que o aristocrata exaltava o camponês com palavras (criando o "pastor" idealizado cujas virtudes eram incessantemente exibidas nos palcos teatrais da corte) e, ao mesmo tempo, o oprimia com ações. O *gauchiste* reverte judiciosamente as prioridades: ele não faz nada além de latir para a mão que o alimenta. Nisso, demonstra sua grande sabedoria e um saudável instinto de sobrevivência.

Assim foram, de fato, os *gauchistes* cujos textos prepararam o caminho para os protestos estudantis de maio de 1968. Julia Kristeva, Philippe Sollers, Roland Barthes, Marguerite Duras, Alain Robbe-

-Grillet e todos os oponentes do *nouveau roman* — todos suaves representantes de um establishment cujo marxismo era envernizado com linguística estruturalista e recebia um apelo decididamente literário. Alguns eram ligados a instituições de ensino. Mas nenhum se gabava de títulos acadêmicos e todos mantinham a atitude distante e boêmia legada por Flaubert e Baudelaire. Entre essa geração de elegantes intelectuais, de longe o mais influente foi Michel Foucault, o filósofo social e historiador de ideias que levou adiante a retórica antiburguesa de Sartre e a transformou em componente fundacional dos currículos, primeiro na França e, subsequentemente, em todo o mundo, incluindo os Estados Unidos.

Identifico Foucault como importante pensador da Nova Esquerda, mas devo dizer que sua posição política mudava constantemente e ele sempre ficava satisfeito em rejeitar qualquer rótulo conveniente. Ao contrário de Sartre, era crítico (embora, até seus anos finais, um crítico bastante mudo) do comunismo. Mesmo assim, foi o mais poderoso e ambicioso dos que assumiram a agenda sartriana. Devotou sua obra ao desmascaramento da burguesia e a mostrar que todos os modos conhecidos de modelar a sociedade civil são redutíveis, em última análise, a formas de dominação.

É tão difícil fazer justiça às realizações de Foucault quanto o é às de Sartre. Sua imaginação e fluência intelectual geraram teorias, conceitos e insights às dezenas, e a poesia sintetizadora de seu estilo se eleva acima da lama turva dos textos de esquerda como uma águia sobre o pântano. Além disso, essa flamejante adoção da visão mais alta representa grande parte de seu apelo. Ele é incapaz de encontrar oposição sem se alçar, sob o impulso de sua energia intelectual, a uma perspectiva "teórica" superior da qual a oposição é vista em termos dos interesses defendidos por ela. Oposição relativizada também é oposição ignorada. Não é o que você diz, mas o fato de dizê-lo que desperta o interesse de Foucault. *"D'où parles tu?"* é sua pergunta, e sua postura permanece além do alcance de qualquer resposta.

A linha unificadora de suas obras iniciais e mais influentes é a busca pelas estruturas secretas de poder. O poder jaz por trás de cada prática, instituição e linguagem, e o objetivo de Foucault é desmascará-lo e, desse modo, libertar suas vítimas. Ele originalmente descreveu seu método como "arqueologia do saber" e seu tema como a verdade — a verdade considerada produto (e não produtor) do "discurso", retirando forma e conteúdo da linguagem que a transmite. Um problema surge imediatamente e se prova algo mais que mera questão de terminologia. O que se quer dizer com um "saber" que pode ser superado pela nova experiência e com uma "verdade" que existe somente dentro do discurso que a enquadra? A "verdade" de Foucault não existe no mundo independentemente de nossa consciência, sendo criada e recriada pelo "discurso" através do qual é "conhecida".

Assim, em *As palavras e as coisas* (1966),[40] é-nos dito que o homem é uma invenção recente: uma ideia verdadeiramente original e preocupante! A inspeção revela que Foucault quer dizer apenas isto: que foi somente desde a Renascença que o fato de ser homem (em vez de, digamos, fazendeiro, soldado ou nobre) adquiriu o significado especial que hoje lhe concedemos. Usando tais argumentos, poderíamos demonstrar que o dinossauro também é uma invenção recente.

Existe, obviamente, um objetivo nessa observação. Foucault pretende enfatizar a extensão na qual as ciências que tomaram os seres humanos como objeto são invenções recentes e já estão cedendo espaço a outras formas de "saber" (*savoir*).[41] A ideia de homem

[40] *The Order of Things: An Archeology of Human Sciences*. Londres, 1970.

[41] Embora *savoir* admita plural, *knowledge* não admite, um claro sinal de que as duas palavras não significam a mesma coisa. Pode haver *savoirs* rivais, mas não "*knowledges*" rivais. Mesmo assim, os tradutores frequentemente escrevem como se tivéssemos "saberes" opostos, uma expressão idiomática que já relativiza um conceito que surgiu precisamente para ancorar nosso pensamento em uma realidade independente dele. A questão sobre o que significa *savoir*, portanto, torna-se um problema, não apenas na obra de Foucault, mas também em outros pensadores franceses que empregaram descuidadamente o termo. Ver também Badiou, discutido no capítulo 8. Continuarei a traduzir *savoir* como saber [*knowledge* no original], usando aspas quando necessário.

é tão frágil e transitória quanto qualquer outra ideia na história da compreensão humana e deve ceder lugar, sob o impulso de uma nova episteme (uma nova estrutura de saber), a algo que ainda não podemos nomear. Para Foucault, cada episteme serviu a algum poder em ascensão e teve como principal função a criação de uma "verdade" que servisse a seus interesses. Daí não haver verdades recebidas que também não sejam verdades convenientes.

A teoria da episteme é uma reprise da teoria da ideologia marxista. Ela se oferece para categorizar cada forma de pensamento e cada sistema de conceitos, imagens e narrativas em termos de sua função de incorporar e manter a estrutura de poder de que cada ordem social depende. O poder em questão não é necessariamente o da classe governante, embora aqueles no topo sejam seus inevitáveis beneficiários. O poder é o que mantém as coisas unidas, definindo posições dominantes e subordinadas e, de modo geral, mantendo as hierarquias que distribuem privilégios de maneira desigual através do espectro social.

Marx contrastou ideologia com ciência, argumentando que a ideologia deve ser entendida por sua função, e a ciência, por sua verdade. Daí decorre que a ciência pertence à infraestrutura material da qual todas as instituições dependem, ao passo que a ideologia é mero subproduto do sistema. Foucault, contudo, não faz contraste claro entre episteme e alguma outra forma objetiva ou explicativa de "saber". Parece não haver uma posição privilegiada a partir da qual se pode discernir a episteme de uma era que não esteja imbuída por uma episteme própria. Isso suscita uma questão — que acho jamais ter sido respondida por ele — sobre o método que justificaria suas observações e se ele obteve ou não o ponto de vista imparcial que realmente lhe permitiria fazê-las.

Certamente há muitos insights em seus textos iniciais. Mas o método relativista — que identifica a realidade com certa maneira de apreendê-la — nos faz duvidar se foram conseguidos com trabalho duro. Pois esse método lhe permite pular por cima da linha de chegada da investigação histórica sem percorrer a dura trilha da pesquisa empírica. Considere o que *realmente* teria de ser provado por alguém que acreditasse que o homem é um artefato, e bastante recente, aliás — ainda mais recente que os humanistas medievais e renascentistas que exaltaram suas virtudes. Uma avaliação adequada do pensamento de Foucault deve, portanto, tentar separar seus dois componentes: o floreio relativista (que nos levaria a simplesmente ignorá-lo) e a análise "diagnóstica" dos caminhos secretos do poder. É o segundo componente que nos interessa e é expresso na alegação de que cada sucessiva forma de "saber" é devotada à criação de um discurso favorável às — e simbólico das — formas prevalentes de dominação.

Em *História da loucura na idade clássica* (1961),[42] ele forneceu o primeiro vislumbre de sua tese. Nesse livro, traçou o confinamento do insano até suas origens no século XVII, associando-o à ética do trabalho e à ascensão da burguesia. Ele não tem paciência para as explicações causais comuns e as substitui por um tipo de metafísica idealista, implicando que é nosso modo de pensar sobre as coisas que as faz acontecer, dado que as coisas não são realmente distintas de nossas concepções. Assim, não diz que a reorganização econômica da sociedade causou o confinamento dos insanos. Em vez disso, escreve que "foi em certa experiência de trabalho que a indissolúvel demanda econômica e moral por confinamento foi formulada".

Mais importante é o novo ângulo dado não apenas às ideias de Marx, mas também às do Hegel de Kojève. No período que Foucault descreve, nesse e em outros livros, como "idade clássica", o insano é "outro". Ele é outro porque aponta para os limites da ética prevalente

---

[42] Traduzido como *Madness and Civilisation: A History of Insanity in the Age of Reason*. Tradução de R. Howard. Nova York, 1965 [*História da loucura*. São Paulo: Perspectiva, 2014].

e se aliena de suas demandas. Há, em sua recusa em ser "normal", um tipo de virtuoso desdém. Assim, ele deve ser trazido à ordem. Por meio do confinamento, a insanidade é sujeitada ao império da razão, que é outro nome para a forma favorita de dominação. O insano agora está sob a jurisdição dos sãos, confinado por suas leis e instruído por sua moralidade. O recurso à razão nesse encontro íntimo é revelar à insanidade sua própria "verdade" — a verdade pela qual a razão a "conhece". Não possuir razão é, para o pensamento "clássico", ser um animal. O insano, portanto, deve ser obrigado a interpretar o papel de um animal. Ele é confinado em uma jaula e usado como besta de carga. Por esse confronto com sua "verdade", torna-se saudável.

Cada era sucessiva encontra uma "verdade" similar com a qual confrontar aqueles que desafiam suas convenções. E cada era define a sanidade do modo exigido pelo sistema de poder prevalente: a sanidade é a forma de comportamento que respeita as estruturas estabelecidas de dominação. Mas, sugere Foucault, o estoque de "verdades" segundo as quais a insanidade pode ser confinada se exauriu. A insanidade saiu da jaula e nos confrontou com *nossa* "verdade". No fim do drama, os deuses do Olimpo francês do pós-guerra entram no palco para mostrar a língua para a burguesia nos camarotes. Goya, Sade, Hölderlin, Nerval, Van Gogh, Artaud, Nietzsche: para ele, todos são prova de que a voz da irracionalidade (*déraison*) já não pode ser silenciada e o reino da normalidade burguesa chegou ao fim.

O que devemos concluir desse elogio à irracionalidade? De acordo com Foucault, estava claro para o século XVIII que, embora a insanidade estivesse buscando se expressar, não possuía uma linguagem com a qual fazê-lo além daquela fornecida pela razão. A única fenomenologia da insanidade residia na consciência dos sãos. Certamente, portanto, o século XVIII possuía uma intuição muito acurada sobre a natureza da insanidade. A província da linguagem e a província da razão são coextensivas, e, se a insanidade contém suas próprias "verdades", como afirma Foucault, elas são essencialmente inexprimíveis. Ele alega que há uma "linguagem" da irracionalidade e que devemos ajustar nossos ouvidos a ela. Contudo, tal linguagem tornaria a autorreferência impossível. Seria um monólogo delirante, feito por uma voz *que não pertence a ninguém*. Não seria em nada parecido com a voz de Nietzsche em *O crepúsculo dos ídolos* ou a de Nerval em *As quimeras*, que falam conosco diretamente do mundo que partilhamos.

Durante o século XIX, segundo Foucault, a experiência da "irracionalidade" característica ao período "clássico" se torna dissociada: a insanidade é confinada no interior de uma intuição moral e a fantasia de um incessante monólogo da insanidade, em uma linguagem inacessível à razão, é esquecida, para ser ressuscitada, no início do século XX, pela teoria freudiana do inconsciente. No século XIX, na visão de Foucault, a insanidade se tornou uma ameaça a toda a estrutura da vida burguesa, e o insano, em sua falha em se submeter às normas prevalentes, foi marcado como culpado. A maior ofensa da insanidade é contra a "família burguesa" e é a experiência dessa família que dita a estrutura paternalista do hospício. O *ethos* de julgamento e reprovação no hospício é parte de uma nova atitude em relação à insanidade — ela é finalmente *observada*. Já não se pensa que o insano tenha algo a dizer ou simbolizar; ele é uma anomalia no mundo da ação, responsável apenas por seu comportamento visível.

No hospício, o homem racional é apresentado como adulto, e o insano, como criança, a fim de que a insanidade possa ser construída como um incessante ataque ao Pai. O insano deve ser levado a reconhecer seu erro e revelar ao Pai a consciência de sua culpa. Assim, há uma transição natural da "confissão em crise" característica do hospício para o diálogo freudiano, no qual o analista ouve e traduz a linguagem da irracionalidade que soa do inconsciente, mas no qual a insanidade ainda é forçada a se ver como desobediência e transgressão. Finalmente, infere Foucault, é porque a psicanálise se recusou a suprimir a estrutura familiar como única através da qual a insanidade pode ser vista ou conhecida que sua introdução de um diálogo com a insanidade leva ao não entendimento do que o insano está tentando dizer.

Por baixo de toda essa fascinante análise — parte insight, parte exuberante ficção —, é possível discernir uma persistente e simplificadora perspectiva histórica. A despeito de seu aparente academicismo, Foucault permanece fiel ao guia mitopoético para a história moderna apresentado em *O manifesto comunista*. O mundo se divide, convenientemente, em eras "clássica" e "burguesa", a primeira começando no fim do Renascimento e terminando com a "revolução burguesa" de 1789. É somente depois disso que testemunhamos as características peculiares à vida moderna: a família nuclear, a propriedade transferível, o Estado legalmente constituído e as modernas estruturas de influência e poder. Engels fez uma heroica tentativa de dar credibilidade à ideia de "família burguesa" e, desde então, isso se provou útil para a demonologia de esquerda.[43] Mas o ícone de Engels agora está puído e desbotado, e é somente marginalmente mais persuasivo do que a ideia de que a Revolução Francesa envolveu uma transição entre os modos "feudal" e "capitalista" de produção, de uma estrutura social "aristocrática" para outra "burguesa" e da propriedade vinculada para a transferível.

Ainda menos persuasiva é a ideia de que a percepção "clássica" de Racine e La Fontaine é o principal expoente da cultura pós-renascentista e pré-revolucionária na França. Tudo isso é baseado em uma elaborada e (para um historiador) culpável simplificação

---

[43] Ver as contribuições de Engels para *A sagrada família*, uma coleção de polêmicas publicada por Marx e Engels em 1845.

dos dados históricos. A retórica de Foucault é calculada para nos mesmerizar em uma noção de que existe alguma conexão intrínseca entre "burguesa", "família", "paternalista" e "autoritária". Fatos históricos — tais como a família camponesa ser mais autoritária e a família aristocrática ser mais paternalista que a assim chamada família "burguesa", ou a classe média demonstrar uma habilidade de descontrair o ambiente doméstico que raramente foi encontrada nas pontas superior e inferior da escala social — são mantidos fora da análise.

O leitor não encontra nenhum argumento sobre evidências e nenhuma busca por exemplos ou contraexemplos que possam espalhar as sementes da dúvida. Pois elas esmaecem as imagens e apagam o contorno do tão necessário ícone. Quando a imagem se desvanece, o mesmo faz a ideia: já não podemos acreditar que o poder secreto que criou a categoria de doença mental, confinou o sofredor inocente e o lançou moralmente na "anormalidade" também gerou a família, a casa e as normas da vida moderna. Podemos acreditar menos ainda que a natureza desse poder esteja resumida na palavra "burguês", que é introduzida como parte de uma liturgia da denúncia.

Mesmo assim, essa historiografia esquemática sobreviveu por todas as obras iniciais de Foucault. Em particular, ele faz uso abundante do conceito de época "clássica". Em obras subsequentes, todavia, o inimigo que ronda suas páginas parece de algum modo perder sua vestimenta respeitável. Ele surge como poder nu, sem estilo, dignidade ou status. Se o termo "burguês" às vezes é aplicado, o é com um floreio, como um insulto lançado por um lutador a seu oponente. Já não há a mesma confiança libertadora na identidade do inimigo. Não obstante, o método e os resultados permanecem os mesmos e cada um de seus livros subsequentes durante os anos 1960 repete a agenda oculta de *História da loucura*.

Em *O nascimento da clínica* (1963),[44] ele expande as ideias de "observação" e "normalidade" a fim de explicar o confinamento não apenas do insano, mas também do doente. (Em breve, ampliará a análise ainda mais, incluindo prisões e punições. Se parou antes das escolas e universidades, não foi por falta de convicção.) Que os pacientes tenham de ser reunidos para observação demonstra a necessidade de dividir o mundo entre normal e anormal e confrontar o anormal com sua "verdade". Também há necessidade de classificação da doença, uma "linguagem calculada" com a qual distinguir cada enfermidade e torná-la visível.

Há verdade nessas ideias: quem negaria que o crescente entendimento sobre as doenças surgiu do isolamento, da observação e do tratamento seletivo? Mas que verdade simples e que fato inocente! Claramente, essa verdade precisa ser desmascarada como aspecto da sempre presente conspiração burguesa. Eis, portanto, em linguagem característica, aquilo que o hospital — certamente uma das mais benignas realizações humanas — se torna:

> Sobre todos os esforços por parte do pensamento clínico para definir seus métodos e normas científicas, paira o grande mito de um Olhar puro que seria pura Linguagem: um olho falante. Ele percorreria todo o campo hospitalar, observando e reunindo os eventos singulares que ocorrem em seu interior e, ao ver, e ver cada vez mais claramente, transformaria em fala que declara e ensina; a verdade — cujos eventos, em suas repetições e convergências, seriam enfatizados sob seu olhar — seria, por esse mesmo olhar e essa mesma ordem, reservada, na forma de ensino, àqueles que não conhecem e ainda não viram. Esse olho falante seria servo das coisas e mestre da verdade.[45]

---

[44] *The Birth of the Clinic: An Archeology of Medical Perception*. Tradução de A. M. Sheridan. Londres, 1973 [*O nascimento da clínica*. São Paulo: Forense Universitária, 2011].
[45] Idem, p. 114-115.

Há uma retórica consumada aqui, um movimento rítmico que, usando o simples fato da observação científica, torna-se uma consciência perturbadora e opressora sobre a fonte oculta do poder.

Por trás desse conceito de Olhar — *le regard*, o termo introduzido por Sartre e Merleau-Ponty para significar a mais potente revelação da alteridade do Outro —, esconde-se uma grande suspeita, a mesma suspeita sobre as decências humanas que habita as páginas de *O ser e o nada*. Ela nos diz para não nos deixarmos enganar, para não acreditarmos que algo é feito ou conquistado, exceto nos interesses do poder. Contudo, quando Foucault, morrendo de aids, foi levado em junho de 1984 para La Salpêtrière — o hospital cujo uso anterior fora como o hospício que ele caracterizara tão maliciosamente em *História da loucura* —, foi a fim de escapar do Olhar público e receber, em seus últimos dias, a compaixão de que necessitava e que desprezara vinte anos antes como uma das máscaras do poder burguês.

O mesmo desejo de encontrar o poder por trás da máscara avança um passo em seu livro mais brilhante, *Vigiar e punir*, cujo subtítulo é "O nascimento das prisões".[46] (O *surveiller* do título original [Surveiller et punir] é difícil de traduzir, mas se refere, novamente, ao Olhar dos guardas.) É natural que o surgimento quase simultâneo do sistema prisional, do hospital e do hospício não tenha passado despercebido ao desconfiado iconógrafo da burguesia. E há algo persuasivo em sua análise inicial da transição entre as punições exemplares da Europa renascentista para o sistema de confinamento físico. O fato de que tenha chamado as primeiras de "clássicas" e o segundo de "burguês" é de pouco interesse. Mas certamente é revelador ver o sistema inicial como incluindo um tipo de linguagem corporal do crime. O objetivo da tortura era imprimir o crime no corpo do culpado, na linguagem viva da dor, a fim de tornar o

---

[46] *Discipline and Punish, Birth of the Prison*. Tradução de A. M. Sheridan. Londres, 1977 [*Vigiar e punir*. Petrópolis: Vozes, 2014].

mal visível. Foucault a contrasta com o sistema prisional, que, em sua opinião, foi fundado em uma concepção jurídica de direitos individuais e cuja punição tem caráter de privação. Não se pode fazer sofrer o individualista contratual de nenhuma outra maneira. E mesmo a pena capital, sob o novo regime de prisão, tem caráter jurídico abstrato:

> A guilhotina tira a vida quase sem tocar o corpo, do mesmo modo que a prisão priva da liberdade ou a multa reduz a riqueza. A intenção é aplicar a lei não tanto a um corpo real capaz de sentir dor, mas a um sujeito jurídico, possuidor, entre outros, do direito de existir. Ela tinha de possuir a abstração da própria lei.[47]

Foucault continua, até as surpreendentes e não tão surpreendentes conclusões usuais. É surpreendente ouvir que a punição é um elemento da genealogia da alma humana, de modo que o ego cartesiano é precisamente o que se conjura no cavalete de tortura: o sujeito que existe como observador dessa dor. É surpreendente descobrir que a alma moderna é um produto, se não do sistema prisional, ao menos da ideia jurídica de sujeito como um complexo de direitos legais.

É menos surpreendente ouvir que a justiça criminal opera na "produção da verdade" e que é um daqueles sistemas de "saber" que, para Foucault, existem porque expressam e legitimam o poder. Tampouco é surpreendente descobrir que a punição passa pela mesma transição que a medicina, de um sistema de simbolismo para um sistema de vigilância. Em uma impressionante descrição do "panóptico" de Bentham (uma *machine à corriger* na qual todos os prisioneiros podiam ser observados de um único posto), ele relaciona a disciplina da prisão ao recém-surgido poder do invisível sobre o visível, que é, se entendi bem, o poder expresso na lei.

---

[47] Idem, p. 13.

A lei é o possuidor invisível do "olhar normalizador" que tanto distingue o criminoso como espécime anormal quanto o priva de seus direitos até que seja novamente capaz de suportar o fardo da normalidade.

Então ocorre uma daquelas forçadas e *marxizantes* explicações que danificam a poesia de seu texto nada prosaico. É-nos dito que a disciplina da prisão exibe uma "tática de poder" com três objetivos fundamentais: exercer poder pelo menor custo, estendê-lo tão extensa e profundamente quanto possível e "ligar esse crescimento 'econômico' do poder à produção do aparato (educacional, militar, industrial ou médico) no interior do qual é exercido".[48] Tudo isso pretende sugerir uma conexão entre a prisão e a "ascensão econômica do Ocidente", que "começou com técnicas que tornaram possível a acumulação de capital".[49]

Tais observações impulsivas são produzidas não por estudo teórico ou evidência empírica, mas pela associação de ideias, a principal delas sendo a morfologia histórica de *O manifesto comunista*. E, se nos perguntarmos por que essa morfologia ainda é aceita por um pensador moderno tão sofisticado, creio que a resposta será encontrada no fato de que ela fornece os esboços preliminares para o retrato do inimigo. E inspira passagens como esta:

> Surpreende que a prisão celular, com suas cronologias regulares, trabalho forçado, autoridades de vigilância e registro e especialistas em normalidade que continuam a multiplicar as funções de juiz, tenha se tornado o instrumento moderno de penalização? Surpreende que as prisões se pareçam com fábricas, escolas, quartéis e hospitais, que se parecem todos com prisões?[50]

[48] Idem, p. 218.
[49] Idem, p. 220.
[50] Idem, p. 227-228.

Não, não surpreende. Pois, se desmascararmos suficientemente as instituições humanas, sempre encontraremos aquele núcleo oculto de poder pelo qual Foucault se sente fascinado e ultrajado. A única questão é se esse desmascaramento revela a verdade sobre o sujeito ou se não é, ao contrário, uma nova e sofisticada forma de mentir. Devemos nos perguntar se aquele que observa, "no próprio centro da cidade carcerária, a formação de insidiosas leniências, inconfessáveis e mesquinhas crueldades, pequenos atos de malícia, métodos calculados, técnicas e 'ciências' que permitem a fabricação do indivíduo disciplinar"[51] não é, de fato, o inventor do que afirma observar.

Mas não é fácil desmascarar esse observador. Que seus textos exibem mitomania e mesmo paranoia, creio ser evidente. Mas que sistematicamente falsifiquem e façam propaganda do que descrevem é mais difícil de estabelecer. Um escritor que se sente confortável para declarar que "a burguesia não poderia se importar menos com os delinquentes e com sua punição e reabilitação, uma vez que, economicamente, possuem pouca importância",[52] que "a burguesia está perfeitamente consciente de que uma nova constituição ou legislatura não será suficiente para estabelecer sua hegemonia"[53] e que as pessoas "'perigosas' precisam ser isoladas (na prisão, no Hôpital Général, nas galés, nas colônias) para que não ajam como pontas de lança da resistência popular"[54] claramente está mais preocupado com o impacto retórico que com a exatidão histórica.

Contudo, acredito que seria um erro ignorar Foucault em virtude de tais pronunciamentos. Como argumentei, devemos separar sua análise sobre os mecanismos do poder do relativismo condescendente que abre tais fáceis caminhos para a teoria. E a paranoia nada

---

[51] Idem, p. 308.

[52] *Power/Knowledge: Selected Interviews and Other Writings, 1972-77.* Edição de Colin Gordon. Brighton, 1980, p. 102.

[53] Idem, p. 156.

[54] Idem, p. 15.

mais é que relativismo localizado — uma manifestação específica e focalizada do desejo de que a realidade seja subserviente ao pensamento, de que o outro tenha uma identidade totalmente determinada por nossa resposta a ele. O que importa não é a disposição de encontrar, na ação e no pensamento humanos, as sorridentes máscaras da perseguição, mas sim a ideia de que, ao desmascará-las como formas de poder, ficamos mais perto de compreender sua natureza. É precisamente disso que duvido.

Em um par de palestras feitas em 1976,[55] Foucault delibera sobre o que quer dizer com "poder" e distingue duas abordagens: a reichiana (que argumenta que "os mecanismos de poder são aqueles da repressão") e a nietzschiana, que afirma que "a base do relacionamento de poder reside no hostil engajamento de forças".[56] Em um obscuro relato dessa distinção, ele se alinha com a segunda abordagem e tenta demonstrar (no primeiro volume de *História da sexualidade*, 1976)[57] como sua concepção de poder nos permite ver mesmo as relações sexuais como exemplos de "hostil engajamento de forças". Mas não oferece explicação real para o que quer dizer com "poder". As abordagens "reichiana" e "nietzschiana" são inteiramente compatíveis e ambas são explicadas em termos — "repressão", "força" — ao menos tão obscuros quanto o "poder" que deveriam esclarecer.

Nesse período de sua vida, Foucault enfatizou repetidamente que estava preocupado com o poder em sua forma "capilar", que "chega às próprias partículas dos indivíduos".[58] Mas não relevou quem ou o que está ativo nesse "poder". Ou melhor, revelou, mas em

---

[55] Idem, p. 78-108.
[56] Idem, p. 91.
[57] *The History of Sexuality, vol. 1: An Introduction*. Tradução de R. Hurley. Nova York, 1978 [*História da sexualidade. A vontade de saber. Vol 1*. Rio de Janeiro: Paz e Terra, 2014].
[58] *Power/Knowledge, op. cit.*, p. 39.

termos que não continham nenhuma convicção. Em uma entrevista, admitiu que, para ele, "o poder é coextensivo ao corpo social".[59] E é indisputável, claro, que a ordem social, como toda ordem, incorpora poder. Uma sociedade, como um organismo, só pode se manter pela constante interação entre as partes. E toda interação é um exercício de poder: o poder de uma causa para produzir seu efeito. Mas isso é meramente trivial.

O que não é trivial é a totalmente injustificada e ideologicamente inspirada ideia de dominância com que ele dá brilho a suas conclusões. Ele assume que, se há poder, ele é exercido em nome dos interesses de algum agente dominante. Em seguida, com um truque de prestidigitação, é capaz de apresentar qualquer característica da ordem social — mesmo a disposição de curar os enfermos — como exercício oculto de dominação que defende os interesses "daqueles no poder". E escreve: "Acredito que qualquer coisa pode ser deduzida do fenômeno geral de dominação da classe burguesa."[60] Seria mais verdadeiro dizer que acreditava que a tese geral da dominação da classe burguesa podia ser deduzida de qualquer coisa. Por ter decidido, juntamente com *O manifesto comunista*, que a classe burguesa foi dominante desde o verão de 1789, Foucault deduz que todo poder subsequentemente incorporado à ordem social foi exercido por essa classe e em nome de seus interesses. Qualquer fato da ordem social irá, como consequência, necessariamente portar as digitais da dominação burguesa. A trivialidade do argumento não precisa de comentários; o que choca é a ingenuidade filosófica subjacente a ele.

Em uma notável discussão com um grupo de maoistas de 1968, ele expõe algumas consequências políticas de sua análise da lei como outro modelo "capilar" de poder, outra maneira de "intro-

---

[59] Idem, p. 142.
[60] Idem, p. 100.

duzir contradições entre as massas".[61] A revolução, assegura, "só pode ter lugar através da radical eliminação do aparato judicial, e qualquer coisa que possa reintroduzi-lo, qualquer coisa que possa reintroduzir sua ideologia e permitir que rasteje sub-repticiamente de volta às práticas populares, deve ser banida".[62] Ele recomenda o banimento da sentença judicial e de todas as formas de tribunal e acena na direção de uma nova forma de justiça "proletária" que não necessitará dos serviços de um juiz. A Revolução Francesa, segundo ele, foi uma "rebelião contra o judiciário" e essa é a natureza de toda revolução honesta. Se tivesse continuado e mencionado os fatos históricos — os tribunais revolucionários nos quais juiz, promotor e testemunha eram a mesma pessoa e o acusado não tinha direito de resposta, os milhares de execuções, o genocídio em La Vendée e todas as outras calamidades que decorreram da "rebelião contra o judiciário" —, suas observações poderiam ter sido tomadas como advertência e não, como pretendia, aval.

Mas não é somente a Revolução Francesa que ilustra o que ocorre quando o judiciário é removido. Quando não há terceiro partido presente ao julgamento dos acusados, ninguém com o dever de examinar as evidências, mediar entre as partes ou olhar imparcialmente para os fatos, a "justiça" se torna uma luta de "vida e morte" na qual um lado tem todas as armas. Foi isso que se observou nos Processos de Moscou e nos tribunais revolucionários da Revolução Francesa. Como historiador, Foucault deveria saber disso. Mesmo assim, voluntariamente subscreveu uma forma de "justiça proletária" que remove toda defesa do acusado. Pensar, como ele parecia pensar, que tal forma de justiça poderia libertar a sociedade da praga da dominação é ignorar tudo que ele tinha razões para saber. Se a ordem social é composta da substância que

---

[61] Idem, p. 14.
[62] Idem, p. 16.

chamou de "poder", então o estado de direito é a melhor e mais mitigada forma dele.

Ao ler Foucault, o *soixante-huitard* inevitavelmente se pergunta: será que ele falava sério ao dizer essas coisas? E creio que a resposta é sim, falava. Mas as coisas mudaram rapidamente. Através de seus estudos sobre o hospício e a clínica e de sua abrangente "arqueologia do saber", ele tentou mostrar as maneiras pelas quais a normalidade é fabricada no interesse das estruturas governantes de poder e como se modifica quando o poder é transferido da aristocracia para a classe burguesa. Mas havia uma área que ainda tinha de explorar e que Sartre, em *Saint Genet*, tornou central no estudo da normalidade burguesa: a sexualidade. Era uma área de particular preocupação pessoal para Foucault, cuja ativa homossexualidade o levou a conhecidos excessos, incluindo visitas a clubes sadomasoquistas em São Francisco, uma prática que justificou exuberantemente em termos que lembram o assustador elogio ao sadomasoquismo em *O ser e o nada*.[63]

Em 1976, ele publicou o volume introdutório de *História da sexualidade*, no qual esboça a opinião que seus leitores naturalmente esperavam dele, ou seja, a de que a distinção entre conduta sexual normal e anormal e a visão de que a atividade sexual é intrinsecamente "problematizada" devem ser explicadas em termos das estruturas prevalentes de dominação.[64] Intelectualmente, o livro não foi um progresso muito grande em relação a *Saint Genet*, mas prometia uma sequência em três volumes, tratando da seguinte questão: "Por que o comportamento sexual e as atividades e prazeres

---

[63] Ver Didier Eribon. *Insult and the Making of the Gay Self*. Duke University Press, 2004, p. 314-316.

[64] *Histoire de la sexualité*, volume 1: *La volonté de savoir*. Paris: Gallimard, 1976. Tradução de Robert Hurley. *History of Sexuality*, vol. 1: *The Will to Knowledge*. Londres: Allen Lane, 1978.

relacionados a ele são objeto de preocupação moral? Qual a razão dessa inquietação ética?"[65]

Quando esses volumes subsequentes começaram a surgir, Foucault já sofria com a aids e começava a se livrar de sua antiga persona de *enfant terrible*. O movimento Solidariedade na Polônia causou profunda impressão sobre ele: foi não apenas a primeira genuína revolução da classe operária na história, mas também uma revolução *contra* o comunismo e a favor de uma identidade nacional. Foucault falou a favor do movimento e tentou, em vão, influenciar o governo de François Mitterrand para que tomasse medidas punitivas contra as autoridades comunistas na Polônia. E, nos volumes 2 e 3 de *História da sexualidade*, começou a escrever de uma nova maneira, fazendo cuidadosos relatos sobre os textos antigos que o interessavam e mencionando constantemente o trabalho de outros estudiosos. No volume 2, intitulado *O uso dos prazeres*, ele estuda uma variedade de textos antigos que lidam com a atração sexual, tentando — como indica o título — identificar o fenômeno sexual primário como *prazer*. Mas os textos que estudou não são sobre *prazer* sexual. No ato sexual, como nas relações que o tornam possível, o ser humano era visto por gregos e romanos como modelando e simbolizando sua posição social. O sexo, portanto, era *intrinsecamente* "problematizado". Conceitos de honra e virtude surgiam por trás do primeiro impulso de desejo e mesmo as relações entre homens e meninos suscitavam, para aqueles que as praticavam, a questão de como distinguir o modo honrado do modo desonrado de gozá-las, com Platão argumentando, notoriamente, que o elemento do prazer sensual deve ser transcendido e substituído pelo desejo de educar.[66]

---

[65] *L'Usage des plaisirs*. Paris, 1984, p. 16 [*História da sexualidade. O uso dos prazeres. Vol 2*. Rio de Janeiro: Paz e Terra, 2014].
[66] Idem, p. 235-236.

No volume 3, *O cuidado de si*, Foucault argumenta que, no mundo antigo, a atividade sexual, inicialmente concebida como símbolo do status social dos participantes, foi gradualmente "privatizada", passando a ser governada pelo "cuidado de si". Segundo ele, essa foi a origem da crescente ênfase na pureza, virgindade e fidelidade no casamento. Mas, como reconhece, "a intensificação do cuidado de si caminha lado a lado com a valorização do outro".[67] E, no fim do livro, o leitor é informado de que o sexo, no mundo de Plínio e Plutarco, estava relacionado não ao prazer, e muito menos ao poder e à dominação, mas sim à dependência mútua e ao cuidado com os filhos. É claro que ele não retira nenhuma conclusão moral disso e adota uma posição de distanciamento, como se o prazer permanecesse a *matéria* primária da conduta social e as estruturas sociais fossem as avenidas peculiares que as pessoas atravessam para chegar a ele. Mas o estilo é hesitante, circunspecto e destituído da antiga beligerância. E, ao abordar seriamente a posição das mulheres e crianças, ele chega perto de reconhecer a verdade, ou seja, de que é o amor, e não o poder, que faz o mundo girar.

A impressão criada por essas últimas obras é a de um Foucault que foi "normalizado". Seu domínio da língua francesa, sua fascinação pelos textos antigos e pelos caminhos da história, sua exuberante imaginação e seu belo estilo finalmente receberam emprego adequado, descrevendo respeitosamente a condição humana e deixando de procurar pelas "estruturas" secretas por trás de seu sorriso. Foi útil o fato de seu assunto ser o mundo antigo e as obras de autores que não podiam ser ignorados ou refutados como meramente "burgueses". Mas também foi útil o fato de ele ter sido "golpeado pela realidade" e, naquela época, estar recebendo cuidados de uma instituição da qual já zombara em função de seu hábito de confrontar os internos com a "verdade" de sua condição.

---

[67] *Le souci de soi*. Paris, 1984, p. 175 [*História da sexualidade. O cuidado de si. Vol 3.* Rio de Janeiro: Paz e Terra, 2014].

Foi ao ser confrontado com a verdade de *sua* condição que Foucault finalmente cresceu. Ele desceu com Sartre ao inferno onde o Outro reside. Mas também reconheceu sua própria alteridade e retornou ao mundo real com uma atitude de aceitação. Lendo suas últimas obras, fui constantemente tomado pela ideia de que seu beligerante esquerdismo era não uma crítica da realidade, mas uma defesa contra ela, uma recusa em reconhecer que, apesar de todos os seus defeitos, a normalidade é tudo que temos.

5.

Tédio na Alemanha: declínio até Habermas

Após a guerra, no que era então a Alemanha Ocidental, as universidades estavam em crise e a questão sobre o que e como ensinar era uma preocupação urgente para todos os acadêmicos sérios. Fora parcialmente através das universidades que o nazismo instilara seu veneno nas mentes da juventude e era compreensível que todos que haviam obtido ou mantido posições acadêmicas durante os anos de Hitler fossem vistos com suspeita. Em alguns casos, a suspeita era justificada, e o notório caso de Martin Heidegger nos lembra que mesmo um grande filósofo pode se aliar, quando chega o momento, às forças da destruição.

Se Heidegger tivesse ligado seu grande ego à causa do socialismo internacional, teria se beneficiado da mesma condescendência concedida a Sartre, Merleau-Ponty, Hobsbawm e outros apologistas do *gulag*.[1] Mas a causa do *nacional*-socialismo não podia se beneficiar de tal desculpa conveniente e, em seu caso, o pecado foi intensificado pelo fato de ele ter sido atraído precisamente pelo aspecto *nacional* — e não *socialista* — do credo. Ao seu próprio modo, contudo,

---

[1] A justificativa de Maurice Merleau-Ponty para os julgamentos e campos de prisioneiros soviéticos foi publicada em 1946 com o título *Humanism and terror*.

Heidegger representou uma contribuição real e nativa à tradição intelectual canalizada pelas universidades alemãs e era imperativo encontrar uma fonte rival de ideias e argumentos com a qual justificar seu exílio.

Currículos, programas de curso, literatura — tudo foi fumigado e os espalhafatosos ídolos do nacional-socialismo foram retirados de seus pedestais e jogados na sarjeta da qual haviam saído. Em seu lugar, surgiu um novo ídolo: o humanismo marxista da Escola de Frankfurt. Inicialmente, esse ídolo foi cruamente forjado a partir dos materiais que haviam sido apressadamente enviados para os Estados Unidos durante os tumultos do pré-guerra. Mas, gradualmente, o processo de manufatura foi refinado e, juntamente com a explosão de crescimento industrial na Alemanha do pós-guerra, surgiu o novo intelectual de Frankfurt, suave, polido e produzido, como uma BMW, em muitas variedades complementares, todas tecnicamente perfeitas e com uma tabela de desempenho que superava as dos rivais franceses e ingleses. Um exemplo típico desses burocratas perfeitamente funcionais da esquerda alemã foi Jürgen Habermas. Nascido em 1929 em uma família nacional-socialista, ele estudou em Göttingen e Bonn antes de gravitar para o Instituto de Pesquisa Social em Frankfurt e passar algum tempo, no fim dos anos 1950, como assistente de seu mais importante guru sobrevivente, Theodor Adorno. Nomeado professor em Frankfurt em 1964, ele desde então gozou de prestigiadas posições em universidades de todo o mundo. É conhecido e lido em departamentos de sociologia, filosofia, literatura e ciência política em função de sua interminável e soporífera tentativa de sintetizar as contribuições dos filósofos e sociólogos modernos para uma política consensual da esquerda pós-totalitária. Agraciado com o prêmio Hegel em Stuttgart, em 1976, continuou a receber elogios por livros que conseguiram raro prestígio na Alemanha e são impressos em edições luxuosas para as salas de estar das classes mais abastadas. Poucas pessoas os leram de ponta a ponta e poucas das que leram lembram o que dizem. Mesmo assim, com mais frequência que as linhas de Shakespeare que saem da máquina de escrever do macaco, ideias interessantes surgem na grande cesta de papéis da prosa de Habermas e qualquer análise do establishment alemão de esquerda deve levar seus textos a sério.

A esquerda em terras alemãs cresceu, assim como a esquerda francesa do entreguerras, no contexto da derrota — a catastrófica derrota na Primeira Guerra Mundial, que destruiu tanto o império alemão quanto o austro-húngaro e impôs um humilhante tratado de paz, juntamente com uma grade de fronteiras inventadas a leste de nosso continente, a fim de assegurar que a Europa Central permanecesse instável durante o futuro previsível. Os dois mais influentes esquerdistas escrevendo em alemão durante a primeira metade do século XX eram ambos produtos altamente sofisticados da classe alta. Theodor Adorno (1903-1969) começou a vida como prodígio musical, estudando composição em Frankfurt e mais tarde, sob Berg, em Viena. Escreveu uma tese de doutorado sobre a filosofia de Edmund Husserl e construiu reputação como defensor determinado do modernismo radical na música. György Lukács (1885-1971) foi um escritor e filósofo que, na época de sua morte, era aceito como principal crítico literário da esquerda internacional e expoente da teoria neomarxista da sociedade. Também foi o principal defensor do "humanismo marxista" que, mais tarde, se cristalizaria na Escola de Frankfurt. Nenhuma análise da esquerda alemã pode ignorar essas duas figuras seminais e, portanto, será com elas que começarei.

Amigo de escritores, músicos, pintores e filósofos, Lukács pertencia a um mundo que em breve seria destruído. Ele sentia pouco ou nenhum afeto por sua herança austríaca: a nobreza açucarada de Strauss e Hofmannsthal, a nostalgia de Josef Roth, a "ordem espontânea" de Hayek e Wittgenstein, e as visionárias perspectivas sobre o caos sexual nos textos de Musil e nas pinturas de Klimt e Schiele o deixavam indiferente. Ele sentia apenas o fanático desejo de se livrar de tais relíquias, juntamente com as leis e os costumes que as haviam nutrido.

Esse desprezo pelas realidades sociais existentes não lhe era peculiar — sentimentos similares podem ser encontrados nas obras de muitos de seus contemporâneos austro-húngaros: na sátira niilista de Karl Kraus, na atonalidade expressionista de *Erwartung*, de Schoenberg, na fria arquitetura de Loos e nas leis e gabinetes sem sentido imaginados por Kafka. Contudo, ele deu a esses sentimentos uma direção original e perigosa, retirando-os do reino da especulação e ligando-os aos eventos de Sarajevo. Assim, embora a autodestruição do império Habsburgo encontre expressão física em muitos de seus contemporâneos, Lukács acrescenta um revanchismo que lhe é próprio. Nada do presente faz sentido para ele: somente o futuro é digno de luta, e o futuro pertence ao proletariado. A tarefa do crítico era inventar o proletariado e estabelecê-lo como verdadeiro inquisidor da cultura.

Ele não foi o criador da crítica socialista da cultura. Como reconheceu repetidamente, essa era uma das ideias favoritas de Lenin. Mesmo assim, foi o primeiro expoente a ser suficientemente educado para fazê-la fruir e apresentar resultados que pareceriam plausíveis para aqueles que ainda consideravam a cultura uma fonte de validade secular. Quando os acadêmicos radicais dos anos 1960 começaram a buscar as autoridades que justificariam sua censura, foi para Lukács que se voltaram. Ele não apenas compilara o primeiro índice marxista confiável de literatura moderna como também pensara em uma crítica que situava a cultura no centro da "luta mundial" entre revolução e reação. Demonstrou a seus seguidores literários que sua preocupação intelectual era idêntica ao objetivo universal do proletariado: a liquidação dos elementos reacionários. Em resumo, justificou a cultura para os marxistas, mostrando-lhes como condená-la em termos marxistas. E, ao fazê-lo, forneceu conceitos cruciais para Adorno e para os pensadores da

Escola de Frankfurt — conceitos que, mais tarde, emergiriam como o repertório básico do "humanismo marxista".

Seu pai era um rico banqueiro judeu que fora enobrecido pelo imperador e usara sua influência para obter privilégios para o filho — incluindo isenção do serviço militar durante a Primeira Guerra Mundial. Lukács devotou sua prolongada juventude ao estudo de filosofia e literatura. Além dos clássicos marxistas, fez uma imersão nos textos do anarcossindicalista Georges Sorel, cuja apologia da violência o marcou profundamente e foi frequentemente empregada, em anos posteriores, na defesa do terror revolucionário. Filiou-se ao Partido Comunista Húngaro logo após sua fundação, em 1918, e serviu como vice-comissário para a Educação no breve "soviete" húngaro. Mais tarde, olharia com satisfação para os feitos heroicos dessa época, na qual começou a obra de demitir todos os professores não comunistas das universidades húngaras. Retomaria o trabalho ao retornar de Moscou, após a Segunda Guerra Mundial, tornando-se parte da nova máquina administrativa comunista, com a responsabilidade de denunciar escritores e intelectuais não comunistas e banir suas publicações. Foi em parte graças a ele que o mais importante filósofo húngaro do século XX — Béla Hamvas — foi expulso de sua posição como bibliotecário e obrigado a trabalhar como operário não qualificado em uma usina elétrica.

Entretanto, fugindo da Hungria para Viena em 1919, Lukács começou sua carreira literária publicando uma seminal coletânea de ensaios — *História e consciência de classe* — em 1923 e cooperando ativamente com outros membros do movimento comunista que viviam na capital austríaca, incluindo Viktor Serge e Antonio Gramsci (ver capítulo 7). Convocado a Moscou em 1930, passou os anos da guerra confinado no Instituto Marx-Engels, sendo um dos poucos comunistas húngaros na União Soviética a sobreviverem ao expurgo de Stalin, feito conseguido, em parte, por causa da denúncia de todos que haviam sido colocados no índice, inclusive ele mesmo.

Sem surpresa, sua reputação atual na Hungria não é tão boa quanto era na Paris de 1968. Mas sua escola — Agnes Heller, Ferenc Féher, György Márkus, János Kis e muitos outros — continuou a difundir a mensagem do "humanismo marxista" de suas confortáveis posições em departamentos universitários de esquerda no exterior ou, após 1989, na própria Hungria. É parcialmente graças a sua persistente influência que a Hungria hoje possui um governo de direita, eleito por duas vezes sucessivas com maioria de dois terços. A causa não é alguma virtude especial de Viktor Orbán ou de seu Partido Fidesz, mas horror pela alternativa, na qual persiste o fervoroso ressentimento de Lukács.

Em uma entrevista autobiográfica, ele faz duas observações que resumem a percepção de seus anos iniciais:

> Naquela época, sentíamos um ódio amargo pelo capitalismo e todas as suas formas. Queríamos destruí-lo a qualquer preço e tão rapidamente quanto possível.[2]

> Você não pode simplesmente experimentar o marxismo [...] precisa ser convertido a ele.[3]

As duas observações devem ser tomadas em conjunto. Após sua "conversão" ao marxismo — quando se tornou, em suas palavras, um "sectário messiânico"[4] —, Lukács só conseguia enxergar a odiosa presença do "capitalismo" e nada no mundo circundante tinha validez independente. A monarquia dual já não era, a seus olhos, um sistema de leis e instituições; despida de sua verdadeira identidade, como solução cuidadosamente negociada para o recorrente problema do

---

[2] György Lukács. *Record of a Life*. Edição de Istvan Eörsi e tradução de R. Livingstone. Londres, 1983, p. 60.
[3] Idem, p. 63.
[4] Idem, p. 76.

governo multinacional, não era nada além do "sistema" econômico que supostamente a mantinha. A falácia básica do marxismo, a crença em uma "essência" real da qual nossa vida social é apenas uma "aparência", colonizara seu cérebro e assumira a forma de religião inabalável. Desse momento em diante, o mundo circundante perdeu qualquer direito sobre sua consciência. Tudo seria destruído pelo fogo refinador da revolução. A lei não possuía nenhuma validez para além do processo político: "a questão da legalidade ou ilegalidade se reduz [...], para o Partido Comunista, a *mera questão de tática*", escreveu ele, acrescentando que "nessa solução totalmente sem princípios reside a única rejeição prática e dotada de princípios do sistema legal burguês".[5]

O que era verdadeiro em relação ao sistema legal também o era para todas as demais características do mundo "burguês": práticas econômicas, relações sociais, emoções, ambições e mesmo a própria moralidade. Em resposta a uma pergunta feita na época, Lukács afirmou que "a ética comunista tem como seu maior dever aceitar a necessidade de agir com iniquidade", acrescentando que "esse é o maior sacrifício que a revolução requer de nós".[6] Afinal, a "iniquidade" é uma concepção burguesa e tudo que é burguês deve ser destruído. De fato, toda a psique humana está tão deformada pelo capitalismo que "não é possível ser humano na sociedade burguesa",[7] de modo que "a burguesia possui apenas a aparência de existência humana".[8] Na época em que cunhou essa última observação, Hitler falava em termos similares dos judeus, mas Lukács escolheu sua linguagem deliberadamente.

Com Lukács, não temos de lidar com o esnobismo antiburguês de Foucault ou o desdém pelos costumes de Dworkin ou Galbraith.

---

5 *History and Class Consciousness*. Tradução de R. Livingstone. Londres, 1971, p. 264.
6 Ver Frank Borkenau. *World Communism*. Nova York, 1962, p. 172-173.
7 *History and Class Consciousness*, *op. cit.*, p. 190.
8 György Lukács. *Essays on Realism*. Edição de R. Livingstone e tradução de D. Fernbach. Londres, 1980, p. 133.

Temos de lidar com o ódio. E, embora esse ódio inclua todas as "aparências" do mundo "burguês", é dirigido para além delas, para o mal oculto que escondem. O mal é o "capitalismo", e o ódio pelo capitalismo é total e incondicional, justificando cada quebra da moral.

Mas por quê? O que há de tão ruim no "capitalismo"? A maior realização de Lukács foi ter encontrado o que se tornaria — primeiro para a Escola de Frankfurt e, subsequentemente, para a Nova Esquerda do pós-guerra — a resposta canônica a essa pergunta. Ele descobriu a linguagem na qual o capitalismo podia ser representado como o maior dos males sociais, para uma geração que conhecera a abundância, a liberdade, as provisões sociais e as oportunidades de uma "economia capitalista mista". E foi capaz de apresentar sua crítica como a verdadeira "agenda oculta" de *O capital*. Pois descobrira a sobrevivência, disfarçada de teoria econômica, da crítica "hegeliana" da juventude de Marx.

A economia marxista é uma composição confusa, mas fascinante, retirada parcialmente da economia política ricardiana e parcialmente do que Lukács chamou de "filosofia alemã clássica" — ou seja, Kant, Schiller, Fichte, Hegel e Schelling. *O capital* se inicia com o desastroso argumento de que, se duas mercadorias foram trocadas, seu "valor de troca" deve ser "o modo de expressão, a forma fenomênica, de algo contido nelas e, contudo, indistinguível delas".[9] A observação, já fraseada no tendencioso idioma da "filosofia alemã clássica", é justificada por uma importante falácia:

> Tomemos duas mercadorias; milho e ferro, por exemplo. As proporções em que podem ser trocadas, quaisquer que sejam, sempre podem ser representadas por uma equação na qual certa quantidade de milho é igual a certa quantidade de ferro. Digamos que

[9] Karl Marx. *Das Kapital*. Edição standard. Moscou, 1962-1966, vol. 1, p. 45 [*O capital*. Rio de Janeiro: Civilização Brasileira, 2014].

> 1 quartilho de milho seja igual a 1 quintal de ferro. O que essa equação nos diz? Que, em duas coisas diferentes — 1 quartilho de milho e 1 quintal de ferro —, há quantidades iguais de alguma coisa comum a ambas. As duas coisas, portanto, devem ser iguais a uma terceira, que em si mesma não é nem uma, nem outra. Cada uma delas, no que diz respeito a seu valor de troca, deve ser reduzível a essa terceira.[10]

Então Marx inicia o caminho que leva ao "trabalho socialmente necessário" como valor "oculto" no interior de cada equação de troca.

A única conclusão *lógica* que pode ser retirada do fato de que duas mercadorias são trocadas em determinada proporção é que elas são trocadas nessa proporção. Se um valor em dinheiro for designado para dada equação, trata-se simplesmente de outro fato da mesma natureza. O valor de qualquer mercadoria pode ser visto como "classe equivalente". Assim como o geômetra define a direção de uma linha como o conjunto de todas as linhas igualmente dirigidas, e assim como Frege e Russell definiram o número de uma classe como a classe de todas as classes que lhe são equinuméricas, o economista pode definir o valor de uma mercadoria como a classe de todas as mercadorias que possuem o mesmo valor de troca. A hipótese de um espectral "terceiro" item em termos do qual essa equivalência deve ser definida é estritamente redundante — um comentário puramente metafísico sobre fatos que não lhe fornecem nenhum suporte independente.

Com esse falacioso argumento apriorístico, a economia marxista toma como objeto não os dados empíricos, mas uma entidade oculta que de modo algum está implicada neles. Em seguida, transforma essa entidade oculta ("valor") no principal objeto de uma nova pseudociência — "ciência" que, em virtude da natureza das coisas,

---

[10] Idem.

deve permanecer afastada dos dados empíricos que poderiam confirmar ou refutar suas descobertas. Enquanto a economia moderna toma o *preço*, empiricamente definido, como seu *explanandum*, Marx tenta explicar uma variável oculta da qual o "preço" é meramente a "forma fenomênica". Sem surpresa, entidades "fenomênicas" como oferta e demanda (que explicam o preço) não podem explicar a "essência" oculta do "valor" nem mesmo fornecer bases razoáveis para sua existência.

Em vista do sucesso da moderna teoria do preço — e, em particular, da teoria da utilidade marginal, cuja emergência no fim do século XIX destruiu grande parte do impacto de *O capital* —, pode parecer surpreendente que o interesse pela teoria do valor-trabalho de Marx tenha se mantido. Mas sua falácia permanece atraente. Ela cria a perspectiva filosófica, crítica e política sem a qual o cenário da teoria econômica parece desolado e sem sentido. A promessa marxista de uma "economia política" é cumprida já no início de seu argumento, precisamente no uso da linguagem da "filosofia alemã clássica". Pois essa linguagem sugere que os dados econômicos escondem um "significado" oculto. A assim chamada ciência econômica "burguesa" precisa de *interpretação* a fim de sermos capazes de apreender a realidade social a que ela se refere. Marx faz então seu movimento intelectual decisivo, argumentando que, na verdade, a economia "burguesa" não explica a realidade econômica, mas a esconde, desviando a atenção de sua essência oculta. A economia "burguesa" não é ciência, mas ideologia, e a verdadeira economia — a economia política de *O capital* — apoia suas reivindicações científicas justamente em seu método *filosófico*, que lhe permite penetrar as aparências até a essência social que ocultam.

Se esse argumento estivesse correto, poderia ser repetido para cada teoria científica conhecida pelo homem. Todas seriam refutadas como mecanismos ideológicos, precisamente por sua disposição (implícita na própria ideia de método científico) de explicar as aparências e não prestar atenção ao âmago "metafísico". A teoria dos conjuntos, por exemplo, seria ignorada como "ideologia" da matemática, uma vez que estuda não os números (as essências platônicas escondidas por trás de suas equações), mas as "classes de equivalência" que os substituem em qualquer fórmula significativa. A física se tornaria a "ideologia" da matéria, e a biologia, a "ideologia" da vida. Foi assim, na verdade, que Engels construiu sua "dialética da natureza": uma ridícula substituição das leis da física por uma metafísica desmantelada com a qual afirmou "revelar" o que a física "burguesa" escondia.[11]

Esse raciocínio inaceitável — que justifica a ideologia como "ciência" e condena a verdadeira ciência como mera "ideologia" — teve grande apelo para Lukács, que o tornou a fundação de sua filosofia. "A teoria da 'utilidade marginal' do período imperialista", escreveu ele, "é o clímax da simplificadora e formalista evacuação do real conteúdo da economia"[12] — e, na palavra "imperialista", ele tenta resumir e condenar uma era inteira de esforços intelectuais. E continua: "Enquanto no período clássico o esforço prevalente era para compreender a conexão entre problemas econômicos e sociais, a era da decadência construiu uma barreira artificial, pseudocientífica e pseudometodológica entre eles."[13] Assim, a parte da economia que se justificara como ciência por meio de seu poder de predição é condenada como "pseudocientífica". Nos mesmos termos, ele explica a sociologia "burguesa": "A nova ciência da era da decadência, sociologia como ciência especial, surgiu porque os ideólogos burgueses queriam ver as leis e a história do desenvolvimento social separadas da economia."[14]

---

[11] F. Engels. *Anti-Dühring* e *Dialectics of Nature*. Alain Besançon chamou a atenção para a diversão que Flaubert poderia ter tido à custa de Bouvard e Pécuchet se seus personagens tivessem conhecido essa obra. *The Intellectual Origins of Leninism*. Tradução de Sarah Matthews. Oxford, 1981, p. 49.

[12] *Essays on Realism*, *op. cit.*, p. 127.

[13] Idem.

[14] Idem.

O significado dessa (ligeiramente paranoica) afirmação não deve ser tomado levianamente. De fato, vemos nele uma das razões para o apelo de Lukács: o fornecimento dos instrumentos inquisitoriais por meio dos quais o pensamento não marxista, chamado ao tribunal da análise crítica, pode ser forçado a confessar seus crimes. É em vão que o cientista "burguês" consulta os fatos: na ausência da visão "total" do marxismo, aquele que se refere aos fatos meramente se condena como empirista, e o empirismo é "uma ideologia da burguesia".[15]

> A asserção fundamental do método dialético é a teoria hegeliana do conceito concreto. Essa teoria declara, em suma, que o todo é anterior a suas partes: a parte deve ser interpretada à luz do todo, e não vice-versa [...][16]

Se os fatos refutarem a teoria "total" do marxismo, "pior para os fatos".[17]

Os filósofos da ciência estão familiarizados com a tese de Quine e Duhem de que qualquer teoria, adequadamente revisada, pode ser tornada consistente com qualquer dado e qualquer dado pode ser rejeitado em nome dos interesses de uma teoria. Mas o que Lukács propõe é a rejeição dos dados em nome dos interesses de uma filosofia que menospreza inteiramente a observação empírica como último refúgio do ideólogo. Desse modo, ele é capaz de resgatar o marxismo dos ataques da realidade e colocá-lo acima do domínio da ciência, sobre a qual pode então governar em vazio triunfo.

Leitores filosóficos da economia moderna frequentemente simpatizam com essa empreitada marxista. Pois os simples fatos de "preço", "lucro", "oferta" e "demanda" são também realidades humanas, conectadas a nossas experiências sociais mais profundas: trabalho,

---

[15] *New Left Review* (1971), republicada em *Record of a Life, op. cit.*, p. 174.

[16] *Tactics and Ethics: Political Essays, 1919-29*. Nova York, 1975, p. 25.

[17] Idem, p. 30.

troca, doação, propriedade, domicílio, consumo e paz. O filósofo é atraído para concepções que comemoram essas experiências fundamentais e as imprimem indelevelmente em nossa álgebra econômica, como a cabeça do soberano impressa na moeda. Assim, um filósofo pode se sentir atraído pela leitura que Lukács faz de Marx, na qual a teoria do valor-trabalho é representada em suas verdadeiras cores — não como continuação do empirismo econômico, mas como ressurgimento, em vestimentas "científicas", do tema principal da "filosofia alemã clássica": sujeito e objeto. Ao restaurar o significado perdido da álgebra marxista, Lukács a moralizou de modo favorável ao objetivo revolucionário. Por trás da máscara da teoria econômica, ele viu o drama vivo do sujeito humano, trancado em sua "luta de vida e morte" com o "objeto" que sempre ameaça superá-lo e destruí-lo. Em outras palavras, viu os contornos da dialética hegeliana, da mesma maneira que Kojéve a expôs aos desencantados intelectuais de Paris.

Lukács também introduziu uma ideia que já encontramos nos textos tardios de Sartre: a totalização. Para compreender o sistema capitalista, argumenta ele, devemos vê-lo em sua "totalidade", e só é possível fazer isso com a ajuda de uma teoria "total" — uma teoria que veja todas as coisas em seu todo. Essa teoria total é o marxismo, concebido de acordo com a interpretação "dialética". Do ponto de vista da teoria "total", somos capazes de ver que as "relações de produção" do capitalismo se refletem não nas leis, instituições e ideologias capitalistas, mas na própria estrutura da consciência capitalista. O capitalismo não está apenas em nossos corpos, mas também em nossas mentes. Em particular, a consciência capitalista é propensa a "ilusões fetichistas". O efeito disso é introduzir uma condição que Lukács chamou de "reificação" da consciência.

O termo "reificação" (*Versachlichung* ou *Verdinglichung*) foi retirado de *O capital*, assim como as teorias de "mercadoria" e "fetichismo do capital", nas quais é empregado para generalizar. Esses mecanismos intelectuais receberam apenas papel secundário em Marx; Lukács, contudo, os converteu nas principais ferramentas de sua crítica anticapitalista. De acordo com Marx, o capital "não é uma coisa, mas uma relação social entre pessoas, mediada pelas coisas".[18] Entretanto, surge como *força* objetiva que age independentemente das "relações sociais" das quais cresce. Atribuir essa força a uma entidade chamada "capital" é ser vítima de fetichismo: é atribuir poderes puramente humanos a objetos inumanos — notas promissórias, máquinas e moedas.

A forma mais perniciosa desse fetichismo, a que mascara mais completamente a realidade social da produção capitalista, é a que se liga aos juros. Sob o capitalismo, argumenta Marx, ela surge

> como se os juros fossem o produto típico do capital, a matéria primária, e o lucro, na forma de ganho empresarial, fosse mero acessório e subproduto do processo de reprodução. Assim, temos uma forma fetiche de capital e o conceito de fetiche de capital. [No processo em que o capital se torna capital-mais-juros,] temos uma forma sem sentido de capital, a perversão e objetificação das relações de produção em seu grau mais elevado, a forma que inclui juros, a simples forma de capital na qual ele antecede seu próprio processo de reprodução. É a capacidade do dinheiro, ou da mercadoria, de expandir seu próprio valor independentemente da reprodução — o que é uma mistificação do capital em sua forma mais flagrante [...] uma forma na qual a fonte do lucro [ou seja, a exploração do trabalhador] já não é discernível e na qual o resultado do processo capitalista de produção — divorciado do processo — adquire existência independente.[19]

A força emocional por trás da prosa de Marx é mais evidente que o argumento, e é essa mesma força que anima Lukács em seu em-

---

[18] *Das Kapital, op. cit.*, volume I, p. 766.

[19] Idem, volume III, p. 384-385.

préstimo da terminologia marxista. "Reificação", "alienação" e "fetichismo" se tornam os pecados característicos do sistema capitalista.

Assim como há "fetichismo do capital", também há "fetichismo da mercadoria", que mistifica as relações humanas no mercado e oculta a exploração de que a mercadoria se alimenta. A vítima do fetichismo da mercadoria a vê como possuindo um poder peculiar, realizando trocas como se estivesse sob a influência de leis autônomas e objetivas. Vista desse modo, a mercadoria realmente possui poder — poder sobre a pessoa que a fetichiza e passa a se ver como governada por sua mágica inerente. No capitalismo, o homem também é uma mercadoria, cambiável de acordo com as leis "objetivas" do sistema. Desse modo, argumenta Lukács, o mundo "objetivo" é fetichizado e o mundo subjetivo é "reificado". Os objetos desfilam diante de nós como se possuíssem poder sobre nossa vontade, ao passo que o sujeito humano é degradado ao status de coisa e varrido pelas leis "objetivas" do mercado:

> *Objetivamente*, surge um mundo de objetos e relações entre as coisas (o mundo das mercadorias e seus movimentos no mercado). As leis que governam esses objetos e seus movimentos são gradualmente descobertas pelo homem, mas mesmo então o confrontam como forças invisíveis que geram seu próprio poder. O indivíduo pode usar seu conhecimento dessas leis para sua própria vantagem, mas não é capaz de modificar o processo de sua própria atividade. *Subjetivamente* — onde a economia de mercado está totalmente desenvolvida —, a atividade de um homem passa a ser separada dele e se transforma em mercadoria que, sujeita à objetividade não humana das leis naturais da sociedade, deve seguir seu próprio caminho, independentemente do homem, como qualquer artigo de consumo.[20]

---

[20] *History and Class Consciousness*, *op. cit.*, p. 87.

O mesmo inexorável processo de produção capitalista força o desenvolvimento do trabalho detalhado e, consequentemente, a fragmentação do sujeito — sua divisão em habilidades e funções separadas e a absorção de sua vida em algumas habilidades particulares que determinam seu valor como mercadoria. De acordo com Lukács, essa fragmentação do trabalho transforma a produção em uma espécie de contemplação. Como mera engrenagem na máquina que o domina e controla, o trabalhador perde seu status de agente humano e adota, em relação a seu próprio comportamento, a postura puramente contemplativa do anatomista, que estuda o funcionamento do corpo.[21]

Por meio da constante repetição de tais argumentos, Lukács é capaz de se persuadir de que o fetichismo, a alienação e a reificação definem a condição espiritual prevalente da sociedade capitalista. Eles estão manifestos na escravização da força de trabalho, na degradação da arte e da linguagem e na perversão das relações sexuais — em suma, na universal separação do homem de sua essência. Tais "insights" sugerem que o sofrimento e os pecados da humanidade não necessitam de outra explicação além da persistência do sistema capitalista. Mas estão longe de serem rigorosos, sendo mais ou menos aplicações mecânicas da "filosofia alemã clássica" e, em particular, do drama de "sujeito e objeto" que mais tarde teria um impacto tão profundo em Paris. Para compreender onde ele pretende chegar, temos de voltar à raiz da "filosofia alemã clássica".

Como sujeitos, argumentou Kant, somos essencialmente livres e exercitamos nossa liberdade na razão prática, que é a fonte do imperativo categórico que motiva e justifica nossa conduta. Hegel concordou, mas seguiu Fichte na visão de que o sujeito não é dado absolutamente, sendo autogerado por um processo de negação e "determinação" (*Bestimmung*). O sujeito percebe a si mesmo, e assim merece sua liberdade, somente por meio da constante postulação de

---

[21] Idem, p. 89.

objetos que são diferentes dele e fornecem seu campo de ação. Esse processo de *Selbstbestimmung* é social: percebo a mim mesmo em minhas relações com os outros, dos quais ganho minha liberdade. Da "luta de vida e morte" com o outro, qualquer um de nós pode emergir como mestre ou escravo. O escravo é mero objeto para o mestre, mas, argumenta Hegel, o mestre também se torna mero objeto para si mesmo, sendo separado do mundo da ação pela constante mediação do escravo e forçado a adotar uma postura puramente contemplativa em relação a sua própria existência. A verdadeira liberdade ocorre somente pela restauração da unidade entre contemplação e ação e pela superação da relação antagônica que priva tanto mestre quanto escravo do reconhecimento que desejam.

O processo de autorrealização exemplifica a estrutura da dialética. O sujeito "imediato" e "indeterminado" — o vazio "Eu" — ultrapassa a si mesmo, é "objetificado" e separado. Em todo autoconhecimento, existe esse primeiro momento de negação — a conversão do sujeito em "objeto" de sua própria consciência contemplativa. (Esse é o momento de *Entäusserung* ou se tornar "outro".) Somente na conclusão da dialética o eu é restaurado a si mesmo, a fim de se tornar, consciente e determinadamente, o que era antes apenas abstrata e potencialmente.

Assim, ganho minha consciência moral e minha liberdade em dois estágios. Primeiro, passo do imediato "eu quero" da infância para a alienante percepção de mim mesmo como objeto escravizado pelo desejo; em seguida, incorporo essa autoconsciência a minha própria natureza subjetiva. Obrigo-me a ser um sujeito integralmente autodeterminado, capaz de superar o desejo e agir a partir de uma concepção do bem. Assim, adquiro unidade de contemplação e ação: torno-me verdadeiro agente, motivado por uma concepção de mim mesmo, com direito a respeito próprio e dos outros.

Não podemos nos deter nas ricas implicações filosóficas desse argumento. De imediata importância é a história subsequente, em particular sua paródia por Ludwig Feuerbach. Em sua exploração da "consciência infeliz" — "espírito em autoalienação" —, Hegel tivera muitas coisas interessantes a dizer a respeito da religião. Ele argumentara que um tipo particular de religião — a que via Deus como irremediavelmente transcendente, lócus de toda virtude e santidade, e o mundo como eternamente separado de Deus, com o homem "caído" — era o reflexo de um "espírito autoalienado".

Feuerbach aplicou essa observação a todas as religiões, em particular ao cristianismo.[22] No cristianismo, os seres humanos localizam toda virtude em uma esfera celestial e, desse modo, não encontram nenhuma virtude em si mesmos. Aqui, ele empresta da filosofia da religião de Kant o conceito crucial de "fetiche". No fetichismo, argumentou Kant, o homem atribui seus próprios poderes a objetos que lhe são externos e, consequentemente, separados de sua própria vontade. O cristianismo também é um fetichismo, argumentou Feuerbach, no qual o homem atribui sua virtude, liberdade e felicidade a um irreal reino "espiritual" e passa a existência material em estado de irremediável separação de sua verdadeira natureza e poderes. A virtude poderia ser recuperada se reconhecêssemos que sua realidade jaz aqui, em nossa material e social existência — em nossa "essência genérica" (*Gattungswesen*), como ele tendenciosamente a chamou. Na religião, transformamos nossa virtude em objeto e então a adoramos como nosso mestre. Eis por que somos "alienados" de nós mesmos e separados de nossa realização. Dessa maneira, a consciência fetichista nos priva de nossos poderes ao investi-los em objetos irreais.

Nos manuscritos de 1844, Marx acrescenta uma nova guinada à história, usando a mesma retórica inebriante para compor uma crítica à propriedade privada. Na propriedade, argumenta ele, o

---

22 Ludwig Feuerbach. *The Essence of Christianity*, 1841. Tradução de Marian Evans. Londres, 1854 [*A essência do cristianismo*. Petrópolis: Vozes, 2013].

homem objetifica sua vontade, concedendo a um mero objeto sua própria subjetividade e, consequentemente, perdendo-a. A propriedade exerce grande influência sobre ele, em virtude do poder que apropriou de sua própria atividade e vontade. Na propriedade, portanto, o homem dota os objetos de alma e se torna mero objeto. Ele é "restaurado a si mesmo" somente ao superar a instituição da propriedade, para que suas relações com os outros já não sejam mediadas pelo alienante mundo das coisas. O homem deixa de ser "objeto" e volta a ser "sujeito" ao chegar a um nível mais elevado e autoconsciente, a "essência genérica" da qual a propriedade o separou.

Os manuscritos de 1844 foram descobertos somente após a publicação de *História e consciência de classe*: o próprio Lukács ajudou a preparar a primeira edição durante seu período de exílio na União Soviética. Contudo, a parábola hegeliana da jornada espiritual do homem — partindo da inocente autoimersão, passando pela alienação e chegando à autorrealização na verdadeira vida social — foi a força motriz por trás de todas as especulações de Marx. Lukács teve a imaginação e a intuição de perceber isso e trazer à luz os significados mais profundos dos textos marxistas. E também ficou mesmerizado pela força da parábola hegeliana.

Como ciência, a teoria do fetiche da mercadoria e do capital é oca: não acrescenta nada de substancial à explicação sobre o acúmulo de capital ou a troca de mercadorias. Mesmo como crítica social, é mais sensacional que sensível. Pois quem é realmente enganado pela ilusão de que as mercadorias e o capital possuem poderes autônomos; as primeiras, para trocar, e o segundo, para crescer? O economista "burguês" explica esses fenômenos em termos de oferta e demanda agregada — em outras palavras, nos termos das ações sociais dos seres humanos. Assim, que força há na afirmação de que as "leis" da "economia política vulgar" representam o capital como "fonte independente de valor"?

Apesar disso, o conceito de "consciência fetichizada" continua a inspirar pensamentos revolucionários. A teoria hegeliana da alienação não é meramente o relato do caminho do homem até a autoconsciência. É um substituto para a teologia. Nas mãos de Hegel e Feuerbach, ela oferece uma teoria secular sobre o pecado original. O mal que está "solto" no mundo, que nos assombra e vicia nossas ações, é sinal e produto da autoalienação humana. O homem é um objeto que deveria ser sujeito e sua consciência está completamente tomada pelo "triunfo das coisas". Todo poder parece residir fora dele e em nenhum lugar ele encontra a espontaneidade, a validez interior, do livre-arbítrio humano. Mostrar que o capitalismo é condição suficiente e necessária para esse estado de autoalienação é justificar o trabalho sagrado da revolução, mesmo (de fato, especialmente) em uma época que conheceu os confortos materiais que a economia de mercado pode proporcionar.

Assim, esta foi a principal realização de Lukács: ter revelado e endossado o significado teológico da economia marxista e, desse modo, adaptado as teorias de Marx ao mundo do pós-guerra — tanto o mundo após a Primeira Guerra Mundial, quando os europeus procuravam uma nova identidade e esperavam encontrá-la na promessa do socialismo, quanto o mundo após a Segunda Guerra Mundial, quando os novos estilos de consumo se espalharam dos Estados Unidos para o globo. Suas ideias inspiraram os escritores da Escola de Frankfurt — especialmente Adorno — a verem além da enganosa abundância do sonho americano e enxergarem a "interna" e "subjetiva" alienação que era ocultada por ele. E inspirou os radicais dos anos 1960 a buscarem a libertação "interna" das normas da ordem burguesa.

É claro que, falando racionalmente, a teoria da "reificação" não é mais capaz de gerar um programa político que qualquer outra das críticas românticas à propriedade privada. Pois qual é a alternativa? Sob que condições o homem escapará da prisão da consciência "reificada" e como essas condições serão asseguradas? Por que, em particular, deveria a propriedade pública — ou "propriedade social" — ser a mudança decisiva? De que maneira a crítica socialista do capitalismo realmente avançou para além da formulação kantiana do pecado da mundanidade?

Considere as palavras de Kant: "No Reino dos Fins, tudo possui *preço* ou *dignidade*. Se tem preço, algo pode ser colocado em seu lugar como *equivalente*; se é exaltado acima de qualquer preço e não admite equivalente, então possui dignidade."[23] De que maneira a crítica marxista das trocas capitalistas traduziu essa máxima moral em política real? É verdade que o idioma metafísico de "sujeito" e "objeto" revitalizou a *retórica* do socialismo — a tal ponto que a "reificação" se tornou um culto importante durante maio de 1968 em Paris. Mas as subsequentes discussões do termo na *New Left Review* nada acrescentaram à retórica, com exceção de uma pseudoteoria: a morosa ronda do intelecto em torno de um santuário inexplicável.[24] A mais insatisfatória observação, expressa na linguagem de sujeito e objeto, podia suscitar o mais solene respeito. A declaração de Marx de que "o burocrata se relaciona com o mundo como *mero objeto* de sua atividade" é típica: banal, esnobe e ligeiramente preciosista na sugestão de que alguém é menos objeto quando passa algum tempo na Sala de Leitura do Museu Britânico. Mas o comentário é saudado por Erich Fromm — produto da Escola de Frankfurt e grande vulgarizador do humanismo marxista — como "profunda definição", da qual uma moralidade inteira parece fluir.[25]

Lukács não é melhor que seus sucessores: ele também acredita que a teoria da reificação *diz tudo*, de modo que se torna desnecessário

---

[23] *Groundwork of the Metaphysics of Morals*. Edição e tradução de Mary Gregor. Cambridge: CUP, 1998, p. 42-43.

[24] A discussão foi efetivamente iniciada por Peter L. Berger, Stanley Pullberg e Ben Brewster na *New Left Review* 35 (janeiro-fevereiro de 1966).

[25] Erich Fromm. *The Sane Society*. Londres, 1956, p. 127. Para uma crítica da retórica da "objetificação" e "alienação" e um útil lembrete sobre a tese hegeliana de que o homem só pode existir e ser feliz ao se lançar *no* mundo e se tornar objeto de sua própria percepção e esforço, ver Helmut Plessner. "De Homine Abscondito", *Social Research*, v. 36, n. 4, 1969..

esgaravatar as obras do capitalismo. A besta foi totalmente anatematizada e deve ser libertada de sua miséria, e da nossa. Mas para onde nos voltaremos em busca de uma alternativa? Lukács repousa seu comunismo em uma curiosa adição na teoria, que é mantida, se não para justificar o salto de fé, ao menos para iluminar o abismo que se abre debaixo dele. De acordo com ele, a consciência reificada da burguesia neutraliza a ação humana e impede a mudança genuína, ao representar o mundo social como restrito por leis inexoráveis e "objetivas". Enquanto permanecermos nos confins do pensamento burguês, portanto, estaremos casados com o *status quo* do capitalismo, incapazes de buscar, ou mesmo perceber, a condição social que afastaria a nuvem de desconhecimento.

Na escuridão capitalista, todavia, uma consciência rival está crescendo, a consciência do proletariado, que possui um privilégio epistemológico único. Em função de sua proximidade com o processo de produção, os operários "podem se tornar conscientes do caráter social do trabalho", de modo que, para suas consciências, "a forma abstrata e universal do princípio social, como é manifestado, pode ser cada vez mais concretizada e superada".[26] Donde se segue que:

> O conhecimento produzido pela posição do proletariado está em um plano científico objetivamente mais elevado: afinal, aplica um método que torna possível a solução de problemas que os maiores pensadores da era burguesa tentaram em vão solucionar e, em substância, provê a adequada análise histórica do capitalismo, que deve permanecer fora do alcance dos pensadores burgueses.[27]

Lukács expande consideravelmente essa ideia, em uma prosa de supererrogatória desolação. Mas no que ele está nos pedindo para acreditar? Aparentemente, a classe operária, ao contrário da bur-

---

[26] *History and Class Consciousness*, *op. cit.*, p. 171.
[27] Idem, p. 164.

guesia, "*sempre aspira à verdade*, mesmo em sua 'falsa' consciência e seus substanciais erros".[28] Para entender nossa situação, portanto, precisamos ver com olhos proletários.

Quem, então, deveriam ser nossas autoridades — os articulados filhos da verdadeira classe operária? D. H. Lawrence, Conrad, Céline? "Não seja ridículo!", diz Lukács, que devota muitas páginas ao anátema de tais lacaios contrarrevolucionários da burguesia. Parece que o pensamento proletário não é encontrado na obra de escritores proletários, mas somente nos clássicos marxistas. O "método" prometido é a dialética, transmitido de Fichte para Hegel, Feuerbach, Marx e Engels e deles para Lenin e Lukács. Mas quando foi que Marx sujou as mãos com trabalho manual? Ou Engels, dono de fábrica, ou Lenin, cavalheiro no exílio? Ou o próprio Lukács — barão hereditário do império austro-húngaro, herdeiro da fortuna de um banqueiro, acadêmico, esteta e incansável conspirador entre as elites dirigentes? Um pensador *proletário*? Considere sua solução para a reificação:

> Ela pode ser superada somente pelos *constantes e constantemente renovados esforços para romper com a estrutura reificada de existência, por meio das relações concretas com as contradições concretamente manifestadas do desenvolvimento total e da consciência sobre os significados imanentes dessas contradições para o desenvolvimento total.*[29]

Essa é uma autêntica declaração operária? Deixa disso, companheiro!

Na verdade, as coisas são ainda piores. Não apenas o proletariado é identificado com o marxismo como cada pensador moderno que discorda de algum de seus dogmas críticos é denunciado como "burguês", ao passo que todo verdadeiro escritor marxista é saudado como "proletário". Esses rótulos não correspondem aos nomes das

---

[28] Idem, p. 72.

[29] Idem, p. 197, grifo do autor.

classes sociais, sendo apenas expletivos. Como o rótulo "burguês" concentra em si todos os males humanos e o rótulo "proletário", todo o bem, Lukács imagina ter conseguido um instrumento perfeito de censura. Além disso, deixa claro que o proletariado, que falou historicamente pelas bocas de intelectuais burgueses como Marx e Engels, fala no presente somente através do Partido Comunista, que é a sua igreja estabelecida. Só no Partido, que é essencialmente uma estrutura *organizada*, a unidade entre teoria e prática é realizada. Assim, "a grande realização do bolchevismo russo é incorporar, pela primeira vez desde a Comuna de Paris, a consciência do proletariado e seu autoconhecimento em termos de história mundial".[30]

Para completar, qualquer um que de fato consulte as ideias de pessoas comuns da classe operária comete um hediondo crime comunista, o erro do "oportunismo". Ele consiste em "*confundir o estado real e psicológico da consciência dos proletários com a consciência de classe do proletariado*".[31] Em outras palavras, o Partido é o único porta-voz do proletariado, e é infalível. A práxis — a nova forma de conhecimento que se mostra simultaneamente na dissolução da consciência reificada e no engajamento na revolução — é o puro equivalente da fé, e a obediência ao Partido é o resultado de uma aposta de Pascal. Desde que não cometa o supremo erro "oportunista" de consultar membros reais do proletariado, você pode se persuadir de que, ao realizar essas acrobacias mentais, está repudiando a poluída consciência da burguesia e se unindo à luta revolucionária da verdadeira classe operária.

Convocado a Moscou em 1930, Lukács se viu sob os olhos do Partido cuja infalível consciência defendera anteriormente. Ele se preparou para um humilhante ato de autopunição. *História e consciência de classe* fora veementemente condenado por Bukharin

---

[30] *Tactics and Ethics*, *op. cit.*, p. 36.

[31] *History and Class Consciousness*, *op. cit.*, p. 74, grifo do autor.

e Zinoviev no Quinto Congresso da Internacional Comunista de 1924. As acusações usuais — "revisionismo", "reformismo", "idealismo" — haviam sido apresentadas. E o próprio Lukács as repetiu em Moscou. *História e consciência de classe*, disse ele, era uma obra "idealista", acrescentando que o idealismo era aliado do fascismo e de seus "companheiros" social-democratas e, desse modo, o verdadeiro inimigo do proletariado.[32] Antes, o "oportunismo" era seu principal inimigo; depois, o "niilismo".[33] Durante o quente verão da paranoia de Stalin, o "trotskismo" passou a se identificar com as forças da reação.[34] Em *The Meaning of Contemporary Realism*, de 1957, ele fornece uma instrutiva história sobre os disfarces do inimigo:

> O inimigo, no tempo de Heine, era o chauvinismo alemão. Mais tarde, foi o imperialismo agressivo; mais tarde ainda, o fascismo. Hoje, é a ideologia da Guerra Fria e a preparação para a guerra nuclear. A luta contra o inimigo comum, que levou às estreitas alianças políticas de nossa era, permite que o realista crítico ceda espaço para a perspectiva socialista da história sem abrir mão de sua própria posição ideológica.[35]

Nenhuma dessas mudanças na descrição do inimigo mostra real mudança de posição. Pois, embora o nome do inimigo possa mudar, sua natureza não muda. Ele permanece sendo o burguês, mestre do mundo real, em uma contínua luta de vida e morte com o proletário, que é o guardião do futuro. Mesmo após a morte de Stalin e a invasão da Hungria em 1956 (quando Lukács, a despeito de ser membro do governo Nagy, caracteristicamente escapou com vida), ele continuou a dividir o mundo entre antagonistas "burgueses" e

---

[32] Ver Leszek Kołakowski. *Main Currents of Marxism*. Oxford, 1978, volume 3, p. 279.
[33] György Lukács. *The Meaning of Contemporary Realism*. Tradução de J. e N. Mander. Londres, 1963, p. 63.
[34] *Essays on Realism, op. cit.*, p. 34.
[35] *The Meaning of Contemporary Realism, op. cit.*, p. 109.

"proletários"[36] e a aplicar suas energias na denúncia da literatura existente, em particular a "modernista", em favor do secreto ideal do realismo socialista.

É verdade que, em seus últimos anos, ele não afundou até as profundezas de *A destruição da razão* — o principal documento de seu período "stalinista" —, no qual virtualmente toda a filosofia alemã pós-romântica foi considerada protonazista. De fato, produziu críticas não totalmente sem mérito, reconhecendo, por exemplo, a importância histórica e a profundidade psicológica de Balzac e Scott. Todavia, sua leniência em relação a tais observadores "reacionários" foi tornada possível pela circunstância histórica em que viveram, antes do marxismo. Sua crítica "reacionária" aos valores da Revolução Francesa, desse modo, podia ser apropriada pelo novo revolucionário, capaz de eliminar a mancha da falsa consciência.

A mesma leniência não podia ser estendida a qualquer escritor moderno — donde o tormento vitalício causado por Thomas Mann, o ex-amigo que o retratara (de maneira claramente elogiosa a seu intelecto) como Naphta em *A montanha mágica* e cujos romances certamente devem ser incluídos entre as grandes realizações artísticas do século XX. Mann era um problema permanente, correspondendo ao que Eliot significou para Leavis. Mas era um problema no qual Lukács tentava não pensar, em nome da necessária crença de que, desde Marx, a literatura era revolucionária ou reacionária, proletária ou burguesa, socialista ou destinada à fogueira. O fervor censório com que suas opiniões eram expostas e a extraordinária propensão a condenar com rótulos justificam a acusação de Kołakowski (em *Main Currents of Marxism*, volume III) de que Lukács era um intelectual stalinista, para o qual o oponente sacrifica, por sua própria oposição, o direito de existir.

---

[36] Idem, p. 14.

Considere as seguintes passagens de suposta crítica literária:

> Vimos como a ideologia antiviolência se estende da falsa fase revolucionária (do expressionismo) à aberta capitulação contrarrevolucionária antes do terror branco da burguesia.[37]
>
> Com Malthus [...] [a] decadência da crítica romântica do capitalismo surge muito cedo em suas piores e mais repulsivas formas, como expressão da ideologia da seção mais reacionária da burguesia inglesa. [A subsequente] crise reduziu um dos mais talentosos e brilhantes representantes do anticapitalismo, Thomas Carlyle, a um aleijado decadente, um desonesto apologista do capitalismo [...][38]

Passagens inteiras de seus textos críticos demonstram essa visão unidimensional, dominadas pelas invectivas dicotômicas e escritas no estilo da babá albanesa imaginada por Peter Simple.[39] A crítica literária nada é sem o ativo engajamento em um intelecto e uma sensibilidade que não os do crítico. Para Lukács, assim como para todos os comunistas verdadeiramente ortodoxos, tal engajamento é impossível e, portanto, sua crítica é nula, irrefletida e basicamente repulsiva em seu zelo inquisitorial. Sempre que um argumento é necessário, uma asfixiante nuvem de rótulos é atirada no rosto do inimigo e o familiar slogan comunista — quem não está conosco está contra nós — é gritado da página.

Em uma entrevista concedida à *New Left Review* em 1969, mas publicada somente após sua morte, Lukács desconsidera a "democracia burguesa" com as seguintes palavras: "Seu princípio definidor é a divisão do homem entre o *cidadão* da vida pública e o *burguês* da vida privada [...] sua reflexão filosófica pode ser encontrada em Sade." Em seguida, opõe a "democracia burguesa" à "democracia socialista":

[37] *Essays on Realism, op. cit.*, p. 101.

[38] Idem, p. 121.

[39] "Peter Simple's diary" [O diário de Peter Simple], escrito pelo falecido Michael Wharton, foi publicado sob pseudônimo no *Daily Telegraph* e no *Sunday Telegraph* durante os anos 1980 e 1990 e satirizava as tendências intelectuais e políticas da época.

> Como a economia socialista não produz e reproduz espontaneamente o homem apropriado a ela, assim como a sociedade capitalista clássica naturalmente gera seu *homo economicus*, o dividido *cidadão/burguês* de 1793 e de Sade, a função da democracia socialista é precisamente a *educação* de seus membros na direção do socialismo.[40]

Aqui, Lukács exibe o método stalinista em sua vacuidade essencial. Com a estúpida alusão a Sade, é capaz de ignorar todas as instituições políticas ocidentais em um único gesto e retornar a seu terreno favorito de dicotomias brutalizantes: capitalismo *versus* socialismo, reação *versus* revolução, reprodução *versus* educação, burguês *versus* proletário, Lukács *versus* o inimigo.

Seguro atrás de tal emaranhado de arame farpado, ele continua a ruminar sobre o verdadeiro significado da "filosofia alemã clássica". Em sua última obra — *Para uma ontologia do ser social*, uma estranha e lúgubre dança de sombras no cemitério da metafísica alemã —, ele fala da religião real e atribui a descoberta desse fenômeno a Hegel. Em uma sentença não menos significativa que qualquer outra nessa obra escrita de maneira tão curiosa, diz que o "hegeliano" reconhecimento histórico da religião como realidade mental efetiva se intensifica constantemente, mas jamais resulta em uma relação interna mais profunda com seu conteúdo.[41]

Se estivesse interessado no proletariado não como veículo imaginário de seu próprio ódio glorioso, mas como classe real de verdadeiros seres humanos, ele poderia ter encontrado a religião não somente nas páginas de Hegel, mas também na realidade. E, ao confrontar essa honesta fonte de moralidade proletária, poderia ter reconhecido em si mesmo uma forma invertida e destrutiva da mesma emoção. Poderia ter notado seu próprio ódio por Deus, sua

---

[40] *Record of a Life*, *op. cit.*, p. 172.

[41] György Lukács. *Hegel's False and His Genuine Ontology*. Tradução de D. Fernbach. Londres, 1978, p. 59.

recusa em ter fé, ser humilde e se redimir, e sua presunçosa violência em relação ao mundo criado. Mas também teria notado o quanto seu "sectarismo messiânico" estava ligado aos eventos em Sarajevo, o quanto os rótulos aniquilantes — "ideólogo", "niilista", "reacionário", "nostálgico" — que lançou tão indiscriminadamente contra seu inimigo imaginário se aplicavam a ele e o quanto permaneceu, até o fim, aquilo que era no início, um remanescente privilegiado de uma classe dirigente desaparecida.

A mesma descrição pode ser aplicada a Adorno, que assumiu a análise do capitalismo de Lukács e a aplicou ao contexto inteiramente novo da crítica da cultura popular. Nascido em 1903, filho de um rico mercador de vinho, seu primeiro amor foi a música, que estudou em Frankfurt (lar de seus pais) e, após 1925, com Berg em Viena, onde conheceu Lukács. Ele fora radicalizado pela Primeira Guerra Mundial e pelo apoio oferecido à agressão alemã pelos intelectuais do establishment como Max Weber, Max Scheler e Georg Simmel. Em Viena, circulou por grupos revolucionários e marxistas, gradualmente se voltando para a filosofia enquanto escrevia em defesa da atonalidade e da música de vanguarda.

Retornou a Frankfurt em 1931, para assumir uma posição como professor universitário, fazendo sua aula inaugural no independente Instituto de Pesquisa Social. O Instituto, sede da Escola de Frankfurt, fora fundado em 1923 e editava um influente jornal, *Zeitschrift für Sozialforschung*, no qual os textos de Adorno passaram a ser publicados. Também era lar de importantes intelectuais, incluindo Max Horkheimer (diretor do Instituto desde 1930), Herbert Marcuse e Erich Fromm. Em 1933, depois de ser fechado pelos nazistas, o Instituto foi para o exílio, primeiro em Genebra e, em 1934, em Nova York, onde se afiliou à Universidade de Colúmbia. Após a ascensão de Hitler ao poder, Adorno fugiu para Londres e Oxford e então para Nova York, onde permaneceu por algum tempo antes de seguir Horkheimer, Fromm e Marcuse até a Califórnia, vivendo, durante a guerra, sob toque de recolher parcial por ser inimigo nacional. O Instituto de Pesquisa Social retornou a Frankfurt em 1951 e Adorno fez o mesmo logo em seguida, tornando-se diretor após a aposentadoria de Horkheimer em 1953.

Horkheimer introduziu na agenda da Escola de Frankfurt algumas das correntes de pensamento conservadoras e pessimistas que haviam encontrado lar nos textos de Simmel e Scheler. Mas a postura fundamental da escola foi novamente definida pela "filosofia alemã clássica", aplicada em sua interpretação marxista. A ideia recorrente está contida no título de um livro escrito por Horkheimer durante os anos de exílio em Colúmbia: *Zur Kritik der instrumentellen Vernunft*, ("Para uma crítica da razão instrumental").[42] De acordo com ele, o mundo capitalista exibe o triunfo da razão, ou melhor, o tipo especificamente "burguês" de razão, pela qual todas as coisas são refeitas à imagem da classe média em ascensão.

A "razão instrumental" reduz qualquer problema a um dos meios, e seu mundo é um mundo sem fim. Nesse mundo, o trabalhador é alienado, fragmentado e separado de sua verdadeira natureza humana por uma ordem social que o condena à labuta da produção para troca. Na ordem burguesa, o produto do trabalho é um meio para aquilo pelo qual é trocado e a própria mercadoria não tem significado para além de seu valor nessa troca. O dinheiro, que nas palavras de Marx "é o valor de troca cristalizado", é o símbolo da razão instrumental e, em um mundo estruturado por ele, a vida humana é tiranizada pelo império das coisas. Desse modo, Horkheimer é capaz de reciclar as principais ideias de Lukács, descrevendo a consciência reificada e o fetichismo da mercadoria na ordem burguesa como resultantes do triunfo da razão instrumental. Sob o capitalismo, os meios abolem o sentido, e a vontade humana,

---

[42] Max Horkheimer. *Zur Kritik der instrumentellen Vernunft*. Frankfurt, 1967. Originalmente publicado em inglês como *Eclipse of Reason*. Nova York, 1947, p. 20.

separada dos fins da existência, vagueia livre e sem propósito de coisa em coisa.

Sob essas bases, Horkheimer fundou o que chamou de "teoria crítica", que deveria ser a crítica sistemática da cultura capitalista, relacionando-a às "relações burguesas de produção" das quais dependeria. A razão, argumenta ele, é corrompida pela ordem capitalista e perde seu foco natural na vida humana. A humanidade jamais pode ser apenas um meio, devendo ser sempre entendida como fim em si mesma. Para a razão burguesa, portanto, a humanidade é estritamente *imperceptível*. A verdadeira filosofia crítica é aquela que, ao voltar o olhar da filosofia para a própria filosofia, vê as fontes envenenadas de seu próprio raciocínio poluído.

A verdadeira filosofia crítica, em outras palavras, é a de Marx — não a do Marx tardio de *O capital*, mas a do Marx inicial e seu relato hegeliano sobre a Queda. Ao retornar a filosofia a sua base "material", expondo os segredos de sua própria produção, vemos que um modo de raciocinar pode apenas confirmar tacitamente a corrupta ordem social que o produz. Passamos então para além da filosofia, para a "teoria crítica", e descobrimos a verdadeira possibilidade de emancipação, que começa com a emancipação do próprio pensamento. O pensamento deve ser libertado do domínio da razão instrumental e, assim, da tirania oculta das coisas.

O ancestral intelectual dessa visão é impecavelmente alemão e também impecavelmente burguês. A teoria crítica de Horkheimer é, na verdade, a filosofia crítica de Kant, reapresentada como instrumento de crítica social e modelada pelas marteladas de Marx. Ao imperativo categórico, que nos comanda tratar a humanidade como fim, e jamais como simples meio, acrescenta-se a teoria marxista da produção intelectual. A síntese já fora feita antes — notadamente por Georg Simmel em seu grande tratado *The Philosophy of Money*, de 1908. Mas adquire em Horkheimer uma melancolia distintamente moderna, assim como uma nova erudição, incorporando em seu enunciado não apenas o humanismo marxista de Lukács, mas também muitas das concepções da sociologia weberiana e referências à grandiosa cultura alemã que precedeu o eclipse nazista. Horkheimer mostra o caminho de volta à autêntica crítica alemã, que pode revitalizar e adequar para consumo moderno a visão romântica de Hegel e do Marx inicial.

O estilo é paroquial, mas a verdade é propriedade de todos os homens. A "crítica da razão instrumental" contém insights, mas, em sua maioria, eles são destacáveis da linguagem empregada para expressá-los. Para os leitores ingleses, chegaram vestidos no idioma de Arnold e Ruskin. Foram associados, em nosso tempo, não à teoria marxista da racionalidade burguesa, mas à defesa conservadora da Grande Tradição de F. R. Leavis, cuja crítica da civilização "benthamita" expressa, em linguagem mais concreta e historicamente significativa, o mesmo perene senso de desarraigamento do *homo technologicus*. Essa crítica, sendo comum a radicais e conservadores, não liga Horkheimer a nenhum dos campos. Sem seu marxismo, ele não diz nada que soaria inaceitável a Ernst Junger ou Heidegger. De fato, a discussão de Heidegger sobre a *techne* apresenta, do ponto de vista de sua sombria fenomenologia, a mesma visão da modernidade da "crítica da razão instrumental".

A visão de Frankfurt sobre a razão instrumental tem algo em comum não apenas com a crítica social de Ruskin e Leavis, mas também com a teoria da burocracia de Weber, e possui apelo similar para os oprimidos pela vastidão do mundo moderno, cujas leis de movimento parecem nos ignorar tão descuidadamente. Introduzida no receptivo ambiente do campus americano, a nova crítica foi um sucesso imediato. No período que antecedeu o movimento de libertação dos anos 1960, Marcuse conquistou o mercado de Frankfurt com slogans atraentes como "tolerância repressiva" (seu nome para o sistema que lhe pagava um generoso salário professoral para denunciá-lo) e "o universo totalitário da racionalidade tecnológica".[43]

Mas, quando a novidade desses jingles — dignos do Ministério da Verdade de Orwell — se esgotou, os discípulos de Marcuse se viram face a face com perguntas não respondidas e não respondíveis. As mesmas perguntas confrontam o leitor de Horkheimer e Adorno, cujos talentos mais antiquados como vendedores não mascaram a igual inferioridade de seu produto. Como o pensamento pode reformar a si mesmo, meramente refletindo sobre suas origens sociais? Se a falsa consciência da burguesia foi envenenada pela filosofia, e quanto à filosofia que afirma isso? Também não é um produto burguês? (Compare com Lukács e a tentativa de encontrar na filosofia a autêntica voz "proletária", que jamais deve ser confundida com a voz real do proletariado!)

Nesse ponto, certa qualidade litúrgica entra nos textos de Frankfurt. Sortilégios são proferidos contra a ordem "burguesa" e o pensamento que dela deriva, mas em um tom de voz modificado, indicando a proximidade do mistério. A linguagem muda de caráter entre a voz da teoria crítica e a do feitiço do exorcista.

Assim, em um notável tratado, Horkheimer e Adorno estendem sua crítica do raciocínio burguês para o próprio Iluminismo, pois ele pertence a um mundo dominado pela "justiça burguesa e pela troca de mercadorias".[44] O ataque à racionalidade burguesa assume um tom nitidamente histérico. O Iluminismo é o real produtor (não foi Hegel quem disso isso?) do "rebanho"; "Iluminismo é totalitarismo"; "a abstração, ferramenta do Iluminismo, trata seus objetos do mesmo modo que o destino, a noção que rejeita: ela os liquida".[45]

---

[43] Herbert Marcuse. "Repressive Tolerance". Em: Robert Paul Wolff, Barrington Moore Jr. e Herbert Marcuse. *A Critique of Pure Tolerance*. Londres, 1969, p. 93-137.

[44] Theodor Adorno e Max Horkheimer. *Dialectic of Enlightenment*. Nova York, 1944. Edição alemã, Frankfurt, 1969, p. 7 [*Dialética do esclarecimento*. São Paulo: Zahar, 1985].

[45] Idem, p. 16.

Os feitiços são conjurados um após o outro, e mesmo assim o fantasma não desaparece. Pois não apenas o Iluminismo está aqui para ficar (um fato pelo qual, pensando bem, deveríamos ser gratos), como a crença dos autores de Frankfurt no papel redentor da reflexão crítica é uma de suas formas.

O Iluminismo era anátema para Horkheimer e Adorno parcialmente porque era sinônimo de tecnologia e produção em massa. Em lugar da humildade do homem embasbacado que se curvava perante a ordem eterna da natureza, o Iluminismo apresentou a pomposa arrogância do empreendedor, a pessoa tipificada pelos pais de Adorno e Horkheimer, que tinham solução para qualquer problema e não reconheciam nenhum que não fosse uma questão técnica. O Iluminismo substituiu o mistério pela maestria. E, ao fazê-lo, separou a humanidade do verdadeiro significado da cultura, que é o autoconhecimento e a verdade íntima que somente o árduo caminho das artes superiores pode nos conceder.

A cultura, de acordo com o Marx tardio, pertence à superestrutura institucional e ideológica da sociedade. É o subproduto do processo econômico, ao qual não influencia seriamente. As batalhas ideológicas são "nuvens carregadas no céu político": a história não é afetada por elas, uma vez que é movida por forças econômicas e pelas inexoráveis leis de seu desenvolvimento. Contra essa visão, que parece relegar a cultura e as artes aos bastidores da história, Horkheimer e Adorno argumentaram que uma abordagem teórica apropriada do criticismo minaria a falsa consciência das "relações burguesas de produção" e substituiria o falso iluminismo por um verdadeiro. A escravização exercida pelo capitalismo o é em todos os níveis — mental, institucional e cultural, além do econômico — e, ao adotar uma postura crítica em cada um deles, abrimos o caminho para uma verdadeira e libertadora compreensão de nossa condição.

Adorno pegou essa dica de Lukács, usando o conceito de "fetichismo da mercadoria" como parte de uma abrangente crítica cultural. Em uma economia capitalista, sugere ele, as pessoas são escravizadas não pelos outros, mas por si mesmas, tornando-se vítimas do charme com que investem as mercadorias que brilham em torno de si. Sua "falsa consciência" as expõe a todo momento ao mesmo sortilégio, e sua liberdade real é confiscada pelas ilusórias liberdades da cultura de consumo. Ele testemunhou o resultado em Hollywood e ficou chocado não apenas com sua vulgaridade, mas também com a descontração com que os americanos pareciam aproveitar o lixo que os escravizava.

A cultura de massa é uma mercadoria cuja função é neutralizar o espírito crítico e induzir à ilusória aceitação de um mundo ilusório. É um produto "ideológico", no sentido marxista: um véu sobre as realidades sociais, a fim de apresentar uma ilusão reconfortante em seu lugar. Em outras palavras, a cultura de massa é parte da falsa consciência da sociedade capitalista e Adorno decidiu mostrar como seus mecanismos interrompem o caminho para a verdade emocional, conduzindo sempre a clichês e a um tipo de sentimentalismo rotineiro.

Sua esperança como compositor e musicólogo era contrastar a lógica criativa dos mestres, que lutavam com as realidades, haviam encontrado um estilo que as abrangia e jamais fugiam da dor de um argumento musical real, com o *kitsch*, que buscava um atalho para o conforto enquanto a canção popular voltava ao familiar acorde tônico. O fetiche cultural é marcado por sua natureza "padronizada", sua apresentação rotineira de material pré-digerido e sua recusa em questionar seu próprio status como mercadoria.[46]

Adorno seguiu Lukács ao conectar a teoria do fetichismo da mercadoria à teoria da reificação para demonstrar a maneira pela

---

[46] "On the Fetish-Character in Music and the Regression of Listening", 1938, republicado em Andrew Arato e Eike Gebhardt. *The Essential Frankfurt School Reader.* Nova York: Continuum, 1985.

qual as pessoas perdem sua liberdade subjetiva ao investirem em objetos que não elas mesmas. Enquanto sua liberdade se derrama e é ossificada em objetos, argumentara Lukács, as pessoas são reificadas: sua liberdade é transferida e capturada pelos objetos que as representam. Instituições, leis, relacionamentos — todos tendem à reificação, que esvazia o mundo de sentido humano ao colocar relações mecânicas entre coisas no lugar das relações livres entre pessoas. A arte também é reificada, tornando-se uma adição ornamental ao inventário burguês e perdendo sua natureza autêntica como instrumento crítico.

Unindo as ideias de fetichismo da mercadoria e reificação, concluímos que, em uma cultura capitalista, as relações livres entre sujeitos, das quais nossa realização humana depende, são sobrepostas e substituídas por relações rotineiras entre objetos. Tal foi a maneira grandiosa de expor o argumento — a maneira da filosofia alemã clássica: na cultura de massa do capitalismo, os sujeitos se tornam objetos e os objetos se tornam sujeitos! Não surpreende que Adorno acreditasse ter penetrado o véu da cultura de massa e visto a realidade subjacente.[47] E ele estendeu o jargão de sujeito e objeto ao estudo da tradição clássica na música. Eis como o aplicou a Bach, por exemplo:

> Bach [...] renunciou a sua obediência, como antiquado polifonista, à tendência da época, uma tendência que ele mesmo moldara, a fim de ajudá-la a chegar a sua mais profunda verdade, a emancipação do sujeito para a objetividade, em um todo coerente do qual a subjetividade era a origem. Até mesmo nos mais sutis detalhes estruturais, a questão sempre foi a inalterada coincidência entre harmonia fun-

[47] A ideia é exposta longamente, no contexto do argumento original de Hegel, por outro membro da Escola de Frankfurt, Ernst Bloch, em *Subjekt-Objekt: Erläuterung zur Hegel*. Berlim: Suhrkamp Verlag, 1977.

> cional e sua dimensão de contraponto. O passado distante é confiado à utopia do sujeito-objeto musical: o anacronismo se torna arauto das coisas que virão.[48]

Essa passagem consiste em uma observação perfeitamente padrão — ou seja, a de que, em Bach, a lógica do contraponto e a lógica da harmonia funcional coincidem, de modo que nenhuma delas parece imposta à outra. Mas essa observação é retrabalhada para implicar que Bach de alguma maneira anunciava a "utopia do sujeito-objeto musical". Tal retrabalho é típico das artimanhas de Adorno. O jargão meramente *evoca* uma conclusão que ele falha em provar, a saber, a de que Bach é grande porque sua música, ao contrário de seu estilo antiquado, está do lado certo da história — o lado que busca Utopia e preserva, de forma objetiva, a real liberdade do sujeito.

Por que textos como o que acabei de citar foram tão influentes? Essa pergunta nos leva de volta ao espírito revolucionário dos anos 1960 e 1970. Os defensores da "libertação" estavam conscientes, em seus corações, dos benefícios que haviam recebido da economia de mercado. Eles pertenciam a uma geração que gozara de liberdade e prosperidade em uma escala que os jovens jamais conheceram. Discordar da ordem "capitalista" em nome da liberdade parecia ligeiramente ridículo quando o contraste com a alternativa soviética era tão vividamente aparente.

O que era necessário, a fim de justificar o novo espírito da revolução, era uma doutrina que mostrasse que a liberdade capitalista era uma ilusão e identificasse a *verdadeira* liberdade que a sociedade de consumo negava. Foi o que Adorno, Horkheimer e Marcuse forneceram. O ataque de Adorno à cultura de massa pertencia ao mesmo movimento de ideias da denúncia da "tolerância repressiva" feita

---

[48] "Bach Defended against his Devotees". Em: *Prisms*. Tradução de Samuel e Shierry Weber. Cambridge, MA: MIT Press, 1983, p. 142.

por Marcuse. Era uma tentativa de *ver através das mentiras*. As teorias de fetichismo, reificação, alienação e repressão que circularam após 1968 tinham como objetivo principal revelar a natureza ilusória da liberdade capitalista e perpetuar a ideia de uma alternativa crítica, de uma libertação que não levaria meramente a outra e mais sombria forma do "capitalismo de Estado" que supostamente governava tanto Oriente quanto Ocidente.

Ao intensificar constantemente as críticas ao capitalismo americano e sua cultura e fazer apenas referências furtivas ou desdenhosas ao pesadelo real do comunismo, esses pensadores demonstraram sua profunda indiferença pelo sofrimento humano e a natureza pouco séria de suas prescrições. Adorno não diz explicitamente que a "alternativa" ao sistema capitalista e à cultura de mercadorias é Utopia. Mas é o que implica. E Utopia não é uma alternativa real. Disso decorre que sua alternativa à irreal liberdade da sociedade de consumo é em si mesma irreal — um mero númeno cuja única função é fornecer uma medida de nossos defeitos. E, mesmo assim, ele estava consciente de que havia uma alternativa *real* em oferta, envolvendo homicídio em massa e aniquilação cultural. Ignorar essa alternativa como uma versão meramente "totalitária" do mesmo "capitalismo de Estado" que testemunhara nos Estados Unidos foi profundamente desonesto.

Tendo dito isso, é justo acrescentar que a crítica de Frankfurt à sociedade de consumo contém um elemento de verdade. É uma verdade muito mais antiga que as teorias marxistas com as quais Adorno e Horkheimer a embelezaram. De fato, é a verdade preservada na Bíblia hebraica e reformulada vezes sem conta no decorrer dos séculos: o fato de que, ao nos curvarmos para ídolos, traímos o que há de melhor em nossa natureza. A Torá nos oferece uma visão da realização humana. Ela diz que devemos obediência à lei de Deus, que não tolera idolatria e deseja nossa devoção absoluta. Ao nos voltarmos para Deus, nos tornamos o que realmente somos, criaturas de um mundo mais elevado cuja realização é algo mais que a satisfação de nossos desejos. Por meio da idolatria, em contrapartida, caímos em uma forma mais baixa de existência — a autoescravidão, na qual nossos apetites assumem a forma de deuses e nos comandam.

É claro que Adorno não acreditava em Deus e tinha pouco tempo para os ensinamentos da Torá — menos tempo ainda que seu herói Arnold Schoenberg, que, em sua obra-prima inacabada e inacabável, *Moses und Aron*, tentou dramatizar os pensamentos que acabei de expressar. Mas seu ataque à cultura de massa deve ser visto no espírito do Velho Testamento, como repúdio à idolatria e reafirmação da antiquíssima distinção entre deuses verdadeiros e falsos — entre adorar aquilo que nos enobrece e redime e a superstição que nos lança na sarjeta. Para Adorno, o verdadeiro deus é Utopia: a visão de sujeitos em sua liberdade, conscientes do mundo como é e reivindicando esse mundo como seu. O falso deus é o fetiche do consumismo — o deus do apetite, que enevoa nossa visão e confisca nossa escolha.

E é aqui que Adorno difere profundamente dos revolucionários dos anos 1960, mesmo enquanto emprega uma linguagem que eles acreditaram poder usar. Os defensores da "libertação" buscavam uma forma de sociedade na qual as pessoas fossem verdadeiramente livres — livres precisamente porque haviam rasgado o véu da ilusão e iniciado a construção de um mundo menos opressivo. Mas a redenção que Adorno prometia não poderia ser conseguida através da reforma social: era uma salvação pessoal, um afastamento das fantasias em uma viagem de autodescoberta.

Fixando a mente na utopia, uma pessoa é colocada em contato com sua subjetividade e adquire a verdadeira disciplina de espírito. Tal pessoa não tem motivos para evitar o trabalho duro e o sofrimento, pois sabe que são provas da liberdade humana. Nada é mais repugnante para ela que o fetiche, que chama da terra das ilusões e, ao negar a tragédia e o sofrimento, nega e destrói a vida mais elevada. Mas as consolações de Citera são condenadas pelo mesmo decreto moral e a "libertação" que acrescenta sexo, pecado e ociosidade à lista de produtos de consumo é meramente outro nome para a velha escravidão.

Falando de modo mais preciso, a percepção de Adorno não é a do revolucionário buscando destruir o capitalismo, mas a da "bela alma" de Hegel, condenada a viver em um mundo idólatra enquanto trabalha para reter a disciplina espiritual que define sua distinção moral. O jargão hegeliano de sujeito e objeto indica a real mensagem de Adorno, que não é sobre o conflito entre "relações de produção" capitalistas e alguma alternativa emancipada. É sobre arte e a diferença entre a verdadeira arte e seus substitutos idólatras. A verdadeira arte é importante porque nos coloca em contato com quem realmente somos e nos permite viver em um plano mais elevado, onde a liberdade, o amor e a realização são dados. Mas estamos cercados por pseudoarte — sentimentalismo, clichês e *kitsch*. E essa pseudoarte nos amarra ao mundo de "reificações", no qual as coisas com valor são substituídas por coisas com preço e a vida humana perde sua valia e se torna uma coisa de apetite repetitivo.

Essa é, como a entendo, a crítica da cultura de massa feita por Adorno. Como outras críticas de mesma natureza, de Ruskin e Arnold a Eliot e Leavis, ela descende diretamente da condenação à idolatria encontrada no Velho Testamento. E, como elas, contém um núcleo de verdade. Os problemas derivam do uso da linguagem marxista e da resultante implicação de que Adorno está modelando uma alternativa *política* à sociedade "burguesa", identificando defeitos que poderiam ser superados por uma revolução marxista. A única revolução que interessa a Adorno ocorreria no mundo da própria cultura — uma revolução não política, mas estética, uma tentativa de compreender Utopia por meio da arte. Mais que isso, uma arte que se coloca diretamente a *serviço* da revolução, como a arte-propaganda de Brecht e Eisler, e se rende — de acordo com

Adorno — ao único tipo de verdade de que a arte é capaz. O desejo utópico deve ser defendido dentro da própria arte, por meio de uma revolução interna nas formas criativas. "O protesto direto é reacionário."[49] Foi precisamente dessa maneira que Adorno foi capaz de pertencer à revolução dos anos 1960 e também escorregar para fora de seu controle, a fim de retornar às meditações que realmente lhe interessavam, relacionadas ao destino da tonalidade, à natureza da cultura de massa e ao reinado do *kitsch*.

Chegando à cena após o surgimento da "teoria crítica" e todas as atormentadas emoções nela investidas, Jürgen Habermas estava em uma posição difícil. Era obrigatório ser "de esquerda", mas não ao modo de Adorno, cuja rudeza sobre a cultura popular, os protestos em massa, o *kitsch*, o jazz e a maconha não o tornavam popular na nova política de admissão em massa da Universidade de Frankfurt. Habermas deu as costas aos representantes de Frankfurt (que, de qualquer modo, haviam encontrado problemas em sua tese de habilitação) e decidiu que eles haviam perdido o contato com o mundo moderno. Além disso, agora que a Alemanha se reconectara à civilização, havia muita coisa para ler.

Mesmo assim, a crítica da razão instrumental sobrevive nele, de forma fortificada e burocratizada, e se torna parte de um estudo sobre a "ação intencional-racional", espalhada em palavras que tocam cada tema sob o sol. O estilo é vago, irresoluto e sem emoção, à maneira de um Ph.D. em sociologia:

> Como resultado de seu reflexo nas condições de seu próprio surgimento e aplicação, a teoria se entende como necessário momento catalítico dentro do próprio nexo da vida social que analisa. De fato, ela o analisa como nexo integral de limitações do ponto de vista de

---

[49] *Aesthetic Theory*. Edição de Gretel Adorno e Rolf Tiedemann e tradução de Robert Hullot-Kentor. Minneapolis: University of Minnesota Press, 1997, p. 31. Ver também "On the Social Situation of Music". *Telos*, 35, 1978.

> seu eventual *Aufhebung*. Assim, cobre a dupla relação entre teoria e práxis: por um lado, investiga as condições históricas para a constituição de uma constelação de interesses a que ainda pertence através de seus atos de cognição; por outro, investiga o contexto histórico da ação que pode influenciar através da maneira como orienta essa ação. Por um lado, está preocupada com a práxis social que, como síntese social, torna o conhecimento possível; por outro, interessa-se pela práxis política que é conscientemente dirigida para a destruição do sistema institucional existente [...][50]

Somente na última frase, onde a agenda oculta é momentaneamente exposta, Habermas se declara. O resto é de uma vagueza prodigiosa e praticamente ininteligível, fazendo parte do aparentemente infinito fluxo de ruminações "por um lado/por outro", inspiradas por seja lá qual fosse o livro ou artigo que chamara sua atenção e repletas de jargão sociológico.

Alguém que leia Habermas pela primeira vez e se veja confrontado por hectares de tal escrita pode sentir certa surpresa com a ideia de que ali, diante dele, jaz o núcleo intelectual do establishment alemão de esquerda. Mas assim é e se deve notar que o estilo burocrático não é, de modo algum, dispensável. Ao contrário, é um componente integral da mensagem. O estilo é o agente de legitimação por meio do qual a crítica habermasiana da sociedade burguesa estabelece suas credenciais acadêmicas. O tédio é o veículo de uma autoridade abstrata e o leitor espera nos corredores da prosa de Habermas como um solicitante a quem a verdade foi prometida, embora apenas abstratamente, em um documento que talvez esteja com a data vencida.

Extrair sentido de Habermas é adicionalmente difícil por causa da estrutura de seus livros, que são compostos de capítulos

---

[50] Jürgen Habermas. *Theory and Practice*, 1963, 1971. Tradução de John Viertel. Londres, 1974, Introdução à terceira edição.

frouxamente conectados e nenhum argumento sustentado por mais de uma ou duas páginas. Cada capítulo pode ser lido como "designação" composta por um comitê nomeado para considerar algumas questões em relação às quais seus membros são bastante indiferentes.

As obras iniciais continuam a *Problematik* da Escola de Frankfurt, estudando a razão instrumental ("ação intencional-racional") em todas as suas modalidades e o "problema de legitimação" das sociedades modernas, nas quais a produção e o consumo são os objetivos dominantes. Mas o longo fluxo de livros se metamorfoseia em um novo tema, a busca por uma "racionalidade comunicativa" que será *herrschaftsfrei* — livre da nódoa da dominação, equivalente, no reino da conversação, à utopia livre e igualitária prometida por Marx. É-me impossível cobrir todos os desvios e becos sem saída em que Habermas se perde pelo caminho. Mas é importante observar que, em aspectos cruciais, nem seu método nem sua agenda mudaram desde os primeiros movimentos do humanismo marxista nos textos de Lukács.

Três obras iniciais — *Teoria e práxis*, de 1963; *Teoria e ciência como "ideologia"*, de 1968; e *Conhecimento e interesse*, também de 1968 — anunciaram suas credenciais ao mundo, submetendo análises oficiais sobre Hegel, Marx, Comte, Peirce, Dilthey, Freud, Kant e Fichte e nos dizendo que as autoridades estão insatisfeitas. O que as deixa insatisfeitas é o "raciocínio instrumental" que domina a vida das pessoas modernas, e ele acrescenta a seu lamento atemporal o carimbo confirmador do jargão atual.

Nessas obras, Habermas distingue dois tipos de conduta social: a "intencional-racional" e a "comunicativa". A primeira é a "razão instrumental" do homem nas ruas; a segunda, a "produção intelectual" do homem no campus. A distinção entre se submeter e calar a boca é tratada como profundo insight teórico:

> Por "trabalho" ou *ação intencional-racional*, entendo a ação instrumental, a escolha racional ou sua conjunção. A ação instrumental é governada por *regras técnicas* baseadas no conhecimento empírico. Em todos os casos, elas implicam a predição empírica sobre eventos observáveis, físicos ou sociais. Essas predições podem se provar corretas ou incorretas. A conduta da escolha racional é governada por *estratégias* baseadas no conhecimento analítico [...]
>
> Por "interação", em contrapartida, entendo a *ação comunicativa*, a interação simbólica. Ela é governada pela obediência a *normas consensuais* que definem as expectativas recíprocas sobre o comportamento e devem ser compreendidas e reconhecidas por ao menos dois sujeitos ativos [...][51]

A distinção é imensamente elaborada, prosseguindo dessa maneira por vários parágrafos. Não obstante, pode ser fraseada de modo mais simples: o trabalho é medido por sua eficiência, e a fala, por sua inteligibilidade. As regras que guiam o primeiro, portanto, são técnicas, relacionadas à escolha de meios para um fim. As regras que guiam a segunda são constitutivas, como as regras de um jogo, e servem para definir o significado do que é feito.

Inegavelmente, há interessantes comparações a serem feitas entre os dois tipos de ação. Mas não podemos assumir que cada ação é uma ou outra: a que categoria designaríamos um time de futebol, por exemplo, uma *jam session*, uma relação sexual, um serviço religioso ou uma refeição em família? É característico de Habermas o fato de não dizer se a distinção é exclusiva, exaustiva ou absoluta. É igualmente característico que, a despeito de deixar tais perguntas cruciais sem resposta, ele vá em frente e a use como principal instrumento teórico de uma crítica anticapitalista. Quase tudo de identificavelmente errado com a sociedade burguesa pode ser traçado, no fim, à operação de pensamento e ação "intencionais-racionais", enquanto

---

[51] *Technology and Science as "Ideology"*, 1968, p. 91-92.

tudo que nos dá esperanças sobre um mundo melhor é contido, embora secretamente, no paradigma da "comunicação".

A emancipação, sugere ele, é antes de tudo emancipação da linguagem — à qual mais tarde se refere como "situação ideal de fala". Embora a sugestão soe de certo modo paradoxal, vinda de um escritor cuja linguagem está aprisionada no jargão sem sentido, possui a autoridade distintiva da tradição. Ela repete a aspiração original da Escola de Frankfurt, que é a de romper as algemas da cultura burguesa através da descoberta de *outra forma de consciência*. O que se busca já não é a voz autêntica do proletariado (que não deve ser confundida, lembre-se, com a voz real das pessoas trabalhadoras), mas a voz ideal do acadêmico, que, ao falar livremente, nos dirá como são as coisas.

Antes de examinar esse programa revolucionário, contudo, devemos observar uma importante característica da definição citada. Ela é, na verdade, uma combinação de chavões estagnados ("essas predições podem se provar corretas ou incorretas") e saltos radicais e não justificados de raciocínio. O que começa como "ação instrumental" se transforma instantaneamente em "escolha racional", que, por sua vez, vira "regras técnicas" encontradas no "conhecimento empírico". Mais tarde, a definição é esticada na direção de "regras preferenciais" e "procedimentos decisórios", desse modo recolhendo o jargão de novos livros, disciplinas e conferências do ambiente acadêmico. Movimentos associativos similares ocorrem em outras obras de Habermas desse período. Por exemplo:

> A análise empírica revela a realidade do ponto de vista do possível controle técnico sobre processos objetificados da natureza, enquanto a hermenêutica mantém a intersubjetividade do possível entendimento mútuo e orientador da ação [...] No sistema de comportamento da ação instrumental, a realidade é constituída como a totalidade do que pode ser experimentado do ponto de vista do controle téc-

> nico. A realidade que é objetificada sob essas condições transcendentais tem sua contrapartida em um modo especialmente restrito de experiência. A linguagem das declarações empírico-analíticas sobre a realidade é formada sob as mesmas condições [...][52]

Embora seja difícil compreender o significado preciso de tais passagens (supondo que *possuam* significado preciso), é relativamente fácil adivinhar seu objetivo. Elas reúnem, dentro do escopo de uma única dicotomia, todas as distinções subsidiárias que darão substância à crítica do capitalismo contemporâneo de Habermas. O pensamento radical é pensamento dicotomizante e os "avanços" na teoria radical consistem no amálgama de oposições dentro de uma única divisão superabrangente. A divisão será expressa de incontáveis maneiras: capitalismo *versus* socialismo; burguesia *versus* "produtor"; razão técnica *versus* teoria crítica; objetivo racional *versus* comunicação. Mas o significado permanecerá o mesmo: o mundo real é um mundo decaído, um mundo dos meios, ao passo que o mundo a que os intelectuais de esquerda aspiram é um mundo redimido, um reino dos fins.

Em Habermas, a dicotomia é burocratizada e expressa na linguagem oficial da sociologia alemã. O instrumental é alinhado ao técnico, empírico, analítico, comportamental, "decisionista" e "objetivo", e contraposto ao "comunicativo", "hermenêutico", "intersubjetivo" e normativo. Mas o objetivo permanece inalterado. Por esse alinhamento, que não é mais que um substituto para o pensamento, Habermas constrói uma espécie de máquina judicial que acusa a sociedade burguesa de cada falha desumanizadora e atribui ao ideal oculto da ação comunicativa o sucesso humano perdido.

---

[52] *Knowledge and Human Interests*. 2ª edição. Tradução de J. J. Shapiro. Londres, 1978, p. 191.

A partir das suposições dessa fácil crítica da sociedade capitalista, ele é capaz de reafirmar, de tempos em tempos, a velha promessa radical, qual seja:

> A "busca pela felicidade" pode um dia significar algo diferente — por exemplo, não o acúmulo de objetos materiais para uso privado, mas a manutenção de relações sociais nas quais a mutualidade predomine e a satisfação não signifique o triunfo de um sobre as necessidades reprimidas de outro [...][53]

Mas tais expressões diretas da velha agenda são comparativamente raras e cada vez mais absorvidas na defesa da tagarelice como real objetivo da política. No fim dos anos 1970, Habermas começou a desenvolver sua teoria sobre a "situação ideal de fala" como remédio para as estruturas sociais alienantes da economia capitalista. Em três densas e árduas obras publicadas em 1976 — *Communication and the Evolution of Society*, *On the Pragmatics of Social Interaction* e *The Theory of Communicative Action* (*Teoria do agir comunicativo*) —, ele fornece uma nova explicação sobre a "racionalidade comunicativa" e a "argumentação" da qual ela depende. Tendo absorvido toda a sociologia acadêmica, ele se dispõe a absorver também a antropologia, a linguística e a filosofia analítica, fraseando sua posição como "teoria da pragmática universal".[54] A utopia socialista deve agora ser vislumbrada pelo olhar do jargão filosófico de Oxford: "A estrutura da própria comunicação não produz limitações se, e apenas se, para todos os possíveis participantes, houver uma distribuição simétrica de chances de escolher e aplicar atos de fala."[55]

---

[53] *Communication and the Evolution of Society*. Tradução de Thomas McCarthy. Londres, 1979, p. 198-199.

[54] "What is Universal Pragmatics?", idem.

[55] "Vorbereitende bemerkungen zu einer Theorie der kommunikativen Kompetenz". Em: J. Habermas e N. Luhmann. *Theorie der Gesellschaft oder Sozialtechnologie: Was leistet die Systems Forschung?* Frankfurt, 1971, p. 137.

Se levarmos tais pronunciamentos a sério — e a adoção de uma linguagem conscientemente "científica" sugere que deveríamos —, não poderemos deixar de chegar a algumas notáveis conclusões. A emancipação linguística significa falar sem parar, em um mundo no qual todos possuem uma oportunidade igual de fazer o mesmo.

Mas a liberdade definida como "chances simétricas" também é um ativo dúbio. Pois é possível adquiri-la meramente se assegurando de que todos são igualmente limitados: ordenando o silêncio universal, por exemplo. A real questão da liberdade, que é a da natureza humana e das instituições necessárias para sua adequada realização, é simplesmente evitada pelo argumento de Habermas, com suas tecnicalidades vazias e sua estranha obsessão pela "comunicação" entre seres cuja natureza social e situação histórica jamais são concretamente definidas. Eis um fragmento de *Teoria do agir comunicativo*, que segue dessa maneira por mais de oitocentas páginas de incessante abstração:

> [...] a racionalidade própria à prática comunicativa da vida cotidiana indica a prática da argumentação como tribunal de apelação que torna possível continuar a ação comunicativa com o outro através de outros meios quando as discordâncias já não podem ser reparadas pelas rotinas cotidianas e ainda não foram solucionadas pelo uso direto ou estratégico da força. Por essa razão, acredito que o conceito de racionalidade comunicativa, que se refere a uma não esclarecida interconexão sistemática de reivindicações de validade universal, pode ser adequadamente explicado somente em termos de uma teoria da argumentação.
>
> Usamos o termo *argumentação* para esse tipo de fala na qual os participantes tematizam reivindicações de validade contestadas e tentam defendê-las ou criticá-las por meio de argumentos. Um *argumento* contém razões ou bases que são conectadas de modo sis-

> temático à *reivindicação de validade* de uma expressão problemática. A "força" de um argumento é medida em dado contexto pelo vigor das razões [...][56]

Como certamente está aparente nesse exemplo, o idioma científico é apenas um cacoete: um novo carimbo que Habermas não domina muito bem e usa de cabeça para baixo. Após algumas centenas de páginas dessa escrita, na qual as definições são engolidas por tautologias engolidas por definições, em uma sequência aparentemente infinita, o leitor experimenta a urgente necessidade de chegar ao cerne da questão. O que, exatamente, Habermas está dizendo e nos aconselhando a fazer? Não há resposta concreta. Seres humanos reais passam despercebidos em seu argumento e só a fala abstrata permanece. Devemos buscar um *herrschaftsfreie Diskurs* — um discurso sem dominação —, mas sobre o que e com que objetivo? Ele nos diz, em outro texto, que seremos libertados pelo "consenso conseguido em um discurso irrestrito e universal".[57] Mas consenso sobre o que e em defesa de quê?

Em um mundo ideal, haveria uma espécie de abandono expressivo universal no qual uma sinfonia poderia ser ouvida a distância: "Desde que tenhamos maestria nos meios de construção [dessa] situação de fala ideal, podemos conceber as ideias de verdade, liberdade e justiça, que se interpenetram — embora, é claro, somente como ideias."[58] Mas qual é o valor da verdade, da liberdade e da justiça se permanecem não mais que ideias? O que exatamente esse discurso *herrschaftsfrei* realiza, além de si mesmo? O que ele acrescenta, por exemplo, para meus taciturnos vizinhos fazendeiros, que sabem

---

56 *The Theory of Communicative Action*, p. 45 [*Teoria do agir comunicativo*. São Paulo: Martins Fontes, 2011].

57 "Towards a Theory of Communicative Competence". *Inquiry* (1970): 370 (adaptação do capítulo citado na nota 55).

58 Idem.

fazer as coisas, mas não perdem tempo falando sobre elas? Habermas insiste que os hábitos de fala existentes são intoleravelmente constritos, também porque "impedem que sequer surjam questões que radicalizem o universalismo de valores da sociedade burguesa".[59] Mas, supondo que essa frase signifique alguma coisa, "radicalizar o universalismo de valores da sociedade burguesa" é praticamente tudo que se faz nos departamentos acadêmicos com os quais ele está familiarizado. Não é disso que tratam a "crítica do raciocínio instrumental" e a "dialética do Iluminismo"?

Embora ele pretenda estar descrevendo uma "situação ideal de fala", sua prosa gesticula continuamente na direção de uma nova, e de certo modo liberada, ordem social na qual o veneno da consciência burguesa teria sido eliminado. Nessa nova ordem, a comunicação já não seria distorcida pelo preconceito, pela deferência à autoridade, pela vaidade ou pela falta de autoconfiança. Emergiria uma "ética comunicativa" que iria "garantir a generalidade das normas admissíveis e a autonomia dos sujeitos ativos".[60] Essa nova ordem, que foi uma preocupação em sua obra anterior sobre a ideia de legitimação, surgiria através da adoção de normas "com as quais todos os afetados concordam (ou concordariam) sem imposição, caso entrassem (ou fossem entrar) em um processo de formação discursiva da vontade".[61]

Concordam ou concordariam? Contrato real ou meramente hipotético? Habermas afirma estar escrevendo sobre a linguagem: na verdade, está brincando com a velha ideia de contrato social, suscitando, sem discutir, a questão levantada por Kant sobre se um contrato hipotético é suficiente para assegurar a legitimidade e quando um contrato real pode ser denunciado. Mas sua confusa

---

[59] *Communication and the Evolution of Society, op. cit.*, p. 198.
[60] *Legitimation Crisis*. Tradução de Thomas McCarthy. Londres, 1976, p. 89.
[61] Idem.

e burocrática linguagem obscurece essa questão muito pertinente e oculta o recife no qual sua própria empreitada crítica deve naufragar. Se as pessoas são livres para participar de contratos em sua presente condição, não diríamos que aceitaram implicitamente a ordem "capitalista"? Se não são livres, nosso critério sobre a ordem social preferida é fornecido somente pelo que as pessoas *escolheriam* em circunstâncias ideais. O problema, então, é como definir essas circunstâncias. Como chegamos à escolha social *herrschaftsfrei*?

A única resposta convincente que jamais foi dada a essa questão é precisamente a que Habermas evita, qual seja, a de que a escolha verdadeiramente livre e autônoma é aquela que respeita a soberania do indivíduo, concedendo-lhe o direito de dispor de sua vontade, seu trabalho e sua propriedade. É a resposta dada pelo Iluminismo, preservada na constituição americana e embelezada pela teoria austríaca do mercado e pela tradição da democracia ocidental. Em outras palavras, é a resposta que o humanismo marxista descartou desde o início como "ideologia burguesa" e à qual o próprio Habermas se refere constante e desdenhosamente, em alfinetadas que jamais esclarecem o que estão alfinetando.

Em suas obras iniciais, ele estava muito ocupado com a questão da legitimidade, retirando conceitos tanto da sociologia weberiana quanto da filosofia marxista e da análise da linguagem. Em *Legitimationsprobleme im Spätkapitalismus* (1973), ele argumenta que nossas sociedades sofrem de um "déficit de legitimidade" e não podem se legitimar por meio dos procedimentos sancionados pelo pensamento "capitalista tardio" — em outras palavras, os procedimentos iluministas a que acabei de me referir. A linguagem do título é indicativa. A ritual deferência ao marxismo não é a conclusão do argumento, que não possui conclusão real, embora pare em certo momento, por falta de fôlego. Assume-se, desde o início, que termos como "burguês" e "capitalista tardio" são adequados aos fenômenos sociais que confrontamos; assume-se que a sociedade pode ser caracterizada por suas "relações de produção", pelo "nível de desenvolvimento de suas forças produtivas", por sua "ideologia governante" e pelos procedimentos disponíveis de "legitimação". Essas suposições não são questionadas — ou são questionadas somente da maneira fortuita de uma investigação oficial realizada por pessoas preocupadas em esconder hábitos inerradicáveis. Habermas desvia a atenção delas ao apresentar infinitas perguntas retóricas:

> Os novos potenciais para o conflito e a apatia, caracterizados pela diminuição da motivação e da tendência ao protesto e suportados pelas subculturas, podem levar à recusa de realizar funções designadas, em uma escala tal que coloque em perigo o sistema como um todo? Os grupos que questionam, possivelmente de maneira passiva, a realização de importantes funções do sistema são idênticos aos grupos capazes de ação política consciente durante uma situação de crise? O processo de erosão que pode levar à destruição das funcionalmente necessárias legitimações da dominação e das motivações para empreender é, ao mesmo tempo, o processo de politização que cria potenciais para a ação? [...] Ainda não desenvolvemos hipóteses suficientemente precisas e testáveis para responder empiricamente a essas questões.[62]

A súbita invocação do método científico não deve ser levada a sério. Responder empiricamente a tais questões seria precisamente não as responder como requer Habermas, pois significaria descer do nível da abstração, onde ele pode gerar suas infinitas definições e dicotomias, para as situações reais de escolha humana. Em seus livros, dificilmente encontraremos um dilema real, uma instituição existente ou o registro de alguma comunhão de propósitos. Tudo é como no parágrafo citado: sistemas, subculturas, motivações, funções, legitimações, ideologias, forças — entidades abstratas

---

[62] *Theory and Practice, op. cit.*, p. 6-7.

descritas em uma novilíngua pandinâmica que remove os seres humanos da equação.

Olhando para o cenário pelo qual viajamos neste capítulo, encontramos um notável trabalho de *aniquilação*. Após o trauma da invasão de Napoleão, a destruição de muitos minúsculos principados, que haviam sido mantidos em precário mas duradouro equilíbrio pelo Sagrado Império Romano, e a posterior derrota de Napoleão, as pessoas de língua alemã lutaram para construir uma autoconsciência nacional que reconciliasse seus interesses conflitantes e as protegesse da ameaça da subjugação. Na ficção, na poesia, no drama e na música, elas celebraram as muitas maneiras pelas quais os alemães haviam vivido juntos em mútua afeição, construindo instituições e uma ordem legal duradoura e gozando de uma vida privada com significado cívico. *Princípios da filosofia do direito*, de Hegel, com suas profundas descrições do casamento, da família, do serviço público, da escola e das corporações da "sociedade civil", estabeleceu um paradigma de filosofia política que poucos escritores subsequentes atingiram, explorando as muitas maneiras pelas quais a personalidade corporativa emerge das associações entre cidadãos e as organiza. A literatura alemã e austríaca do século XIX descreve uma sociedade rica em instituições, corporações e "pequenos pelotões". Romances como *Der Nachsommer*, de Adalbert Stifter, descrevem em amáveis detalhes a proximidade e a profundidade espiritual do domicílio, da paisagem, das instituições da vida civil e mesmo da *Innigkeit* da burocracia. No *Bildungsroman*, no ciclo de canções líricas e no palco operístico, alemães e austríacos lutaram para resgatar e perpetuar a abundância de espírito público pelo qual ainda estavam cercados, e em uma de suas maiores realizações artísticas — *Die Meistersinger von Nürnberg*, de Wagner —, encontramos um drama cujo personagem central não é um indivíduo, mas uma pessoa jurídica, dotada de todos os atributos morais e cerimoniais com os quais nossa civilização elevou as associações acima da vida de seus membros.

Em *Das deutsche Genossenschaftsrecht*, publicado em quatro volumes entre 1868 e 1913, o grande jurista e filósofo social Otto von Gierke evocou a riqueza das instituições civis que marcaram o desenvolvimento dos países de língua alemã desde os tempos medievais e mostrou as maneiras pelas quais a nativa tradição de direito consuetudinário foi protegida e ampliada pelo poder social dessas instituições.

Toda a riqueza desse ser social, ainda celebrada em muito da arte e da música do início do século XX, mesmo enquanto Loos, Schoenberg, Musil e Kafka a questionavam, é resumida em Lukács, Adorno, Horkheimer e Habermas em uma única e aniquiladora abstração: "burguesia". E aquele que quiser identificar a *realidade* da qual a vida burguesa é a *aparência* receberá apenas outra abstração: "capitalismo." É isso. Nada da vida humana real permanece. Tudo foi varrido pela novilíngua e substituído pelos infinitos resmungos burocráticos contidos em livro após livro de Habermas. As categorias de Marx foram usadas para completar o trabalho começado por Napoleão e continuado, de maneira diferente e mais horrível, por Hitler. Foram usadas para *remover o povo alemão da história* e substituir a sociedade civil e seu significado por um comitê de intelectuais, falando como Lukács, com a voz do "proletariado" oficial, ou participando de uma "situação ideal de fala" na qual somente abstrações podem ser proferidas e da qual somente burocratas de esquerda tomam parte.

E aqui talvez valha a pena mencionar outro fato curioso, o de que a "crítica da razão instrumental", que entrou em um beco sem saída com o comitê da fala de Habermas, teve uma carreira de sucesso não na esquerda, mas na direita. De diferentes modos, Burke, Hegel e Oakeshott mostraram a conexão entre racionalidade instrumental, mentalidade utilitarista e perda de respeito pelas instituições e formas cooperativas de vida. Nossa lealdade à sociedade civil, argumentaram eles, não é mais provisória que nossa lealdade à família e à ordem legal, e o Estado não é mais justificável como meio para um fim que nosso laço de amor com a família. A lealdade ao que está estabelecido, portanto, é um *dado* do qual parte a crítica social. Não é condicional nem intencional, mas uma forma de imersão nas instituições às quais a identidade de alguém é devida. É aqui que o pensamento político começa, nas associações de indivíduos, conforme modelam seus valores e aspirações por meio do ethos do pequeno pelotão.

Além disso, como argumentou energicamente Oakeshott, o modelo para a associação civil não é a empresa, mas a conversação, que é não um meio para um fim, mas um fim em si mesma, uma associação "proposital sem propósito" e que confere os elos sem os quais nenhuma sociedade pode perdurar. A conversação nos modela como *participantes*, membros de instituições e pessoas jurídicas, pessoas imersas na propriedade e na doação: em resumo, exemplos daquela desprezada "burguesia" que é vista pelos membros da Escola de Frankfurt meramente em termos abstratos e aniquilantes.

Provavelmente é verdade que Habermas foi influenciado, em sua observação de que a legitimidade entrou em crise por causa do pensamento "intencional-racional", por um pensador alemão que ousou chegar a essas conservadoras conclusões: Arnold Gehlen. Em um ensaio relativamente lúcido, Habermas presta tributo a ele, embora critique seu vício em instituições e sua "imitação de substancialidade".[63] Gehlen teve a coragem de dizer o que, na Alemanha do pós-guerra, se tornara praticamente indizível. Seus pensamentos, absorvidos pela maquinaria da burocracia de esquerda, são regurgitados de forma dizível, separados de suas conclusões e oferecidos como "crítica" a uma nova "crise capitalista". E, contudo, foram somente os socialistas que desejaram, em nossa época, encontrar a legitimidade do governo em suas funções como meio.

---

[63] "Arnold Gehlen: Imitation Substantiality", 1970. Em: *Philosophical Profiles*. Tradução de Thomas McCarthy. Cambridge, MA, 1983.

Foi somente o socialismo que apresentou, no lugar do governo de homens, uma anônima "administração das coisas" que deveria ser julgada pelas "regras técnicas" da engenharia social. E se houve, no mundo contemporâneo, um "déficit de legitimidade", ele foi maior no lugar onde o socialismo imprimiu mais fortemente suas marcas, a União Soviética. Vendo isso, vemos também que não é o "capitalismo tardio", mas o "inicial", que Habermas está evocando.

Habermas não é um revolucionário passional. Na verdade, não é passional em nada. Se acordou para as realidades do conflito social, foi para oferecer hesitante apoio aos objetivos "democratizantes" dos protestos estudantis dos anos 1960 e, mais recentemente, dialogar com os grandes e importantes em benefício de uma política eurocêntrica — embora uma da qual as vozes conservadoras e nacionalistas sempre parecem ser excluídas. De fato, em suas recentes aparições públicas como intelectual, ele se mostrou mais preocupado em apoiar o projeto de integração europeia que qualquer uma das velhas causas anticapitalistas, embora sempre deixando claro que o essencial para a Europa não é o *livre mercado*, mas sim as obras de bem-estar social, a dissolução das fronteiras e identidades nacionais e o afastamento do imperialismo americano.

E essa defesa da emergente burocracia *soft* de esquerda, que deve transformar o povo europeu em um homogêneo Estado de bem-estar social em busca de uma "situação ideal de fala" com seus já não agressivos vizinhos, é a culminação natural do projeto de Frankfurt. O establishment de esquerda alemão está agudamente consciente de seu status como elite privilegiada. Enquanto repete sua monótona condenação da tecnocracia, ele sabe, no íntimo, que a "razão instrumental" — descrita por Habermas em um de seus momentos mais cândidos como "trabalho" — é a condição social da qual depende. Em última análise, a crítica do comportamento "intencional-racional" e a celebração da "situação ideal de fala" não são mais que ideologia: a ideologia de uma elite preocupada em dar as costas para o mundo real da indústria moderna e manter a dignidade de sua própria posição como classe ociosa.

Como em todas as ideologias, a principal tarefa é persuadir as ordens mais baixas a aceitá-la. E foi um instinto sensato publicar essas proclamações ideológicas de forma burocrática, ao mesmo tempo enterrando em seu interior uma obscura promessa de emancipação. O funcionário e o gerente, dessa forma, são levados a acreditar no esquerdista como funcionário público superior, com uma enigmática função própria. O esquerdista mantém seu gabinete, onde a verdade é arquivada e deve ser solicitada com a mesma paciência empregada com qualquer outro funcionário público. De fato, foi Hegel, ideólogo da "sociedade burguesa", que identificou os funcionários públicos como a verdadeira classe superior.

Como, então, devemos ver Habermas, agora que os prêmios foram concedidos e sua identidade como voz da nova Europa foi confirmada? Como último descendente vivo da Escola de Frankfurt, ele brincou durante muitos anos com as categorias marxistas e tentou encontrar novas maneiras de formatar a mensagem anticapitalista. Inicialmente, achou que a "crise de legitimidade" capitalista poderia ser superada pela usual aliança entre intelectuais de esquerda e membros cuidadosamente selecionados e adequadamente reverentes da classe operária. Para seu crédito, ele cresceu e se afastou dessa agenda entorpecedora, defendendo o diálogo, a negociação e a simpatia no lugar da velha "luta" marxista. Contudo, a nova agenda tinha a forma de um programa político, sem seu conteúdo.

Tendo deixado todas as realidades de lado em nome de abstrações burocráticas, ele foi incapaz de dizer sobre o que deveríamos nos comunicar ou como poderíamos reanimar nosso mundo. Se a *única* mensagem é "Vamos conversar", é duvidoso que realmente precisemos de livro após livro de pesado jargão para passá-la adiante. E o diálogo que Habermas agora defende, após o 11 de Setembro, é notável pelas vozes que exclui: nenhum nacionalista, conservador social, pré-modernista ou defensor do livre mercado será convidado à mesa na qual o futuro pós-moderno da humanidade será discutido no bunker habermasiano. Ao excluir tantos representantes da humanidade comum da conversa, ele *evita* as questões reais que enfrentamos, recomendando que as discutamos somente para evitar discuti-las. Suspeito que é disso que se trata a nova Europa.

6.

Nonsense em Paris: Althusser, Lacan e Deleuze

O entusiasmo de esquerda que tomou as instituições de ensino nos anos 1960 foi uma das mais eficazes revoluções intelectuais da história recente, obtendo apoio entre os afetados como raramente se viu em uma revolução no mundo da política. Foi a era da "produção intelectual", na qual foi estabelecida a identidade do intelectual como membro honorário da classe operária — precisamente quando a real classe operária desaparecia da história e só podia garantir sua sobrevivência na forma teatral.[1]

A revolução dos anos 1960 foi, portanto, uma revolução conduzida em condições de laboratório e na qual dificilmente se deu um passo fora do mundo dos livros. Pela primeira vez, foi possível observar a "consciência revolucionária" de perto, sem correr o risco de nenhuma violência que não a das palavras. Foi possível, em particular, observar quão rápida e habilmente a mensagem da esquerda foi

[1] Ao menos um dos revolucionários de maio de 1968 — André Gorz — percebeu a tempo que a classe trabalhadora havia desaparecido, precisamente no momento em que os "intelectuais" faziam seu mais determinado esforço para se unir a ela. Compare seu *Le Socialisme difficile* (Paris, 1967. Traduzido como *Revolution and Socialism* por N. Denny. Nova York, 1973) — uma inebriada exposição da versão da *Temps modernes* para a revolução estudantil — com seu subsequente *Adieu au prolétariat*, Paris, 1984 — uma melancólica renúncia à estrada revolucionária.

encerrada em dogmas e quão energicamente os novos revolucionários passaram a inventar questões espúrias, controvérsias estéreis e pedantismos enigmáticos a fim de afastar qualquer investigação intelectual das questões fundamentais que — por necessidade emocional — foram evitadas, incluindo a questão da própria revolução: exatamente o que *é* uma revolução e para que ela serve?

Em nenhum lugar a urgência da questão e as elaboradas maneiras de evitá-la são mais aparentes que nos textos do homem escolhido como líder pelos revolucionários de 1968, Louis Althusser. Em sua obra, emerge uma nova espécie de dogma marxista: uma teoria, ou antes metateoria, que replica, em mesmerizantes parágrafos, a *forma* de um dogma, ao mesmo tempo que tenta meticulosamente esconder seu conteúdo. Tal metadogma, como poderíamos chamá-lo, almeja por uma sofisticação metodológica que o colocaria além de qualquer crítica feita de um ponto de vista que não o seu. E, contudo, insiste haver apenas um objetivo legítimo em qualquer empreitada intelectual, qual seja, a revolução. Em todos os textos dos *soixante-huitards* e seus seguidores, a mensagem é repetida: o objetivo do trabalho intelectual é estar *do lado da revolução*, independentemente das consequências.

Começarei com uma longa consideração sobre Althusser, uma vez que ele oferece o modelo de uma nova e fortalecida linguagem na qual nenhuma pergunta pode ser feita e nenhuma resposta é oferecida, exceto em termos quase incompreensíveis para aqueles que não renunciaram a sua capacidade de pensar fora deles. Como Orwell percebeu, o primeiro objetivo da revolução é a linguagem. Há a necessidade de criar uma novilíngua que coloque o poder no lugar previamente ocupado pela verdade e, tendo feito isso, descreva o resultado como "política da verdade".

Para conseguir esse novo tipo de verdade, é importante evitar a refutação, mas não como a ciência o faz, cortejando e sobrevivendo aos contra-argumentos. É preciso se *esquivar* da refutação, para que a verdade no interior do dogma possa ser protegida da malícia contida nas coisas reais. Eis por que os textos de Althusser — que são exemplares a esse respeito — não se engajam com nada escrito fora do campo marxista nem reconhecem qualquer tradição de pensamento social e político que não porte, desde sua concepção, o selo do dogma marxista em cuja direção se inclina. Ele permanece silencioso sobre praticamente toda objeção séria à teoria e à prática marxistas.

Assim, elogia a teoria do valor-trabalho e pretende estar persuadido de sua verdade. O que faz, então, em relação à extensa literatura que a critica?[2] Exatamente nada. Como ela começa e termina com uma nota de refutação, ele é incapaz de reconhecer sua existência. Em vez de responder, argumenta, em menções impenetráveis, com seus colegas dogmatistas — Della Volpe e sua escola, o teórico soviético Ilyenkov e "numerosos acadêmicos em países socialistas".[3] Não faz uma pausa para nos contar o que esses escritores dizem, mas os coloca diante de nós como enigmáticos adereços de palco, para serem interpretados à vontade ou de acordo com um drama no qual ele é o ator central. Aprendemos que

---

[2] Já naquela época, em revisões da grande obra de Marx, os marginalistas iniciais indicavam seus defeitos. A suas críticas, acrescentamos as da escola austríaca, especialmente Böhm-Bawerk e von Mises. Parece, por exemplo, que a teoria não consegue responder pela renda de escassez e que depende crucialmente de uma redução das diferenças qualitativas do trabalho a diferenças quantitativas — redução que só poderia ser feita ao se abandonarem os termos da teoria. E, durante os últimos setenta anos, tem sido amplamente aceito que é impossível construir uma teoria de preço ("valor de troca") que, como a teoria do trabalho, não faça referência à demanda como variável independente. Houve, é claro, aqueles que desejaram defender a teoria. Economistas como Morishima, seguindo a deixa de Piero Sraffa em *Produção de mercadorias por meio de mercadorias* (1960), tentaram ressuscitar alguns dos princípios centrais da política econômica marxista. Novamente, contudo, argumentou-se poderosamente (por Ian Steedman em *Marx after Sraffa*, 1977) que os pontos válidos da economia marxista podem ser usados precisamente para *rejeitar* a teoria do valor-trabalho.

[3] L. Althusser. *Reading Capital*, com sequência de E. Balibar. Tradução de Ben Brewster. Londres, 1970, p. 77.

> [...] não é calúnia à obra de Rosenthal dizer que ela está parcialmente fora de contexto aqui, pois meramente parafraseia a linguagem imediata com a qual Marx designa seu objeto e suas operações teóricas, sem supor que essa própria linguagem pode frequentemente estar aberta a essa questão.[4]

Que questão? Procuraremos em vão por uma resposta no texto. A sentença é meramente um gesto autodirigido, com pretensões a uma autoridade que nada faz para estabelecer e que, de qualquer modo, não está preocupada com a possibilidade de discordância. Para o escritor que escolheu discutir somente com seus amigos, tais gestos são mais como insultos entre camaradas em uma sala de reuniões que sinais reais de oposição.

A discordância, quando ocorre, toma a forma de hostilidade total, dirigida a um inimigo caricato e sem nome: "Sabendo que *O capital* esteve sob radical edição ideológica e política, imposta pelos economistas e historiadores burgueses, por oitenta anos, podemos imaginar o destino reservado a ele pela filosofia acadêmica!"[5] A que a resposta correta é: *nonsense!* A leitura atenta de *O capital* feita pelos economistas "burgueses" foi precisamente o que levou à refutação de tantos de seus principais dogmas. Para Althusser, tal verdade não pode ser mencionada e deve ser mantida a distância, silenciada pelas ofensas rituais. Toda a pressão de seu estilo é na direção da crença de que os textos de Marx possuem caráter sagrado e não podem ser discutidos nem compreendidos, exceto por aqueles que — por um ato de fé qualquer — já aceitaram suas principais conclusões. De que outro modo poderíamos interpretar passagens como a que se segue?

> [...] o estudo [de *O capital*] [...] só é possível com uma constante e dupla referência: a identificação e o conhecimento do objeto da filosofia marxista operante em *O capital* pressupõem a identificação e o conhe-

---

[4] Idem, p. 77.
[5] Idem, p. 76.

> cimento da diferença específica do objeto do próprio *O capital* — o que, por sua vez, pressupõe o recurso à filosofia marxista e exige seu desenvolvimento. Não é possível ler *O capital* adequadamente sem a ajuda da filosofia marxista, que deve ser lida simultaneamente.[6]

A primeira sentença lança o leitor na escuridão. Ela parece acusá-lo de falta de penetração; ao mesmo tempo, com suas tecnicalidades e sua aura de argumento racional, promete eventual iluminação. A segunda sentença então fornece a "conclusão" que o leitor deve receber como "justificada".

Em português claro, a conclusão é esta: você pode entender *O capital* somente se acreditar nele ou, em latim ainda mais claro, *credo ut intelligam*, como disse Santo Anselmo ao discutir o supremo mistério de Deus: creio para entender. Em outras palavras, temos de lidar com a fé religiosa, presa no interior da ideia de sua própria validade. Para a mente científica, a crença é consequência, e não causa, do entendimento. Mas é precisamente a falha científica do marxismo que pede a iniciativa de Althusser — a de sacralizar os textos de Marx e transformar seu conteúdo em dogma revelado.

Para Althusser, contudo, o dogma é "revelado" ao ser oculto. É o ato de ocultação dentro de estruturas intelectuais de impenetrável opacidade que garante a verdade de cada revelação. Os axiomas da teoria marxista surgem em sua prosa como flashes ofuscantes de total escuridão, com nuvens de cinza sobre cinza. Essa "escuridão visível" é como um negativo fotográfico e Althusser sugere que existe um processo capaz de revertê-lo, transformando a escuridão em luz e o nonsense em sentido. Leia *O capital*, insiste ele, olhe para o texto, olhe intensamente para ele, segure-o de cabeça para baixo, de lado, bem alto, mas não tire os olhos dele. Então, e somente então, a grande reversão ocorrerá.

---

[6] Idem, p. 75.

Ao mesmo tempo, não é a reversão da escuridão em luz que se pede ao crente, mas a "revelação negativa" que a precede. A verdadeira revelação consiste no *credo quia absurdum* do devoto, que vê escuridão em toda parte e se volta para o texto de Marx a fim de convertê-la em luz.

Naturalmente, nada disso seria capaz de atrair seguidores sérios se não fosse possível vislumbrar as formas enevoadas das teorias e atitudes em meio à escuridão dominante. Assim, Althusser suporta seu metadogma com o que é, na verdade, uma forma incorpórea da teoria marxista. Ela é apresentada em *A favor de Marx*, de 1965,[7] e subsequentemente "assumida" — na medida em que nada menos que tudo é assumido — na obra que citei até agora, *Lire le Capital*, de 1968.

Como muitos intelectuais comunistas, Althusser ficou consternado com a adoção do Marx inicial pelas gerações mais jovens. Ele a viu como ameaça à ortodoxia — ou antes, à metaortodoxia expressa em seus textos. Ele se opunha particularmente à reescrita do materialismo histórico e da teoria do valor nos termos sugeridos pelo "humanismo marxista" dos manuscritos de 1844 e também, nos anos pré-guerra, por Lukács e pela Escola de Frankfurt. Desde a publicação de *Grundrisse*, tornou-se amplamente aceito que o próprio Marx provavelmente teria consentido com essa reescrita e certamente não seria totalmente contrário a ela.[8] Mas tal sugestão era intolerável para Althusser, que se afastou da literatura que a sugeria.

Em resposta aos jovens humanistas, ele defendeu uma "quebra epistemológica" entre duas fases distintas dos textos marxistas, marcadas por duas "problemáticas" separadas. As preocupações do Marx inicial eram "ideológicas"; as do Marx tardio, "científicas".[9]

---

[7] Louis Althusser. *For Marx*. Tradução de Ben Brewster. Londres, 1969 [*A favor de Marx*. São Paulo: Zahar, 1979].

[8] Ver Karl Marx. *Grundrisse der Kritik der politischen Ökonomie*, 1858. Tradução de M. Nicolaus. Harmondsworth: Penguin, 1973 [*Grundrisse. Manuscritos econômicos de 1857-1858*. São Paulo: Boitempo, 2011].

[9] *For Marx*, *op. cit.*, p. 32-33.

A fim de que o leitor saudasse essa interpretação com a devida solenidade, ele imediatamente a ocultou, enterrando os termos técnicos (que jamais explica) no interior de parágrafos de novilíngua:

> Compreender um argumento ideológico implica, no nível da própria ideologia, simultaneamente, o conhecimento conjunto do *campo ideológico* no qual surge e cresce uma ideia e a exposição da unidade interna dessa ideia: *sua problemática*. O próprio conhecimento do campo ideológico pressupõe conhecimento das problemáticas que o compõem ou se opõem a ele. A inter-relação da problemática particular da ideia do indivíduo sob consideração com as problemáticas particulares das ideias pertencentes ao campo ideológico permite uma decisão quanto à diferença específica de seu autor, ou seja, *se emergiu um novo significado*.[10]

A passagem ilustra a cansativa e desconfiada circularidade da prosa de Althusser, que gira monotonamente sobre o próprio eixo, como um lunático preso em uma jaula imaginária. O conteúdo do parágrafo pode ser resumido em poucas palavras: compreender um argumento é ver seu significado. Mas o círculo infinito construído a partir dessa tautologia possui uma qualidade mesmerizante, indicando outro significado que jaz, longe do alcance, sob a superfície.

De tais inícios, Althusser avança na direção de sua interpretação do materialismo histórico, apresentada como fiel simultaneamente às intenções de Marx e à história humana. Ele fraseia essa interpretação em termos "dialéticos", acreditando que isso captura a essência da teoria marxista, como uma inversão de Hegel. Ele reconhece que Marx não menciona uma "dialética" hegeliana em suas obras tardias, mas compensa o fato com uma sombria referência aos cadernos de Lenin e com copiosos elogios a *Sobre a contradição*, de Mao

---

[10] Idem, p. 90.

Tsé-tung. Toda mudança, sugere ele, é resultado de "contradições" que emergem no interior das várias estruturas da sociedade. Essas contradições podem surgir como "lutas de classe" ou confrontos intelectuais e ideológicos. Não existe *um* nível no qual surjam e exerçam sua força transformadora: surgem em todos os níveis e com todos os disfarces. O que, então, permanece da tese de Marx, a base que determina a superestrutura — ou seja, que transformações na estrutura econômica da sociedade determinam as transformações em outros lugares?

Duas emendas malfeitas à hipótese original de Marx se provaram úteis para reconciliá-la com os recalcitrantes fatos da história humana. A primeira é a sugestão feita por Engels de que o fator econômico não determina o desenvolvimento social, mas meramente o determina "em última instância"; a segunda é a teoria aludida por Marx e proposta formalmente por Trotski como "lei do desenvolvimento desigual". A primeira é equivalente à admissão de que a história *não é* gerada pela mudança econômica, com a expressão "em última instância" não sendo mais que uma desculpa para uma teoria que jamais foi fornecida. A segunda, do mesmo modo, admite a não conformidade do processo histórico ao padrão descrito por Marx e argumenta que isso se dá porque várias transições na estrutura econômica podem ocorrer simultaneamente. Essa evocação dos "epiciclos econômicos" lembra a tentativa de salvar a astronomia ptolomaica ao proteger a hipótese estimada da evidência que parecia refutá-la.

Ambas as frases de efeito — "em última instância" e "desenvolvimento desigual" — recorrem persistentemente à metateoria de Althusser. De acordo com ele, o motor da história é a "causação estrutural". A "contradição geral" ou "principal" (que é efetiva "em última instância") é aquela identificada por Marx e exemplificada no conflito entre as forças e as relações de produção. Contudo, essa contradição principal é inseparável da estrutura total da sociedade.

O corpo social contém outras contradições, existindo em vários níveis distintos dentro da superestrutura e interagindo sistematicamente enquanto tentam se alinhar. Sugere-se vagamente que as contradições podem "passar" de um nível para outro, como falhas geológicas. Como as várias contradições se desenvolvem de maneira desigual, é possível que um país economicamente atrasado apresente a súbita confluência de contradições necessária para uma revolução bem-sucedida (caso da Rússia). Althusser descreveu essa "fusão de contradições acumuladas" como "sobredeterminação", emprestando um termo de Freud.

Assim, a revolução — e, na verdade, qualquer mudança social decisiva — deve ser vista como resultado de muitos fatores confluentes, cada um deles determinando a sociedade na mesma direção e em relação à mesma crise total:

> [...] toda a experiência revolucionária marxista mostra que, se a contradição geral [entre forças produtivas e relações de produção] é suficiente para definir a situação quando a revolução é a "tarefa do dia", ela não pode, por seu próprio e simples poder direto, induzir uma situação revolucionária nem, *a fortiori*, uma situação de ruptura revolucionária e o triunfo da revolução [...][11]

Em tais passagens de relativa lucidez, Althusser revela que sua metateoria estabelece precisamente coisa nenhuma e, na verdade, é mais um amontoado de sortilégios que uma teoria. Se a "contradição principal" falha em causar a revolução, simplesmente tornando-a a "tarefa do dia", então o que *realmente* acontece é resultado da decisão humana. A história pode assumir qualquer curso, dependendo dos objetivos, forças e métodos dos protagonistas. A "contradição principal" não é realmente uma contradição (pois, de outro modo, *poderia*

---

[11] Idem, p. 99.

causar o colapso antecipado): é meramente um problema com o qual as pessoas (tanto governantes quanto governadas) precisam lidar.

O materialismo histórico certamente requer que a "contradição principal" forneça uma *explicação* para as contradições no interior da superestrutura. De outro modo, não temos como distinguir entre superestrutura e base. A "teoria" de Althusser, consequentemente, é equivalente a uma *negação* do materialismo histórico. (E há muitos outros exemplos de assim chamadas correções ao materialismo de Marx que, como a teoria de Gramsci que discutirei no próximo capítulo, são na verdade maneiras de rejeitá-lo.)

Em outro texto, Althusser argumenta — com base na "tradição marxista" — que o materialismo histórico (caracterizado pela "notória" expressão "determinação em última instância") nos permite acreditar tanto na "relativa autonomia" da superestrutura quanto na "ação recíproca" entre superestrutura e base.[12] Mas, ao admitir que as transformações políticas possuem causas políticas ("relativa autonomia") e que estruturas econômicas podem ser geradas por escolhas políticas ("ação recíproca"), ele permite que o pensamento e as intenções humanas sejam as causas primárias da mudança histórica. Nesse caso, o que resta do materialismo histórico? Somente uma forte dose de método científico pode resgatá-lo desse impasse, mas nada em seus textos sugere que ele tenha pensado seriamente no que consiste esse método.[13]

Em vez de examinar o que "determinação em última instância" possa significar, Althusser prefere envolver a expressão em nonsense, protegendo-a da interrogação. Esse hábito foi herdado por

---

[12] L. Althusser. *Lenin and Philosophy and Other Essays*. Tradução de Ben Brewtser. Londres, 1971, p. 131.

[13] Isso não significa que o materialismo histórico não possa ser apresentado como hipótese científica bem-formada. Mas não é fácil desenvolver os conceitos necessários, como foi demonstrado pela impressionante tentativa de G. A. Cohen em *Karl Marx's Theory of History: A Defense*. Princeton e Oxford, 1978 [*A teoria da história de Karl Marx: uma defesa*. Campinas: Unicamp, 2013].

seu mais notório estudante, Alain Badiou, cuja obra discutirei no Capítulo 8. Eis a maneira de Badiou contribuir para o debate relativo à "determinação em última instância":

> Se nenhuma *instância* pode determinar o todo, é possível, em contraste, que uma *prática*, pensada na estrutura que lhe é própria, que é, por assim dizer, uma estrutura *deslocada* (*décalée*) em relação àquela que articula essa prática como instância do todo, desempenhe o papel determinante em relação ao todo na qual figura de maneira descentralizada.[14]

Tentei desemaranhar essa frase, sem sucesso. (O todo o quê? A estrutura de quê? O papel determinante em fazer, criar ou efetivar o quê?) Então tentei conectá-la a suas vizinhas no texto, mas fui novamente recompensado pelo fracasso. Cada frase exibe a mesma sintaxe ligeiramente delirante, abrigando uma miríade de termos inexplicados em estruturas que possuem a forma do pensamento sem substância. Suspeito que esse seja o principal efeito do ensino de Althusser.

Na verdade, a "interpretação" de Althusser torna a teoria da história irrefutável. Ela se torna compatível com qualquer curso de eventos e, desse modo, não explica nenhum. É a mera "forma" de uma teoria, útil por seus termos incidentais ("contradição", "sobredeterminação", "revolução"), que servem para focar uma atitude particular em relação aos eventos, mas inútil em termos de poderes preditivos. Simplesmente não possui poderes preditivos. Mas, em outro sentido, é por isso que é útil, pois permite que o crente afaste a mente dos fatos da história, com exceção daqueles que parecem nutrir um preexistente fervor revolucionário. A teoria da história se torna teologia da história, uma "hipótese" que, sendo compatível

---

[14] *The Adventure of French Philosophy*. Edição e tradução de Bruno Bosteels. Londres: Verso, 2012, p. 156.

com cada curso de eventos, está exatamente no mesmo barco que a "hipótese" da existência de Deus, da qual Laplace notoriamente afirmou não precisar.

A fim de proteger sua teoria da refutação, Althusser decide ocultá-la, adotando o processo de "revelação negativa" já descrito. Ele toma as principais tecnicalidades e as transforma em nós concentrados de ofuscante escuridão. A seguinte passagem mostra esse processo em ação:

> A sobredeterminação designa as seguintes qualidades essenciais da contradição: o reflexo, na própria contradição, de suas condições de existência, de sua situação na estrutura dominante do complexo todo. Essa não é uma "situação" unívoca. Não se trata apenas de sua situação "em princípio" (a que ocupa na hierarquia de instâncias em relação à instância determinante: na sociedade, na economia), nem apenas de sua situação "de fato" (se, na fase em consideração, é dominante ou subordinada), mas *a relação dessa situação de fato com essa situação em princípio*, ou seja, a própria relação que torna essa situação de fato uma *"variação" da — invariante — estrutura dominante da totalidade.*[15]

Entendeu? Não, não se espera que você entenda: o que se espera é que capte certas ideias, que são destacadas para receber tratamento especial ao serem "enrijecidas" pela imersão na prosa extraenfática, que ao mesmo tempo grita "Que não se duvide *disso*". Eis como ele enrijece "em última instância":

> Em outro texto, demonstrei que, a fim de conceber essa "dominância" de uma estrutura sobre as outras estruturas da unidade de uma conjectura, é necessário se referir ao princípio da determinação "em última instância" das estruturas não econômicas pelas estrutu-

[15] *For Marx*, *op. cit.*, p. 200.

> ras econômicas; e que essa "determinação em última instância" é condição absoluta para a necessidade e inteligibilidade dos deslocamentos da estrutura na hierarquia da efetividade ou do deslocamento da "dominância" entre os níveis estruturados do todo; que somente essa "determinação em última instância" torna possível escapar do relativismo arbitrário dos deslocamentos observáveis, ao lhes dar a necessidade de uma função.[16]

Nada disso, é claro, nos diz o que "em última instância" realmente significa. Podemos atribuir a Althusser uma forma pervertida do imperativo de Wittgenstein: "Não procure o significado, procure a utilidade!" E a utilidade é o que chamei de "metadogma" — com forma de dogma, mas sem conteúdo específico.

Em seguida, esboçarei alguns outros exemplos da prosa peculiarmente convoluta com a qual os *soixante-huitards* abasteceram sua "máquina de nonsense". Contudo, Althusser não estava conscientemente produzindo nonsense; estava antes tentando dar voz a um sentimento religioso, lutando para encontrar as palavras que chegariam aos outros e os trariam para a fé. A crença religiosa possui a estrutura de uma aposta de Pascal e essa é uma das maneiras pelas quais podemos reconhecê-la. Ela postula um benefício inestimável para o crente e então, com um ato de ilusão, o persuade de que esse benefício é razão (e não apenas motivo) suficiente para acreditar. Althusser segue Gramsci ao expor termos similares para a aposta revolucionária. Ao acreditar, você se une aos eleitos; vocês, os intelectuais urbanos, estão unidos em "solidariedade" aos operários oprimidos. Assim, creia.

É uma conhecida dificuldade para a teoria materialista da história o fato de que, levada a sério, ela parece negar a eficácia do trabalho intelectual, considerá-lo mero epifenômeno, nebuloso ramo de pro-

---

[16] *Reading Capital, op. cit.*, p. 99.

cessos sobre os quais não exerce nenhuma influência real. Por isso, é extremamente importante criar um papel para o "trabalho intelectual" nas "condições materiais" de existência, tornando-o genuína "força causal" na história, ao contrário da mera "ideologia" do inimigo burguês. Daí vem a distinção entre ciência e ideologia: meu pensamento é ciência, o seu é ideologia; meu pensamento é marxista (dado que somente o marxismo penetra o véu da ideologia), o seu é "idealista"; meu pensamento é proletário (Lukács), o seu é burguês; meu pensamento pertence às "condições materiais" de produção e pode ser chamado de "práxis teórica", o seu pertence à falsa consciência que paira como uma nuvem sobre o lugar onde a história é feita. Meu pensamento está em ação na fábrica, o seu é soprado pela chaminé e se dissolve no ar.

O interesse da "prática teórica" assim descrita é duplo. Ela situa a atividade intelectual no interior da base econômica (Althusser, portanto, prefere falar em "produção intelectual"), unindo o intelectual ao proletariado. Também fornece um equivalente exato da fé religiosa. Como na aposta de Pascal, acreditar se torna uma espécie de ato e nele reside a salvação moral — a identidade íntima com a revolução — pela qual o intelectual anseia.

A doutrina da fé começa com enganosa simplicidade:

> [...] o que ganhamos com essa investigação "especulativa" que já não possuímos?
>
> Uma frase, dita por Lenin, é suficiente para responder a essa questão: "Sem teoria revolucionária, não há prática revolucionária." Generalizando: a teoria é essencial à prática, às formas de prática que ajuda a nascer ou crescer, assim como à prática da qual é teoria. Mas a transparência dessa frase não é suficiente; também devemos conhecer seu *direito à validade* e, assim, perguntar: o que devemos entender por uma *teoria* essencial à *prática*?[17]

[17] *For Marx*, *op. cit.*, p. 166.

O parágrafo marca o tempo, esperando uma nova entrega de tecnicalidades da fábrica de "produção intelectual". Como reconhece Althusser, "a transparência dessa frase não é suficiente". A entrega logo chega, permitindo que ele obscureça seus termos:

> Chamarei de Teoria (com "t" maiúsculo), teoria geral, a Teoria da prática em geral, elaborada com base na Teoria das existentes práticas teóricas (das ciências) que transformam em "conhecimentos" (verdades científicas) o produto ideológico das existentes "práticas empíricas" (as atividades concretas do homem). Essa Teoria é a *dialética* materialista, que nada mais é que o materialismo dialético.[18]

Tais passagens — recebidas pelos althusserianos como introdução à importante noção de "níveis teóricos" — exibem a vacuidade essencial do pensamento de Althusser. "Essa Teoria é a *dialética* materialista, que nada mais é que o materialismo dialético." O neófito, contemplando tal declaração, repete-a para si mesmo em estado de reverência. Ela possui a mesma qualidade vertiginosa do pleonasmo de Stalin, "As teorias de Marx são verdadeiras porque são corretas", que já foi tão importante quanto um sortilégio na noite escura da dúvida comunista.[19] Quanto mais tautológica a declaração, mais ela parece ocultar e mais efetivamente induz ao estado de prontidão espiritual que é o prelúdio da fé.

Após algumas páginas de densas circularidades, o leitor finalmente é levado — pelo acúmulo de não contradições — à crise da crença:

> A única Teoria capaz de suscitar, se não apresentar, a questão essencial sobre o status dessas disciplinas, de criticar a ideologia em todos os seus disfarces, incluindo os disfarces de práticas técnicas

---

[18] Idem, p. 168.

[19] Sobre o significado espiritual do slogan de Stalin, ver Ivan Volgin (pseudônimo). "The Magic World of *Homo Sovieticus*". *The Salisbury Review* 1 (4) (verão de 1983)

> como ciências, é a Teoria da prática teórica (para distingui-la da prática ideológica): a dialética materialista ou materialismo dialético, a concepção da dialética marxista em sua *especificidade*.[20]

Para suscitar (se não apresentar) uma questão melhor: em que, de fato, estamos sendo convidados a acreditar? A versão althusseriana do materialismo dialético é, como vimos, não mais que a forma de uma teoria, e suas enfáticas conclusões são metadogmas, desprovidas de conteúdo específico. Em *Reading Capital*, é-nos dito que "a *prática teórica* é seu próprio critério e contém em si mesma protocolos definidos com os quais *validar* a qualidade de seu produto, isto é, os critérios de cientificidade dos produtos da prática científica".[21] Em outras palavras, mesmo a invocação da prática teórica não permite que Althusser desça do *meta*nível para o nível da "especificidade". Permanece impossível explicar a prática teórica, exceto em termos de si mesma.

Eis por que, quando ele se volta para o texto de *O capital*, é parcialmente a fim de dar vazão a sua reverência religiosa, mas também para extrair alguma frase ou parágrafo que encapsula em sortilégios metafísicos, como um místico bêbado comentando os Evangelhos. Ao fazer isso, alega estar buscando o "objeto" de *O capital* — embora jamais fique claro se usa a palavra no sentido de alvo, tema ou conteúdo. Novamente, o objetivo principal é um de "revelação negativa"; a intensa tentativa de se apropriar do conteúdo de *O capital* ao ocultá-lo. A busca pelo "objeto" é um exercício de sepultamento: o objeto é a moeda no pudim de Natal e a abordagem de Althusser é dizer ao leitor: coma esse pudim, mastigue esse texto e você morderá seu significado.

Ao mesmo tempo, ele se engaja em fervorosas expostulações contra os inimigos da prática teórica. Sua caracterização totalitária

---

20 *For Marx, op. cit.*, p. 171-172.

21 *Reading Capital, op. cit.*, p. 59.

desses inimigos ilustra uma característica interessante da novilíngua, notada também por Petr Fidelius e Françoise Thom: a "unidade do mal" sob a qual todos os oponentes são reunidos.[22] Para Althusser, os inimigos da prática teórica são todos "empiristas", caracterizados por sua crença em "abstrações".[23] Essa acusação é lançada contra o racionalista Descartes, o idealista absoluto Hegel e o maior crítico do empirismo, Kant. Todos são reunidos em uma cova coletiva, representantes do "empirismo, transcendente (como em Descartes), transcendental (Kant e Husserl) ou idealista 'objetivo' (Hegel)".[24] Alguém familiarizado com a real história da filosofia pode ficar tão pasmo com essa caricatura que não se dê conta do objetivo da novilíngua, que não consiste em descrever o mundo como ele é, mas sim lançar sortilégios. Althusser está nos afastando de todos os pontos de vista que não o da "prática teórica", cujo critério de validade é ela mesma.

Como explicar sua influência? Não é suficiente enfatizar os contornos teológicos que dá ao materialismo marxista ou a recompensa paradisíaca que oferece ao intelectual urbano. É necessário reconhecer a operação de fatores que se tornaram cada vez mais importantes com o surgimento das revoluções dos anos 1960 e 1970. Primeiro, no espírito do materialismo dialético, devemos examinar as condições materiais de seus discípulos. Em sua maioria, eram jovens e radicais professores em universidades e centros politécnicos que ainda tinham de estabelecer suas credenciais acadêmicas e estavam em busca de seus próprios pedantismos inescrutáveis nos quais enterrar suas falhas intelectuais, enquanto revelavam

---

[22] Petr Fidelius. "Totalitarian Language". *The Salisbury Review* 2 (2) (inverno de 1984); Françoise Thom. *La langue de bois*. Paris, 1986. O brilhante estudo de Fidelius sobre a linguagem comunista, publicado como *Jazyk a Moc* por uma editora de exilados na Alemanha em 1984, agora está disponível como e-book. *Řeč komunistické mocí*. Praga: Triada, 2010.

[23] *Reading Capital, op. cit.*, p. 35.

[24] Idem, p. 184.

suas simpatias políticas. Althusser forneceu uma espécie de reduto fortificado de pseudoerudição do qual era possível atirar "provas" devastadoras da futilidade do aprendizado tradicional. Ele foi o primeiro de uma série de acadêmicos alquímicos que ajudaram a nova geração de estudantes de ciências humanas a colocar o poder acima da verdade em sua escala de valores. Em função de suas obras e de textos similares, a conformidade política podia ser disfarçada como "pesquisa inovadora" e usada como único critério de promoção no mundo acadêmico.

Segundo, e mais importante, precisamos entender a "postura existencial" implícita no estilo. O mundo humano é fundamentalmente contrário a Althusser. Cada instituição desempenha seu papel na conspiração "objetiva" que o oprime. Igreja, família, escola, sindicato, cultura, imprensa, judiciário — tudo pertence ao "aparato estatal ideológico" cujo objetivo é a "reprodução" do poder repressivo.[25] Por toda parte, encontram-se as marcas da "ideologia governante", da "violência do Estado" e da "opressão de classe". Os indivíduos são controlados e sujeitados, seja pelo método "direto" do fascismo, seja pelo método "indireto" da democracia parlamentar (ou melhor, "democracia"). Althusser é uma voz solitária e perseguida em um mundo no qual "os aparatos de comunicação empanturram cada 'cidadão' com doses diárias de nacionalismo, chauvinismo, liberalismo, moralismo etc. [...]"[26]

Não é o conteúdo dessas declarações que nos convida à submissão — pois elas não passam de slogans —, mas o tom de voz em que são proferidas e que representa a única característica consistentemente transparente de seus textos. O seu é o tom defensivo do paranoico — o tom de alguém que se trancou com seu próprio discurso e não consegue se comunicar com ninguém que não aceite seus termos

[25] *Lenin and Philosophy*, *op. cit.*, p. 135.
[26] Idem, p. 145.

ditatoriais. Dentro de seu reduto linguístico, o oponente não existe, exceto como o sombriamente definido inimigo, cuja identidade pode ser adivinhada das fronteiras das quais Althusser recua para dentro de si mesmo, sem ser derrotado por jamais se testar em combate.

Dentro da escuridão interior, todavia, ferozes lealdades impõem sua lei: lealdade a Marx, Engels, Lenin, Mao, ao mitificado "movimento operário" e, acima de tudo, ao Partido Comunista Francês. Essas lealdades definem o real conteúdo de sua visão paranoica, cujo apelo não é intelectual, mas emocional. A chamada à prática teórica é a chamada à lealdade, a chamada às armas, em um círculo autodefensivo de obscuridade que permanece fechado para aqueles que o ameaçam. O estilo althusseriano cria o equivalente intelectual do Estado totalitário, no qual tudo é governado por uma única ortodoxia, encapsulada em slogans mesmerizantes, sem oposição ou diversidade. Tudo nesse Estado está unido em torno de uma lealdade comum e os "elementos hostis" foram devidamente liquidados. Althusser expressa, em seu metadogma, o incipiente totalitarismo da consciência revolucionária. Assim, mostra aos novos radicais que eles estão suficientemente redimidos por sua aliança com a esquerda para serem capazes de dispensar a necessidade de compreender ou conciliar-se com seus oponentes. Estes já foram alocados para a "pilha de lixo da história"; só é necessário transportá-los até lá.

Diz-se que o fato de Althusser ter assassinado a esposa em 1978 foi uma resposta ao "revisionismo" dela. Qualquer que seja a verdade nesse rumor, ele possui uma certa lógica medonha. O trágico resultado de sua peregrinação ao âmago da escuridão parece ser a recriação doméstica da tragédia sofrida pelos povos da Rússia, China, Coreia do Norte, Vietnã, Camboja e Europa Oriental. É a tragédia que inevitavelmente ocorre quando a suspeita paranoica desloca a lei natural do compromisso. A mentalidade paranoica, buscando preservar a qualquer custo a ilusão de sua absoluta correção, transforma-se em superstição e persegue como malfeitores todos aqueles que não aceitam sua dominância. Ela inventa uma linguagem sem sentido, uma vez que o sentido constitui uma ameaça, e a sintaxe dessa linguagem é organizada pela busca pelo poder. Ela habita a linguagem com a vigilância absoluta de um tirano, trabalhando incessantemente para liquidar os significados venenosos que nela se infiltraram, vindos do mundo do "Outro".

Mas aqui devemos reconhecer um terceiro fator no apelo de Althusser para a nova geração de radicais. Seu constante lapso no nonsense não é, aos olhos de seus discípulos, uma falha, mas sim uma profunda prova de sua relevância. Ele fornece uma maneira de escrever na qual a aliança política é *tudo que há,* mas que também possui a *forma* de uma investigação intelectual. Ao escrever e pensar dessa maneira, você coloca o poder no centro do discurso, emancipa-se do conhecimento real e perde a própria possibilidade de dúvida ao perder a única linguagem que poderia ser usada para expressá-la.

Assim, Althusser foi entusiasticamente endossado por seus contemporâneos parisienses, que, na época, estavam montando a máquina de nonsense que poderia eliminar a possibilidade de argumento racional e também refazer qualquer questão, por mais acadêmica que fosse, como questão política. Graças à máquina de nonsense, era possível mergulhar no mundo da "produção intelectual" e acreditar que já se fazia parte da revolução. Não era preciso perguntar o que a revolução significava ou o que seria possível conseguir com ela. Nada possuía significado e essa *era* a revolução, ou seja, a máquina de eliminar o sentido. A máquina foi montada por Jacques Lacan, Gilles Deleuze e alguns poucos outros, a partir de elementos descartados da psicologia freudiana e da linguística saussuriana, e conectada ao reservatório hegeliano de Kojève, a fim de enchê-la de ar quente. Mas sobreviveu a seus inventores e uma versão dela pode ser encontrada em praticamente todo departamento de ciências humanas atual.

A história intelectual aqui é complexa e devo me contentar com algumas breves observações.[27] Em seu *Curso de linguística geral* (publicado postumamente em 1916), o linguista suíço Ferdinand de Saussure introduziu duas ideias que seriam usadas, abusadas e jargonizadas durante os anos 1960 e 1970: a ideia de linguagem como sistema de "diferenças" e a ideia de que há, ou deveria haver, uma "ciência geral dos símbolos". O significado de um símbolo, argumentou Saussure, liga-se a ele somente no contexto de outros símbolos que podem substituí-lo em uma sentença. O significado de "quente" pode ser entendido em termos da diferença entre "quente" e "frio". Alguns foram mais longe, argumentando que a linguagem não é *nada além* de um sistema de diferenças, com cada símbolo devendo seu sentido aos símbolos que exclui. Isso foi tomado por Saussure como autoridade para a visão de que a linguagem não possui "termos positivos", mas apenas um fluxo infinito de negativas, cujo significado reside no que não é e no que não pode ser dito (pois dizê-lo é meramente deferir o sentido para outra negativa oculta).

Jacques Derrida foi ainda mais longe, argumentando que, consequentemente, nenhum símbolo possui significado em isolamento e que o significado aguarda o "outro" símbolo, o símbolo que o completa ao se opor a ele, mas que não pode ser escrito. O significado jamais está presente, sendo sempre adiado, caçado através do texto de símbolo em símbolo, sempre desaparecendo quando parecemos alcançá-lo; e, se paramos em um lugar particular, dizendo que *agora* o temos, que *agora* o significado jaz diante de nós, isso é nossa decisão, que pode ter justificação política, mas de modo algum é ditada pelo texto. Assim, a ambígua palavra *différence* deve ser tomada em ambos os sentidos — como diferença e como adiamento, um

---

[27] Para observações relevantes e uma poderosa resposta a todo esse fenômeno, ver Raymond Tallis. *Not Saussure: A Critique of Post-Saussurean Literary Theory*. Londres: Macmillan, 2ª edição, 1995.

fato que Derrida registra ao grafá-la erroneamente como *différance*. Essa intoxicante (e tóxica) peça de nonsense está agora firmemente inserida na história intelectual, assim como a mecânica de Newton ou a Dedução Transcendental de Kant.[28]

A ideia de uma ciência geral dos símbolos — ou "semiologia" — era uma das favoritas de Saussure e merece um tratamento muito melhor do que posso lhe dar aqui. Brevemente, existe uma ciência dos peixes porque os peixes são similarmente constituídos, obedecem a leis similares e possuem uma natureza detectável, acima e além das similaridades que nos levam a classificá-los juntos. (Os peixes constituem uma "espécie natural".) Botões, em contraste, não possuem natureza comum e são definidos não por sua constituição, mas por sua função. Não pode haver uma ciência geral dos botões, mas somente uma ciência de sua função. Símbolos claramente são mais como botões que como peixes. Mas podemos realmente identificar uma *única* função que una as muitas coisas chamadas "símbolos" — incluindo palavras, sinais de trânsito, gestos, sintomas, costumes, notas musicais, a gramática da arquitetura clássica e os sinais do tempo? Deixo o tópico nesse ponto, pois o que importava para os construtores da máquina de nonsense não era a resposta, mas o mistério gerado pela pergunta.

A estrutura da máquina de nonsense foi fornecida por Jacques Lacan, o irritadiço psiquiatra cujos textos, publicados em 1966, tiveram extraordinário impacto sobre os estudantes revolucionários, a cuja causa ele se alinhou publicamente.[29] Lacan foi descrito por Raymond Tallis como "psiquiatra do inferno", palavras que caracterizam habilmente a prática de um psicanalista que via dez clientes por hora, às vezes enquanto era atendido pelo barbeiro, alfaiate ou

---

[28] Para minha crítica, ver *Modern Culture*. 3ª edição. Londres, 2005, capítulo 12.

[29] Jacques Lacan. *Écrits*. Paris: Éditions du Seuil, 1966. Edição ampliada em 1969 [*Escritos*. São Paulo: Zahar, 1998].

pedicure, e cuja ideia de cura era ensinar os pacientes a falar, pensar e sentir na mesma linguagem paranoica de seu médico.[30] Mas talvez não devamos ser duros demais com Lacan a esse respeito. As pessoas ficam famosas como psicanalistas não por seus sucessos terapêuticos (talvez não haja nenhum), mas por suas ideias. E a fama de uma ideia vem de sua influência, não de sua verdade. Foi assim com Freud, Jung e Adler e foi assim com Klein, Binswanger, Lacan e muitos outros.

O inconsciente, escreveu Lacan, é estruturado como uma linguagem. E ele tentou interpretar essa linguagem, emprestando termos da linguística saussuriana, juntamente com a ideia de Outro que havia tomado de Kojève. Também espalhou jargão matemático em seus textos e aulas, retirado de teorias que não se preocupava em entender, mas às quais se referia casualmente como "matemas", em uma analogia com os fonemas e morfemas em que a linguística divide as partes funcionais da linguagem.[31] (Em um movimento similar, Lévi-Strauss, por volta da mesma época, introduziu o "mitema" e Derrida, o "filosofema", um uso que já fora antecipado por Schelling.)[32]

Há, sugere Lacan, um grande Outro ("A" maiúsculo para *Autre*), que é o desafio apresentado ao eu pelo "não eu". Esse grande Outro assombra o mundo percebido com a ideia de um poder dominador e controlador — um poder que ao mesmo tempo buscamos e do qual fugimos. Há também um pequeno outro ("a" minúsculo para *autre*) que não é realmente distinto do eu, mas é a coisa vista no espelho

[30] Raymond Tallis. "The Shrink from Hell", *THES* (3 de novembro de 1997).

[31] Ver a devastadora crítica ao uso incorreto, por parte de Lacan, da teoria dos conjuntos, da topologia etc., feita por Alan Sokal e Jean Bricmont. *Impostures Intellectuelles*. Paris: Odile Jacob, 1997, publicado em inglês como *Fashionable Nonsense: Postmodern Intellectuals' Abuse of Science*. Londres: Profile Books, 1998 [*Imposturas intelectuais*. Rio de Janeiro: BestBolso, 2014].

[32] Friedrich Schelling. "Über Mythen, historische Sagen und Philosopheme der ältesten Welt". *Sämmtliche Werke*. Edição de K.F.A. Schelling Stuttgart: Cotta, 1856-61, 1. 1. 43-83.

durante o estágio de desenvolvimento que ele chama de "estágio do espelho", quando a criança supostamente vê a si mesma e diz "ahá!" Esse é o ponto de reconhecimento, quando a criança encontra o "objeto = a" que, de algum modo que acho impossível decifrar, indica tanto o desejo quanto sua ausência. (Note, contudo — algo que Lacan caracteristicamente não faz —, que crianças cegas se tornam capazes de distinguir eu e outro na mesma idade que crianças dotadas de visão.)

O estágio do espelho fornece à criança a ilusória (e breve) ideia do Eu como todo-poderoso outro no mundo dos outros. Mas esse eu será rapidamente esmagado pelo grande Outro, um personagem baseado no cenário de seio bom/seio ruim, policial bom/policial ruim inventado por Melanie Klein. Durante a exposição do trágico resultado desse encontro, Lacan apresenta *aperçus* surpreendentes, frequentemente repetidos sem explicação por seus discípulos, como se tivessem mudado o curso da história intelectual. Um, em particular, é constantemente repetido: "não existe relação sexual", uma observação interessante para um sedutor em série do qual nenhuma mulher, nem mesmo suas próprias analisandas, estava a salvo.[33]

Adicionalmente, credita-se a Lacan a visão de que o sujeito não existe para além do estágio do espelho até ser trazido à existência por um ato de "subjetivação". Você se torna um sujeito autoconsciente ao tomar posse de seu mundo e incorporar a alteridade desse mundo a seu eu. Dessa maneira, começa a "ex-sistir", ou seja, a existir externamente, em uma comunidade de outros. Isso é mais interessante, é claro, embora por que os lacanianos concedem a Lacan o crédito por uma tese exposta muito mais lucidamente e com as devidas qualificações por Hegel e Kojève só pode ser explicado pelo tipo

---

[33] O estudo de Elizabeth Roudinesco, *Jacques Lacan*. Nova York: Columbia University Press, 1999 — contém informações suficientes para condenar Lacan como charlatão criminoso, mas o julgamento é mais devastadoramente feito por Raymond Tallis, na revisão de Roudinesco já citada, nota 30.

de deificação que ele não só exigia como também, para desgraça da natureza humana, recebia.

As ruminações de Lacan sobre o Outro pretendem ser parte de um "retorno a Freud" e uma reafirmação da teoria freudiana das relações objetais, ampliada por Klein e Bion. Na verdade, como é óbvio, a principal influência foi o Hegel de Kojève. Respondendo ao grande sucesso de Kojève em recrutar a admiração da intelligentsia parisiense, Lacan criou seus próprios seminários em 1953. A influência desses seminários — 34 volumes transcritos e traduzidos — é um dos profundos mistérios da vida intelectual moderna. Em função de sua imensa desfaçatez intelectual, sua truncada regurgitação de teorias que claramente não explorou nem entendeu não possui paralelos na literatura recente. Darei alguns poucos exemplos, porque sugerem a verdadeira natureza da realização de Lacan. Ele descobriu o infinito poder da falta de sentido, quando utilizada para exercer carisma pessoal.

Em *Os quatro conceitos fundamentais da psicanálise* (transcrito de palestras e publicado em 1977), Lacan explica o objeto = a como se segue:

> Hoje, devo então manter a aposta com a qual me comprometi ao escolher o terreno no qual o *objeto a* é mais evanescente em sua função de simbolizar a falta central do desejo, que sempre indiquei, de maneira unívoca, pelo algoritmo (-Φ).
>
> Não sei se vocês conseguem ver o quadro-negro, mas, como sempre, marquei alguns pontos de referência. *O objeto a no campo da visão é o olhar.* Depois do que, entre parênteses, escrevi:
>
> (*na natureza*
>
> (
>
> (*como* = (-Φ)

A ciência promete a verdade sobre a realidade e essa verdade pode ser inútil, mas a alquimia promete uma verdade mais profunda, inseparável do poder. Assim é com a difícil ciência da linguística.

Aqui também há uma alquimia, que decifrará mistérios e nos dará controle sobre eles. No seminal texto intitulado "A instância da letra no inconsciente ou a razão desde Freud", encontramos algo chamado "algoritmo" e atribuído a Saussure:

> Para localizar a emergência da ciência linguística, podemos dizer que, como no caso de todas as ciências no sentido moderno, ela está contida no momento constitutivo do algoritmo que é sua fundação. Esse algoritmo é o seguinte:
>
> S/s
>
> que se lê como: o significante sobre o significado, com "sobre" correspondendo à barra que separa os dois estágios.

Ele se pergunta sobre a fórmula de Saussure e o que poderia significar, e conclui que talvez não signifique nada, que talvez não haja nada para significar, de qualquer modo:

> Se o algoritmo S/s, com sua barra, é apropriado, o acesso de um ao outro não pode, em qualquer caso, possuir qualquer significação. Pois sendo, como é, em si mesmo somente pura função do significante, o algoritmo só pode revelar a estrutura de um significante nessa transferência.

Ele se sente mais confiante a notar que *barre* é um anagrama de *arbre*: "Tomemos a palavra 'árvore' [...] e vejamos como ela cruza a barra do algoritmo saussuriano" (*arbre-cadavre*, por assim dizer). Então soluciona o problema ao interpretar a barra como sinal de divisão, de modo que S e s se tornam símbolos matemáticos:

> O que fomos capazes de desenvolver, em relação aos efeitos do significante sobre o significado, sugere sua transformação em:
>
> *f*(S) t/s

> Mostramos os efeitos não somente da cadeia significante horizontal, mas também suas dependências verticais no significado, divididas em duas estruturas fundamentais, chamadas metonímia e metáfora. Podemos simbolizá-las, primeiro, como:
>
> $f(S...S')S \cong S(-)s$
>
> ou seja, a estrutura metonímica, indicando que é a conexão entre significante e significante que permite a elisão na qual o significante instala a falta-a-ser na relação de objeto, usando o valor de "envio" possuído pela significação, a fim de investi-la com o desejo visando à própria falta que ele sustenta [...]

O leitor pode ficar confuso com tais passagens: "*f*" realmente é sinal de função? A barra realmente é sinal de divisão, "≅" de igualdade aproximada e "S...S" de série matemática? Rapidamente descobrimos que a resposta é sim. O significado foi de fato reduzido a uma equação e, na solução dessa equação, o significado é igual à raiz quadrada de menos um:

> S (significante)/s (significado) = s (o enunciado),
> com S = (-1), que produz $s = \sqrt{-1}$

Após algumas páginas disso,[34] convencido de que, em condições burguesas, o pênis erétil (o primeiro objeto significante) é tão potente quanto a raiz quadrada de menos um (ou talvez menos ego, se o ego for menos que um, o que provavelmente é), o leitor está pronto para aceitar que a distância entre o objeto = a e o ex-sistente = e não é maior que a distância entre Freud e Fraude. Daí decorre que "já não há necessidade de recorrer à obsoleta noção de masoquismo primordial a fim de entender a razão para os jogos repetitivos nos quais a subjetividade une o domínio de seu abandono ao nascimento do símbolo". Exatamente.

---

[34] Ver p. 317 de *Écrits*.

De Badiou a Žižek, os seguidores de Lacan se regozijaram com a descoberta que ele nos legou, e é fácil ver por quê. Derrida havia lançado dúvidas, em sua teoria da desconstrução, sobre a possibilidade de algum sentido. Lacan mostrou que, de qualquer modo, não é necessário sentido. Você pode seguir sem fazer nenhum sentido por página após página e, desde que alguns "matemas" sejam lançados e você mantenha uma postura de inviolável certeza, confiante na revelação da qual é o único proprietário, terá feito tudo que é necessário para contribuir para a emergente "consciência revolucionária".

A estrutura estabelecida por Lacan, todavia, ainda estava bruta em sua versão original. O pequeno e o grande outro, a e A, tinham de desempenhar uma quantidade excessiva de trabalho, dançando em torno da perplexa raiz quadrada de menos um enquanto ela se esforçava para ver a si mesma no espelho. Coube a Žižek (que discutirei no capítulo 8) sistematizar as percepções lacanianas em um relato abrangente da condição pós-moderna. Entretanto, a geração seguinte, incluindo aqueles como Félix Guattari, que compareceram aos *séminaires* de Lacan, e aqueles como Gilles Deleuze, que vieram de um background mais estritamente acadêmico, começou a pregar na estrutura da máquina de nonsense todos os acessórios necessários ao novo currículo. O objetivo desse currículo é defender a doutrina lacaniana de que o "sujeito" não existe. O "eu" é uma ausência, esforçando-se para "ex-sistir" em atos de "subjetivação", mas sendo sempre cancelado pelo objeto = a e recuando para a condição apreciada por Lacan, que é não a ex-sistência, mas a in-sistência.

Gilles Deleuze (1925-1995) recebeu tributos de muitos escritores de renome, com Foucault chegando ao ponto de descrever o período pós-guerra como *"le siècle Deleuzien"*. Adrian Moore, um dos mais inteligentes e eruditos filósofos analíticos, o considera um mestre metafísico, aparentemente no mesmo nível de Frege, Wittgenstein e Quine.[35] Assim, hesito em dizer o que minha consciência me urge a dizer: que ele é uma fraude tão grande quanto Lacan. Deixemos o leitor julgar. Deleuze é de interesse no presente contexto primariamente pelo uso que foi feito dele para rolar a máquina de nonsense de assunto em assunto e tópico em tópico nas ciências humanas, reduzindo todo o cenário ao equivalente intelectual dos resultados da Batalha do Somme.[36] Nesses resultados, assombrando a cena devastada, o espírito da revolução anima os sobreviventes com suas chamadas para uma nova solidariedade contra o inimigo.

Deleuze não era, inicialmente, um pensador político, e ainda menos politizado, e a máquina de nonsense que ajudou a montar foi empregada em finalidades políticas primariamente por outros espíritos menos escrupulosos. Em uma série de livros devotados aos clássicos da filosofia ocidental, Deleuze estabeleceu sua reputação como filósofo acadêmico, explorando a relevância para nossa condição de Spinoza, Kant e Nietzsche. Mas seu maior tratado, *Diferença e repetição*, publicado em 1968, mostra a verdadeira natureza de seu pensamento, apresentado como ruminação nas palavras do título.

O título deriva obliquamente de Heidegger, cujo *O ser e o tempo* foi uma revelação para os filósofos da geração de Sartre, uma vez que parecia reviver a antiga questão do ser — a questão do "ser *qua* ser", como disse Aristóteles — e aplicá-la diretamente à vida no mundo moderno: aos problemas do ser aqui e agora. A obra de Heidegger foi, ao menos nesse sentido, a inspiração para o grande *O ser e o nada* de Sartre e (mais tarde) para *O ser e o evento* de Badiou. Deleuze desejou substituir a ideia do ser, e suas noções associadas de substância e identidade, pela ideia de diferença. E tomou de Nietzsche a visão de que o tempo é de algum modo transcendente

---

[35] A. W. Moore. *The Evolution of Modern Metaphysics: Making Sense of Things*. Cambridge, 2012.

[36] Ver a série publicada pela Bloomsbury, *Deleuze and...* (*Deleuze and Futurism, Deleuze and Art, Deleuze and the Diagram* etc.)

em função da "eterna recorrência" de tudo que acontece — em outras palavras, em função de uma repetição implantada profundamente na ordem das coisas. Assim, "o ser e o tempo" se tornou "diferença e repetição". Foi, contudo, o mais longe que chegou.

Deleuze afirma que o pensamento ocidental guiou até agora o conceito de identidade e que ela deve ceder lugar para a diferença. O que, exatamente, isso significa? Diferença e identidade (sejam numéricas ou qualitativas) são interdefiníveis e alguém que desloque um conceito necessariamente desloca o outro. Desde Aristóteles, todavia, a identidade (algo sendo a coisa que é) tem sido tratada como logicamente anterior a todas as predicações, inclusive a diferença. Pois a identidade é pressuposta pela individuação, o ato de separar algo como objeto de referência. Refletir sobre o que isso envolvia levou Kant a sua visão de que os objetos fundamentais de identificação são substâncias espaçotemporais. E seu argumento foi revivido, em tempos recentes, por Strawson, Quine, Wiggins e Kripke, em obras que são clara e interessantemente expostas, mesmo que Deleuze (que frequentemente sugere que já leu tudo) não as mencione. À luz dessa tradição, alguém pode muito bem perguntar como a diferença pode deslocar a identidade de sua posição fundamental de âncora da estrutura de referência. Como se pode destacar a diferença como mais básica que a identidade, de modo que "ser diferente" de outras coisas, em vez de idêntico a uma coisa específica, é compreendido como modo primário de ser?

Adrian Moore nos diz que Deleuze está chamando a atenção para as diferenças positivas, características do objeto nas quais a diferença não pode ser definida qualitativamente, pois é, em si, um fato básico. (Assim, na questão das magnitudes "intensivas", como calor e frio, dois objetos podem diferir mesmo quando possuem todas as suas qualidades em comum — são ambos quentes, por exemplo, mesmo que um seja mais quente que o outro.) Contudo, isso nada faz para estabelecer a possibilidade de que as "diferenças" possam fornecer uma nova fundação para a ontologia — uma nova maneira de entender a maneira básica de ser das coisas. Para atribuir essas qualidades intensivas a um objeto, ainda precisamos do ato de individuação que nos diz a *qual* objeto estamos nos referindo.

A tese de Deleuze é defendida como profundamente subversiva: estávamos aprisionados na mesmice e fomos libertados pela diferença! Mas isso realmente subverte todo o curso anterior da metafísica ocidental e, em caso afirmativo, com que resultado? A linguagem de Deleuze cobre o tópico com tanto mistério que é impossível dizer:

> [...] em vez de repetido e repetidor, objeto e sujeito, devemos distinguir duas formas de repetição. Em ambos os casos, a repetição é a diferença sem conceito. Mas, em um deles, a diferença é considerada somente externa ao conceito; é uma diferença entre objetos representados pelo mesmo conceito, caindo na indiferença de espaço e tempo. No outro, a diferença é interna à Ideia: ela se desdobra como puro movimento, criando um espaço e um tempo dinâmicos a que corresponde a Ideia. A primeira repetição é repetição do Mesmo, explicada pela identidade do conceito de representação; a segunda inclui a diferença e inclui em si mesma a alteridade da Ideia, na heterogeneidade de uma "a-presentação" [...][37]

Deleuze às vezes desce um tom ou dois, a fim de se explicar para o leitor comum. Mas o faz em um jorro incessante de abstrações das quais toda referência à realidade concreta e ao fluxo da vida humana foi extirpada. Ele não argumenta, mas guarda suas palavras especiais em caixas fortificadas, que tranca firmemente contra qualquer questionamento, antes de jogar a chave fora.

[37] Gilles Deleuze. *Difference and Repetition*, 1968. Tradução de Paul Patton. Londres, 1994. Edição da Bloomsbury, 2004, p. 26-27.

> Há uma crucial experiência de diferença e um experimento correspondente: todas as vezes que nos vemos confrontados ou presos por uma limitação ou oposição, devemos perguntar o que a situação pressupõe. Ela pressupõe um enxame de diferenças, um pluralismo de diferenças livres, selvagens ou não domesticadas; um espaço e tempo adequadamente diferencial e original; todos persistindo paralelamente às simplificações da limitação e da oposição. Um elemento real mais profundo deve ser definido a fim de criar as oposições de forças ou limitações de formas, uma das quais é determinada como multiplicidade abstrata e potencial. As oposições são cruamente retiradas de um delicado ambiente de perspectivas sobrepostas, distâncias comunicantes, divergências e disparidades, potenciais e intensidades heterogêneos. Nem se trata primariamente de dissolverem as tensões no idêntico, mas antes [...][38]

Mas antes o quê? Você não descobrirá no texto, que continua empilhando abstração em cima de abstração, sem o menor vestígio de uma questão real ou, menos ainda, uma resposta. Será o livro realmente sobre identidade e diferença? Terá ido no mínimo tão longe quanto as questões sobre identidade de Frege em "Sobre o sentido e a referência" ou levado em conta quais proposições de identidade numérica podem ser contingencialmente verdadeiras?[39] Quem sabe? A ininterrupta rede de abstrações continua até o fim do livro, quando Nietzsche, o mais concreto e imediato dos filósofos modernos, é envolto em novas abstrações e repaginado como filósofo da "diferença", em rebelião contra a identidade:

> Zaratustra é o sombrio precursor do eterno retorno. O eterno retorno elimina precisamente todas aquelas instâncias que reprimem a diferença e evitam seu transporte ao submetê-la ao quádruplo jugo

---

38 Idem, p. 61.

39 Ver, por exemplo, o seminal argumento de Saul Kripke. *Naming and Necessity*. Oxford: Wiley-Blackwell, 1981.

> da representação. A diferença é recuperada, libertada, somente no limite de seu poder — em outras palavras, pela repetição em infinito retorno. O eterno retorno elimina aquilo que o torna impossível ao tornar impossível o transporte da diferença.[40]

Vale a pena repetir a última frase algumas vezes e experimentar a estranha maneira pela qual o sentido paira sobre ela, fora de alcance, desaparecendo com uma misteriosa rajada de ar frio quando descobrimos que o eterno retorno é, na verdade, o tornar impossível aquilo que o torna impossível.

Incidentalmente, provavelmente não seria vista como crítica por Deleuze, e certamente não por nenhum de seus seguidores, a descrição de suas obras como nonsense. A resposta imediata seria que, em *Lógica do sentido* e outros textos, ele está explicitamente desafiando a distinção entre sentido e falta de sentido, demonstrando que o verdadeiro uso da linguagem é expressivo, não representacional, de modo que o nonsense faz parte da comunicação, tanto quanto o que normalmente se chama de sentido.[41] Ele nos convida a ler *Lógica do sentido* como uma novela psicanalítica e enrola cada frase tão estreitamente em si mesma que raramente é possível abri-la com as ferramentas da lógica. Duvido que tivesse objetado à minha descrição de seu estilo como o estilo da máquina de nonsense, e tudo que escrevo neste capítulo pode ser entendido, por um verdadeiro deleuziano, como forma de elogio.

Mesmo assim, é válido refletirmos por alguns momentos sobre o último bloco de prosa que citei. (Deleuze escreve sem parágrafos. Suas páginas são como paredes de falésias das quais fragmentos podem ser retirados, somente para ansiar, por meio de suas bordas pontiagudas, pela rocha mãe.) A exuberante invocação da "eterna

---

[40] Idem, p. 373

[41] Sobre esse ponto, ver Helen Palmer. *Deleuze and Futurism: A Manifesto for Nonsense*. Londres: Bloomsbury, 2014

recorrência" feita por Nietzsche não é uma tese metafísica. É uma exortação para vivermos *como se* tudo se repetisse eternamente. Talvez, ao viver dessa maneira, eu "liberte" a diferença. Mas certamente não foi por *isso* que Nietzsche argumentou como o fez. Ele nos exortou a tomarmos posse de nossa individualidade, nossa identidade, nossa ecceidade, nosso conhecimento da profunda e insubstituível mesmice do eu. Durante a vida de Nietzsche, foi a identidade que o obcecou, e a diferença foi apenas o sinal mais vívido dela.

Um ponto, contudo, é sugerido pelas sentenças de Deleuze. Em todas as sociedades humanas, as pessoas se preocuparam com o tempo. As coisas chegam e partem, mas nenhuma comunidade humana jamais aceitou esse fato. Em todos os lugares e épocas, as pessoas acreditaram que havia um caminho para o eterno, uma porta fora do tempo para um lugar onde nada muda e toda a existência está em repouso. E a chave para essa porta é a repetição. É isso que rituais, palavras e lugares sagrados fornecem: as preces, os cantos, os costumes, os passos e os gestos que devem ser repetidos de maneira exata e para os quais não há outra explicação além de que "é assim que as coisas são feitas".

Às vezes, lendo Deleuze, penso que ele tinha algo assim em mente — a experiência religiosa primordial, que usa a repetição como ícone da eternidade. Mas ele jamais *diz* isso. A ideia é simples demais, próxima demais das realidades humanas e obviamente verdadeira demais para merecer sua atenção. Se aqui e ali foi sugerida, como um veio d'água preso no interior do estrato litúrgico, jamais pôde jorrar e formar uma poça límpida e imóvel.

Mais tarde, escrevendo com Félix Guattari, Deleuze colocou de lado as abstrações metafísicas e se tornou mais psicanalítico e político. (Guattari foi analista lacaniano, trotskista e participante ativo dos movimentos revolucionários de 1968.) Seu influente livro *O anti-Édipo* é, em certo nível, um ataque à teoria freudiana do complexo de Édipo — ou, antes, um ataque à família burguesa, o complexo de "papai, mamãe e eu" cuja dinâmica interna e catástrofe implícita Freud tentou descrever. A psicanálise, sugerem eles, permanece fixada nesse modelo e nos apresenta uma falsa ideia de desenvolvimento como retorno à família burguesa, e não rompimento libertador com ela. Eles descrevem o ser humano como "máquina desejante" e também como corpo esvaziado de seus órgãos, o corpo que aguarda sua identidade, a qual não pode nem forjar para si mesmo (ou pode?), nem assumir do circundante mundo de diferenças (ou é um mundo de identidades? E quando a diferença é identidade e a identidade é uma forma de diferença?)

O ponto é explicado por dois deleuzianos praticantes:

> O corpo sem órgãos é uma pressuposição de forma e sentido e, assim, o mais perto que Deleuze chega de uma descrição figural da imanência. Um suave espaço de puro movimento e transição, impossível de conceber sem o processo de organização que criará formas para ele: o suave espaço do CsO é irresistível. O que importa é sua relação com a organização, tanto do corpo pessoal quanto do corpo social, e o tempo é marcado pela maquinal criação de um corpo ou sistema social [...][42]

Do que se pode entender por que Deleuze e Guattari acharam ter encontrado a verdadeira explicação para a esquizofrenia.

A expressão "corpo sem órgãos" (CsO) foi tomada do dramaturgo e diretor surrealista Antonin Artaud, e Deleuze e Guattari a usaram para denotar o corpo em seu estado virtual — o corpo anterior a sua "atualização" nos relacionamentos. A esquizofrenia, sugerem eles, é exatamente o que devemos esperar quando o CsO é atingido pelo capitalismo: é como experimentamos nossa humanidade quando a "edipização" imposta pelo regime de consumo esvazia o receptáculo

[42] Damian Sutton e David Martin-Jones. *Deleuze: A Guide for the Arts Student*. Londres, 2008, p. 112.

biológico no qual o ser humano está contido.[43] É claro que alguns detalhes ainda precisam ser esclarecidos. Referindo-se à *Lógica do sentido*, de Deleuze, Slavoj Žižek escreve:

> Por um lado, o fluxo produtivo de puro Tornar-se não é o CsO, o corpo ainda não estruturado ou determinado por órgãos funcionais? E, por outro lado, os OsC [órgãos sem corpo] não são a virtualidade do puro afeto extraído de sua incorporação em um corpo [...]?[44]

Claramente, uma vez que a linguagem é adotada, mil perguntas podem ser feitas e, mesmo que não tenham resposta, isso apenas aumenta a sensação de sua relevância e profundidade.

O pote é remexido novamente em *Mil platôs*, a sequência de *O anti-Édipo*, na qual o fedor do CsO é insuportável, exalando em erupções rapsódicas como esta:

> As pessoas perguntam "O que é este CsO?" Mas vocês já estão nele, rastejando como insetos, tropeçando como cegos ou correndo como lunáticos: o viajante do deserto e o nômade das estepes. Nele dormimos, vivemos nossas vidas, combatemos — e somos combatidos —, buscamos nosso lugar, experimentamos inenarrável felicidade e fabulosas derrotas; nele penetramos e somos penetrados; nele amamos. Em 28 de novembro de 1947, Artaud declarou guerra aos órgãos: *para se livrar do julgamento de Deus*, "pois você pode me amarrar, se quiser, mas não há nada mais inútil que um órgão". Experimentação: não apenas radiofônica, mas também biológica e política, incorrendo em censura e repressão. Corpus e Socius, política e experimentação. Eles não os deixarão experimentar em paz.[45]

---

[43] Gilles Deleuze e Félix Guattari. *L'Anti-Oedipe: capitalisme et schizophrénie*. Paris: Éditions de Minuit, 1975, capítulo 2 [*O anti-Édipo*. São Paulo: Editora 34, 2010]..

[44] Slavoj Žižek. *In Defense of Lost Causes*. Londres e Nova York, 2008, p. 368 [*Em defesa das causas perdidas*. São Paulo: Boitempo, 2009].

[45] Deleuze e Guattari. *A Thousand Plateaus*. Tradução de Brian Massumi. Edição em brochura. Londres, 2004, p. 174.

Cada partícula dessa relativamente lúcida declaração faz sentido. Mas qual é a conexão entre elas? Não há conhecimento. E esse é o ponto. O leitor está recebendo breves vislumbres de uma história de conhecimento oculto para o qual os autores possuem a única chave. O tom exultante, que pode ser lido como sinal de desordem mental, mostra total confiança na revelação, exibida como tentador tornozelo debaixo da burca.

Mas há mais em *Mil platôs*. Como em *Diferença e repetição*, Deleuze e Guattari introduzem "palavras-chave", duas das quais se tornaram, desde então, tão importantes quanto a "diferença" da linguística saussuriana e o "Outro" de Kojève: "rizoma" e "territorialização". Um rizoma é o caule de uma planta que cresce horizontalmente no subterrâneo, permitindo que a planta espalhe suas raízes, como faz a grama. Em suas obras anteriores, Deleuze avançara a visão de que a "identidade" caracterizara até então o pensamento ocidental e que a "diferença" deveria substituí-la. Uma alegação similar é feita para o pensamento "rizomático". Em vez de uma árvore vertical — para cima/para baixo, causa/efeito, raiz/tronco —, modelo de pensamento humano que aparentemente domina a civilização ocidental, Deleuze e Guattari propõem o modelo rizomático, no qual o pensamento se espalha para os lados, ligando, incluindo, crescendo como uma floresta, sempre encontrando algum outro rizoma em suas bordas.

A cultura ocidental, dizem-nos eles, tem apresentado uma narrativa dependente de divisões binárias: causa e efeito, nós e eles, um e muitos, e assim por diante. Seus "agrupamentos de poder" impõem "significância e subjetificação como formas determinantes de expressão" e "não há significância sem um agrupamento despótico, não há subjetificação sem um agrupamento autoritário".[46] Pior ainda, "nossa semiótica do Homem Branco moderno, a semiótica do

[46] Idem, p. 211.

capitalismo, alcançou esse estado de mistura no qual significância e subjetificação efetivamente se interpenetram".[47] "Significância" não quer dizer "significação", mas antes o hábito de usar símbolos. "Subjetificação" é a "subjetivação" de Lacan, que encontraremos novamente em Badiou e Žižek — o processo pelo qual o ser humano cria a si mesmo como "para-si". De algum modo, na condição imposta a nós pelo capitalismo, nossas tentativas de autoconsciência são fatalmente atrapalhadas por nosso uso de símbolos e, consequentemente, pelo "despótico" e "autoritário agrupamento" que essas duas atividades (são atividades, realmente, e são de fatos duas?) sempre envolvem.

Nossa situação, em outras palavras, é desesperadora e precisamos de um remédio. E o remédio é o rizoma, que "cria um plano que possui tantas dimensões quantas cruza; consequentemente, a multiplicidade que constitui já não está subordinada ao Um, assumindo consistência própria".[48] O pensamento rizomático substituiu "o Um e o múltiplo com uma distinção entre tipos de multiplicidades", mas atenção: às vezes, a árvore revida e produz "uma arborificação de multiplicidades".[49] O ponto importante parece ser que os rizomas são conectados como planos, estratos, e não como árvores (assim, aqueles que representam a linguagem por meio de árvores generativas, como Chomsky, cometeram um erro fundamental sobre as possibilidades disponíveis).

O desenvolvimento rizomático estabelece um território. Mas, ao fazê-lo, "desterritorializa" os ocupantes anteriores, como quando ervas daninhas invadem um jardim ou colonos deslocam seus competidores da terra que ocupam. O conceito de territorialização recebe vasta e flexível extensão de Deleuze e Guattari — é o que

---

[47] Idem, p. 213.
[48] Idem, p. 558
[49] Ibidem

um bando de pássaros faz ao se espalhar durante o voo, o que o pássaro individual faz ao marcar seu território com uma canção, o que a música faz ao estabelecer um refrão, o que as pessoas fazem quando se instalam juntas, o que a água da enchente faz ao se espalhar por um terreno. E, em todos esses casos, testemunhamos a desterritorialização (como quando o bando voa em linha antes de se espalhar, os nômades embalam suas tendas e se deslocam ou você tira a tampa do ralo da banheira) e a reterritorialização, quando as coisas se estabelecem em uma nova formação.

O processo de desterritorialização sempre encontra seu oposto, de modo que desterritorialização e reterritorialização ocorrem juntas. Deleuze e Guattari oferecem uma explicação peculiar para isso, através do exemplo de uma vespa polinizando uma orquídea:

> Como movimentos de desterritorialização e processos de reterritorialização poderiam não ser relativos, sempre conectados, apanhados um no outro? A orquídea desterritorializa ao formar uma imagem, um traçado, de uma vespa, mas a vespa se reterritorializa nessa imagem. A vespa, mesmo assim, é desterritorializada, tornando-se uma peça do aparato reprodutor da orquídea. Mas ela reterritorializa a orquídea ao transportar seu pólen. Vespa e orquídea, como elementos heterogêneos, formam um rizoma.[50]

Como se pode ver nessa explicação — que é a mais clara oferecida em *Mil platôs* —, estamos lidando com novas palavras, mas não com novos conceitos. No lugar de definições, recebemos associações e, no lugar de teorias, recebemos termos que podem ser esticados de categoria em categoria como papel-filme, sob o qual tudo parece como era e, ao mesmo tempo, estranhamente transfigurado, colocado em relação com matéria estranha como troféus em uma maratona

[50] Deleuze e Guattari. *A Thousand Plateaus: Capitalism and Schizophrenia*. Tradução de Brian Massumi. 3ª edição. Londres, 1996, p. 10 [*Mil platôs*. São Paulo: Editora 34, 1995]

de compras. De fato, se quiser uma palavra para descrever o método intelectual de Deleuze e Guattari, não há nenhuma mais adequada que "empacotamento".

O nonsense resultante, embora não possa ser facilmente decifrado intelectualmente, pode ser decifrado politicamente. É um nonsense *dirigido* contra o inimigo. Devemos descartar as velhas hierarquias, as estruturas binárias, as "árvores" da família burguesa e da máquina capitalista e nos reformar como rizomas, comunidades espraiadas de ativistas clandestinos, que conseguirão a revolução por meio da reterritorialização do desejo e da desterritorialização das hierarquias existentes. Esse objetivo revolucionário será atingido através da nova linguagem que Deleuze e Guattari oferecem — não a linguagem da psicanálise, que meramente reconcilia a burguesia com sua condição, mas a linguagem da "esquizoanálise", que é um ataque às estruturas existentes em nome do desejo.

Mas não é somente a *existência* do inimigo que está sob ataque. Ele é dirigido primariamente contra a linguagem pela qual o inimigo reivindica o mundo, a linguagem que conhecemos como argumento racional e busca da verdade, e que é desdenhada por Deleuze e Guattari como mera "representação", e não a transformação que seus textos anunciam. "O amor pela verdade", declarou Jacques Lacan, "é o amor dessa fraqueza cujo véu erguemos; é o amor pelo que a verdade esconde e que se chama castração".[51] O amor pela verdade, portanto, não possui validade independente, sendo meramente um disfarce empregado pela parte mais fraca. Não há nenhuma mercadoria real em questão, com exceção do poder. E a vitória é trazida pela varinha mágica, a raiz quadrada de menos um que, jogada no inimigo, corta fora suas bolas. Daí decorre que, como dizem Deleuze e Guattari, "as noções de relevância, necessidade, importância de

[51] Jacques Lacan. *The Seminar of Jacques Lacan*. Edição de Jacques-Alain Miller. Livro XVII. Nova York: Norton, 2007, p. 52 [*O seminário*. São Paulo: Zahar, 1986].

algo são mil vezes mais significativas que a noção de verdade, não como substitutas para a verdade, mas como medida da verdade do que estou dizendo".[52] A verdade é subserviente ao poder e o poder é meu, o poder da relevância e da necessidade.

Deleuze e Guattari nos dizem que "o CsO é o que permanece quando se tira todo o resto".[53] E isso descreve exatamente seu modo de argumentar. Todas as formas normais de pensamento, toda observação empírica e todo conhecimento preexistente são dissolvidos em sua prosa delirante, que se estende sobre todas as coisas para produzir exatamente nada. No fim de cada parágrafo, há somente esse misterioso "corpo sem órgãos" cuja natureza jamais é definida.

A linguagem autoritária — na qual sentenças assertóricas se sucedem sem pausa e sem jamais fazer a menor concessão a um interlocutor real ou imaginário — consiste em tecnicalidades indefinidas, "questões" imaginárias que não podem ser traduzidas em nenhum outro idioma, e ocasionais vislumbres do mundo real, mas tão distorcidos pela linguagem que se tornam irreconhecíveis. Abundantes notas de rodapé, referindo-se a obras exóticas sobre teoria política, antropologia, biologia, musicologia, partículas físicas etc., servem para intimidar ainda mais o leitor, e o estudante, confrontado com o texto resultante no topo de sua lista de leitura, não tem alternativa senão repetir seus termos e distingui-los com um rosto sério e um tom de voz científico:

> 1) CsOs, que possuem diferentes tipos, gêneros e atributos substanciais. Por exemplo, o frio do CsO drogado, a dor do CsO masoquista. Cada um deles tem seu grau 0 como princípio de produção (*remissio*). 2) O que ocorre a cada tipo de CsO; em outras palavras,

---

[52] *What is Philosophy*. Tradução de Hugh Tomlinson e Graham Burchell. Nova York: Columbia University Press, 1996, p. 130.

[53] *A Thousand Plateaus, op. cit.*, p. 176.

> os modos, as intensidades que produzem, as ondas que passam (*latitudo*). 3) A potencial totalidade de todos os CsOs, o plano de consistência (*Omnitudo*, às vezes chamado de o CsO).[54]

Se puder reproduzir essa linguagem — e, afinal, não é difícil, dado que não há limitações de lógica, verdade, observação ou sinceridade —, você estará a caminho da nota 10 que seu tutor certamente desejará dar a um ensaio que endossa suas próprias alegações de ser um acadêmico. A edição inglesa em brochura de *Mil platôs* se estende por mais de setecentas páginas, cada uma delas exigindo horas de atenção do devoto. O fato de que foi reimpressa onze vezes nos últimos dez anos é um circunspecto comentário sobre em que se transformou a educação superior em ciências humanas.

Duas características da máquina de nonsense ajudam a explicar sua popularidade. A primeira é seu emprego para derrotar o inimigo. Esse inimigo é a burguesia, a classe que (de acordo com a indelével caricatura marxista da história) monopolizou as instituições da sociedade francesa desde a revolução de 1789 e cuja "ideologia" se espalhou por todos os canais de comunicação desde então. Por trás da família patriarcal execrada por de Beauvoir, das instituições da prisão e do hospício ridicularizadas por Foucault, da edipizada *machine désirante* de Deleuze e Guattari e das normas de respeitabilidade heterossexual desprezadas por Sartre em *Saint Genet* havia a mesma força, tanto econômica quanto espiritual, vasta e difundida demais para ser identificada a qualquer mero grupo humano, a força da burguesia. Mesmo quando a rejeição da sociedade burguesa é veemente, como nas obras iniciais de Deleuze, ela está enfaticamente presente e é responsável pelo que há de lúcido nesses curiosos textos. De fato, é a única parte do texto que se dirige ao leitor, em vez de se comunicar, em uma sintaxe onírica, consigo mesma.

---

[54] Idem, p. 183.

A segunda é o fato de a máquina de nonsense ter sido montada com peças usadas: ideias que estavam circulando no fim da guerra, quando a geração do pós-guerra tentava se livrar da memória da ocupação e da traição. As distinções saussurianas entre "significado e significante", *langue* e *parole*, fonema e morfema entraram na nova linguagem, juntamente com teorias sobre base e superestrutura, valor de uso e valor de troca, produção e exploração, retiradas de Marx, e teorias sobre repressão e libido, emprestadas de Freud. As distinções e teorias foram fundidas pelo fogo revolucionário e resultados extraordinários e excitantes logo se seguiram, como a prova de Lacan de que a "esquizofrenia", e cito aqui um de seus seguidores, "designa uma forma puramente metonímica de desejo não restrita pelas associações metafóricas de equivalência e significado impostas ao desejo pelos códigos sociais e/ou linguísticos operando em nome do pai".[55] Ou a prova de Guattari de que, ao ultrapassarmos as semiologias significantes nas quais fomos até agora aprisionados para nos tornarmos "máquinas semióticas a-significantes", iremos "livrar o desejo-produção, as singularidades do desejo, dos significantes dos valores nacionais, familiares, pessoais, raciais, humanistas e transcendentes (incluindo o mito semiótico do retorno à natureza) em um mundo pré-significante de códigos a-semióticos".[56] Os monstros do não significado que rondam essa prosa atraem nossa atenção porque são construídos a partir de teorias esquecidas, unidas em formas estranhas e monstruosas, como gárgulas feitas dos escombros de um campo de batalha. E as gárgulas estão sempre mostrando a língua para a burguesia.

Além disso, a máquina jamais se retira daquela ideia muito importante, adquirida durante o grande autoexame do pré-guerra e

---

[55] Eugene W. Holland. "From Schizophrenia to Social Control". Em: Eleanor Kaufman e Kevin Jon Heller (ed.). *Deleuze and Guattari: New Mappings in Politics, Philosophy and Culture*. Minneapolis e Londres: University of Minnesota Press, 1998

[56] Gary Genosko. "Guattari's Schizoanalytic Semiotics". Idem.

que não perdeu sua credibilidade, uma ideia que permanece porque não é uma hipótese científica que se presta a ser refutada, mas um reflexo filosófico da natureza da consciência. É a ideia do Outro, resgatada da "filosofia alemã clássica" por Kojève. Vimos essa ideia em Sartre e Foucault. Ela vestiu trajes maternais em Lacan e ressurge em Deleuze e Guattari, que adaptaram o Outro a sua própria *folie à deux* em uma prosa que seria difícil caricaturar:

> A Outra Pessoa é suficiente para transformar qualquer extensão em uma possível profundidade no espaço e vice-versa, de modo que, se esse conceito não funcionasse no campo perceptivo, transições e inversões se tornariam incompreensíveis e sempre esbarraríamos nas coisas, com o possível tendo desaparecido [...] [No] conceito de outra pessoa, o mundo possível não existe fora do rosto que o expressa, embora se distinga dele como expressado e expressão, e o rosto, por sua vez, é a vizinhança de palavras para as quais já funciona como megafone [...][57]

No início dos anos 1970, um tipo de metaliteratura impenetrável, literatura sobre literatura sobre literatura, havia evoluído, incorporando as características que mencionei, e sobre a qual apenas uma coisa estava clara — de que lado estava. Se a política era óbvia, então a obscuridade da linguagem não era defeito. Ao contrário, naquelas circunstâncias, a obscuridade podia ser lida como prova de uma profundidade e uma originalidade grandes demais para serem abrangidas por palavras comuns. Assim, a obscuridade servia para validar a política, para mostrar que jogar pedras nos policiais era a conclusão de um silogismo prático que concedia a mais alta autoridade intelectual a cada passa dado.

---

[57] Gilles Deleuze e Félix Guattari. *What is Philosophy?*, *op. cit.*, p. 18-19.

Em seu agora famoso livro *Imposturas intelectuais*, Alan Sokal e Jean Bricmont atacam a falsa competência de Deleuze, Guattari, Baudrillard, Lacan e muitos outros.[58] Você pode não ser persuadido por seus argumentos, ou pelos de Malcolm Bradbury em *Mensonge*, sua brilhante sátira das maneiras literárias pós-modernas.[59] Minha própria crítica de Sokal e Bricmont não é que sejam injustos com seus alvos — em minha opinião, eles se esforçam terrivelmente para encontrar sentido nas passagens que atacam. Tampouco os culpo por não compreenderem que é aceitável, no quilômetro quadrado em torno da Rue Mouffetard, tratar a ciência como *jouissance*. Minha real crítica é o fato de ignorarem a importância política da metaliteratura pós-moderna. Eles se identificam como homens de esquerda, o que, é claro, é necessário para terem a mais remota chance de influenciar aqueles que estão tentados a se unir à debandada na direção da falta de sentido pós-moderna. Mas falham em indicar, e talvez até mesmo em ver, que ser de esquerda é exatamente do que se trata.[60]

A corrente em ebulição do nonsense flui entre paredes seguras nas quais mensagens indeléveis foram entalhadas. Elas nos dizem que o mundo está nas mãos do Outro capitalista e aguarda o grande Evento de sua libertação — a revolução que será evocada pela nova literatura de sortilégios. Não importa de que fonte os sortilégios são retirados — topologia, mecânica quântica, teoria dos conjuntos, qualquer coisa serve, desde que intimide o inimigo. Esse inimigo é aquele que duvida, que hesita perante o momento, que não reconhece, como deveria, que a chamada à ação é agora.

Isso, em minha opinião, é o que realmente ocorre em passagens como esta:

---

[58] Alan Sokal e Jean Bricmont. *Impostures intellectuelles, op. cit.*

[59] *Mensonge: My Strange Quest for Henri Mensonge, Structuralism's Hidden Hero.* Londres: King Penguin, 1985.

[60] Chomsky, um esquerdista radical com uma mente genuinamente científica, aparentemente realizou sua própria e poderosa demolição da máquina de nonsense. Ver a conversa que circulou em 1995 em http://cscs.umich.edu/~crshalizi/chomsky-on-postmodernism.html.

> [...] vice-dicção [...] preside a distribuição de pontos distintos no interior da Ideia [e] possui dois procedimentos que interferem tanto na determinação das condições do problema quanto na correlativa gênese dos casos de solução: eles são, no primeiro caso, a *especificação dos campos adjuntos* e, no segundo, a *condensação de singularidades*. Por um lado, na progressiva determinação das condições, devemos, com efeito, descobrir as adjunções que completam o campo inicial do problema como tal — em outras palavras, as variedades da multiplicidade em todas as suas dimensões, os fragmentos de eventos futuros ou passados ideais que, pelo mesmo critério, tornam o problema solúvel; e estabelecer a modalidade na qual abrangem ou estão conectados ao campo inicial. Por outro lado [...][61]

Em seu papel como filósofo curioso, Adrian Moore encostou a orelha no solo ao lado dessa incoerente e auto-ostentatória prosa e ouviu outra voz dentro dela — a voz do metafísico, perguntando se o mundo é como parece ser e se nosso senso comum realmente é uma maneira de "fazer sentido". Mas a sua é uma leitura incomum, para não dizer excêntrica. Para a massa de comentadores (e eles de fato formam uma massa), Deleuze deve ser recebido como profeta. Sua prosa trancada oferece, através de suas próprias algemas sintáticas, a chave para a libertação. Por meio dela, você pode ir além do velho mundo do pensamento ocidental e chegar ao novo mundo do desejo. Você se torna CsO, o grande pseudo-Dionísio, que por meio da grande repetição triunfará no Agora. Para tais leitores, não é nenhuma surpresa que a passagem citada continue como se segue:

> É como se cada Ideia tivesse duas faces, que são como o amor e a raiva: o amor na busca por fragmentos, na progressiva determinação e união dos campos adjuntos ideais; a raiva na condensação

[61] *Difference and Repetition*, *op. cit.*, p. 239.

> de singularidades que, por causa dos eventos ideais, define a concentração de uma "situação revolucionária" e faz com que a Ideia exploda no real. É nesse sentido que Lenin teve Ideias.[62]

Tendo tocado, por assim dizer, a agenda real, a prosa continua, passando pelo cálculo diferencial, pela linguística, pela afirmação de Saussure de que "na linguagem há apenas diferenças", pela fonologia, pela obra de Gustave Guillaume e assim por diante, sem parar para definir uma questão, pegando termos e tecnicalidades com somente a mais débil sugestão de que seu significado realmente importa.

Ocasionalmente, há um abrupto e surpreendente paradoxo. Por exemplo, é-nos dito que "a Ideia nada sabe da negação"; aprendemos que "embora esteja na natureza da consciência ser falsa, os problemas, por sua natureza, escapam a ela".[63] E, como essas dicas são dadas durante o endosso (sem explicação) do argumento de *O capital*, assume-se que o leitor deve aceitá-las como óbvias. Dê um passo para trás, contudo, e você certamente as verá com assombro. Se os problemas, por sua natureza, escapam à consciência, como Deleuze pode ter se tornado consciente deles? Não importa, uma vez que "o objeto transcendente da faculdade da sociabilidade é a revolução. Nesse sentido, a revolução é o poder social da diferença [...]".[64] É, portanto, nesses momentos de abrupta lucidez que a agenda é revelada. Pode ser que o apurado ouvido de Adrian Moore ouça, na teoria da "diferença", uma resposta para a metafísica da identidade, que assumiu posição tão segura na filosofia analítica. Mas os seguidores de Deleuze não dão a mínima para isso. O que os anima é a promessa de que "diferença" significa revolução, e as infinitamente impenetráveis tecnicalidades que são citadas em seu favor também conjuram a derrota intelectual do inimigo capitalista.

---

[62] Idem.
[63] Idem, p. 258-259.
[64] Ibidem.

Emergindo da máquina de nonsense deleuziana, há um novo estilo acadêmico, que possui sintaxe sem semântica. Frases convolutas que implicam profunda concentração e testam os limites do pensamento abstrato e matemático estão em constante evidência. Quando o pensamento real surge, é fora de contexto, arrancado de suas fundações, reduzido a tecnicalidades desenraizadas espalhadas por toda parte.[65] É por isso que o estilo permite que pensamento e não pensamento concorram em termos iguais, empregando as mesmas frases convolutas e as mesmas estruturas argumentativas. Os privilégios anteriormente concedidos à verdade, à validade e ao argumento racional são cancelados com um golpe e agora existem materiais para construir uma impressionante carreira acadêmica fundada em nada. Além disso, como quer que construa sua carreira, uma coisa é certa: você estará politicamente "à esquerda", defendido por todas as boas causas (quaisquer que sejam) do dia e, portanto, imune à crítica séria. Seu discurso acadêmico é, na verdade, brincadeira, autoexpressão, *jouissance*. O que importa é onde se posiciona e, nisso, você está impecavelmente correto, seguro de seus títulos acadêmicos e um valoroso beneficiário dos impostos pagos pela burguesia.

---

[65] Se precisa de um exemplo, considere as loucas meditações sobre o símbolo *dx* na página 217 de *Difference and Repetition*.

7.

Guerras culturais no mundo todo: a Nova Esquerda de Gramsci a Said

A máquina de nonsense parisiense foi usada para organizar um ataque balístico à cultura burguesa, lançando densos blocos de impenetrável novilíngua sobre as muralhas e atingindo a praça pública da cidade sitiada. O efeito foi destruir a conversação, da qual a sociedade civil depende. Todas as delicadas ideias relacionadas à lei, à constituição e às raízes da ordem civil, todas as maneiras pelas quais os seres humanos argumentam sobre direitos e deveres, honrar seus oponentes e buscar o compromisso foram achatadas pelos matemas, "desterritorializadas" e enterradas sob os escombros do grande Evento. Esse foi o ponto de virada em uma batalha que já dura um século — a batalha para tomar posse da cultura, ao definir a vida intelectual como propriedade exclusiva da esquerda.

Já vimos como essa batalha foi lutada nos territórios de língua alemã após a Primeira Guerra Mundial. A concepção "burguesa" da realidade foi desprezada como "falsa consciência", "fetichismo" e "reificação", e a revolução foi proposta como um tipo de purificação intelectual, na qual a consciência proletária deslocaria o império da ideologia e as coisas seriam vistas, pela primeira vez, como realmente eram. A batalha se estendeu à Itália, onde tomou a forma de confronto entre comunismo e fascismo, e a principal arma não foi a impenetrável novilíngua que atingiu seu apogeu em Deleuze, mas a sociologia de senso comum de Antonio Gramsci. Foi dessa abordagem sociológica que as ideias culturais da Nova Esquerda na Grã-Bretanha e nos Estados Unidos amplamente derivaram, e sua influência provavelmente é tão grande hoje quanto era na Itália antes da guerra.

"Gramsci foi um filósofo extraordinário, talvez um gênio, provavelmente o mais original pensador comunista do século XX na Europa Ocidental" (Eric Hobsbawm). "Com exceção dos grandes protagonistas da revolução soviética, não há personalidade na história do movimento operário cuja pessoa e obra tenham causado maior interesse que Gramsci" (Norberto Bobbio). "Quem *realmente* tentou seguir as explorações de Marx e Engels? Só consigo pensar em Gramsci" (Louis Althusser). Tais elogios, feitos por membros eminentes do establishment intelectual, são apenas uma pequena parte do tributo que, em tempos recentes, foi oferecido a Gramsci. Vimos a fundação do Instituto Gramsci em Roma, a publicação de praticamente todas as suas obras postumamente e sua inclusão em milhares de cursos universitários, como teórico político, revolucionário, crítico cultural e filósofo. Isso não é resultado de alguns poucos artigos acadêmicos, mas de um vasto movimento de simpatia, uma espécie de fome por orientação moral e intelectual, que escolheu Gramsci como objeto, agarrou-se a ele passionalmente durante as últimas décadas do século XX e só agora começa a esvanecer.

Preso pelo governo fascista em 1926, Gramsci escreveu seus textos mais importantes no cárcere e morreu, ainda confinado, em 1937, tendo sido transferido para um hospital público. Para a geração romântica de *baby-boomers*, ele foi um símbolo perfeito de sua herança — o intelectual tísico, vítima do fascismo, que devotou toda a vida à composição do caso contra ele. Ele foi o herói revolucionário arquetípico, silenciado durante toda a vida e surgindo como puro espírito nas palavras que deixou.

A ideia de um herói revolucionário não é nova. Foi inspirada no Risorgimento italiano e no culto a Garibaldi; foi tema recorrente da literatura na Rússia do século XIX e a inspiração original para o ciclo do *Anel* de Wagner. Mas sempre foi problemática para os marxistas. Na verdade, é um dos mais interessantes paradoxos do marxismo o fato de que combinou uma teoria da história que nega a eficácia da liderança com uma prática revolucionária que depende inteiramente da liderança para seu sucesso, e que foi capaz de consolidar seu poder apenas ao estabelecer hábitos de reverência em relação ao herói revolucionário. Esse paradoxo — o problema do "assim chamado Grande Homem", como Engels o descreveu — foi tratado diretamente por Gramsci em seus textos teóricos. Mas ele jamais poderia ter previsto que uma geração de estudantes algum dia aprenderia a vê-lo sob a mesma luz e com a mesma adulação acrítica com que aprendeu a ver Trotski, Mao, Castro e Che Guevara: como líder, professor e herói de um movimento revolucionário mundial.

Todo desenvolvimento crítico da esquerda requer uma atmosfera de "luta", como a existente em 1968, que fornece o necessário sentimento de solidariedade. Mas também requer um representante emblemático, que é herói ou mártir na causa da revolução. A fim de se qualificar, não é suficiente ser líder resoluto. Também é necessário ser intelectual e reivindicar importância teórica, e não apenas prática. Assim, os representantes dos movimentos de esquerda modernos foram consistentemente apresentados nesses termos: o mito relacionado ao "cérebro de Lenin" é apenas um exemplo de um permanente processo hagiográfico no qual pensadores de segunda linha (como Lenin) são apresentados como paradigmas de insight e sabedoria, cujas palavras são as de um oráculo e cujos atos são inspirados pelo conhecimento.

O efeito desse processo é sentido em duas esferas. Na esfera da política prática, um movimento de esquerda é capaz de se apresentar como resgate: é a maneira pela qual ideias reais e conhecimento real se apresentam para corrigir os erros e a corrupção dos meros mortais que até então tentaram organizar as coisas. O líder personifica a verdade, em uma luta até a morte contra o erro. Mas o processo também é sentido na esfera da cultura, e sentido mais profundamente, uma vez que a cultura é uma esfera amplamente sem defesas contra o entusiasmo, um teatro massivamente subsidiado cujo palco é de quem chegar primeiro. Desse modo, foi através da cultura — através de universidades, escolas de arte, teatros e livros — que a Nova Esquerda conseguiu seu maior e mais imediato impacto durante os anos 1970.

Mais impressionante, talvez, que o exemplo de Lenin é o de Mao, cuja força titânica e gênio militar jamais o teriam qualificado para a posição de representante emblemático se não tivesse sido possível acreditar em sua "correção teórica" e na habilidade intelectual exibida por ela. Uma geração inteira de estudantes foi encorajada a estudar obras de filosofia e teoria política que, julgadas de um ponto de vista externo ao zelo hagiográfico dos admiradores de Mao, parecem risivelmente ingênuas e repletas dos mais grosseiros equívocos. Há outros exemplos — Ho Chi Minh, Che Guevara e Stalin —, mas nenhum mais vívido para aqueles de nós que foram estudantes na década de 1960 que Gramsci, que fez para os anos 1960 o que Lenin e Stalin haviam feito para os anos 1930 e 1940: convencer seus seguidores de que a prática revolucionária e a correção teórica eram atributos idênticos, que aprender era igual a ser sábio e que ser sábio era igual a ter o direito de governar.

A ideia foi identificada por Eric Voegelin como a raiz do gnosticismo,[1] a heresia primal do ponto de vista do cristianismo, a qual todas as heresias subsequentes retornam. E explica parcialmente o apelo emocional do tipo de esquerdismo de Gramsci nos países

---

[1] Eric Voegelin. *Science, Politics and Gnosticism*. Chicago, 1968.

católicos, especialmente na Itália. Pois não apenas uma "inteligência" já está presente na cultura nacional italiana como existe uma crença mundial, promovida pela Igreja, de que a liderança em qualquer esfera é resultado da educação. Gramsci conduziu esse legado para uma direção secular. Com uma franqueza que seria surpreendente em um marxista mais ortodoxo, devotou parte considerável de sua obra ao papel dos intelectuais, afirmando diretamente não apenas que são os verdadeiros agentes da revolução, mas também que devem sua legitimidade à "correção" de suas opiniões.[2] Segue-se que eu, o intelectual crítico, tenho o direito de governar você, a meramente preconceituosa pessoa.

Os revolucionários dos anos 1960 mantiveram sua fé em Mao e, por meio de extraordinárias contorções, foram capazes de ver a Revolução Cultural como algo além de uma guerra contra o intelecto. Mas perceberam vagamente que líderes intelectuais nem sempre respeitavam seguidores intelectuais. Stalin fora desmascarado e certa suspeita começava a recair sobre Lenin. É verdade que sempre havia Trotski, mas Gramsci possuía uma vantagem que Trotski não podia reivindicar: não somente estava morto, como morrera na luta contra o fascismo. É testemunho do sucesso da propaganda comunista que tenha sido capaz de persuadir tantas pessoas de que fascismo e comunismo eram opostos e de que havia uma única medida na ideologia política, estendendo-se da "extrema esquerda" à "extrema direita". Assim, embora o comunismo esteja na extrema esquerda, é simplesmente mais um estágio na estrada que todos os intelectuais devem percorrer a fim de não serem contaminados pelo verdadeiro mal de nossos tempos: o fascismo.

Talvez seja mais fácil para um escritor inglês que para um italiano ver através desse nonsense e perceber o que ele foi projetado

---

[2] *Selections from the Prison Notebooks*. Edição e tradução de Q. Hoare e G. Nowell-Smith. Londres, 1971, p. 425 e seguintes.

para ocultar: a profunda similaridade estrutural entre comunismo e fascismo, tanto na teoria quanto na prática, e seu comum antagonismo às formas parlamentares e constitucionais de governo. Mesmo que aceitemos a — altamente fortuita — identificação entre nacional-socialismo e fascismo italiano, falar de qualquer um deles como verdadeiro oposto político do comunismo é trair o mais superficial entendimento da história moderna. Na verdade, há um oposto a todos os "ismos", que é a política negociada, sem "ismo" e sem nenhum objetivo que não seja a coexistência pacífica de rivais.

O comunismo, como o fascismo, envolve a tentativa de criar um movimento popular de massa e um Estado unido sob o governo de um único partido, nos quais haverá total coesão sobre o objetivo comum. Ele envolve a eliminação da oposição por qualquer meio necessário e a substituição da ordenada disputa entre partidos por "discussões" clandestinas no interior da única elite governante. Envolve assumir o controle — "em nome do povo" — dos meios de comunicação e educação, e instilar um princípio de comando na economia.

Ambos os movimentos veem a lei como opcional e as restrições constitucionais como irrelevantes — pois ambos são essencialmente revolucionários, liderados de cima por uma "disciplina de ferro". Ambos pretendem conseguir um novo tipo de ordem social, não mediada pelas instituições e exibindo imediata e fraternal coesão. E, na busca dessa associação ideal — chamada de *fascio* pelos socialistas italianos do século XIX —, cada movimento criou uma forma de governo militar, envolvendo a total mobilização de toda a população,[3] que já não podia fazer nem mesmo as coisas mais pacíficas sem espírito de guerra e com um oficial no comando. Essa mobilização foi colocada em cômica exibição nos grandes desfiles e festivais que ambas as ideologias criaram para sua própria glorificação.

---

[3] Sobre a importância do elemento da mobilização, ver Leonard Schapiro. *Totalitarianism*. Londres, 1972, p. 38-39.

É claro que há diferenças. Os governos fascistas algumas vezes chegaram ao poder por eleição democrática, ao passo que os governos comunistas sempre se apoiaram no *coup d'état*. E a ideologia pública do comunismo é de igualdade e emancipação, ao passo que o fascismo enfatiza a distinção e o triunfo. Mas os dois sistemas se parecem em todos os outros aspectos, incluindo a arte pública, que exibe o mesmo tipo de grandiosidade e kitsch — a mesma tentativa de mudar a realidade gritando com toda a força dos pulmões.

Dir-se-á que o comunismo talvez seja assim na prática, mas somente porque a prática traiu a teoria. É claro, o mesmo pode ser dito do fascismo, mas tem sido uma importante estratégia esquerdista e um componente de destaque na propaganda soviética do pós-guerra contrastar o comunismo puramente teórico com o fascismo "atualmente existente" ou, em outras palavras, contrastar o paraíso prometido com o inferno real. Isso não apenas ajuda no recrutamento de apoiadores como também reforça o hábito de pensar em dicotomias, de representar cada escolha como isso ou aquilo, de induzir a ideia de que a questão é simplesmente estar a favor ou contra.

Assim, quando Lenin anunciou que "*a única escolha* é entre a ideologia burguesa e a socialista, não há meio-termo",[4] ele meramente transformou em slogan a teoria marxista da luta de classes. E foi ecoado pelo líder socialista francês Jean Jaurès: "Nenhuma força social pode permanecer neutra quando um grande movimento está em curso. Se eles não estão conosco, estão contra nós."[5] Assim, continuou ele, os camponeses "devem estar dispostos a vender seus produtos na loja comum" — ou seja, nos termos ditados pelos socialistas. Se fizerem qualquer outra coisa, unem-se aos "inimigos".

---

[4] V. I. Lenin. *What is to Be Done?* (1902). Em *Selected Works*. Moscou, 1977, volume 1, p. 121-122 [*Que fazer?* São Paulo: Martins Fontes, 2006].

[5] Jean Jaurès. *Studies in Socialism*. Tradução de Mildred Mintum. 2ª edição. Londres, 1908, p. 124.

A mesma postura ameaçadora ("você *deve* estar disposto") é encontrada em toda parte nas obras iniciais de Gramsci[6] e está encapsulada no slogan com o qual ele primeiro liderou o Partido Comunista Italiano na batalha contra Mussolini: "entre fascismo e comunismo não há caminho intermediário" — algo com que Mussolini, sendo um intelectual de fabricação similar, estava disposto a concordar.

Há outra razão para a canonização de Gramsci, todavia. Ele forneceu uma teoria que prometia tanto resolver o problema do "assim chamado Grande Homem" quanto estabelecer o direito ao governo dos intelectuais. Em *O príncipe moderno* e outras obras compostas na prisão,[7] ele se afastou dos slogans leninistas e se devotou à tarefa de reconciliar a teoria marxista da história e da sociedade com uma filosofia de ação política.

Ele se referiu a sua teoria como "filosofia da práxis" e a desenvolveu em oposição ao "vulgar materialismo" de Bukharin.[8] Esse vulgar materialismo suscitou problemas que exigiram de Althusser as contorções serpentinas que discuti no capítulo 6. Se a "base" determina a "superestrutura" — se as obras do espírito são subprodutos de processos econômicos que não controlam —, qual o lugar da ação política (e, especialmente, revolucionária)? E se a base se move inelutavelmente em resposta ao crescimento das forças produtivas, como pode um sistema social sobreviver ao ponto em que entra em conflito com o crescimento econômico? Como a ordem capitalista pode perdurar mesmo quando começa a "restringir" a economia?

Essas questões levaram à teoria da "hegemonia" de Gramsci.[9] Uma ordem social pode sobreviver à crise, argumentou ele, por

---

[6] Ver especialmente os discursos no Congresso do Lyons, em *Selections from the Political Writings, 1921-26*. Edição e tradução de Q. Hoare. Londres, 1978, p. 313-378.

[7] Ibidem. E também: *The Modern Prince and Other Writings*. Tradução de L. Marks. Nova York: The Gramsci Institute in Rome, 1957.

[8] N. I. Bukharin. *Historical Materialism: A System of Sociology*. Moscou, 1921.

[9] Essa teoria deriva de textos escritos na prisão e é exposta em *O príncipe moderno* e outras obras. Fica muito claro, na linguagem de Gramsci, que ele sempre teve em mente o celebrado prefácio de *Para uma crítica da economia política*, na qual Marx apresentou, de forma aforística, todo o contorno de sua teoria da história.

causa da natureza complexa da dominação de classe. No capitalismo, a classe burguesa possui poder não apenas porque controla os meios de produção, mas também porque estabelece "hegemonia" na sociedade civil e no Estado, reservando para si os cargos de governo e posições-chave de influência em todas as instituições da sociedade civil. Religião, educação, comunicação — toda a sociedade civil passa para o controle burguês.

Essa hegemonia tem duplo resultado. Primeiro, permite que uma classe exerça (conscientemente ou não) uma vontade política combinada e, desse modo, controle os efeitos da crise econômica e assegure a sobrevivência da ordem social da qual deriva seu poder. Segundo, coloca nas mãos da classe governante os instrumentos de educação e doutrinação, propagando a crença em sua legitimidade. É assim que o clero funciona: representando todos os seus costumes e instituições como ordenados por Deus e, desse modo, inalteráveis. Em virtude dessa influência dual, uma classe dirigente pode se forçar a superar as pressões que emergem da base econômica e a base se torna sujeita a uma influência recíproca da superestrutura institucional e cultural. Dizendo de outra maneira, a teoria marxista da história, que explica todos os desenvolvimentos históricos como produto de mudanças na infraestrutura econômica, é falsa. O desenvolvimento histórico é resultado tanto da vontade política (como nossos historiadores "burgueses" sempre insistiram) quanto dos processos "materiais".

Gramsci não fala exatamente dessa maneira: ele escreve sobre a relação "dialética" entre superestrutura e base,[10] usando o jargão marxista a fim de dizer aquilo em que seus oponentes acreditam profundamente, ou seja, que a história não está do lado de ninguém. Mesmo assim, sua refutação do determinismo marxista é fundamental

---

[10] Ver essa discussão em Joseph V. Famia. *Gramsci's Political Thought*. Oxford, 1981, capítulo 3

para sua própria "filosofia da práxis". Ela permite que ele faça o que os marxistas clássicos não podem fazer, ou seja, reabilitar a esfera política. A política se torna um ativo princípio de mudança que pode se posicionar contra as pressões econômicas e restringi--las ou vencê-las.

Assim, a política comunista se torna possivel, não como movimento revolucionário vindo de baixo, mas como substituição constante da hegemonia dominante — uma longa marcha através das instituições, como seria descrita mais tarde. A superestrutura é gradualmente transformada, chegando ao ponto em que uma nova ordem social, cuja emergência estava bloqueada pela antiga hegemonia, é capaz de emergir por conta própria. Esse processo, chamado de "revolução passiva", pode ser realizado somente pela conjunção de duas forças: a exercida de cima pelos intelectuais comunistas, que regularmente substituem a hegemonia da burguesia, e a exercida de baixo pelas "massas", que contêm em si as sementes da nova ordem social que cresce a partir de seu trabalho.

A transformação revolucionária ocorre somente quando essas forças agem em harmonia, em "bloco histórico". O papel do Partido é produzir essa harmonia ao unir os intelectuais às massas em uma única e disciplinada força. O Partido é o "príncipe moderno", o agente único da verdadeira mudança política, que pode transformar a sociedade somente porque absorve em sua ação coletiva as ações menores da intelligentsia e combina o pensamento correto com a força bruta. Desse modo, o Partido deve gradualmente substituir cada organização que possua alguma posição no interior da hegemonia de influência política.

Gramsci achou que esse tipo de infiltração sistemática precipitaria a abolição do Estado. Os intelectuais comunistas e as massas, acreditava ele, estão unidos por instintiva simpatia. Assim, quando unem forças, já não há necessidade de um Estado coercivo. Em seu lugar, emerge uma nova forma de governo por consenso.[11] Como tantos intelectuais da esquerda, Gramsci não analisa esse governo ideal (essa "administração das coisas", como Engels a descreveu). Por isso, seu argumento não tem o poder de persuadir seu oponente, que é cético precisamente em relação aos *resultados* do comunismo e não tem dúvidas sobre os meios para chegar a eles.

Para o realista que pergunta como, nessa sociedade do futuro, os conflitos serão acomodados ou resolvidos, Gramsci não tem resposta. O comunista partilha com o fascista um primordial desprezo pela oposição. O objetivo da política não é viver com a oposição, mas removê-la — chegar à condição na qual ela já não exista (o "bloco histórico"). A questão da oposição, não obstante, é a mais importante da política. Os conflitos entre indivíduos levam, por associação livre, aos conflitos entre grupos, rivalidades e facções que inevitavelmente se expressarão em competição pelo poder. Como essa competição deve ser administrada? Em particular, como o Partido Comunista responderá à oposição a seu governo? A predição leninista era de que não haveria oposição e, em certo sentido, foi confirmada quando a oposição desapareceu. Para que mais servia a Cheka?

A questão é crucial para o "humanista marxista" que busca, como Gramsci, uma política adaptada à natureza humana. Ele assume que as massas se unirão atrás dos intelectuais. Ao mesmo tempo, está consciente dos muitos milhões (que, por alguma razão, não são incluídos nas "massas") que forneceram ao fascismo o tipo de apoio das massas que o comunismo raramente conseguiu. De fato, é a própria *realidade* histórica do fascismo que mina o sonho comunista — o sonho de uma sociedade sem conflito e oposição, não porque o primeiro é resolvido, e a segunda, acomodada, mas porque as "condições" do conflito foram removidas. Os marxistas assumem

[11] Ver, por exemplo, a carta a Tania (2 de maio de 1932) em *Letters from Prison*. Edição e tradução de Lynne Lawner, p. 234-235.

que essas condições são sociais, modificáveis, dependentes das "relações antagônicas de produção". Mas, se as condições do conflito jazem, como evidentemente o fazem, na natureza humana, então a única esperança de removê-las é alimentar esperanças inumanas e se mover na direção de ações inumanas.

A revolução, de acordo com Gramsci, não é uma força inelutável que nos leva de roldão, mas uma *ação*, realizada por indivíduos heroicos. Mais ainda, é uma ação que pode ser realizada sem sujar as mãos na fábrica. Você pode calmamente continuar em qualquer cargo confortável que lhe tenha sido oferecido e trabalhar pela derrota da hegemonia burguesa enquanto aproveita seus frutos. Tal filosofia é extremamente útil para o intelectual — cujas visões e paciência seriam severamente desafiadas fora da universidade — e é a filosofia natural da revolução estudantil. Acrescente a encantada dicotomia de comunismo *versus* fascismo — ilustrada pela própria vida heroica de Gramsci — e a pintura está completa. Um inimigo é identificado, uma "luta" é definida e uma teoria é fornecida para mostrar que você pode lutar ao lado dos heróis simplesmente permanecendo sentado a sua mesa.

Mas tudo isso — agradável que possa ser para a pessoa em busca de uma "práxis indolor" — suscita consideráveis dúvidas sobre as credenciais marxistas de Gramsci. Pois ele não está simplesmente recomendando uma nova sociedade de classes, com o Partido como "rei filósofo" coletivo e os intelectuais gozando dos privilégios que certa vez pertenceram a seus predecessores "burgueses"? Aqui e ali em *Cadernos do cárcere*, Gramsci enfrenta essa questão, argumentando, primeiro, que os intelectuais não são uma classe e, segundo, que, em virtude de seu papel educativo, serão aceitos pelas massas, de modo que não haverá coerção envolvida.[12]

---

[12] Ver, por exemplo, a crucial passagem "The Formation of Intellectuals", em *The Modern Prince and Other Writings*, *op. cit.*, p. 118-125.

Nenhum desses argumentos é plausível e os tortuosos argumentos que os suportam mal escondem o fato de que Gramsci está ciente disso. Pois a teoria da hegemonia implica a rejeição da definição econômica de classe defendida por Marx. Ela implica o reconhecimento de que existem agentes coletivos que possuem o poder concedido pelo marxismo às classes, e mesmo assim são formados por uma *unidade de propósito*, como a que podemos atribuir a uma elite intelectual. Ademais, a habilidade da classe dirigente de persuadir as massas (através de seu braço clerical) a aceitarem seu governo era precisamente uma das características da velha "sociedade de classes" que Gramsci desejava expor e derrotar.

Por que esse novo clero seria diferente, nesse sentido, do antigo? Por que é melhor que as massas sejam dominadas por uma elite intelectual que por uma hegemonia de honestos burgueses? A teoria do "Partido como príncipe" deixa claro que o futuro comunista envolverá imensa alocação de poder para aqueles nomeados para "administrar" as coisas. Argumentar que esse poder não é exercido *sobre* as massas, meramente porque elas aceitarão cooperar com ele, é ser vítima de uma ilusão ideológica comparável à crença no direito divino dos reis.

Para ser justo, tais questões não são discutidas por Gramsci em *Cadernos* com a assiduidade necessária para resolvê-las. O melhor que pode ser dito é que ele as enterra tão profundamente em obscuridade literária que permite que os crentes assumam qualquer resposta de que possam precisar no momento. Mas é interessante olhar para sua teoria de Partido original. Seus textos iniciais mostram que ele compreendera duas verdades importantes: primeira, há intelectuais que são anticomunistas ativos; segunda, há muitos não intelectuais que estão preparados para ser liderados por eles, frustrando os objetivos do Partido Comunista.

Ele inventou uma classe à qual essas pessoas recalcitrantes poderiam ser designadas e, como elas precisam ser rigorosamente excluídas das irrepreensíveis "massas", precisam ser membros da "burguesia". Assim nasceu o mito sobre a natureza "burguesa" do fascismo. Contudo, também era palpavelmente verdade que as ordens mais baixas da sociedade estavam mais dispostas a seguir o rival intelectual de Gramsci, Mussolini, que a ele mesmo. Por isso, a classificação do fascismo foi rebaixada e ele foi descrito como movimento da "baixa burguesia":

> O que é o fascismo italiano? É a insurreição do estrato mais baixo da burguesia italiana, o estrato dos vagabundos, dos ignorantes, dos aventureiros a quem a guerra fornece a ilusão de serem bons para alguma coisa e contarem para algo, que foram conduzidos em frente pelo estado de decadência moral e política [...][13]

Assim, Gramsci iniciou uma evasão comunista padrão: um vasto movimento popular que é anticomunista jamais é um movimento das "massas", ao passo que um *coup d'état* de intelectuais comunistas sempre é apoiado pelas "massas", quaisquer que sejam a força e a natureza da oposição e por mais escassas que as "massas" se mostrem. Movimentos como o fascismo são movimentos da classe "pequeno-burguesa". A mesma teoria é repetida quando historiadores de esquerda descrevem a ascensão de Hitler ao poder, uma vez que, claramente, a classe operária não teria apoiado um resultado tão aterrador.

James Joll escreveu que Gramsci acreditava que o regime fascista não tinha classe de base (e, assim, não era genuinamente "revolucionário").[14] Ao contrário, Gramsci acreditava que, precisamente porque chegara ao poder, o fascismo devia ter uma base. Ele inventou um nome para essa classe alienígena que, a despeito

---

[13] *L'Ordine Nuovo*, 11 de março de 1921.
[14] James Joll. *Gramsci*. Londres, 1977, p. 58.

de incluir a maioria dos italianos, devia ser vista como distinta das "massas", uma "facção" oposicionista que, como resultado da "luta" final, seria devidamente liquidada. E estudou a organização do partido que a levou ao poder, guiada por um intelectual.

Dessa maneira, aprendeu a lição dos fascistas, a lição do "corporativismo", que é a verdadeira origem de sua teoria da "hegemonia". A sociedade, percebeu ele, é composta por milhares de pequenas instituições, associações e padrões de comunicação e resposta. Chegar a cada um deles e impor sobre eles — com a salvaguarda do poder hegemônico que contêm — a disciplina de ferro da liderança do partido: esse é o segredo da política. Foi isso que levou os fascistas ao poder e formou, pela primeira vez desde o nascimento do moderno Estado italiano, a unidade sobre um objetivo comum que deu forma e coerência à massa de seguidores e poder e princípio ao partido de vanguarda que a governava.

Em resumo, a teoria de *Cadernos do cárcere* é a verdadeira teoria do fascismo: do poder que se antecipou à ambição de Gramsci ao se tornar real em outras mãos. Quando, em um artigo inicial,[15] ele descreveu o proletariado como formando uma unidade ideal, um *fascio*, antecipou em suas esperanças precisamente a forma de ordem social que, mais tarde, seria conseguida por seu rival. A filosofia da práxis — tão parecida com o "dinamismo filosófico" de Mussolini e com a filosofia influenciada pela apologia à violência de Georges Sorel — retém seu charme para o intelectual precisamente porque promete tanto poder sobre as massas quanto uma mística identidade com elas. Mas essa é a promessa do fascismo e, se a esquerda precisa constantemente identificar o fascismo como seu único inimigo, não precisamos mais procurar por explicação. Pois qual a melhor maneira de ocultar suas intenções que descrevê-las como as intenções do inimigo?

---

[15] Citado em Joll, *op. cit.*, p. 33.

A importância de Gramsci para nós, hoje, reside em sua resoluta tentativa de tirar a revolução das ruas e das fábricas e levá-la para a alta cultura. Ele redesenhou o programa da esquerda como revolução cultural que poderia ser conduzida sem violência e cujo local seriam as universidades, teatros, salas de palestras e escolas, onde os intelectuais encontravam suas principais audiências. O trabalho da revolução deveria, dali em diante, envolver o ataque ao velho programa e às obras de arte, literatura e crítica pertencentes a ele. Deveria ser um trabalho de subversão intelectual, expondo as redes de poder e as estruturas de dominação ocultas no interior da alta cultura de nossa civilização, a fim de libertar as vozes que haviam sido oprimidas por elas. E esse tem sido o novo programa das ciências humanas desde então.

Esse programa acelerou as mudanças que começavam a ocorrer nas instituições inglesas de ensino superior. O Centro Birmingham de Estudos Culturais Contemporâneos, fundado em 1964 por Richard Hoggart, foi lar do movimento gramsciano, cujo objetivo era reescrever o currículo, a fim de que a voz dos oprimidos, excluídos e marginalizados fosse ao menos audível. Talvez o mais importante pensador desse movimento, e um que teve grande influência no ensino de literatura nas escolas e universidades de todo o Reino Unido, foi o escritor e crítico galês Raymond Williams (1921-1988), e vale a pena examinar suas obras, uma vez que elas encapsulam o crucial momento de transição entre a Velha Esquerda dos anos do pós-guerra e a Nova Esquerda dos anos 1960 e 1970.

Embora tenha se filiado ao Partido Comunista enquanto estudava em Cambridge no início da Segunda Guerra Mundial e se descrevesse como "materialista cultural", Williams estava, como Gramsci, ligado demais a uma experiência e uma cultura nacionais para aceitar o futurismo internacionalista do Partido. Ele permitiu que sua afiliação ao Partido caducasse, uniu-se ao esforço de guerra (algo proibido pelo Partido em função do pacto nazi-soviético) e serviu como capitão antitanques da Divisão Blindada da Guarda antes de retornar a Cambridge, em 1945, para retomar seus estudos. Construiu uma notória carreira acadêmica em Cambridge e manteve contato durante toda a vida com a Associação Educacional dos Trabalhadores e as instituições culturais associadas ao Movimento Trabalhista. Terminou a vida como nacionalista galês e membro do Plaid Cymru. Em toda sua obra, foi principalmente a experiência histórica das comunidades das classes operárias galesas que o inspirou.

O socialismo britânico — especialmente o socialismo das comunidades mineiras galesas — está imbuído de um senso do passado e da memória das dificuldades partilhadas. Nos sentimentos do socialista britânico, toda ação política e toda inspiração social retiram seu significado de seus antecedentes e quanto mais firmemente enraizados estiverem esses antecedentes em uma experiência histórica da comunidade, mais apoio recebem de nós. Somos produtos de nossa história nacional e, na extensão em que encontramos no passado os traços de um espírito que presentemente nos move, nessa mesma extensão nos movemos e somos animados pelos homens e mulheres que, antes de nós, fizeram parte de nossa comunidade.

Esse sentimento é encontrado em toda a obra de Raymond Williams, adaptado ao programa gramsciano de revolução cultural e ligado aos estudos de conflito de classes que encontramos em Hobsbawm, Thompson, Samuel e Hill. O socialismo de Williams foi assombrado por "vozes ancestrais" que falavam das páginas de *Piers Plowman* e *Everyman*, dos sermões dos pastores protestantes, radicais e não conformistas, e da grande era do Parlamento, na qual homens livres e dissidentes aparentemente aboliram as limitações do poder hereditário.

O último período extraordinário de nossa história foi uma grande preocupação para a esquerda britânica e a ele retornam constantemente os historiadores e críticos culturais do movimento operário. A mais sentida nostalgia dos socialistas britânicos e seu senso mais romântico de perda estão ligados ao Interregno e aos eventos que levaram a ele. Sem a descrição politizada desse período feita por historiadores como Tawney e Christopher Hill, o socialismo britânico seria muito menos confiante e uma presença muito menos sorridente em nossa cultura nacional. Foi estabelecido nas mentes dos que se reuniram em torno da Associação Educacional dos Trabalhadores e do Centro de Estudos Culturais Contemporâneos que o socialismo britânico foi justificado por sua história e não é nada menos que a última expressão do direito dos ingleses nascidos livres à terra e à cultura que são suas.

Ao discutir Sartre e Foucault (capítulo 4), tentei mostrar o importante lugar da iconografia no pensamento francês de esquerda, muita da qual é devotada à detalhada delineação do inimigo "burguês". O socialismo britânico também é iconográfico, mas seus esforços foram devotados ao retrato de um amigo. Esse amigo surge como o idealizado John Hamden de Tawney, como o dissidente heroico de Christopher Hill e como a "classe operária" industrial retratada pela obra de Thompson, Hoggart e Williams. Naturalmente, há algo cativante nessa perspectiva, que procura amigos antes de declarar inimigos e que agraciou nossos movimentos de esquerda com suas cores locais. O socialismo britânico está tão distante da atitude "internacionalista" de Marx (ele mesmo produto desenraizado de uma Alemanha dividida) quanto o conservadorismo britânico. É um movimento que os conservadores encontram no território nacional, impulsionado pelo amor à pátria e ao território que ambos partilham. E tudo isso está contido na crucial palavra "cultura".

Por essa razão, o marxismo clássico jamais poderia ser mais que uma influência subsidiária no pensamento de esquerda britânico. Muito mais influente foi a tradição única de crítica social e literária, que pode alegar com justiça ser uma das mais importantes realizações intelectuais do espírito inglês. Seria errado pensar que essa tradição tem qualquer inclinação natural pelo socialismo. Ela começou com o pensamento conservador de Burke, Coleridge e Wordsworth, e demonstrou — nas obras de Carlyle e Arnold — uma tendência anti-igualitária que se preserva até hoje. Seu maior representante no período pós-guerra, F. R. Leavis, foi reivindicado como membro tanto por socialistas quanto por conservadores. E, entremeado nas melancólicas reflexões de tais defensores da alta cultura, encontramos o pensamento de tendências esquerdistas de Ruskin e Morris, da irmandade pré-rafaelita, de Cobbett, Shaw e dos fabianos. É um testemunho adicional do enraizamento do socialismo inglês que, na ênfase central e tendência espiritual dessa tradição crítica, pensadores socialistas e conservadores tenham sido unidos em mútua influência.

As raízes de Raymond Williams estão firmes no solo do socialismo britânico e seus melhores textos exibem aquela conexão com a terra e com o povo que foi a principal inspiração da literatura inglesa moderna. Em obras como *Cultura e sociedade 1780-1950* (1958), *A longa revolução* (1961) e *O campo e a cidade* (1973), ele trouxe uma visão da classe operária inglesa como diretamente relacionada à teoria da social-democracia, a fim de dar uma perspectiva nova e pessoal ao passado e ao presente do movimento trabalhista. Essa perspectiva encontra expressão mais concreta em dois romances intensamente nostálgicos, *Border Country* e *Segunda geração*. Finalmente, em estudos tardios como *Palavras-chave* (1976) e *Marxismo e literatura* (1977), Williams revestiu sua perspectiva com abstrações elegantes, a maioria emprestada do guarda-roupa da Nova Esquerda francesa e alemã. Em seu *corpus*, encontramos uma incessante preocupação com a classe operária, suas esperanças, medos e sofrimentos, e com a "longa revolução" que supostamente leva de classe e privilégio a igualdade e democracia.

Ruskin, Arnold e Morris observaram a Revolução Industrial com pesar e consternação. Em todos os seus pensamentos, pode ser discernida a mesma ansiedade: o que permanecerá da civilização quando o campo estiver vazio e as cidades transbordando de pessoas necessitadas e não estabelecidas e quando os ritmos da vida rural tiverem sido aniquilados pela incessante marcha da produção industrial? Cada escritor buscou algum profilático contra a decadência social e todos propuseram a educação e a religião como ingredientes vitais do remédio sugerido. Williams, que partilha do senso de tragédia desses escritores, não encontra conforto nas tradições religiosas e raramente menciona esse fato social tão importante. Em vez disso, busca retraçar o território explorado por seus predecessores do século XIX e reescrevê-lo em termos inteiramente seculares. Como os outros escritores, ele acredita na educação — e aqui e ali está disposto a esboçar um silabário ideal que preparará as crianças para uma "democracia participante".[16] Mas não consegue aceitar nem a reminiscência religiosa nem a doutrina social antimodernista de Ruskin e Morris.

Sua "longa revolução" é concebida inteiramente em termos de privilégio e poder, e a superação de ambos pela democracia. Seria errado dizer que sua fé na democracia é ilimitada — pois se uma coisa fica clara em seus desconfiados parágrafos, é que não tem fé ilimitada em nada. Ocorre simplesmente que "mais democracia" é a única resposta que está preparado para oferecer. Ocasionalmente, ele a apresenta com ingênua generalidade:

> A revolução democrática [...] é insistentemente criativa em seu apelo a todos nós para tomar o poder de dirigir nossas vidas [...] A revolução industrial e a revolução nas comunicações só são inteiramente compreendidas em termos do progresso da democracia, que não pode ser limitado à simples mudança política, mas insiste, finalmente, em concepções de uma sociedade aberta e de indivíduos

---

[16] *The Long Revolution*. Harmondsworth: Penguin Edition, 1961, p. 174-175.

> livremente cooperativos que são os únicos capazes de liberar a potencialidade criativa das mudanças nas habilidades de trabalho e comunicação [...][17]

Mas seu pessimismo é tal que ele abandona de vez essa linha de pensamento. Ele recua para trás da cortina de qualificações, indicando uma solução muito mais intrincada e sutil que qualquer uma que revele abertamente:

> A longa revolução, que está agora no centro de nossa história, não é pela democracia como único sistema político, nem pela igual distribuição de produtos essenciais ou pelo acesso geral aos meios de aprendizado e comunicação. Tais mudanças, difíceis o suficiente em si mesmas, derivam sentido e direção das novas concepções de homem e sociedade que muitos trabalharam para descrever e interpretar. Talvez essas concepções só possam ser fornecidas na experiência. A metáfora da criatividade e do crescimento busca criá-las, mas a pressão, agora, deve ser na direção dos particulares, pois nem aqui nem em nenhuma parte elas estão confirmadas [...][18]

De sua maneira muito britânica, Williams preenche alguns dos detalhes morais que estão ausentes na teoria da hegemonia de Gramsci. O principal objetivo de *Cultura e sociedade* é documentar as práticas que promoveram ou impediram a "verdadeira democracia" que promete emancipação para a classe operária. Williams busca remover do estudo da cultura todas as implicações elitistas, todas as sugestões de que a cultura é um valor acessível apenas a alguns poucos. Ele acredita que, se a cultura define uma elite, ela não é um valor. Aqui, é claro, difere de Gramsci, que desejava — conscientemente ou não — substituir uma elite culta por outra e deixar

---

[17] Idem, p. 140-141.
[18] Idem, p. 141.

os intelectuais comunistas no controle. Williams não quer colocar ninguém no controle, mas sim mudar toda a cultura, para que ela se torne um bem de que todos partilhem.

A principal questão suscitada por seu ponto de vista é a da "verdadeira democracia". Para ele, isso envolve a genuína comunhão entre o povo,[19] modelado na "solidariedade" de uma antiga classe operária, um senso de esperanças e sofrimentos partilhados e uma necessidade de se posicionar contra o abuso e a exploração. Ele acredita que capitalismo, classes e privilégios são inimigos da comunidade e não hesita em recomendar constantemente a abolição da "propriedade privada nos meios de produção".

Conforme o argumento se desenvolve, contudo, ele estende a culpa do capitalismo e da propriedade privada para toda a ética da civilização cristã. E aproveita um comentário incidental de Rosa Luxemburgo para argumentar que a caridade cristã é uma "caridade de consumo", ao passo que a caridade socialista é uma "caridade de produção" — "de relações amorosas entre homens que realmente trabalham e produzem o que será, em quaisquer proporções, realmente partilhado".[20]

É a este ponto que retorna com maior insistência: o capitalismo, com sua ética consumista, sua exploração, sua soberana indiferença pelos lugares e pelas pessoas, é o grande solvente da comunidade. A verdadeira comunidade requer uma "democracia participativa". E isso só é possível se as pessoas conseguirem a "igualdade de ser", sem a qual a "luta pela democracia" equivale a nada.[21] E a "igualdade de ser" requer que desmontemos o aparato de privilégios e classes.

A combinação de visões é a raiz do socialismo britânico nativo. Ela sobrevive nos textos de Williams em virtude de um esforço de

[19] Idem, p. 363.
[20] *The Country and the City*. Londres, 1973, p. 43-44.
[21] *Culture and Society*. Harmondsworth: Penguin, 1958, p. 322.

sentimentalização, por meio do qual ele se esconde dos fatos básicos da história moderna. Pois, encaremos os fatos: o "consumismo", longe de ser inimigo da democracia, é sua expressão econômica. Ele surge inevitavelmente da economia de mercado, sendo o correlato psicológico do fato de que os produtos são feitos não meramente para uso, mas também para troca. A produção de bens para venda é a real condição dos trabalhadores emancipados, que são capazes de transformar seu trabalho em dinheiro e, desse modo, em bens que não aqueles que produzem. Sem essa capacidade, permanecem dependentes do trabalho de outros ou presos a formas de produção que restringem radicalmente seus poderes. O próprio mercado é uma expressão de sua livre escolha — da livre escolha que podem, nessas circunstâncias, conseguir. É um mecanismo de distribuição operado inteiramente pelas transações voluntárias entre indivíduos, cada um dos quais garante sua própria vantagem ao solicitar a concordância daqueles com quem negocia. "Soberania do consumidor" é outro nome para a "igualdade dos seres" cotidiana que permite que a escolha de cada pessoa influencie o resultado de um processo social. O saldo final não é muito edificante — mas os resultados da democracia raramente o são.

Esbocei um argumento que um marxista irá rejeitar como "ideologia", respondendo que há uma "alternativa" na qual a "verdadeira democracia" irá coexistir com a "propriedade social", a ausência de mercado e a produção para uso e não para troca. Mas como isso será feito? Como isso será feito, dado que conhecemos nossas limitadas simpatias, nossas finitas expectativas, nossos competitivos motivos e nossos medos mortais? Jamais nos disseram — e o mito do "novo homem socialista" é meramente uma maneira de se esquivar da questão, como Williams o faz. Todos sabemos que os sistemas socialistas e comunistas não apenas retiveram o trabalho assalariado, o dinheiro, a troca e a venda como também aboliram as formas disponíveis de democracia. Além disso, ao interferir no processo de mercado, criaram escassez, juntamente com os associados comércios e privilégios do mercado negro, que militam precisamente contra a "igualdade dos seres" que Williams defende.

É claro que as questões teóricas são vastas e não há como resolvê-las em um parágrafo. Mas, considerando os fatos observados da história e da natureza humana, deve-se concluir que o ônus está com os socialistas, que devem explicitar as condições para a "verdadeira democracia" que favorecem. Quem, nessa democracia, controla o que e como? O mercado é a única instituição econômica na qual cada participante influencia cada resultado. Como sua abolição será conciliada com o governo participativo? E, se formos reter o mercado, como impediremos a propriedade privada nos meios de produção, que é o resultado natural da livre troca, quando as pessoas têm permissão para usar e vender seu trabalho como desejarem? A negligência com tais questões não é apenas intelectualmente desonrosa. Dada a intransigência com que Williams busca defender seus objetivos, também é perniciosa. Pois permite a fácil defesa de ações cujas consequências ainda não foram compreendidas.

O apelo de Williams é, na verdade, muito mais sentimental que intelectual. Ele é capturado na referência às "amáveis relações entre homens atualmente trabalhando e produzindo o que é por fim [...] distribuído". Eis aqui os trabalhadores sofridos e de bom coração de E. P. Thompson, que precisam apenas da abolição do capitalismo para viverem juntos em espontânea fraternidade, partilhando os frutos de seu trabalho. Mas, embora realmente exista camaradagem e solidariedade entre os oprimidos, elas são produto de sua opressão. Libertadas de suas amarras, as pessoas se veem como rivais, e somente quando são obrigadas por contratos, acordos e convenções — somente quando são sujeitas à economia de mercado no sentido mais amplo — elas podem se unir novamente em pacífica associação. Esse é o verdadeiro sentido da democracia, que é um princípio de união não sentimental entre rivais e estrangeiros que concordam em ser governados por pessoas que seus oponentes também elegeram. A democracia surge quando as pessoas estão preparadas para renunciar a seus desejos políticos pelo bem do acordo com aqueles que não partilham deles.

A "longa revolução" que Williams elogia foi descrita mais cautelosamente por um pensador a quem ele se refere apenas uma vez: Alexis de Tocqueville. Para Tocqueville, a auto-obsessão, o individualismo e a fragmentação social eram aspectos separados do "inevitável" avanço da democracia. Em *Da democracia na América* (1835), ele argumentou que o "princípio da igualdade", longe de ser uma invenção do movimento trabalhista (que dificilmente existia quando escreveu, e certamente não nos Estados Unidos), foi o princípio governante no desenvolvimento europeu desde a Idade Média.

Sua presciente análise da "igualdade dos seres" talvez devesse ter recebido mais atenção. Pois ele argumenta que a condição de impermanência social e mediocridade cultural, que para Williams é consequência do privilégio e do poder, é de fato resultado do processo democrático. São a erosão do privilégio, a perda das diversas classes e propriedades, e a destruição do direito hereditário que fazem com que as pessoas se separem da comunidade. Essas mudanças tornam a devoção e a lealdade redundantes e despertam o desejo de fundamentar a sociedade em contratos, interesses próprios e consentimento. Podemos não concordar com essa conclusão. Mas deveríamos reconhecer que o argumento esvazia o ônus que Williams é intelectualmente timorato demais, ou emocionalmente comprometido demais, para assumir.

Essa relutância em olhar além de suas preconcebidas conclusões é a principal falha dos textos tardios de Williams. Como muitos que investiram amor demais em um amigo imaginário, ele recarrega sua emoção através do ódio por um inimigo imaginário. As classes mais baixas se esvanecem e a classe alta emerge como principal objeto de sua atenção. Em *O campo e a cidade*, um ressentimento fervente forma a premissa e a conclusão do argumento, carregando o leitor para um dos mais unidimensionais levantamentos da literatura inglesa a serem recebidos como academicamente respeitáveis. Talvez seja a sensação de desesperança de sua própria nostalgia que faça com que, nesse livro, ele se volte com tal revanchismo para a nostalgia alheia, em particular a quintessencialmente inglesa nostalgia — fundamental para nossa tradição socialista — que encontra o ideal de harmonia social no passado rural.

É claro que Williams está certo ao ver um arcadismo simplificador nessa atitude. Mas está igualmente errado ao não ver nada além disso. Ele está tão imerso na antipatia pelo privilégio, pelo patronato e pela ociosidade que nenhum escritor que esteja disposto a reconhecer que a classe alta contém membros da espécie humana pode escapar a sua condenação. Crabbe, cujo maior crime foi ter sido capelão particular de um duque, deve ser chicoteado por sua visão social "estática", que condena os ricos, mas permanece com os condenados. Jane Austen é castigada por sua visão "monetária" e por uma moralidade que a confina ao interior da casa de campo, sem ver ou sentir a miséria em seus portões. E assim o livro prossegue, com escritores que buscaram pintar a sociedade humana como ela é, reconhecendo que o humano existe em muitos níveis sociais e estilos, sendo imperfeito em todos eles.

Williams representa seu ódio pela classe alta como uma versão de seu desgosto pelo capitalismo. Mas mesmo que possa esconder de si mesmo, não pode esconder do leitor o fato de que o capitalismo não mantém sua atenção por tempo suficiente para sequer começar uma análise e que sua hostilidade é dirigida indiscriminadamente contra aqueles que "possuem", em benefício dos que "não possuem", quaisquer que sejam a ordem social prevalente e as fontes do agravo. No fim do livro, a intenção iconográfica é dirigida não para o amigo, mas para o inimigo — ou antes, para um amigo sentimentalizado, tornado atraente somente pela egrégia maldade do inimigo:

> Os homens e mulheres que vieram do campo para as cidades não precisam que lhes digam o que perderam, assim como não precisaram que lhes dissessem o quanto poderiam ter de lutar para vencer em seu novo mundo [...] Mas importa muito se a experiência no campo [...] esteve a seu favor ou contra eles enquanto lutavam para se reajustar. Uma seleção de experiências — a visão do proprietário ou do residente, as descrições "pastorais" ou "tradicionais" — foi feita e empregada, como ideia abstrata, contra seus filhos e os filhos de seus filhos: contra a democracia, a educação e o movimento trabalhista.

Ele desdenha a tradição da literatura pastoral inglesa, acrescentando:

> Eu a vi [= aproximadamente a complexa atitude que acabou de ser vilificada] se acomodar no que é agora uma nova convenção — especialmente na educação literária — [e] a senti como ultraje, em uma crise contínua e uma fronteira persistente. A canção da terra, do trabalho rural e do deleite com as muitas formas de vida com as quais dividimos nosso mundo físico é importante e comovente demais para ser docilmente entregue, em amarga traição, aos confiantes inimigos de toda real e significativa independência e renovação.[22]

Essas citações tipificam o estilo tardio de Williams: vago e cheio de clichês e slogans. Com a perda da confiança no socialismo romântico de *A longa revolução* e *Border Country*, os slogans adquirem cada vez mais proeminência em seus textos. Incapaz ou não disposto a analisar seus amores e ódios, ele insiste em certas "palavras-chave" nas quais a mágica do socialismo ainda permanece e que podem ser usadas para criar a ilusão de uma teoria na ausência de uma.

Uma dessas palavras é "revolução", que lhe era tão cara quanto era para Althusser, embora aplicada de modo muito mais amplo e,

---

[22] *The Country and the City*, *op. cit.*, p. 325.

na verdade, a cada transformação que aprovava. *Tragédia moderna* exalta a "alternativa viva" de nosso tempo, que consiste no "reconhecimento da revolução como ação integral de homens vivos",[23] e a linguagem é característica. Williams não *argumenta* pela revolução nem a descreve; ao contrário, ele toma a *palavra* "revolução" e a recobre de encantadoras abstrações: é "ação integral" de "homens vivos". (Dificilmente poderia ser ação parcial de fantasmas.) Daí decorre que, "muito urgentemente, em nosso próprio tempo, precisamos retornar à ideia de revolução em seu ordinário sentido de crise de uma sociedade, em seu necessário contexto como parte de uma ação integral, que é o único contexto no qual pode ser compreendida".[24]

Tal prosa ofegante deve ser novamente entendida como iconografia. A revolução é tornada agradável por meio de ideias associadas: o objetivo é desencorajar o pensamento e obter a fantasia. A revolução deve se tornar uma ideia essencialmente atraente, e não crítica. "Desde 1917", escreve ele, escolhendo a data crucial, "vivemos em um mundo de revoluções sociais bem-sucedidas."[25] E ainda mais significativo:

> Amigos na União Soviética me dizem que a batalha decisiva da revolução foi vencida em quase metade do mundo e que o futuro comunista é evidente. Ouço com respeito, mas acho que eles ainda têm quase tanto a fazer quanto nós e que a sensação de que a revolução acabou pode ser tão incapacitante quanto a sensação de que, de qualquer modo, é inútil [...][26]

Como seus amigos na União Soviética, Williams cultivou a arte do pensamento duplo. Ele foi capaz de transformar seu comprometimento com símbolos, e não ideias, em algo ao mesmo tempo academicamente respeitável e ideologicamente correto.

---

23 *Modern Tragedy*. Londres, 1958, p. 65.
24 Idem, p. 66.
25 Idem, p. 73.
26 *The Long Revolution*, *op. cit.*, p. 376.

Palavras-chave — "o registro de uma investigação do vocabulário" — fornece a pista para seu pensamento tardio. O livro, que não é nem um dicionário, nem um glossário, mas uma obra de autoexposição ideológica, é um ataque a outro bastião da classe dirigente, o *Oxford English Dictionary*, cuja suposta "neutralidade" é meramente a expressão de um "humanismo burguês", dos valores de uma classe que não sente necessidade de justificar seu domínio. Escondida aqui e ali entre as tendenciosas entradas, está sua contribuição final para as guerras culturais: um ataque à própria disciplina de crítica literária como "ideológica",

> não apenas no sentido de que assume a posição do *consumidor*, mas também no sentido de que mascara essa posição com uma sucessão de abstrações de seus termos reais de resposta (como *julgamento, gosto, cultura, discriminação, sensibilidade; desinteressada, qualificada, rigorosa* e assim por diante). Isso impede ativamente aquela compreensão da resposta que não assume o hábito (ou direito, ou dever) de julgamento.[27]

A implicação é que Johnson, F. R. Leavis, T. S. Eliot e todos os outros grandes "consumidores" de literatura se apoiam, para ter autoridade, na questionável hipótese de que a resposta literária e o julgamento literário são a mesma coisa. A palavra "consumidor", aqui, funciona como elemento mágico, levando-nos, por associação, ao campo socialista. Tendo rejeitado o "consumismo", devemos reconhecer, sem argumentar, que há outro modo de compreender a literatura, no nível da "especificidade" característica da "prática".

Assim, Williams invoca a ideia de Gramsci de que a práxis revolucionária envolve a tomada da cultura. E imagina que pode assumir o controle da cultura meramente definindo as palavras de outra

---

[27] *Keywords*. Londres, 1976, p. 76.

maneira e dispondo, em algumas poucas linhas, não apenas de toda a tradição inglesa de crítica literária, como também de uma filosofia estética que tem suas raízes em Kant e afirma que experiência estética e julgamento estético são inextricáveis. Williams não passa a sensação de que alguém possa ter *argumentado* em favor da visão que ele rejeita. Ao contrário, ele a apresenta como se fosse simplesmente uma presunção inconsciente da linguagem da crítica, adotada como parte da consciência de classe da inimiga burguesia.

Creio que a palavra mágica de seus textos tardios surge do desejo de manter a qualquer custo o nível de comprometimento emocional e distrair a atenção de qualquer argumento ou percepção que possa mostrá-lo como autoilusório. Essa postura, que levou à atitude "etimológica" de *Palavras-chave*, também levou à tentativa de ocultar sua candeia no interior da caixa de abstrações da Nova Esquerda. Mas arder em segredo ainda é arder e as veementes paixões de *O campo e a cidade* continuam a brilhar no escuro:

> "Arte" como dimensão categoricamente separada, ou corpo de objetos, e "estética" como isolado fenômeno extrassocial: cada uma delas teve fim pelo retorno à variabilidade, relatividade e multiplicidade da prática social atual. Podemos vê-las mais claramente na função ideológica das abstrações especializantes da "arte" e da "estética".

O jargão aqui é o do escritor que aprisionou seu pensamento em uma linguagem sobre a qual não exerce nenhum controle intelectual. Embora possamos adivinhar o que se segue — que as categorias de "arte" e "estética" pertencem integralmente aos modos capitalistas de produção e se tornaram proeminentes com a fabricação de mercadorias para troca —, isso ocorre com a lógica de um ritual, e não de um argumento. Somente a tensão emocional da prosa nos faz lembrar do escritor, sacudindo o punho para o horizonte enquanto o barco da história zarpa para o mar.

De fato, há um argumento que mostra que a categoria da estética pertence à ideologia burguesa e deixou de ser funcional no mundo em que vivemos. Mas coube ao mais distinto pupilo de Williams, o crítico Terry Eagleton, expor esse argumento. Em *A ideologia da estética*, Eagleton passa toda arte e toda literatura pela calandra da queixa, a fim de espremer o suco da dominação.[28] Na época de seu argumento — ao qual tentei responder em outro livro[29] —, os intelectuais de esquerda haviam se movido da Associação Educacional dos Trabalhadores para a *New Left Review* e foi em suas páginas que as guerras da cultura foram travadas mais seriamente.

A *Review* foi fundada em 1960, quando a *New Reasoner* e a *Universities and Left Review* se fundiram, unindo as principais figuras da velha esquerda intelectual. Seu primeiro editor-chefe foi Stuart Hall, o sucessor de Richard Hoggart como diretor do Centro Birmingham de Estudos Culturais Contemporâneos. Hall era mais da Velha que da Nova Esquerda e expressou os objetivos da *Review*, em seu primeiro editorial, em uma linguagem que lembra Raymond Williams:

> A tarefa do socialismo é encontrar as pessoas onde elas *estão*, onde são tocadas, mordidas, comovidas, frustradas, nauseadas — a fim de desenvolver o descontentamento e, ao mesmo tempo, dar ao movimento socialista algum senso *direto* dos tempos e costumes que vivemos.

Hall, nascido na Jamaica, escreveu como Williams fazia, constantemente olhando por cima do ombro para a classe operária em desaparecimento. O seu era o tom de voz que conheço da casa socialista em que fui criado. E, se esse tom tivesse sido retido, a *New Left Review* teria desaparecido no horizonte, assim como Williams.

---

28 Terry Eagleton. *The Ideology of the Aesthetic*. Oxford: OUP, 1990.

29 Ver Roger Scruton. *Beauty: A Short Introduction*. Oxford: OUP, 2009 [*Beleza*. São Paulo: É Realizações, 2013].

Contudo, em 1962 Hall foi substituído pelo muito mais radical editor Perry Anderson, que permaneceu no cargo até 1983 e está até hoje no conselho editorial da revista. Anderson era, na época, seguidor consciente de Gramsci, com uma atitude desdenhosa e de muitas maneiras aristocrática em relação à cultura estabelecida da Inglaterra, incluindo sua tradição de crítica social e literária. Educado em Eton e Oxford, erudito, enérgico e comprometido, com talento para espremer a história dentro do modelo marxista, poderia ter tido uma carreira de sucesso como historiador acadêmico. Contudo, identificou-se completamente com a mentalidade oposicionista da *New Left Review* e a usou como plataforma para sua própria revolução cultural. A revista seria cosmopolita, sofisticada e desdenhosa em relação a todos os establishments, incluindo o da esquerda.

Em anos recentes, Anderson emergiu como crítico sóbrio, melancólico e penetrante dos tempos em que vivemos. Na *London Review of Books* e outras publicações, apresentou comentários analíticos circunspectos e abrangentes sobre um mundo no qual o "neoliberalismo" substituiu o "capitalismo" como corrupção que tudo permeia.

Nos anos 1960, todavia, foi tomado por uma paixão iconoclasta que varreu todas as suas hesitações e o deixou determinado a transformar a *NLR* no equivalente inglês da *Les Temps modernes* de Sartre. Ele apresentou Althusser, Mandel, Adorno, Debray, Lacan e dúzias de outros ao leitor inglês, publicando seus textos na *Review* ou sob o selo editorial New Left Books — que, com o novo nome Verso, permanece sendo a principal fonte de real pensamento de esquerda. Assim, foi uma grande força por trás do "currículo alternativo" das ciências humanas e sociais. Ao marxizar a história da humanidade e publicar mordazes polêmicas contra as principais figuras intelectuais, tentou desestabilizar a cultura da velha Inglaterra e substituí-la por sua própria cultura de elite.

Anderson reconheceu que a esquerda estará preparada para argumentar seriamente somente com aqueles que são naturalmente descritos como parte dela. A charlatanice e a irracionalidade são pequenos defeitos para a esquerda: o que importa é a suprema lealdade ao "bloco histórico" de Gramsci, que une intelectual e proletário na oposição às "coisas estabelecidas pela lei". Não importa muito que as questões sejam evitadas, os argumentos, distorcidos, ou a linguagem, abusada — tudo isso é de menor importância em um escritor cuja mentalidade é verdadeiramente oposicionista. De fato, foi precisamente ao preencher as páginas da *New Left Review* com as obras de charlatões que Anderson garantiu sua popularidade entre aqueles que se mostravam hostis às "estruturas" oficiais de educação, para quem a ênfase tradicional na competência intelectual era um instrumento burguês de dominação.

Desse modo, a *New Left Review* forneceu a base de poder ideal para a mentalidade radical dos anos 1960: antiacadêmica, mas com enormes pretensões intelectuais; culta, mas impaciente com a cultura prevalente; dogmática, mas abrangente e imaginativa em sua escolha de inimigos. Seus escritores incluíam a velha guarda revolucionária — Hill, Williams, Hobsbawm e Deutscher —, assim como as estrelas em ascensão da nova hegemonia cultural — Tom Nairn, Alexander Cockburn, Juliet Mitchell, Terry Eagleton e o próprio Anderson. Artigos e entrevistas com Castro e Mao ficavam lado a lado com as débeis efusões de Michael Foot e Eric Heffer, enquanto — tal era o extraordinário temperamento dos anos 1960 — figuras respeitáveis como Conor Cruise O'Brien e Richard Hoggart se acotovelavam com inconformistas como Werner Fassbinder e Régis Debray.

A revista conquistou reconhecimento em 1968, quando Perry Anderson publicou o ataque à antiga cultura inglesa que fez seu nome. Em um longo artigo intitulado "Componentes da cultura nacional",[30] ele fez um levantamento de toda a cultura "oficial" do pós-guerra britânico e a condenou como cultura de reação, devotada

---

[30] "Components of the National Culture", *New Left Review*, v. 50, 1968.

a sustentar as ruínas de uma ordem social estilhaçada e implacavelmente hostil à emergente cultura da elite revolucionária.

Seu diagnóstico do declínio cultural da Grã-Bretanha é simples:

> A cultura da sociedade burguesa britânica é organizada em torno de um centro ausente — uma teoria total de si mesma que deveria ter sido uma sociologia clássica ou um marxismo nacional. A trajetória da estrutura social inglesa — acima de tudo, a não emergência de um poderoso movimento revolucionário da classe operária — é a explicação para esse desenvolvimento interrompido.

Essa tese foi adotada por outros — notavelmente por Terry Eagleton. Mas note a consequência: uma cultura saudável só pode ser garantida por uma "teoria total de si mesma". Como isso se aplica às culturas saudáveis das eras precedentes é incerto. Mas que não se aplica à nossa é evidente. Nossa cultura foi *asfixiada* por teorias de si mesma. Nunca antes houve tantas teorias, tão assiduamente oferecidas por aqueles que não podem fazer nenhuma contribuição real para a coisa que estudam. E por que nossa "teoria totalizante" deveria ser marxista? Isso salvou as culturas da Rússia, da Polônia, da China ou do Vietnã?

Mas o artigo de Anderson está menos preocupado com a sugestão positiva incluída em seu diagnóstico que com os intrigantes sintomas de declínio. Graças à ausência de uma teoria marxista, "uma emigração branca rolou pela plana extensão da vida intelectual inglesa, capturando setor após setor, até que essa cultura tradicionalmente insular foi dominada por expatriados de calibre heterogêneo". Os emigrantes vermelhos (Brecht, Lukács, Horkheimer, Marcuse) foram para lugares menos roliços (Rússia, por exemplo): o que recebemos foi o pior dos lacaios da burguesia que, deslocados primeiro pelo nazismo e então pela "vitória do comunismo na Europa Oriental", fugiram para a Grã-Bretanha em busca da ordem reacionária que desejavam. Nossa debilitada cultura foi imediatamente tomada por eles — a filosofia, por Wittgenstein, a antropologia, por Malinowski, a história, por Namier, a "teoria social", por Popper, a teoria política, por Berlin, a estética, por Gombrich, a psicologia, por Eysenck e a psicanálise, por Melanie Klein.

A tese é suportada pelos mais débeis argumentos. A filosofia britânica deve tanto a Russell e Austin quanto a Wittgenstein; a historiografia britânica deve tanto a Toynbee, Tawney e Trevor-Roper quanto a Namier; a psicanálise britânica deve tanto a Bowlby e Winnicott quanto a Klein; e assim por diante. Mas tal é o comprometimento de Anderson com sua prevista conclusão que sua identificação do inimigo e seu desdém pela árida cultura que esse inimigo tentou nos impor varrem todas as objeções. Ele pausa apenas para considerar o difícil caso da crítica literária — a defesa da própria cultura — na pessoa de Leavis. Ele está preparado para admitir que Leavis não era um "emigrante branco" (embora seu nome não seja um pouco suspeito, quando paramos para pensar?). Contudo, "não tendo nenhuma formação sociológica e registrando um declínio, mas sendo incapaz de fornecer uma teoria que o explicasse, Leavis foi pego pela armadilha do nexo cultural que odiava".

Essa rejeição é significativa. Pois uma das forças da cultura britânica é ter produzido não teorias sociológicas de si mesma, mas *crítica* social e cultural. Rejeitar Leavis é rejeitar Burke, Coleridge, Arnold, Hazlitt, Ruskin e Eliot, todos iluminadoras presenças críticas na cultura nacional. Mas indicar isso não serve ao propósito de Anderson. Tais fatos contêm sementes demais de hesitação e escrúpulos para serem usados para seu polêmico objetivo.

Há outra maneira de ver sua ficcional lista de "emigrados brancos". Namier, Wittgenstein, Gombrich, Popper, Klein, Berlin etc. eram todos total ou parcialmente judeus. Isso também deve ter sido considerado razão para rejeitá-los como "não britânicos" e a cultura promovida por eles como poluição do que, de outro modo, seria nosso socialismo nativo. Ter descoberto uma conspiração cultural liderada por emigrados brancos judeus plutocratas, envenenando nossa cultura nacional com sua poluída herança intelectual, é ter percorrido um longo caminho em uma estrada familiar e desonrosa. Talvez não seja uma crítica justa, mas o desprezo de Anderson pelas evidências e sua descuidada necessidade de uma briga claramente o levaram para águas perigosas. E a analogia nasceu de seu próprio estilo venenoso:

> O efeito entorpecedor de tal configuração cultural e sua silenciosa e constante corroboração do *status quo* social são mortais. A cultura britânica, como agora constituída, é uma forma profundamente danosa e asfixiante, operando contra o crescimento de qualquer esquerda revolucionária.

Em textos subsequentes, o veneno e o desejo de caricaturar seu alvo se tornam menos evidentes e a luta revolucionária é alegremente adiada para aqueles que virão depois de nós. Pois Anderson tem a história a seu lado e o tempo em suas mãos. Nos anos 1970, portanto, ele decidiu minar a cultura dominante ao expropriar seus recursos, a fim de construir uma versão marxista da história universal. Em dois influentes e impressionantes livros — *Linhagens do Estado absolutista* (1974) e *Passagens da Antiguidade ao feudalismo* (1974) —, ele forneceu à Nova Esquerda um muito necessário guia para o passado.

O alcance de seu conhecimento histórico nesses dois livros é extraordinário: nenhuma sociedade terrena e nenhum período parecem escapar de sua atenção e, embora suas fontes sejam amplamente secundárias, é impossível não ficar impressionado com o fato de que incluem autoridades francesas, italianas, alemãs e russas, muitas das quais permanecem sem tradução. Há, realmente, muito a ser aprendido nessas obras, tanto sobre o tema da história mundial quanto sobre a aplicação da teoria marxista ao explicá-la. Anderson tenta fazer pela visão marxista da história o que Spengler e Toynbee fizeram pelo competidor "burguês": fornecer uma única morfologia na qual qualquer desenvolvimento histórico possa se encaixar.

Se ele obteve ou não sucesso depende do que achamos que um relato marxista da história deveria ser. Até hoje, a autointitulada historiografia "marxista" se dedicou quase exclusivamente à tarefa de identificar e descrever os períodos "revolucionários", nos quais o poder é violentamente transferido de uma facção da sociedade para outra. Ademais, nem todos os modos de identificar esses períodos são genuinamente marxistas — ou seja, genuinamente comprometidos com a teoria materialista das revoluções — e é significativo que os assim chamados historiadores marxistas raramente mostrem qualquer ligação real com essa teoria.

Considere Christopher Hill, cuja análise da "revolução" britânica no século XVII se preocupa quase exclusivamente com a *ideologia* dos protagonistas e apenas brevemente com os conflitos materiais expressos nela.[31] E, na verdade, o tumulto do século XVII não pode ser explicado em termos de conflito entre forças produtivas e relações de produção. Os conflitos foram o que pareciam ser: ideológicos, políticos e pessoais, além de econômicos. Até a ideia de "antagonismo de classe" é, nesse caso, extremamente artificial, pois os grupos opostos eram, de cada posição marxista, facções no interior da *mesma* classe.

Anderson tenta retificar essa fraqueza da historiografia marxista — essa quase "burguesa" preocupação com a ideologia, as instituições e a lei. Assim, adota uma terminologia marxista impregnada com a desejada interpretação. As classes mais baixas são "os produtores", e a classe alta, "os exploradores"; a ordem econômica é um "modo de produção"; a religião, a lei e a política são "superestruturas"; a atividade econômica é "a extração da mais-valia"; e assim

[31] Ver especialmente *The Century of Revolution, 1603-1714*. Londres, 1961

por diante. Isso implica massivo comprometimento com a teoria da história de Marx, incluindo tudo que é contencioso nela, como a teoria da exploração e da mais-valia e a distinção entre superestrutura e base. Como fica a história resultante?

Nas páginas finais de *Linhagens do Estado absolutista*, lemos que:

> O capitalismo é o primeiro modo de produção da história no qual os meios pelos quais a mais-valia é retirada do produtor direto possuem forma "puramente" econômica — o contrato salarial: a troca igualitária entre agentes livres que reproduz, a cada hora e dia, a desigualdade e a opressão. Todos os modos de exploração anteriores operaram por meio de sanções *extraeconômicas* — parental, religiosa, legal ou política [...] As "superestruturas" do parentesco, da religião, da lei ou do Estado que necessariamente entram na estrutura constitutiva do modo de produção pré-capitalista não podem ser definidas *exceto* via suas superestruturas políticas, legais e ideológicas.

Em outras palavras, somente o capitalismo é realmente suscetível à descrição e explicação em termos marxistas. Nos sistemas pré-capitalistas, a superestrutura pertence à base ou, para falar mais honestamente, a distinção entre base e superestrutura desmorona e, com ela, a teoria marxista da história. A historiografia "burguesa", como exemplificado no poderoso *Constitutional History of England*,[32] de Maitland, não é diferente da historiografia marxista quando aplicada à sociedade pré-capitalista.

Se assim é, todavia, o grande design da historiografia marxista está destruído. Já não é possível ver o capitalismo como *resultado* das formações pré-capitalistas, dado que as "leis do movimento" que explicam um não explicam as outras. É igualmente impossível argumentar que o capitalismo se desenvolverá em alguma formação

[32] F. W. Maitland. *The Constitutional History of England*. Cambridge: CUP, 1909.

"pós-capitalista" ou predizer que formação será essa — pois as leis de movimento da sociedade capitalista permanecem peculiares a ela e só são aplicáveis à estreita esfera do "contrato salarial".

Nenhum membro da Nova Esquerda ficaria preocupado com essas críticas. As credenciais do parágrafo de Anderson derivam inteiramente do vocabulário marxista e do tom de voz oposicionista. Essas duas características estão conectadas. As referências a "sociedades de classes", "produtores imediatos", extração de "trabalho excedente" e "exploração" estão unidas por um *sentimento* atraente — o sentimento revelado na afirmação de que o capitalismo "reproduz, a cada hora e dia, a desigualdade e a opressão". O *bathos* de "a cada hora e dia" lembra Thompson e Williams. E serve para distrair a atenção do fato de que essa conclusão não é provada por nenhum argumento, mas meramente convidada pelo estilo. A causalidade sugerida pelo termo "reproduz" não poderia ser concebivelmente estabelecida com base nos poucos farelos de teoria que Anderson oferece. Mas o vocabulário marxista é suficiente, dado que veste a premissa do argumento de Anderson com o sentimento de sua conclusão. Como argumentei no capítulo 1, a primeira preocupação dos movimentos revolucionários de esquerda tem sido capturar a linguagem, para mudar a realidade ao mudar a maneira como a descrevemos e, consequentemente, a maneira como a percebemos. A revolução começa com um *ato de falsificação*, exemplificado igualmente pelas revoluções francesa e russa, assim como pelas revoluções culturais no campus contemporâneo.

A principal tese de *Linhagens do Estado absolutista* — a de que o Estado "absolutista" é produto do capitalismo e da superestrutura política que ele requer — é tão plausível quanto a explicação de Wittfogel para o despotismo oriental como uma política de irrigação.[33]

---

[33] Karl A. Wittfogel. *Oriental Despotism: A Comparative Study of Total Power*. New Haven, 1957.

Mesmo assim, a despeito da estranha conclusão de que os Estados Unidos modernos são mais absolutistas e opressivos que a França de Luís XIV, escritores da Nova Esquerda foram instintivamente atraídos para a interpretação de Anderson. Pois ela identifica o capitalismo como forma de opressão *política* e, desse modo, fornece um catalisador para a ação. Como com a teoria da hegemonia de Gramsci, ela identifica o capitalismo como algo *feito* e, portanto, algo que pode ser desfeito ao se desfazer a cultura capitalista.

Em *Passagens da Antiguidade ao feudalismo*, Anderson trata de uma das áreas constantemente problemáticas para a historiografia marxista, a da transição das economias antigas para as feudais. O livro é um *tour de force* de condensada erudição e detalhes. Sempre que possível, ele reproduz as explicações já oferecidas por outros marxistas. Mas a insuficiência de tais informações prontas para consumo o faz se apoiar pesadamente em fontes "burguesas". O resultado — com uma ou outra digressão — é história burguesa. O desenvolvimento do mundo antigo é descrito em termos de leis e instituições, e o que deveria ter sido a transição "revolucionária" da antiga escravidão para a servidão medieval é representada como foi: um processo de constante emancipação, interrompido por facções em luta e pelo choque entre civilizações.

Anderson reconhece que o direito romano sobreviveu à transição, assim como muitas outras instituições políticas, religiosas e sociais: fatos que são estritamente incompatíveis com a teoria marxista. Ele também reconhece que a Igreja católica influenciou e transformou a cultura do Império sem modificar seriamente sua "base material": um fato que, novamente, é incompatível com a teoria de Marx. Ele admite a grande realização civilizadora da sociedade carolíngia e a "nova síntese" por meio da qual ela preservou a realidade legal e política da Europa. E, de todas essas maneiras, repete a visão "burguesa" da história europeia, como desenvolvimento regular das instituições interrompido, como são todas as coisas, pela ambição, violência e zelo religioso de alguns instigadores e pelos ciclos de inquietação popular. Ele até mesmo reconhece que o feudalismo foi um sistema *judicial*, e não econômico, e que sua essência residia na hierarquia de instituições pelas quais a soberania era "mediada" até o súdito. Nada poderia estar mais distante de Marx, com exceção, talvez, de uma concessão final à verdade, ou seja, que muitas relações "feudais" eram, em essência, realmente "capitalistas".[34]

Anderson faz algumas tentativas de reter a teoria marxista, pelo uso do rotineiro mecanismo de epiciclos ptolomaicos. Ele admite que:

> Contrariamente a crenças amplamente recebidas entre marxistas, a "figura" característica da crise em um modo de produção não é aquela na qual vigorosas (econômicas) forças de produção irrompem triunfalmente em retrógradas (sociais) relações de produção e imediatamente estabelecem uma produtividade mais elevada e uma sociedade sobre suas ruínas [...][35]

Mas, longe de reconhecer nessa observação a morte da teoria marxista da história, ele restabelece o *status quo*. As relações de produção "devem primeiro ser radicalmente modificadas e reordenadas, *antes* que novas forças de produção possam ser criadas e combinadas para um modo de produção globalmente novo".[36] Essa emenda, contudo, reverte precisamente a causalidade postulada por Marx. Abre-se o caminho para que nos unamos aos historiadores burgueses e argumentemos que as "relações de produção" podem ser "determinadas de cima" por leis e instituições que as guiam e dificultam. Essa seria a mais razoável conclusão dos fatos que o próprio Anderson cita.

---

[34] Ver o argumento de Alan MacFarlane. *The Origins of English Individualism: Family, Property and Transition*. Londres, 1978, e a discussão sobre lei medieval da propriedade e o efeito das soluções equitativas em Arthur R. Hogue. *Origins of the Common Law*. Bloomington, Indiana: University of Indiana Press, 1966.

[35] *Passages from Antiquity to Feudalism*, p. 152-153.

[36] Idem, p. 204.

Nesse caso, já não poderíamos distinguir a base da superestrutura da maneira exigida pela teoria de Marx. É precisamente a passagem da Antiguidade para o feudalismo que mostra a invalidez da distinção. E também torna a linguagem do marxismo — "relações de produção", "forças produtivas", "produtores" e assim por diante — tanto ociosa quanto cientificamente perniciosa em suas implicações de que uma explicação desacreditada ainda pode (por alguma contorção ptolomaica) ser salva.

Como já argumentei, as revoluções começam com o encapsulamento da realidade na novilíngua e, consequentemente, são assombradas pelo medo de que a realidade escape de sua caixa e se torne visível como realmente é. Reescrever a história burguesa em marxês, como faz Anderson, é como reescrever o movimento de sonata de Haydn com um contínuo e dominante rufar de tambores, de sorte que tudo fica infectado por uma premonição de catástrofe e nada se resolve. O trabalho intelectual da Nova Esquerda tem sido não o de comprovar a teoria marxista, mas o de descrever o mundo *como se* ela fosse verdadeira, de modo que cada fato existente parece ressonar com a voz distante dos oprimidos. Talvez fosse isso que Anderson tinha em mente quando escreveu que "a linguagem, longe de sempre seguir as mudanças materiais, pode às vezes se antecipar a elas".[37] Pois a linguagem forma nossos pensamentos, nossos pensamentos informam nossas ações e nossas ações transformam o mundo. Se isso é "idealismo", que bom para o idealismo.

Nesse ponto, contudo, Anderson hesita. Pois agora confrontamos o problema da agência. A linguagem da Nova Esquerda é uma linguagem de acusação e desafio. Mas essas posturas só fazem sentido se seus alvos são concebidos como agentes, responsáveis pelas mudanças que causam. E. P. Thompson, para seu crédito, aceitou alegremente essa consequência e argumentou que, se há uma coisa

---

[37] Idem, p. 127.

chamada "luta de classes", é porque as classes são *protagonistas* da história, motivadas por identidade, responsabilidade e vida coletiva partilhadas. A classe operária foi criada, na visão de Thompson, precisamente por sua própria consciência de si quando a classe "em si" e a classe "para si" se tornaram uma só. Como argumentei anteriormente, as consequências disso são radicalmente antimarxistas, tanto teórica quanto, por assim dizer, sentimentalmente. Não surpreende, portanto, que a atitude de Thompson tenha recebido uma resposta balística de Anderson.

Em uma dessas notáveis polêmicas nas quais as pessoas da esquerda exibem sua convicção de que as disputas sérias são todas internas a seu campo, ele trata diretamente do problema da agência e escolhe Thompson como alvo. E reproduz a linha do Partido no estilo *Pravda*:

> O problema da *ordem social* será insolúvel enquanto a resposta para ele for buscada no nível da intenção (ou avaliação), por mais complexa ou emaranhada que seja a madeixa da volição, por mais definida em termos de classe que seja a luta de vontades, por mais alienado que seja o resultado final de todos os atores imputados. É, e deve ser, o *modo de produção* dominante que confere unidade fundamental a uma formação social, alocando posições objetivas às classes em seu interior e distribuindo os agentes dentro de cada classe. O resultado é, tipicamente, um processo objetivo de luta de classes.[38]

E, contudo, ele claramente não está feliz com essa linha que, ao negar a agência, transforma tanto a classe quanto seus defensores em "objetos" e a "luta de classes" em algo meramente "objetivo".

Pego nesse dilema, ele experimenta muitas incursões na verdade burguesa, confessando, por exemplo, que "a Revolução Russa é [...]

---

[38] *Arguments within English Marxism*. Londres, 1980, p. 55.

a encarnação inaugural de um novo tipo de história, fundada sobre uma forma sem precedentes de agência" — em outras palavras, a Revolução foi algo não sofrido, mas *feito*. (Os atuais livros escolares de história na Rússia a descrevem não como revolução, mas como golpe de Estado, a fim de distanciar Putin, o líder benigno, de Lenin, o assassino em massa.) E, todavia, Anderson não consegue aceitar a consequência geral, que é o fato de a moderna história ser mais um padrão de escolha coletiva que uma transformação material.

Ele se resgata desse dilema com a ajuda da opacidade althusseriana. O "erro conceitual" de Thompson, argumenta,

> é amalgamar essas ações, que são de fato volições conscientes no nível pessoal ou local, mas cuja incidência social é profundamente *in*voluntária (relações entre idade de matrimônio, digamos, e crescimento populacional), com *aquelas ações que são volições conscientes no nível de sua própria incidência social*, sob a única rubrica de agência.[39]

Fica aparente, nessa frase, o quão útil para a Nova Esquerda tem sido o mecanismo althusseriano de enfática falta de sentido — ou antes, *enfática falta de sentido*. Thompson é castigado, acima de tudo, por ter visto que Althusser é uma fraude.

É inútil discutir com Anderson. A própria qualidade de sua prosa nesse confronto ideológico mostra a extensão em que a novilíngua marxista se tornou, para ele, não um instrumento de pensamento, mas uma defesa contra ele. O ultraje cometido por Thompson foi precisamente não ter chegado a tal nível de desonestidade intelectual que a diferença entre ciência e alquimia já não importava para ele. Thompson estava preparado até mesmo para insistir no "óbvio ponto, que os marxistas modernos ignoraram, de que há uma diferença entre o poder arbitrário e o império da lei".[40] A observação

---

[39] Idem, p. 21.

[40] E. P. Thompson. *Whigs and Hunters: The Origins of the Black Act*. Londres, 1975, p. 266.

provoca uma tempestade de protestos de Anderson, que ataca com cada sofisma sob seu comando, argumentando, no fim, que "uma tirania pode perfeitamente ser regida pela lei: suas próprias leis".[41]

Na verdade, as tiranias comunistas não podiam governar pela lei, nem mesmo suas *próprias* leis, das quais a polícia secreta e o Partido estavam isentos. Se Thompson se provou ocasionalmente tão perturbador para a Nova Esquerda, foi parcialmente por causa de sua habilidade de remover todo o lixo ideológico que foi empilhado contra as portas pelas quais os fatos poderiam entrar. Por trás da polêmica de Anderson, existe uma tentativa desesperada de salvar a "verdade socialista" das maliciosas invasões da realidade.

No fim, contudo, a linguagem fortificada da Nova Esquerda não garantiu sua sobrevivência emocional. Provou-se necessário, durante o reinado de Anderson na *NLR*, manter os desacreditados mitos da história marxista — por exemplo, o mito de que a classe operária inglesa foi *traída* por sua autoconsciência, que a levou a escolher a parlamentar, e não revolucionária, "estrada para o socialismo".[42] Foi necessário aceitar a enganosa teoria da "revolução traída" de Trotski, dado que, "como cada estudo marxista sério da revolução demonstrou, foi o cruel ambiente interno de escassez geral, aliado à emergência externa do cerco militar imperialista, que produziu a burocratização e o Estado na URSS".[43] A escolha da linguagem é reveladora: não chegar à conclusão correta é simplesmente mostrar que você não é, afinal, um marxista sério. Além disso, revoluções tardias se beneficiaram do alterado equilíbrio de forças causado pela stalinização e, assim, podemos ter certeza de que, no longo prazo, o processo foi benéfico. Quanto àqueles historiadores burgueses que coletaram o que julgaram ser evidências conclusivas de que a

---

[41] *Arguments within English Marxism, op. cit.*, p. 198.

[42] Idem, p. 46.

[43] Idem, p. 121. Para uma esmagadora refutação dessa declaração, ver Mikhail Heller e Aleksander Nehrlich. *Utopia in Power*. Nova York: Simon & Schuster, 1986.

"escassez" mencionada por Anderson foi deliberadamente criada por Lenin e pelos bolcheviques, seus argumentos simplesmente não merecem menção. Se, de tempos em tempos, um desertor da Nova Esquerda diz algo desconfortável, todo o aparato da novilíngua stalinista pode ser chamado para enterrá-lo:

> [...] o leninismo que Althusser buscou retomar foi esmagado pela manipulação burocrática das massas e pela colusão diplomática com o imperialismo do Partido Chinês, no qual ele ingenuamente tentou projetá-lo. No Ocidente, a colheita do maoismo, por sua vez, cedeu abundantes renegados para a direita. Glucksmann e Foucault, anteriormente saudados por Althusser, competem hoje em zelo pela guerra fria com Kołakowski, já saudado por Thompson. É difícil pensar em qualquer aderente do humanismo socialista que tenha afundado tanto como literato quanto Sollers, recente defensor do materialismo anti-humanista [...][44]

Subsequentemente, em *Nas trilhas do materialismo histórico* (Londres, 1984), Anderson se voltou contra as modas continentais com as quais já enchera as páginas da *NLR*. O "estruturalismo" e o "pós-estruturalismo" foram considerados hostis à constante busca por uma filosofia marxista viável. Paris foi denunciada como "capital da reação", com toda a alternativa trotskista sendo manchada pela "exorbitância da linguagem" francesa, assim como pelos mitos e ilusões que crescem em sua própria unilateralidade. Até Habermas — respeitado por sua obstinada reiteração dos compromissos esquerdistas — falha, no fim, em fornecer a ponte para o verdadeiro agente de emancipação: a classe operária revolucionária. E assim por diante. O que é notável em tudo isso não é a mudança de foco ou inimigo, mas sim o que permanece inalterado e era, na verdade, a

[44] Idem, p. 110.

maior de todas as ilusões: o mito da classe operária revolucionária, que não apenas deseja "emancipação", como a deseja por meio de uma aliança com pessoas como Anderson.

Assim, como foi construída sobre a teoria gramsciana do "bloco histórico", a "revolução cultural" finalmente morreu na Grã-Bretanha. A parte crucial daquele bloco, a classe operária revolucionária, ausentou-se sem permissão por volta dos anos 1970. As guerras culturais, como consequência, migraram para os Estados Unidos, país que jamais teve proletariado revolucionário e onde há apenas a cultura para capturar. A cultura permaneceu o principal campo de batalha entre a esquerda e a circundante "ordem" capitalista, mas a batalha foi lutada por pessoas que a viam somente em termos culturais, sem referência a um parceiro proletário. Os guerreiros culturais americanos não rejeitaram, como Thompson e Anderson, as alternativas estruturalistas e pós-estruturalistas criadas em Paris, acolhendo-as como chave para remodelar todo o programa. Duas figuras, em particular, foram influentes nesse processo: Richard Rorty e Edward Said. Renunciando a qualquer tentativa de se unir a uma classe operária revolucionária, eles focaram em privar a herança cultural americana da crença em sua própria legitimidade.

Richard Rorty (1931-2007) se definia como "pragmatista", alguém que renunciou à distinção entre verdade e utilidade. Em suas palavras:

> Pragmatistas veem a verdade como [...] o que *nos* é benéfico acreditar [...] Veem a distância entre verdade e justificativa não como algo a ser eliminado pelo isolamento de uma espécie natural e transcultural de racionalidade que pode ser usada para criticar certas culturas e elogiar outras, mas simplesmente como a distância entre o bom real e o melhor possível [...] Para os pragmatistas, o desejo pela objetividade não é o desejo de escapar às limitações da comunidade,

> mas simplesmente o desejo por tanta concordância intersubjetiva quanto possível, o desejo de estender a referência do "nós" o mais longe que pudermos.[45]

O pragmatismo nos permite ignorar a ideia de uma "transcultural [...] racionalidade". Não importam as velhas ideias de objetividade e verdade universal; tudo que importa é o fato de que *nós* concordamos.

Mas quem somos nós? E sobre o que concordamos? Volte-se para os ensaios de Rorty e descobrirá. Somos todos feministas, liberais, defensores das causas radicais do momento e do currículo aberto; não acreditamos em Deus ou em alguma religião herdada, nem nas velhas ideias de autoridade, ordem e autodisciplina. Decidimos quanto ao sentido dos textos, ao criar, por meio de nossas palavras, um consenso que nos inclua. Não há limitações, com exceção da comunidade a que escolhemos pertencer. E, como não há verdade objetiva, mas apenas nosso próprio consenso autogerado, nossa posição é incontestável de qualquer ponto de vista externo a ela. Os pragmatistas não apenas decidem o que pensar, eles se protegem de quem quer que não pense o mesmo.

O argumento de Rorty nos lembra que a tradicional cultura superior dos Estados Unidos não é criação "burguesa", mas uma expressão do Iluminismo, um depósito criado pela extraordinária tentativa de transcrever a soberania popular em um estado de direito duradouro. Aos seus próprios olhos, o Iluminismo envolvia a celebração dos valores universais e da natureza humana comum. A arte do Iluminismo se estendia a outros lugares, tempos e culturas, em uma heroica tentativa de defender uma visão do homem como livre e autogerado. Essa visão inspirou o velho currículo e questioná-la tem sido a principal preocupação da universidade americana pós-moderna.

---

[45] *Objectivity, Relativism and Truth*. Cambridge: CUP, 1991, p. 22-23.

Isso explica a popularidade do outro guru relativista que citei — Edward Said (1935-2003). Trinta anos atrás, Said publicou seu livro seminal, *Orientalismo*, no qual castigou os eruditos ocidentais que haviam estudado e comentado a sociedade, a arte e a literatura do Oriente. Ele acusou os orientalistas de terem uma atitude denegritória e paternalista em relação às civilizações orientais. Aos olhos ocidentais, o Oriente surgia, segundo ele, como mundo de indolência e vaporosa intoxicação, sem a energia ou a iniciativa glorificadas nos valores ocidentais e, consequentemente, separado das fontes de sucesso material e intelectual. Ele foi retratado como "Outro", o opaco espelho no qual o intruso ocidental colonial não via nada além de sua face resplandecente.

Said ilustrou essa tese com citações altamente seletivas, relacionadas a uma variedade muito estreita de encontros Oriente-Ocidente. E, enquanto despejava tanto desprezo e veneno quanto podia sobre os retratos ocidentais do Oriente, não se preocupou em examinar qualquer retrato oriental do Ocidente ou fazer qualquer tipo de julgamento comparativo para determinar quem foi injusto com quem.

Seus alvos não eram meramente acadêmicos vivos como Bernard Lewis, que conheceu o mundo muçulmano e sua cultura muito melhor que ele. Ele estava atacando uma tradição acadêmica que pode reivindicar justamente ser uma das reais conquistas morais da civilização ocidental. Os acadêmicos orientalistas do Iluminismo criaram ou inspiraram obras que entraram para o patrimônio ocidental, da seminal tradução de Galland para *As mil e uma noites*, de 1717, passando pela *West-Östlicher Diwan* de Goethe e chegando ao *Rubaiyat de Omar Khayyam* de Fitzgerald. É claro que essa tradição também foi uma apropriação — uma remodelação de material islâmico da perspectiva ocidental. Mas por que não reconhecer isso como tributo, em vez de desrespeito? Você não pode se apropriar do trabalho de outros se os vê como fundamentalmente "Outros".

Na verdade, as culturas orientais têm uma dívida para com seus estudantes ocidentais. No século XVIII, no momento em que Abd al-Wahhab fundava sua particularmente obnóxia forma de islamismo na península Arábica, queimando livros e cortando as cabeças dos que discordavam dele, Sir William Jones coletava e traduzia tudo que conseguia encontrar de poesia persa e árabe e se preparava para navegar até Calcutá, onde serviria como juiz e pioneiro no estudo das línguas e culturas hindus. O wahabismo chegou à Índia ao mesmo tempo que Sir William e começou imediatamente a radicalizar os muçulmanos, iniciando o suicídio cultural que o bom juiz fazia seu melhor para evitar.

Se os orientalistas têm uma falha, não são suas atitudes paternalistas ou colonizadoras, mas, ao contrário, sua lamentável tendência de "se tornarem nativos", à maneira de Sir Richard Burton e T. E. Lawrence, permitindo que seu amor pela cultura islâmica altere sua percepção das pessoas, a ponto de falharem, como Lawrence, em reconhecer que pessoas e cultura já não têm muito em comum. Mesmo assim, seu trabalho é um admirável tributo ao universalismo da civilização ocidental e foi desagravado por Robert Irwin em um livro que mostra que *Orientalismo*, de Said, é um escândalo de pseudoerudição, comparável às obras de Aleister Crowley e Madame Blavatski.[46] Irwin expõe os erros, omissões e mesmo mentiras contidas no livro e, se já não estivesse antes, agora é óbvio que a principal razão para a popularidade de Said em nossas universidades é o fato de que forneceu munição contra o Ocidente.

Essa, contudo, é uma conclusão deprimente. Pois sugere que as guerras culturais terminaram, nos Estados Unidos, em uma vitória quase universal da esquerda. Muitos daqueles que foram apontados como guardiões da cultura ocidental irão se aproveitar de qualquer

---

[46] Robert Irwin. *For Lust of Knowing: The Orientalists and their Enemies*. Londres: Allen Lane, 2005.

argumento, mesmo que falho, ou de qualquer título acadêmico, mesmo que falso, para denegrir sua herança cultural. Entramos em um período de suicídio cultural, comparável ao sofrido pelo Islã após a ossificação do Império Otomano. Encorajados por Said, os estudantes primeiro aprendem a desprezar, e finalmente a esquecer, a perspectiva que levou aqueles nobres orientalistas a assumirem a tarefa com a qual somente alguém impregnado de cultura ocidental poderia sonhar — a de resgatar uma cultura que não a própria.

É claro que Said é veemente ao rejeitar essa tentativa e a cultura que a inspirou. Enquanto nos exorta a julgar outras culturas em seus próprios termos, ele nos pede para julgar a cultura ocidental de um ponto de vista externo — para compará-la às alternativas e julgá-la negativamente, como etnocêntrica e mesmo racista. Contudo, as críticas à velha cultura americana são, na realidade, endossos de suas reivindicações. É graças ao Iluminismo e a sua visão universal dos valores humanos que a igualdade racial e sexual possui tanto apelo entre os americanos. É a visão universalista do homem que faz com que os americanos exijam tanto de sua arte e de sua literatura. É a própria tentativa de adotar outras culturas que torna a arte ocidental refém das restrições mesquinhas de Said — uma tentativa que não tem paralelo na arte tradicional da Arábia, da Índia ou da África. E é somente uma visão muito estreita de nossa tradição artística que não descobre nela uma abordagem multicultural que é muito mais imaginativa que qualquer coisa que agora seja ensinada em seu nome. Nossa cultura invoca uma comunhão histórica de sentimentos enquanto celebra valores humanos universais. Está enraizada na experiência cristã, mas retira dessa fonte uma riqueza de sentimentos humanos que se espalha imparcialmente por mundos imaginários. De *Orlando Furioso* ao *Don Juan* de Byron, de *Poppeia* de Monteverdi a *Hiawatha* de Longfellow, de *Conto de inverno* a *Madame Butterfly* e *Das Lied von der Erde*, nossa cultura se aventurou continuamente em um território espiritual que não tem lugar no mapa cristão.

O Iluminismo, que colocou diante de nós um ideal de verdade objetiva, também afastou a névoa da doutrina religiosa. A consciência moral, separada da observância religiosa, começou a se ver de fora. Ao mesmo tempo, a crença em uma natureza humana universal, tão poderosamente defendida por Shaftesbury, Hutcheson e Hume, manteve o ceticismo a distância. A sugestão de que, ao traçar o curso da simpatia humana, Shaftesbury e Hume meramente descreviam um aspecto da cultura "ocidental" seria vista como absurdo por seus contemporâneos. As "ciências morais", incluindo o estudo da arte e da literatura, eram vistas, nas palavras de T. S. Eliot, como "busca comum do julgamento verdadeiro". E essa busca comum ocupou os grandes pensadores da era vitoriana que, mesmo ao fazerem suas primeiras incursões na sociologia e na antropologia, acreditavam na validade objetiva de seus resultados e em uma natureza humana universal que lhes seria revelada.

Como resultado das guerras culturais, tudo isso mudou profundamente. No lugar da objetividade, temos apenas "intersubjetividade" — em outras palavras, consenso. Verdades, significados, fatos e valores agora são vistos como negociáveis. A coisa curiosa, contudo, é que essa subjetividade confusa anda junto com uma vigorosa censura. Aqueles que colocam o consenso no lugar da verdade rapidamente se veem distinguindo o verdadeiro do falso consenso. E, inevitavelmente, o consenso está "com a esquerda". Por que deve ser assim é a questão que tento responder neste livro.

Assim, o "nós" de Rorty exclui rigorosamente todos os conservadores, tradicionalistas e reacionários. Somente liberais de esquerda podem pertencer a ele, assim como apenas feministas, radicais, ativistas gays e antiautoritários podem tirar vantagem da desconstrução; apenas oponentes do "poder" podem fazer uso das técnicas de sabotagem moral de Foucault; e apenas "multiculturalistas" podem se servir da crítica de Said aos valores iluministas. A inescapável conclusão é que subjetividade, relatividade e irracionalismo são defendidos não para incluir todas as opiniões, mas precisamente para excluir as opiniões das pessoas que acreditam na velha autoridade e na velha verdade objetiva. É um atalho para a nova hegemonia cultural de Gramsci: não para defender a nova cultura contra a antiga, mas para mostrar que não há espaço para nenhuma delas, de modo que nada resta, com exceção do comprometimento político.

Desse modo, quase todos que esposam dos "métodos" relativistas introduzidos nas ciências humanas por Foucault, Derrida e Rorty aderem veementemente ao código de correção política que condena os desvios em termos absolutos e intransigentes. A teoria relativista existe a fim de apoiar uma doutrina absolutista. Não devemos nos surpreender, portanto, com a extrema desordem que tomou o campo da desconstrução quando se descobriu que um de seus principais eclesiásticos, Paul de Man, já tivera simpatias nazistas. É manifestamente absurdo sugerir que uma desordem similar teria se seguido à descoberta de que já fora comunista — mesmo que tivesse tomado parte de algum grande crime comunista. Em tal caso, teria gozado do mesmo compassivo endosso concedido a Lukács, Merleau-Ponty e Sartre. O ataque ao sentido realizado pelos desconstrucionistas não é um ataque aos "nossos" sentidos, que permanecem exatamente o que sempre foram: radicais, igualitários e transgressivos. É um ataque aos sentidos "deles" — os sentidos enclausurados em uma tradição artística de pensamento e passados de geração em geração pelas antigas formas de ensino acadêmico.

É preciso ter tudo isso em mente ao considerarmos o corrente estado das guerras culturais na Grã-Bretanha e nos Estados Unidos. Embora haja áreas como a filosofia, que durante muitos anos foi imune ao subjetivismo prevalente, elas também começam a sucumbir. Professores que permaneceram ligados ao que Rorty chama de "tipo natural e transcultural de racionalidade" — em outras palavras, que acreditam que podem dizer algo permanente e universalmente verdadeiro sobre a condição humana — acham cada vez mais difícil apelar a estudantes para quem a negociação assumiu o lugar do argumento racional. Explicar a ética aristotélica e indicar que as virtudes cardeais defendidas por Aristóteles fazem parte da felicidade das pessoas modernas tanto quanto faziam parte da felicidade dos antigos gregos é convidar à incompreensão. O melhor que o estudante moderno consegue é sentir curiosidade: é assim, reconhecerá ele, que *eles* viam a questão. Sabe-se lá como *eu* a vejo.

A partir desse estado de confuso ceticismo, o estudante pode dar um salto de fé. E o salto jamais é para trás, para o velho currículo, o antigo cânone, a antiga crença em padrões objetivos e maneiras estabelecidas de vida. É sempre um salto adiante, para o mundo da livre escolha e da livre opinião, no qual nada possui autoridade e nada é objetivamente certo ou errado. Nesse mundo pós-moderno, não há coisas como julgamento adverso — a menos que seja o julgamento de um juiz adverso. É um mundo playground, no qual todos têm o mesmo direito a sua cultura, seu estilo de vida e suas opiniões.

E é por isso que, paradoxalmente, o programa pós-moderno é tão censurador — exatamente do modo como o liberalismo de esquerda é censurador. Quando tudo é permitido, é vital proibir o proibidor. Todas as culturas sérias foram fundadas na distinção entre certo e errado, verdadeiro e falso, bom e mau gosto, conhecimento e ignorância. Foi à perpetuação dessas distinções que, no passado, as ciências humanas se devotaram. Daí decorre que o ataque ao programa e a tentativa de impor um padrão de "correção política" — o que significa, na verdade, um padrão de não exclusão e não julgamento — também têm como objetivo autorizar um tipo veemente de julgamento, contra todas aquelas autoridades que questionam a ortodoxia da esquerda.

A consciência subliminar desse paradoxo explica a popularidade dos gurus a que me referi. As crenças relativistas existem porque sustentam uma comunidade — uma nova Umma dos desenraizados. Assim, em Rorty e Said, encontramos uma partilhada duplicidade de objetivos: de um lado, minar todas as reivindicações de verdade absoluta e, do outro, defender as ortodoxias de que suas congregações dependem. O próprio raciocínio que pretende destruir as ideias de verdade objetiva e valor absoluto impõe a correção política como absolutamente obrigatória e o relativismo cultural como objetivamente verdadeiro. A revolução cultural de Gramsci, transferida para o campus americano e para a *New York Review of Books*, tornou-se um verme corrosivo na cultura, um repúdio instintivo, mas não trouxe nada para ficar no lugar das coisas que destruiu, com exceção de um sombrio relativismo. A conclusão final das guerras culturais foi a de que a antiga cultura nada significa, mas apenas porque não há nada para significar.

8.

O Kraken acorda: Badiou e Žižek

A revolução cultural iniciada por Gramsci definhou no relativismo vazio que acabei de descrever. Gramsci esperava substituir a cultura burguesa por uma nova e objetiva hegemonia cultural. Mas foi frustrado pelo repúdio à própria ideia de objetividade e pelo trabalho puramente negativo do confortável professorado nos Estados Unidos. Por algum tempo, pareceu que todo o programa revolucionário chegara ao fim. Na França, os maoistas de 1968 se esquivaram ou se uniram à causa anticomunista, como Stéphane Courtois; Perry Anderson parou de editar a *New Left Review*, dedicando-se à análise política na imprensa "burguesa"; Williams, Thompson, Deleuze, Rorty e Said estavam mortos e Habermas estava ocupado enterrando a mensagem da esquerda em página após página de hesitações burocráticas. Enquanto isso, os sistemas comunistas no império russo haviam ruído e a China estava a caminho de se tornar um centro de capitalismo transnacional, combinando em sua louca orgia de consumo algumas das piores características de cada sistema de governo na memória viva.

Mas foi exatamente nesse momento, na virada para o século XXI, que o monstro começou a se agitar nas profundezas. E, quando emergiu do mar de nossa complacência, falou como Marx e Sartre haviam falado, na linguagem da metafísica. Empurrou para o lado o ouropel da cultura de consumo para surgir em sua forma primordial, invadindo o mundo dos fenômenos como Erda em *Das Rheingold*, como a voz do próprio Ser. Somente na França tal evento poderia ocorrer, mas, tendo ocorrido, recrutou seguidores em todo o mundo intelectual.

Os fundamentos da aritmética, de Frege, e a teoria das descrições de Russell retiraram as ideias de existência e multiplicidade do submundo metafísico e as trouxeram à luz da lógica formal. A filosofia analítica herdou dessas fontes uma profunda relutância em considerar a questão do "ser enquanto ser". A questão ponderada no poema do pré-socrático Parmênides e discutida em um dos mais difíceis diálogos de Platão, sobre a existência do Um e se o Muitos faz parte do Um, não tem sucessor claro na filosofia anglo-americana[1] Os enigmas sobre a unicidade da realidade última herdados da filosofia islâmica e chegando a seu surpreendente apogeu em Spinoza foram colocados de lado como ilustrando "o enfeitiçamento da inteligência através da linguagem", como disse Wittgenstein. O ser não se torna um campo de investigação legítimo só porque o escrevemos como *sendo* ou *estado de ser* ou o dividimos em variedades (ser-à-mão, ser--para-a-morte, ser-adiante-de-si-mesmo e assim por diante), como faz Heidegger. Entendemos o ser refletindo sobre a lógica da referência e sobre a conexão entre referência e identidade. Tal é a hipótese de fundo de uma impressionante tradição literária filosófica que inclui *Indivíduos*, de Strawson; *Sameness and Substance*, de Wiggins; *Palavra e objeto*, de Quine; *Logic Matters*, de Geach; *O nomear e a necessidade*, de Kripke; e muitas outras obras igualmente desafiadoras.

Nenhuma hipótese assim se estabeleceu na França. Seguindo as reflexões de Bergson sobre o tempo e a consciência, e o desvelamento

---

[1] Embora Russell, em sua *História da filosofia ocidental*, dê a Parmênides o crédito por abordar pela primeira vez o tópico das afirmações existenciais negativas.

de Hegel feito por Kojève, a filosofia francesa se voltou para a questão do ser, sendo ou estado de ser. A publicação de *O ser e o tempo*, de Heidegger, foi recebida por Sartre com um senso de choque, e a existência dessa obra, com sua estranha e atraente linguagem, sugerindo que o autor estava, pela primeira vez, relatando um encontro próximo com o Ser, mudou o curso da filosofia francesa. Até então, os filósofos franceses haviam sido afligidos pelo que se poderia chamar de "inveja do estado de ser", uma sensação de ter perdido a real capacidade de pensamento filosófico e uma determinação para capturar o Ser e colocá-lo para seu próprio uso, em particular o uso da revolução. Daí o grande tratado de Sartre *O ser e o nada*. E daí *Diferença e repetição* de Deleuze, cujo plano, como sugeri no capítulo 6, é substituir o ser pela diferença e o tempo pela repetição, a fim de subverter toda a metafísica subjacente (como Deleuze a concebia) às formas "ocidentais" de pensamento.

A mesma causalidade pode ser testemunhada no título do livro que Alain Badiou descreve (no prefácio da edição inglesa) como "grande" obra de filosofia: *O ser e o evento*. Mas há outras influências em curso nessa impressionante e misteriosa produção, incluindo duas crenças que estavam no ar em 1968 e das quais Badiou, apesar de toda sua sofisticação, jamais se desviou. A primeira é a de que Jacques Lacan não foi o charlatão louco que descrevi no capítulo 6, mas um grande contribuidor para a autocompreensão de nossa era. Minha fé residual na natureza humana me leva a pensar que essa crença se desvanecerá com o tempo. Por enquanto, temos de aceitar que é partilhada por muitas das mais influentes figuras da cultura francesa, sem falar dos professores de literatura em todos os Estados Unidos.

Em particular, é partilhada por aqueles, entre os quais Badiou, que frequentaram os seminários de Lacan e testemunharam sua incrível habilidade de apagar segmentos inteiros da realidade com sortilégios. "Não há sujeito"; "não há grande Outro"; "não há relação sexual"; "você não ex-siste"; "a busca pela verdade oculta a castração": tais mantras ressoam através dos anos desde aqueles fatais seminários, como maldições ancestrais cuja aura jamais pode ser dissolvida. Um sortilégio em particular fascina Badiou, uma vez que parece se conectar com sua abordagem da questão do ser através do antigo enigma do Um: *"il y a de l'Un"* ou, às vezes, de maneira ainda menos gramatical, *"il y a d'Un"*, que poderíamos traduzir como "há algo do Um", "há um punhado de Um" ou mesmo "há o Um, até certo ponto".

A outra crença que guiou a filosofia de Badiou durante toda sua vida é a de que existem eventos decisivos que irrompem no esquema das coisas e conduzem ao futuro. O verdadeiro intelectual deve se ligar a tais eventos e permanecer "leal" a eles, apesar de todas as decepções. Badiou foi estudante de Althusser e se comprometeu com a grande revolução proletária que libertaria a humanidade de suas amarras. Mas também era um maoista que perdeu os eventos de 1968 e tentava compensar esse fato dirigindo pequenas células de ativistas revolucionários dedicados a derrubar o sistema.[2] Em um ensaio publicado pela primeira vez em 1977, ele escreveu que "há apenas um grande filósofo em nosso tempo: Mao Tsé-tung".[3] E permaneceu convencido de que a Revolução Cultural de Mao é o paradigma que o intelectual contemporâneo deve seguir. Relutantemente, concedeu através dos anos que ela saiu do controle, mas permanece "leal", mesmo assim, a seu significado mais profundo. A "lealdade" ao Evento é o que decidiu justificar, não como escolha ética, mas como necessidade metafísica, uma verdade implantada na natureza do próprio ser.

---

[2] Um divertido, embora chocante, relato do ativismo revolucionário de Badiou foi feito por Eric Conan: "Badiou, la star de la philo, est-il un salaud?", *Marianne* 671 (27 de fevereiro de 2010), p. 18. Conan responde à pergunta retórica [Badiou, o astro da filosofia, é um canalha?] de modo afirmativo e é muito difícil discordar.

[3] Alain Badiou. *The Adventure of French Philosophy*. Editado e traduzido por Bruno Bosteels. Londres: Verso, 2012, capítulo 2.

Mas como pode ser assim? Como se pode recrutar o próprio ser para o trabalho da revolução? A resposta está contida em outro mecanismo lacaniano — o "matema", que, segundo Lacan, é o "expoente de uma significação absoluta".[4] Ao vestir as grandes questões em linguagem matemática, Badiou espera remover todos os elementos de contingência e *wishful thinking* de seu programa revolucionário e apresentá-lo como fundado na "ontologia" — a pura ciência do ser. Como ele, ao contrário de Lacan, aprendera matemática suficiente para lidar com o absurdo em símbolos matemáticos, o resultado recebeu dos pasmos leitores um tipo inteiramente novo de autoridade. Ali, finalmente, estava o texto que realizava o sonho de Marx, a apresentação da política revolucionária como ciência precisa. E ali também estava a prova da ideia, tão fundamental para o marxismo em sua interpretação leninista e reiterada constantemente por Mao e Althusser, de que a história se move sobre as contradições e essas contradições são inerentes à realidade — ou seriam inerentes, se não fosse o fato, como declarou Lacan, de que a realidade nunca é realmente Real.

A posição é soletrada em *O ser e o evento* e sua sequência, *Logiques des mondes*. Essas duas obras tomam a teoria dos conjuntos como ponto de partida, e não há nada incomum nisso: a filosofia analítica, afinal, começou da mesma maneira. Os paradoxos com os quais Badiou lida — em particular os que emergem da teoria de Cantor sobre os cardinais transfinitos e da prova da incompletude de Gödel — há muito são assunto de discussão na filosofia analítica. O que é novo é a reformulação que ele faz da teoria dos conjuntos como ontologia, a pura ciência do ser, e sua tentativa de reescrever a filosofia em "matemas", fragmentos desenraizados de matemática que concedem à pura especulação a aura mágica da comprovação. O resultado é uma extraordinária confusão de sentido e falta de sentido, jargão mal aplicado e analogia inspirada.

[4] *Écrits, op. cit.*, p. 816. Edição inglesa, p. 314.

Uma dessas analogias centra-se na prova fornecida por Paul Cohen para a independência da hipótese do *continuum*, que exerceu uma influência estranha e quase alucinatória sobre o pensamento de Badiou. A hipótese do *continuum* surgiu da prova de Cantor de que há números com cardinalidade superior a Aleph-0, que é a cardinalidade das séries infinitas de números naturais. Cantor sugeriu que deve haver um sucessor para Aleph-0, o primeiro de uma série infinita de tais sucessores. Ele pensou na hipótese de que a cardinalidade desse sucessor, Aleph-1, seria aquela do conjunto potência de Aleph-0 — ou seja, 2 elevado à potência de Aleph-0, que é a cardinalidade do conjunto de números reais.[5] E sugeriu que há uma série ordenada de cardinais transfinitos mais ou menos do mesmo modo que há uma série ordenada de números naturais. Cantor esperava demonstrar que quaisquer axiomas suficientes para gerar as leis básicas da aritmética também demonstrariam que a hipótese do *continuum* era verdadeira. Mas jamais encontrou a prova, e outros foram similarmente frustrados em sua busca por ela. Então, em 1963, Paul Cohen demonstrou que a hipótese do *continuum* é independente dos axiomas da teoria dos conjuntos de Zermelo-Frankel. Assim, uma vez que os axiomas de Z-F são suficientes para gerar aritmética, a hipótese do *continuum* não é um teorema aritmético. Na opinião de Cohen, a hipótese é falsa.[6]

A hipótese do *continuum* parece plausível, argumentou Cohen, porque os matemáticos estão acostumados a criar modelos com conjuntos construtivos — o conjunto de Fs para algum dado predicado "F", na linguagem do modelo. Mas o axioma da extensão, que é a pedra fundamental da teoria dos conjuntos de Zermelo-Frankel, nos

---

[5] A prova de que a cardinalidade dos números reais é 2 elevado à potência de Aleph-0 é organizadamente explicada aos leitores leigos em Lillian R. Lieber. *Infinity: Beyond the Beyond the Beyond*. Filadélfia: Paul Dry Books, 2007, capítulo 9.

[6] Felizmente, as belamente sucintas palestras de Cohen foram transcritas e publicadas como *Set Theory and the Continuum Hypothesis*. Nova York: Dover Books, 2008.

diz que conjuntos são identificados por seus elementos, e não pelas propriedades que esses elementos partilham, de modo que, se o conjunto A tem os mesmos elementos que o conjunto B, A é idêntico a B, sem importar se os dois conjuntos reúnem seus elementos sob um único predicado no interior do modelo. Desse modo, poderia haver conjuntos que não são definíveis no interior do modelo, mas somente por reunirem seus elementos de outra maneira — em termos de uma propriedade definível no universo mais amplo da teoria dos conjuntos. Esses conjuntos "genéricos" poderiam ser empregados em provas matemáticas, mesmo que a linguagem do modelo não contivesse nenhum predicado sob o qual os reunir.

Para provar a independência da hipótese do *continuum*, precisamos encontrar um modelo — um conjunto de conjuntos — no qual os axiomas da teoria de conjuntos de Z-F sejam satisfeitos (isto é, sejam verdadeiros no modelo), ao passo que a hipótese do *continuum* não o seja (isto é, seja falsa no modelo). Enquanto lidarmos apenas com conjuntos construtivos, não poderemos provar isso. Mas, por um procedimento de "forçação" pelo qual conjuntos genéricos são pressionados no modelo, podemos produzir um modelo que satisfaça os axiomas da teoria dos conjuntos, mesmo que a hipótese do *continuum* seja falsa nesse modelo.

A prova é técnica e pertence à família de provas (incluindo a prova da incompletude de Gödel) que possuem caráter "metamatemático". Ela não prova nem desmente a hipótese do *continuum*, mas demonstra que a hipótese não é comprovável a partir de um conjunto dado de axiomas e, desse modo, não é um teorema em nenhum sistema matemático que os tome como ponto de partida. Para Badiou, isso é de grande importância, uma vez que ele vê a filosofia como um tipo de metamatemática — ou metaontologia, como a chama, cujo objetivo é fornecer uma visão geral de como o mundo deveria ser, se descrito matematicamente.

Ainda mais importante, contudo, é o fato de a prova de Cohen inspirar um salto imaginário da matemática abstrata para a história concreta. As palavras "genérico" e "forçação" se alojam no cérebro de Badiou e se tornam termos-chave de seu relato da condição humana. De acordo com ele, há quatro maneiras pelas quais buscamos, criamos e permanecemos leais aos eventos importantes (ou seja, revolucionários): amor, arte, ciência e política. E ele chama essas quatro coisas de *procédures génériques*, sem explicar o que "genéricos" significa nesse contexto, mas sempre com um olho nos matemas que podem ocultar e proteger seu objetivo final, que é o de reivindicar autoridade matemática para seu ramo particular de Utopia.[7]

Ele nos diz que uma miríade genérica é inominável e que essa produção de um grupo inominável, da liberada miríade que não pode ser confinada em nenhuma categoria, é o objetivo final de toda atividade orientada para a verdade.[8] Ademais, o Evento revolucionário se realiza pela "forçação": uma situação se torna revolucionária quando novas coisas são "forçadas" nela, coisas que não são nomináveis na linguagem da situação.[9] Em vários momentos, ele menciona a própria prova de Cohen como Evento, comparável à Revolução Francesa, à destituição da tonalidade por Schoenberg, à Revolução Cultural de Mao, a 1968 em Paris etc. Todos esses eventos geraram *"vérités soustraites au savoir"* — verdades subtraídas dos corpos de conhecimento existentes.

Tudo isso é tanto imaginativo quanto, para a audiência pretendida, excitante. Mas a que, na realidade, se resume? A prosa desliza promiscuamente da matemática para o mundo empírico e de volta; os termos cruciais, retirados de contextos técnicos que são apenas

---

[7] *L'être et l'événement*. Paris: Éditions du Seuil, 1988, p. 23.

[8] A escolha da palavra "inominável" foi fortemente influenciada pelo conto *L'innommable*, de Beckett, um de seus poucos contos que são melhores em francês que em inglês.

[9] *L'être et l'événement, op. cit.*, p. 373.

parcial ou alusivamente expostos, não recebem nenhum significado claro em seu uso ampliado e o leitor tem a inescapável impressão de que Badiou não está aplicando a matemática, mas se escondendo atrás dela. A impressão é intensificada por sua frequente evocação dos mistérios ctônicos dos pré-socráticos, que nos dizem que o Um é, ou não é, ou que tudo é fluxo, mas talvez não. Nenhuma prova é claramente exposta ou examinada, tudo permanece no nível dos primeiros passos e o jargão da teoria dos conjuntos é agitado como uma varinha mágica, a fim de dar autoridade às erupções praticamente ininteligíveis de metafísica. Eis um exemplo, no qual a discussão sobre o infinito de Cantor é misturada às reminiscências de *Parmênides*, de Platão:

> Que isso esteja no lugar desse não ser em que Cantor localiza o absoluto, ou Deus, permite-nos isolar a decisão na qual se baseiam as "ontologias" da Presença, "ontologias" não matemáticas: a decisão de declarar que, para além dos múltiplos, mesmo na metáfora de sua inconsistente grandeza, o um é.
>
> O que a teoria dos conjuntos estabelece, ao contrário, sob o efeito dos paradoxos — nos quais registra seu particular não ser como obstáculo (que, por esse critério, é *o* não ser) — é que o um não é.[10]

Desse modo, Badiou é capaz de aludir não apenas à última agenda política, mas também às mais profundas questões metafísicas, que rumorejam sob sua prosa como Alef, o rio sagrado, correndo eternamente para um oceano sem sol. A teoria dos conjuntos, como descobrimos, é uma dica para a política revolucionária e também a resposta para Parmênides, a prova final de que o Um *não é*. É claro, *il y a de l'Un*, pois podemos formar conjuntos e, quando formamos conjuntos, contamos a miríade como um. Assim, Lacan estava certo.

[10] *Being and Event*, tradução, p. 42

O Um não é, mas existe Um, mais ou menos e até certo ponto, porque podemos contar coisas como um. Contar como um é a intervenção humana primária na grande multiplicidade que nos cerca. Não obstante, como Cantor demonstrou, essa multiplicidade é, em si, não apenas incontável como também, quando tomada como todo, inconsistente; ou melhor, ela "in-consiste".

Por que Badiou tomaria a teoria dos conjuntos como autoridade para alegações tão amplas? A resposta é que ele vê a teoria dos conjuntos como ontologia, a ciência que nos diz o que definitivamente existe. Mas — e essa é a parte estonteante — a teoria dos conjuntos não pressupõe a existência de nada. Ela lida somente com conjuntos e todos os conjuntos requeridos pela aritmética — todos os números — podem ser construídos a partir de φ, o conjunto vazio, o conjunto de todas as coisas que não são idênticas a si mesmas. (Assim, para 0 temos φ; para 1, o conjunto cujo único membro é φ; para 2, o conjunto cujos elementos são φ e o conjunto cujo único elemento é φ; e assim por diante.) Esse conhecido método de construir aritmética a partir de hipóteses não ontológicas é tomado por Badiou no sentido inverso, para mostrar que a realidade final é φ — *le vide* ou o Vazio, como dizem seus tradutores. Como podemos construir matemática de hipóteses não ontológicas, seria natural concluir que não é a matemática, mas, digamos, a física que nos diz o que de fato existe. Mas não, essa não é a conclusão de Badiou. Como matemática é ontologia, argumenta ele, podemos concluir que o mundo consiste na multiplicidade e no vazio. Além disso, a multiplicidade é, pelas razões demonstradas por Cantor, essencialmente inconsistente.

Se brincar com essas ideias por tempo suficiente, você chegará a alguns espetaculares lacanismos. Por exemplo, a ontologia é uma "apresentação de uma apresentação" e, "se o múltiplo é apresentado, o um não o é".[11] φ é o "múltiplo de nada" e o axioma do conjunto nulo

[11] *L'être et l'événement*, *op. cit.*, p. 36.

nomeia o vazio como múltiplo. "O múltiplo é inconsistente — em outras palavras, ele 'in-consiste'."[12] "É verdadeiro que a inconsistência é nada; falso que não é." Donde:

> *Le vide est le nom de l'être — l'inconsistance — selon une situation, en tant que la présentation nous y donne un accès imprésentable, donc l'inaccès à cet accès, dans le mode de ce qui n'est pas-un, ni composable d'uns, et donc n'est qualifiable dans la situation que comme l'errance de rien.*[13]

Essa "errância do nada", que descreve habilmente o estilo da prosa de Badiou, também lembra o devastador anúncio de Lacan de que "Nada existe exceto na medida em que não existe".[14]

Uma das dificuldades apresentadas por *O ser e o evento* e seu sucessor, *Logiques des mondes*, é que os matemas são entrelaçados firmemente em um argumento que, na verdade, possui pouca ou nenhuma relação com eles. Quando linguistas escrevem sobre fonemas e morfemas, eles têm em mente algo preciso: as menores partes independentemente funcionais das palavras faladas ou escritas. Não é isso que Lacan ou Badiou querem dizer com matemas e nenhum deles explica o que quer dizer. O problema é piorado em francês pela ortografia — *mathème* conjura *poème* como se fossem duas posturas em relação a um único mistério. E, de fato, em certo momento, é como Badiou os trata, argumentando que a abordagem de Platão para o problema do ser é precisamente substituir o poema (como no poema de Parmênides) pelo matema, assim estabelecendo um exemplo para todos os futuros filósofos, incluindo Badiou.[15]

---

[12] Idem, p. 67.
[13] Idem, p. 69. É difícil traduzir, mas eis uma ideia: "O vazio é o nome do ser — da inconsistência — em certa situação, na medida em que a apresentação nos dá acesso inapresentável a ela, logo inacesso a esse acesso, no modo do que não é um nem composto por uns e, portanto, só é qualificável na situação como errância do nada."
[14] *Écrits*, p. 392.
[15] *L'être et l'événement*, *op. cit.*, p. 144.

Esse tipo de abracadabra não parece irritar seus seguidores, talvez porque coloque a associação no lugar do argumento e, desse modo, permita que o argumento vá para onde se quiser. Os matemas também funcionam como um tipo de novilíngua. Eles sugam a essência daquilo a que se agarram, deixando apenas as formas ressecadas de realidade destruída enquanto voam, com asas de abutre, para sua próxima tarefa. Em certo momento, Badiou, tendo tomado a música de Dutilleux e a deixado se debatendo no chão, refere-se ao "terror do matema".[16] Talvez fosse isso que tivesse em mente.

Sua empreitada enfrenta uma dificuldade que requer alguma perspicácia para ser superada: a descoberta de que a teoria dos conjuntos não é a única maneira de derivar matemática de axiomas mínimos. Também há a teoria da categoria, introduzida por Eilenberg e Mac Lane em 1945, na qual as operações matemáticas são tratadas de forma puramente sintática, como "transformações preservadoras da estrutura". Na teoria da categoria, há somente símbolos e suas transformações, e nenhum campo para as entidades a que se referem.[17]

A teoria da categoria é particularmente associada ao nome de Alexander Grothendieck, um recluso franco-alemão que seguiu carreira revolucionária durante os eventos de 1968 antes de desaparecer no Vazio e que por isso, ainda que por nenhuma outra razão, é uma pessoa importante no panteão de Badiou. Mas a implicação da teoria da categoria não é que a matemática é fundada sobre o "vazio" e sobre o procedimento de "contar como um" (ou seja, o procedimento de reunir em um conjunto), mas que a matemática *não tem* fundações ontológicas — ela pode ser construída de qualquer maneira que se queira, desde que certas transformações sintáticas

---

[16] *Logiques des Mondes*. Paris: Éditions du Seuil, 2006, p. 98.

[17] Ver Jean-Pierre Marquis. *From a Geometrical Point of View: A Study of the History and Philosophy of Category Theory*. Springer Science & Business Media, 2008.

básicas sejam seguidas de maneira sistemática. A tentativa de Badiou de tratar a matemática como se simplesmente *fosse* ontologia, portanto, envolve um tipo de sistemática percepção equivocada de seu caráter. No celebrado artigo "O que os números não poderiam ser", publicado em 1965, Paul Benacerraf fornece boas razões filosóficas para pensar que a matemática não é sobre conjuntos. Nem, em um sentido crucial, sobre qualquer outra coisa. Quaisquer elementos podem ser escolhidos como seu domínio, desde que permitam a construção de provas numéricas.[18]

Badiou lida com o problema de maneira característica. Em *Mathematics of the Transcendental*, ele apresenta os primeiros passos da teoria da categoria, mais ou menos como seriam encontrados em um livro didático introdutório. Mas, em vez de uma explicação, transforma a matemática em matemas, inserindo fragmentos de nonsense — *nonsemas*, como poderíamos chamá-los — entre os símbolos. Espera-se que o leitor tenha a impressão de que qualquer dificuldade que possa ter sido apresentada pela teoria da categoria foi superada e que ela também foi adicionada ao arsenal filosófico de Badiou. Eis um exemplo:

> Mas serão eles [o verdadeiro e o falso] realmente dois? Devemos ser cautelosos: no universo categorial, a diferença é maliciosa, e a identidade, evasiva. O verdadeiro e o falso, afinal, são duas flechas, dois monomorfismos. Além disso, esses monomorfismos elementares têm a mesma fonte (I) e o mesmo alvo (C). Não podem ser, "essas" flechas, dois nomes para o mesmo ato? Devemos então manter aquele tipo de ceticismo racional no qual os valores de verdade sobrepõem (como no pensamento de Nietzsche) sua dualidade nominal sobre um princípio idêntico de poder.[19]

---

[18] Paul Benacerraf. "What Numbers Could Not Be", *Philosophical Review* (1965).
[19] Alain Badiou. *Mathematics of the Transcendental*. Edição, tradução e apresentação de A. J. Bartlett e Alex Ling. Londres, 2014, p. 79.

Você pode quebrar a cabeça durante horas tentando encontrar o sentido de tais passagens, mas estou confiante de que elas não serão traduzíveis para nenhum outro idioma que não o próprio. Pois justapõem ideias que não possuem conexão entre si e foram retiradas do contexto que lhes dava sentido. E esse, precisamente, *é* seu sentido: como os matemas de Lacan e os rizomas — as unhas encravadas — de Deleuze, elas ensinam uma nova maneira de pensar que garantidamente levará o assunto para a direção requerida, quer lancem ou não alguma luz sobre ele.

Evidentemente, é possível que eu tenha falhado em compreender o que Badiou está dizendo em suas obras criptomatemáticas. Mas algo em seu estilo me sugere que há menos nelas do que se vê.

Os matemas não estão lá para oferecer o tipo de suporte indubitável que somente a matemática pode oferecer, mas para criar impressão de rigor em sua ausência. São usados para conceder autoridade a frases como esta: "se a ideia do ser não abre nenhuma verdade — porque uma verdade não é, mas se revela da posição de indecidível suplementação — ainda há um *ser da verdade*, que *não* é a verdade; precisamente, é o ser da última."[20] Nonsemas e matemas ficam lado a lado em uma mixórdia separada e mutuamente irrelevante. Não possuem a crucial valência que une sentença a sentença em um argumento voltado para a verdade ou fórmula a fórmula em uma prova válida e podem se acumular para sempre, sem chegar ao ponto de dizer ou revelar o que significam. Formam as conclusões do argumento de Badiou e usualmente são lançadas ao leitor como um coringa, com alguma palavra como "precisamente" ou "exatamente" enfatizando para os indecisos que o jogo ainda está valendo.

Essa maneira de escrever não é excepcional. Desde as origens da filosofia, entre os pré-socráticos, o tópico do ser gerou textos infinitamente impenetráveis que fascinam sem serem obviamente signi-

---

[20] Idem, p. 355.

ficativos. O Um de Parmênides, o ser-enquanto-ser de Aristóteles e Aquino, o *haecceitas* de Duns Escoto, o *Istigkeit* de Jakob Boehme, o ser e o vir-a-ser de Hegel — diretamente até o ser-para-a-morte e o ser-adiante-de-si-mesmo de Heidegger —, todos estão envolvidos em mistério, o mesmo mistério que cerca a ideia de Deus. Se Kant nos livrou desse encantamento quando demonstrou que a existência não é um predicado ou se Frege completou o trabalho com sua teoria do quantificador existencial, jamais teremos certeza. Pois as nuvens retornam após cada derrota e a clareira é revelada somente por curtíssimos períodos, a olhos ofuscados pela claridade. Não devemos culpar Badiou por aumentar a nuvem com matemas e nonsemas quando, de qualquer modo, ela já está tão repleta de memes e sonhos. Contudo, ele tinha um propósito especial, conectado não ao Ser, mas ao Evento, o segundo termo de seu título. A verdade filosófica como ele a vê não é sobre o Ser. É focada no Evento, e é por meio da teoria do Evento que ele tenta resgatar a consciência revolucionária que o fez pensar, em primeiro lugar.

A ideia é a seguinte. Em toda a multiplicidade pela qual estamos cercados e na qual estamos envolvidos, somos confrontados por acontecimentos que são fonte de "verdade" para nós e que então "subtraímos" do fluxo de conhecimento cotidiano. Quando compreendemos essas coisas e permanecemos leais a elas através de toda oposição e decepção, nos tornamos parte de um "processo verdadeiro". Um "processo verdadeiro" é um dos acontecimentos a que Badiou concede o honorífico título de "Evento". É uma interrupção do fluxo das coisas, uma singularidade que destrói a concepção precedente sobre o que é possível, dado que é literalmente impossível na linguagem da situação existente.

O paradigma de Badiou, aqui, é a revolução, em particular a Revolução Francesa de 1789. Ele acredita que revoluções geram suas próprias "verdades", das quais elas mesmas fazem parte. Elas existem somente se conhecerem a si mesmas como revoluções. Com um matema ou dois, isso se torna a alegação de que uma revolução é um conjunto do qual a própria revolução é elemento.[21] E isso é proibido pelo axioma da fundação — o axioma introduzido na teoria dos conjuntos de Zermelo-Frankel precisamente para evitar o paradoxo de autopertencimento de Russell. Em outras palavras, revoluções são governadas pela "linguagem da situação", pelas formas prevalentes de saberes [*savoirs*].[22] Com a erupção do evento, segundo Badiou, a situação "confessa seu vazio".[23] O "processo verdadeiro" intervém para criar uma nova condição, que é "inominável", dado que corta através de todo conhecimento existente. É um processo "genérico", cujo objetivo é coletar singularidades sem reduzi-las à classificação partilhada. A revolução visa a uma miríade sem classes. De tal processo genérico, emerge "o ser múltiplo de uma verdade".

Tudo isso é uma exuberante mistura de *wishful thinking*, agitação política e pseudomatemática. Mas dá a Badiou um veículo para sua teoria geral do Evento. Um Evento é tido como impossível até que ocorre, mas então existe total fidelidade ao "processo verdadeiro" que inicia, o processo que conduz ao futuro. Badiou usa a palavra "verdade" como foi usada por Cristo quando se descreveu como "o caminho, a verdade (*hē alētheia*) e a vida" (João, 14:6). Não é a ideia semântica comum de correspondência com os fatos, mas a exaltada ideia de fé em, e verdade para com, uma causa ou modo de ser — a "autenticidade" de Heidegger ou a "*bonne foi*" de Sartre. De algum modo, o "processo verdadeiro" oferece um caminho de redenção para a pessoa que se compromete com ele, assim como uma abertura através da qual o futuro pode entrar no mundo.

---

[21] Ver *L'être et l'événement, op. cit.*, p. 208-212.

[22] Como observado em minha discussão de Foucault no capítulo 4, *savoir* admite plural; *knowledge*, não. O uso de "*knowledges*" pelos tradutores de Badiou mostra que não estão realmente interessados na verdade do que ele diz, mas apenas em seu efeito estimulante.

[23] *L'être et l'événement, op. cit.*, p. 212.

Outro lacanismo se intromete nesse ponto. Lacan eliminou o sujeito como nome, mas forneceu um verbo para substituí-lo. Por meio de um processo de "subjetivação", eu posso começar a ex-sistir — em outras palavras, a existir objetivamente, como pessoa autoconsciente. Essa maneira particular de expressar o velho conceito hegeliano de *Entäusserung* exerceu profunda influência sobre Badiou. A subjetivação se torna uma "intervenção" por meio da qual o Evento emerge. Badiou introduz a ideia com uma pseudodefinição: "Chamo de 'subjetivação' a emergência de um operador consequente sobre uma nomeação interveniente (*une nomination intervenante*)"[24] — em outras palavras, subjetivação significa intervenção em eventos ao *nomeá-los* pelo que são, da maneira como Saint-Just e Robespierre *nomearam* a Revolução Francesa e, assim, a tornaram sua. A subjetivação sempre assume a forma de um Dois — isto é, unindo o sujeito autopercebido ao mundo mais amplo. (Exemplos de Badiou: Lenin e o Partido, Cantor e "ontologia", São Paulo e a Igreja, amante e amado...) A subjetivação é a coisa pela qual "a verdade é possível". "Ela volta o evento na direção da situação para a qual ele é Evento."[25] Também fornece o processo pelo qual um sujeito passa a ser, envolvendo o "tornar-se insubstituível" do indivíduo.[26]

Gradualmente, torna-se claro, em meio à nevoa de matemas e nonsemas, que Badiou está reescrevendo — ou antes sobrescrevendo — a filosofia sartriana do comprometimento. Ele está nos dizendo que nos tornamos sujeitos livres por meio da intervenção no curso das coisas, a fim de nos comprometermos com o grande Evento. Qual é, então, sua mensagem? Podemos, para usar a metáfora de Wittgenstein, "parti-la" através dos matemas, a fim de descobrir o real argumento por baixo deles — exatamente o mesmo ar-

---

[24] Idem, p. 430.
[25] Idem, p. 435.
[26] *Ethics: An Essay on the Understanding of Evil*. Tradução de P. Hallward. Londres: Verso, 2001, p. 43.

gumento apresentado em *Ética, A hipótese comunista* e *São Paulo*. O argumento envolve afastar-se totalmente da lógica, já não usar "verdade" como valor semântico de uma fórmula verdadeira, esquecer a ontologia e usar o jargão de "forçação", "construção" e "conjuntos genéricos" puramente como metáforas. O propósito é defender um salto de fé religioso — um salto para o desconhecido ou "inominável". E o objetivo é o velho sonho comunista de absoluta e não mediada ("genérica") igualdade.

Devemos, argumenta Badiou, distinguir o reino "ordinário" dos interesses estabelecidos e conhecimentos aprovados de um reino "excepcional" de inovações singulares ou *verdades*.[27] O reino ordinário é, como argumentou Althusser, "estruturado em dominância". Em outras palavras, consiste no familiar sistema de desigualdades, construído pelos interesses do "capitalismo" e da burguesia. É somente com uma ruptura radical que podemos descartar essas estruturas de dominância. Contudo, a ruptura é "inominável" dentro do sistema existente. Daí não podermos *provar* essa ruptura (o Evento), mas somente afirmá-la, por meio de nossa "resiliente lealdade" a suas consequências. Badiou acrescenta que o sujeito "se torna imortal" por meio da afirmação de uma verdade, como fizeram os jacobinos e bolcheviques, como fizeram amantes como Heloísa e Abelardo e como fez São Paulo — sobre o qual falaremos mais tarde. Não que vivam para sempre, mas agem *como se* fossem viver, de modo que sua *importância* vive para sempre. Ademais, é somente dessa maneira, pelo comprometimento com um "processo verdadeiro", que um sujeito emerge e se torna um indivíduo insubstituível.[28] Lealdade ao processo verdadeiro é a forma primária de "subjetivação".

Essa elevação da revolução ao status de redenção pessoal é exatamente o que parece: uma *ego trip* autodirigida cujos benefícios são

---

[27] Aqui e no que se segue, estou resumindo o argumento de *Ética: um ensaio sobre a consciência do mal.*

[28] *Ethics: An Essay on the Understanding of Evil, op. cit.*, p. 43.

claros apenas para a pessoa que embarca nela. Em todas as suas discussões das revoluções francesa, russa e maoista, Badiou presta pouca ou nenhuma atenção aos vastos sofrimentos que causaram e vê a "lealdade" ao evento como justificativa suficiente para continuar em frente. A lealdade justifica a si mesma e, de fato, só pode ser justificada assim, dado que o Evento abole a linguagem com a qual ela poderia ser criticada de qualquer posição que não a sua. O exultante intelectual, imerso em seu "procedimento verdadeiro", não precisa olhar para os corpos, pois eles pertencem ao reino ordinário de interesses e *savoirs* estabelecidos. Chute-os para fora do caminho e continue com a tarefa. A verdadeira redenção vem com a aceitação da "possibilidade do impossível, que é exposta por toda [...] sequência de políticas emancipatórias".[29]

Evidentemente, várias pessoas indicaram as consequências desse tipo de pensamento utópico — notadamente André Glucksmann e outros *nouveaux philosophes*, que assim mostraram merecer esse título. Seus argumentos são "os mais devastadores sofismas".[30] Considerar a chamada à revolução utópica é comparável a resistir a um novo paradigma na ciência[31] ou se recusar, como Stravinski, a reconhecer que o neoclassicismo "não é genérico", ao contrário do sistema dodecafônico de Schoenberg.[32] A chamada do futuro deve ser respondida em todas as áreas nas quais "procedimentos genéricos" estão disponíveis. De fato, a visão de Badiou sobre a revolução é totalmente estetizada. É você, sua pureza e sua autenticidade que estão em jogo, assim como foram para o desorientado Stravinski, e é suficiente que você permaneça leal ao "procedimento verdadeiro": a contagem de corpos só pode ser expressa em uma linguagem que, de qualquer

---

[29] Idem, p. 39.
[30] Idem, p. 13.
[31] *L'Être et l'événement*, *op. cit.*, p. 436-437.
[32] Idem, p. 443-444.

modo, não possui aplicação para o Evento.[33] É surpreendente, aos olhos de Badiou, que alguém que se intitula filósofo não veja isso.

É nos dois estágios seguintes que o argumento se torna mais revelador. Em todas as suas obras, Badiou identifica apenas quatro áreas que admitem "procedimentos genéricos" e nas quais a chamada à lealdade é ouvida: ciência (incluindo matemática), amor (com o que quer dizer amor erótico), arte e política. E é somente através da lealdade a tais "procedimentos genéricos" que podemos alcançar o bem. Assim, apenas aqueles que se dedicam à ciência, ao amor, à arte e à política podem ser bons. Todos os outros são, do ponto de vista moral, distintamente de segunda ordem. Dedique sua vida ao direito, aos negócios, à agricultura, seja alfaiate, sapateiro ou enfermeiro e estará se separando do caminho da redenção. Badiou tem uma maneira autoelogiosa de definir seu próprio caminho pela vida, presente no prefácio de seu (em minha opinião) confuso livro sobre Wittgenstein:

> [...] um filósofo é um militante político, geralmente odiado pelos poderes existentes e seus lacaios; um esteta, introduzindo as mais improváveis criações; um amante, cuja vida é capaz de virar de cabeça para baixo por causa de um homem ou uma mulher; um cientista, que frequenta as mais violentamente paradoxais aplicações das ciências. E é nessa efervescência, nessa in-disposição, nessa rebelião, que ele produz sua catedral de ideias.[34]

Tendo talhado um papel heroico para si mesmo, não surpreende que ele considere a ética do mundo em que vivemos — o mundo do capitalo-parlamentarismo[35] — uma forma de niilismo, uma recusa

[33] É assim, penso eu, que deveríamos ler a extraordinária apologia à Revolução Cultural de Mao em *L'hypothèse communiste*. Paris: Lignes, 2009, p. 90-93.
[34] Alain Badiou. *L'antiphilosophie de Wittgenstein*. Caen: Nous, 2009, p. 7.
[35] *L'hypothèse communiste*, *op. cit.*, p. 32.

em reconhecer o bem, colocando a proteção contra o mal no centro do pensamento moral. Esse, sugere ele, é o real sentido da filosofia de "direitos humanos". Essa filosofia, personificada no imperativo categórico de Kant, assume a existência de sujeitos sem aqueles heroicos atos de subjetivação pelos quais nós, os eleitos, nos atiramos no fluxo das coisas e, desse modo, as redimimos ou, se não a elas, ao menos a nós mesmos. A filosofia dos direitos humanos, portanto, coloca uma espúria universalidade no lugar onde os indivíduos criativos deveriam estar. Ainda mais importante, coloca o mal sobre o bem no esquema de valores e se presta a todas aquelas ortodoxias que perpetuam as estruturas da desigualdade — economia de mercado, direitos de propriedade, liberdade de contrato e troca, defesa dos privilégios burgueses contra os *sans-papiers* que os ameaçam. Em resumo, é "um movimento violentamente reacionário contra tudo que foi pensado e proposto nos anos 1960".[36]

Não contente em atacar a ética dos direitos humanos, Badiou desafia o que vê como principal fonte de resistência a seu tipo de absolutismo revolucionário, a saber, a filosofia moral do Outro, como encontramos nos textos de Lévinas. De acordo com essa filosofia, a vida moral decorre de meu reconhecimento do outro, que surge diante de mim com uma demanda absoluta por meu respeito e proteção e cujo reconhecimento eu busco através da mutualidade de nossas interações. Esse pensamento (catalisado novamente por Kojève, cujas palestras Lévinas frequentou) tem suas raízes na Torá e na parábola cristã do bom samaritano e está presente na filosofia no imperativo categórico de Kant e na dialética hegeliana. Mas é anátema para Badiou, uma vez que sugere outra avenida para a crença nos direitos humanos e a ética puramente negativa que me diz para respeitar a mortalidade dos seres humanos e evitar tudo que possa feri-los. O Outro de Lévinas, argumenta ele, torna-se "uma

---

[36] *Ethics, op. cit.*, p. 5.

categoria de discurso pio", um tipo de religião decomposta.[37] Além disso, o outro é aceito somente como "outro bom"; o real significado desse "alterismo" é "seja como eu e respeitarei sua diferença". É uma maneira pela qual o "homem bom", o "homem branco", mantém seus privilégios contra as ameaças radicais daqueles que são excluídos.[38] (Quem disse que os esquerdistas se opõem aos estereótipos raciais?)

Então Badiou, assim como Sartre, coloca o eu antes do outro em sua visão de salvação? A resposta é sim, e sim novamente. A única moralidade genuína, para Badiou, é aquela do "processo verdadeiro", que é confinada às quatro práticas da ciência, do amor (erótico), da política e da arte — as práticas que definem o estilo de vida de pessoas como Badiou. Ao entrar em tal processo, coloco de lado as preocupações da mortalidade para me tornar leal ao Evento.[39] A ética, como apresentada pelo sistema prevalente, é baseada na "subjacente convicção [...] de que a única coisa que realmente pode acontecer a alguém é a morte".[40] Contra essa ética, comprometo minhas energias com o "inominável", o que ainda está por ser, através de um ato de subjetivação cujo ponto final sou eu. Eu me torno verdadeiro sujeito, o artista-cientista-amante-revolucionário que se livrou das reivindicações daqueles outros pequeno-burgueses e seus direitos humanos egoístas, a fim de me tornar o "imortal da situação".[41] Donde:

> A possibilidade do impossível, que é exposta por cada encontro amoroso, cada refundação científica, cada invenção artística e cada sequência de políticas emancipatórias, é o único princípio — contra a ética dos que vivem bem, cujo único conteúdo real é o caráter decisivo da morte — de uma ética da verdade.[42]

---

37 Idem, p. 22.
38 Idem, p. 13.
39 Idem, p. 15.
40 Idem, p. 35.
41 Idem, p. 15.
42 Idem, p. 39.

Ao aceitar a "possibilidade do impossível", sou totalmente eu mesmo e também "um excesso de mim mesmo", dado que o curso incerto da lealdade "passa através de mim".[43] Esse é o significado da exortação de Lacan para *ne pas céder sur son désir*, não desistir de seu desejo. Estou, em algum sentido profundo, *sozinho* nessa aceitação do Evento. O imortal que sou capaz de ser não pode ser estimulado em mim pela sociabilidade comunicativa, ele precisa ser *diretamente* tomado por minha lealdade.[44] Ele *acontece* comigo e eu sou escolhido por ele.

Badiou ilustra essa nova ética existencialista com um exemplo surpreendente: o de São Paulo. Na estrada para Damasco, Paulo experimentou exatamente a mesma coisa que Badiou em 1968: uma súbita chamada para aceitar o impossível e permanecer leal a ele. O impossível era o Evento, e o Evento, no caso de São Paulo, era a ressurreição de Cristo. Por trás desse evento, como uma multidão pressionando a partir do futuro, estava a promessa de emancipação. Paulo convocou, por meio de sua fé, a multidão "genérica", as massas inomináveis às quais as velhas distinções já não se aplicavam. Judeu e gentio, cidadão e escravo — a todos é oferecida a revelação e todos, como Paulo, podem se livrar do corpo dessa morte e se tornar membros do corpo de Cristo, o próprio "conjunto genérico" de Deus. Assim era a Igreja, no entendimento original de Paulo.

Badiou dedica um livro inteiro a esse exemplo e frequentemente se refere a ele em outros textos. Contudo, é evidente que lança uma luz inteiramente cética sobre sua filosofia mais ampla. Paulo não estava engajado em nenhum dos quatro "procedimentos genéricos" que definem os únicos estilos de vida permitidos ao intelectual de esquerda. Não era poeta, cientista, amante ou revolucionário político. Era religioso evangelista, cidadão romano e alguém que buscava reconciliar sua nova religião com a ordem legal da qual fazia parte.

---

[43] Idem, p. 45.

[44] Idem, p. 51.

Ademais, o Evento que ele anunciava, a crença naquilo que transformaria o mundo, não é um evento que realmente *ocorreu* — não, de qualquer forma, no modo de ver de Badiou. Ele é um ateu para o qual a ressurreição dos mortos é impossível, e não há nada em seus textos que sugira que pensa diferente. Nesse caso, o mesmo não seria verdade para seu próprio "procedimento verdadeiro"? O Evento revolucionário, cujo resultado é uma condição de absoluta igualdade, não poderia ser tão impossível quanto as evidências da história sugerem que é? Não poderia ser que o impossível, afinal, não se torna possível através da minha lealdade a ele, e permanece impossível? E, se assim for, o que há de tão desprezível em pessoas como André Glucksmann e Alain Finkielkraut, que tentaram indicar isso?

Em minha opinião, todos esses argumentos céticos nada são, se comparados à real objeção ao pensamento de Badiou, que é o fato de ele ser inteiramente blindado contra a realidade. Sua rejeição da doutrina de direitos humanos é baseada em algumas poucas observações superficiais sobre Kant. As origens dessa doutrina na teoria do direito natural e no princípio de *alterum non laedere* do direito romano, sua articulação pelos tribunais ingleses de direito consuetudinário e também por Locke, sua tradução na legalidade real e promotora da paz da constituição americana — nada disso recebe menção. A ideia de direito, e toda a jurisprudência através da qual nossos sistemas legais buscaram definir e defender a soberania do indivíduo contra o poder do Estado, falha em atrair um instante de atenção da posição na qual Badiou permanece. É claro que o conceito de direitos também pode ser usado de maneira leviana, como vimos nos julgamentos do Tribunal Europeu de Direitos Humanos. Mas isso não tem importância para Badiou, que, com característica insolência, descarta, sem examinar, tanto o conceito quanto as vidas ordinárias que foram construídas sobre ele. Tais coisas não são dignas de séria atenção na exaltada postura do verdadeiro intelectual.

Do mesmo modo, seu relato sobre a Revolução Francesa como procedimento verdadeiro, justificado pela "lealdade" de Saint-Just e Robespierre ao objetivo da soberania popular, ignora cada fato histórico adverso e varre para longe toda a devastadora evidência da história, com alguns poucos golpes em François Furet.[45] Seu relato sobre o maoismo e seus efeitos é de constrangedora ingenuidade e expressa um tipo de desdenhoso desprezo pelos muitos chineses que tiveram a impertinência de prezar sua cultura tradicional em uma época na qual os intelectuais franceses, em sua ignorância, condenaram essa cultura à extinção. Badiou permanece trancado em sua fortaleza intelectual, com matemas e nonsemas mirando no inimigo, sem clemência por aqueles cuja única arma é o Real.

Assim, quando se trata de definir o mal, ele segue o caminho do Sartre tardio. O mal é a província do falso intelectual, aquele que não é leal ao verdadeiro procedimento, seja porque o trai, é iludido por um simulacro ou tenta impô-lo sem as qualificações que contém. Expor o mal dessa maneira abstrata permite que Badiou mantenha seus heróis — Saint-Just, Lenin, Mao — enquanto rejeita outros, como Hitler, que de tantos modos se parecem com eles, mas não estão (ou, ao menos, não da maneira padrão) incluídos na esquerda. Se a teoria do "Evento" e da lealdade dos intelectuais a ele justifica Lenin e Mao, também deveria justificar Hitler. Em longas e tortuosas passagens, Badiou lida com essa dificuldade, argumentando que a revolução nazista não foi um Evento real, mas um "simulacro". Ele apresenta uma hábil sequência de nonsemas para tentar se persuadir disso:

> A lealdade ao simulacro, ao contrário da lealdade ao evento, regula seu rompimento com a situação não pela universalidade do vazio, mas pela fechada particularidade de um conjunto abstrato ("ale-

---

[45] Naturalmente, *Le coût de la Révolution Française* (Paris, 1987), de René Sedillot, não recebe menção e, no que diz respeito a Badiou, toda a produção anglo-americana condenatória de Richard Cobb, Simon Schama e outros poderia muito bem não existir. Ver meu ensaio "Man's Second Disobedience" (Em: *The Philosopher on Dover Beach*. Manchester, 1989) para um levantamento de parte dessa literatura.

> mães" ou "arianos") [...] O vazio, "afastado" (*chassé*) pela falsa promoção de um "evento-substância", aqui retorna, com sua universalidade, como o que deve ser realizado a fim de que essa substância possa existir. Isso significa dizer que aquilo que é direcionado "a todos" (e "todos", aqui, é necessariamente aquilo que não pertence à substância comunitária alemã — pois essa substância é não "todos", mas alguns "poucos" que dominam "todos") é a morte [...][46]

Ele conclui que a "lealdade ao simulacro [...] tem como conteúdo a guerra e o massacre. Aqui, estes não são meios para um fim: compõem a própria realidade de tal lealdade".

Os nonsemas desviam a atenção do problema real. É verdade que a revolução de Hitler favoreceu certas classes de pessoas e condenou outras. Mas o mesmo fizeram as revoluções na China e na Rússia: para que mais serve toda aquela retórica sobre burguesia e proletariado? Reescrever o problema em termos da "fechada particularidade de um conjunto abstrato" não o fará ir embora, nem mesmo para aqueles que entenderem a alusão à prova de Cohen. Tampouco há muito alívio a ser encontrado no subentendido contraste entre a guerra e o massacre nazistas (descritos como fins em si mesmos) e as guerras e massacres comunistas (descritos como meios para um fim). Nesse contexto, e na escala em que essas coisas são exibidas, é impossível levar a distinção a sério. Alguém capaz de escrever como Badiou claramente perdeu todo senso de crime. Assim como para Hobsbawm, Sartre, Lukács e Adorno, o crime para Badiou não é crime, se o objetivo for a utopia.

A apologia, é claro, é mais longa dos que os fragmentos que escolhi. Mas demonstra o notável estado mental em que os nonsemas de Badiou fluem. Ele está nas garras de um comprometimento total com algo irreal, que é fantasiado como "procedimento verda-

---

[46] *Ethics*, *op. cit.*, p. 74.

deiro", "evento", "miríade genérica", "o inominável" — termos que nada fazem para ocultar a falta de sentido subjacente —, e igual comprometimento em varrer para longe qualquer realidade que conflite com ele. Se isso fosse meramente um exercício intelectual, um tipo de matemática fantasiosa, importaria menos. Mas, assim como Sartre, Badiou é enfático na defesa das revoluções onde quer que ocorram e rejeita o processo político em seu país por ser um "capitalo-parlamentarismo" que sempre favorece a burguesia (*les salauds*, como Sartre os chama). Seu objetivo é induzir a desconfiança pela democracia parlamentar e pelo estado de direito — dois grandes benefícios que lhe concederam uma vida de segura aposentadoria após seus anos como professor na École Normale Supérieure. E, em uma extraordinária intervenção na política de seu país, ele atacou a *barbarie sarkozyenne*, comparando o governo de Sarkozy, desfavoravelmente, com o de Stalin.[47]

Todas as evidências de que revoluções violentas conduzidas por elites exultantes levam ao genocídio, ao empobrecimento e à perda da liberdade nada contam a seus olhos, pois são evidências do mundo empírico. O verdadeiro Evento — o Evento ao qual devemos ser leais em meio às falhas meramente empíricas — ocorre em outro lugar, em um reino transcendental que também é um "tornar-se real". É um "evento verdadeiro", o que não significa que acontece — ao contrário, a verdade é definida precisamente *contra* as meras realidades. Os matemas cercam essa verdade como guardas de honra em volta do trono, tendo jurado protegê-la de todas as ameaças do "saber" daqueles que baseiam suas visões reacionárias na mera observação.

O discípulo mais influente de Badiou, Slavoj Žižek, que cresceu no relativamente ameno regime da Iugoslávia comunista, sente a mesma necessidade de desconsiderar o que lhe é informado por seus

---

[47] *De quoi Sarkozy est-il le nom?*. Paris: Lignes, 2007.

sentidos e basear sua intrépida confiança na revolução em princípios tão abstratos e enigmáticos que nenhuma prova empírica contrária seria capaz de desalojá-los. Ele adaptou para uso próprio a filosofia do Evento de Badiou[48] e se uniu a ele para expressar comprometimento público com a "hipótese comunista". Ele não vê nada errado com os matemas e nonsemas que se reúnem em volta do trono e acrescenta nonsemas próprios sempre que é desafiado. Contudo, também procura, em fontes diferentes e anteriores, provas de que a revolução, que é empiricamente impossível, mesmo assim é, e *por essa mesma razão*, transcendentalmente necessária. O resultado é um incontrolável fluxo de palavras, imagens, argumentos e referências, prosseguindo de questão em questão e especulação em especulação e, ao mesmo tempo, evitando os obstáculos reais que a mera razão coloca em seu caminho.

Para ser justo, Žižek, que se qualificou como "dissidente" durante os anos de declínio do comunismo em sua nativa Eslovênia, oferece prova de uma característica na qual o sistema comunista leva vantagem sobre seus rivais ocidentais: é extremamente culto. Escreve perceptivamente sobre arte, literatura, cinema e música e, quando considera os eventos do dia — sejam as eleições presidenciais nos Estados Unidos ou o extremismo islâmico no Oriente Médio —, sempre tem algo interessante e desafiador a dizer. Aprendeu marxismo não como perseguição extravagante de uma classe ociosa emancipada, mas como tentativa de descobrir a verdade sobre nosso mundo. Estudou Hegel profundamente e no que certamente são seus dois textos mais fundamentados — *Eles não sabem o que fazem: o sublime objeto da ideologia* (1989) e a parte 1 de *O sujeito incômodo* (1999) — mostrou como aplicar esse estudo aos confusos tempos em que vivemos. Respondeu tanto à poesia quanto à metafísica de Hegel e reteve o desejo hegeliano por uma perspectiva total na qual o ser e o nada, a afirmação e a negação, são relacionados e reconciliados.

---

48 Ver, por exemplo, Slavoj Žižek. *Event: Philosophy in Transit*. Nova York: Penguin, 2014.

Se tivesse permanecido na Eslovênia e a Eslovênia tivesse permanecido comunista, Žižek não seria a chateação que se tornou desde então. De fato, se não houvesse razão maior para lamentar o colapso do comunismo na Europa Oriental, a liberação de Žižek no mundo acadêmico ocidental talvez fosse motivo suficiente. Ao tomar a visão psicanalítica de Lacan como terreno transcendental de sua nova filosofia socialista, ele leva o nível de excitação a um nível muito superior àquele conseguido por seus predecessores. E seu estilo escorregadio e todo-inclusivo oferece insinuações constantes de um argumento persuasivo. Ao contrário de Badiou, ele pode ser lido com conforto, várias páginas de cada vez, com o total senso de que está partilhando questões que poderiam formar um entendimento entre ele e seu leitor. Ao mesmo tempo, passa rapidamente sobre declarações ultrajantes que parecem, inicialmente, ser deslizes da pena, mas que o leitor descobre, com o tempo, ser o verdadeiro conteúdo de sua mensagem.

Como indicação de seu estilo, eis aqui alguns tópicos abordados em três páginas consecutivas, escolhidas de modo mais ou menos aleatório em seu cativante livro *Em defesa das causas perdidas*: o sudário de Turim, o Corão e a visão de mundo científica, o Tao da física, o humanismo secular, a teoria do patriarcado de Lacan, a verdade na política, capitalismo e ciência, Hegel sobre arte e religião, pós-modernidade e o fim das grandes narrativas, o conceito lacaniano de Real, psicanálise e modernidade, modernização e cultura, o superego e sua relação com o fundamentalismo, solipsismo e ciberespaço, masturbação, Hegel e o espírito objetivo, o pragmatismo de Rorty e se há ou não um grande Outro.

O metralhar de tópicos e conceitos torna fácil para ele introduzir suas bolinhas de veneno, que o leitor, balançando a cabeça no ritmo da prosa, pode facilmente engolir sem perceber. Assim, não devemos "rejeitar o erro *in toto*, mas reinventá-lo";[49] devemos reconhecer que o

---

[49] Idem, p. 7.

problema com Hitler, e também com Stalin, é que "não foram violentos o suficiente"[50]; devemos aceitar a "perspectiva cósmica" de Mao e ler a Revolução Cultural como Evento positivo.[51] Em vez de criticar Stalin como imoral, devemos elogiá-lo por sua humanidade, uma vez que resgatou o experimento soviético da "biopolítica"; além disso, o stalinismo não é imoral, mas *moral* demais, uma vez que se apoiava na figura do grande Outro, o que, como todos os lacanianos sabem, é o erro primordial do moralista.[52] Também devemos reconhecer que a "ditadura do proletariado" é "a única escolha verdadeira hoje".[53]

Sua defesa do terror e da violência, sua chamada por um novo Partido organizado de acordo com princípios leninistas,[54] sua celebração da Revolução Cultural de Mao, sem considerar milhares de mortes e, de fato, saudando-as como parte do significado de uma política da ação — tudo isso poderia ter servido para desacreditá-lo entre os leitores de esquerda mais moderados, se não fosse o fato de que jamais é possível ter certeza de que está falando sério. Talvez esteja rindo, não somente de si mesmo e de seus leitores, mas também de um establishment acadêmico que o inclui, juntamente com Kant e Hegel, no programa de filosofia, com um *Journal of Žižek Studies* já no quarto ano de publicação. Talvez esteja nos alegrando durante as férias do pensamento, zombando dos idiotas que pensam que há qualquer coisa a ser feita com o pensamento que não evitá-lo:

> Aqui, contudo, devemos evitar a armadilha fatal de conceber o sujeito como o ato, o gesto, que intervém em seguida, a fim de preencher a brecha ontológica, e insiste no irredutível círculo vicioso da subjetividade: "a ferida é curada somente pela espada que a cau-

[50] Idem, p. 151-152.
[51] Idem, p. 175.
[52] Idem, p. 224.
[53] "Robespierre, or, the 'Divine Violence' of Terror". Em: Maximilien de Robespierre. *Virtue and Terror*. Londres e Nova York: Verso, 2007, p. xxvii.
[54] *Revolution at the Gates*: Londres e Nova York: Verso, 2004, p. 297.

> sou", ou seja, o sujeito "é" a própria brecha preenchida pelo gesto de subjetivação (a qual, em Laclau, estabelece uma nova hegemonia; em Rancière, dá voz à "parte que não é parte"; em Badiou, assume lealdade à Verdade-Evento etc.). Em resumo, a resposta lacaniana à pergunta (respondida de maneira negativa) de filósofos tão diferentes quanto Althusser, Derrida e Badiou — "Pode a brecha, a abertura, o vazio que precede o gesto de subjetivação ainda ser chamado de 'sujeito'?" — é um enfático "Sim!" — o sujeito é ambos ao mesmo tempo, a brecha ontológica (a "noite do mundo", a loucura de radical recuo para dentro de si) e o gesto de subjetivação que, por meio de um curto-circuito entre o Universal e o Particular, cura a ferida dessa brecha (em lacanês: o gesto do Mestre que estabelece uma "nova harmonia"). *Subjetividade é um nome para essa irredutível circularidade, para um poder que não luta contra uma força de resistência externa (digamos, a inércia de dada ordem substancial), mas um obstáculo que é absolutamente inerente, que, finalmente, "é" o próprio sujeito.* Em outras palavras, a própria tentativa do sujeito de preencher essa brecha retroativamente a sustenta e gera.[55]

Note a súbita intrusão na logorreia de uma longa frase em itálico, nem um pouco mais clara que as outras, como se Žižek tivesse feito uma pausa para concluir, antes de passar exultante para a próxima concepção semiformada.

A passagem é parte de uma contribuição à teoria lacaniana (se é que se trata de uma teoria) da "subjetivação", que já vimos em ação na filosofia de Badiou. Mas sua principal importância é expor ao leitor que, o que quer que seja dito por outros fornecedores de nonsense elegante, Žižek também o disse, e que todas as verdades, todos os insights e todos os úteis nonsemas são tributários fluindo para o irresistível fluxo de sua abrangente negatividade. A prosa é

[55] *The Ticklish Subject: The Absent Centre of Political Ontology*. Londres e Nova York: Verso, 1999, p. 158-159.

um convite: você, leitor, também deveria mergulhar nele, para ser limpo da nódoa do argumento raciocinado e gozar, finalmente, das verdadeiras águas refrescantes da mente, que fluem de tópico em tópico e de lugar em lugar, não impedidas pelas realidades e sempre fluindo para a esquerda.

Žižek publica dois ou três livros por ano. Escreve de uma irônica distância de si mesmo, consciente de que a aceitação não pode ser obtida de nenhuma outra maneira. Mas também está preocupado em solapar as plausibilidades superficiais da sociedade consumista que substituiu a velha ordem da Iugoslávia comunista e em descobrir a profunda causa *espiritual* de seus males. Quando não está escrevendo alusivamente, pulando como um gafanhoto de tópico em tópico, está tentando desmascarar o que vê como autoilusões da ordem capitalista global. Como Badiou, falha em fornecer uma alternativa clara. Mas, na ausência dela, uma alternativa confusa e mesmo uma puramente imaginária também servem, quaisquer que sejam as consequências. Como diz ele, usando a linguagem de Badiou: "É melhor um desastre de lealdade ao Evento que um não ser de indiferença em relação ao Evento."[56]

A fim de apoiar essa noção, ele usa duas fontes intelectuais, a filosofia de Hegel e as ideias de Lacan como expostas por seu genro Jacques-Alain Miller, cujo seminário frequentou durante o tempo que passou em Paris em 1981 e que também se tornou seu analista. Resumir sua posição não é fácil: ele desliza entre maneiras filosóficas e psicanalíticas de argumentar e está enfeitiçado pelas declarações sentenciosas de Lacan. É um amante do paradoxo e acredita firmemente no que Hegel chamou de "trabalho do negativo", embora levando a ideia, como sempre, um passo adiante na direção do muro de tijolos do paradoxo.

---

[56] *Lost Causes*, *op. cit.*, p. 7.

Hegel argumentou que conceitos são determinados pela negação, por meio da qual estabelecemos os limites para além dos quais eles *não* se aplicam.[57] De modo similar, sugeriu ele, chegamos ao autoconhecimento por meio de uma série de negativas. Aprendemos a distinguir o mundo de nossa vontade ao encontrarmos um limite, uma barreira, que é a fronteira apresentada pela vontade que se opõe a nós — a vontade do outro. Daí, para Hegel, a negação de nossa vontade nos tornar conscientes dessa vontade como *nossa*.

Para Žižek, as coisas são muito mais drásticas, uma vez que ele segue Lacan ao levar a negação a seu ponto extremo — não simplesmente como maneira de estabelecer limites para um conceito, mas como maneira de *cancelá-lo*. Tornamo-nos conscientes por um ato de total negação: ao aprender que não há sujeito. Em vez de sujeito, há um ato de *subjetivação*, que é uma defesa contra o sujeito — uma maneira pela qual evito me tornar uma substância, uma identidade, um centro de ser.[58] O sujeito não existe antes da "subjetivação". Mas, através da subjetivação, leio a mim mesmo na condição que precedeu minha autoconsciência. Sou o que me torno e me torno o que sou ao preencher o vazio de meu passado.

Como em Hegel, esse "passar a ser" do eu é tornado possível somente pela relação com o outro. Hegel fez uma bela e atraente descrição desse processo, que resumi no capítulo 4, e ocasionalmente Žižek se refere a ela de modo aprovador, como também à versão de Marx em suas teorias iniciais. Mas ele está muito mais interessado na mutilação da visão de Hegel nas mãos de Lacan, para quem, como vimos, o outro assume nova e misteriosa importância. Para Žižek, assim como para Lacan, há o "pequeno outro", que surge como objeto de fantasia e desejo, e o grande Outro, a imago materna que domina a criança em desenvolvimento, a autoridade que traz

---

[57] Ver Žižek. *Tarrying with the Negative*. Durham, NC: Duke University Press, 1993.
[58] *Lost Causes, op. cit.*, p. 343.

ordem, a "consistente e fechada totalidade" a que aspiramos, mas que sempre nos elude, dado que "não há grande Outro".[59] Assim como é com o sujeito, é com o objeto — ele não existe e a não existência é seu modo de existir. Esse é o aspecto de Lacan que Žižek acha mais excitante — a varinha mágica que conjura visões e rapidamente, com um aceno, as transforma em nada.

A visão mística do Outro domina seu pensamento e é usada para criar atalhos para muitas de suas surpreendentes conclusões. É pelo fato de o leninismo se apoiar na figura do grande Outro que é moral demais — uma bela desculpa que ninguém está em posição de refutar, dado que não existe nenhum procedimento, em Lacan ou Žižek, para estabelecer a existência ou não dessa mal descrita nulidade. A democracia não é a solução, porque, embora implique um "grande Outro barrado", como Jacques-Alain Miller aparentemente demonstrou, há outro grande Outro, o "grande Outro procedimental" das regras eleitorais, que têm de ser obedecidas, qualquer que seja o resultado.[60]

Mas talvez o perigo real seja o populismo, no qual o grande Outro retorna disfarçado de Povo. Ou estará tudo bem em invocar o Povo se isso for feito no espírito de Robespierre, cuja invocação da Virtude "redime o conteúdo virtual de terror de sua atualização"?[61] Não há como saber, mas quem liga? Certamente não Žižek, que se esconde atrás da saia do grande Outro sempre que os pequenos outros chegam com suas perguntas irritantes. Desse modo, ele pode se defender dos antitotalitaristas, cujos pensamentos são "um exercício sofista sem valor, uma pseudoteorização dos mais baixos e oportunistas medos e instintos de sobrevivência [...]"[62] — linguagem

---

[59] Ver "From Symptom to *Sinthome*". Em: *The Sublime Object of Ideology*. Londres: Verso, 1989.

[60] Ver *Lost Causes, op. cit.*, p. 264.

[61] Idem, p. 164.

[62] Idem, p. 7.

que tem toda a autenticidade daquelas denúncias em novilíngua que compunham os editoriais de *Pravda*, *Rudé Pravo* e do esloveno *Delo* na juventude de Žižek.

De Lacan, ele também toma a ideia de que o processo mental recai em três categorias distintas: fantasia, símbolo e busca pelo Real. O desejo chega por meio da fantasia, que propõe tanto o objeto = a (o *objet petit a*) quanto a primeira subjetivação: o estágio do espelho, no qual o desejo (e sua ausência) entra na psique infantil. Estou tentando tirar algum sentido de algo que é sempre *aludido*, mas jamais claramente explicado. Eis, pelo que vale (ou seja, zero), a explicação de um de seus discípulos:

> Há um vazio ontológico no âmago de nossa subjetividade, e é essa incompletude que o *pequeno objeto a* mascara e pelo que compensa, mas só aparentemente — a impressão de completude na identidade de alguém que o *pequeno objeto a* fornece é ilusória. É um objeto de fantasia que preenche a fissura em nosso senso de ser, surgindo da maneira como nosso investimento libidinal dá a ele uma sublimidade que não possui e não pode possuir [...][63]

Tais declarações não devem, de modo algum, ser confundidas com o grande argumento de Hegel relacionado à interdependência entre eu e outro no desenvolvimento da comunidade humana. Pois o argumento de Hegel procede por passos *a priori* cuja validade não depende da observação, mas da lógica de nossos conceitos. Ele está nos dizendo o que *é* ser uma pessoa entre pessoas e, ao mesmo tempo, permitindo todas as maneiras pelas quais uma pessoa pode diferir da outra. Não é o que fazem Lacan e Žižek, cujas declarações não podem ser concebivelmente válidas *a priori*, mas que jamais são equipadas com as evidências que poderiam apoiá-las. É-nos dito que

---

[63] Seán Sheehan. *Žižek: A Guide for the Perplexed*. Londres: Continuum, 2012, p. 21.

povoamos nosso mundo com pequenos outros e fazemos isso por meio da fantasia. Mas não nos é dada a prova dessa declaração, e muito menos uma explicação clara sobre seu significado.

Assim, a que equivale a fantasia? Ela está conectada ao termo--chave da análise lacaniana — um termo que, incidentalmente, penetrou e dominou a teoria literária francesa sob a influência de Roland Barthes —, a *jouissance*, que é o substituto de Lacan para o "princípio do prazer" de Freud. As fantasias entram em nossa vida e persistem porque trazem gozo e são reveladas em *sintomas*, fragmentos aparentemente irracionais de comportamento por meio dos quais a psique protege seu terreno de gozo das ameaçadoras realidades do mundo circundante — do mundo invisitável do Real. Essa ideia dá origem a uma espetacular emenda no conceito freudiano de superego, expressa em termos que unem Kant ao Marquês de Sade:

> É lugar-comum na teoria de Lacan enfatizar como [o] imperativo moral de Kant oculta uma obscena injunção do superego: "Goze!" — a voz do Outro nos impelindo a cumprir nosso dever é a traumática irrupção de um apelo à impossível *jouissance*, interrompendo a homeostase do princípio do prazer e sua prolongação, o princípio da realidade. É por isso que Lacan concebe Sade como a verdade de Kant [...][64]

Tendo levado a máquina de nonsense tão longe, a ponto de identificar Kant e Sade e, desse modo, rejeitar como uma espécie de obscenidade a moralidade iluminista à qual a sociedade ocidental tentou, durante dois séculos, se ancorar, Žižek é capaz de oferecer uma nova teoria da ideologia, e uma que renova a crítica marxista do capitalismo.

A ideologia, na análise marxista clássica, deve ser entendida em termos funcionais. É o sistema de ilusões por meio do qual o

---

[64] *The Sublime Object of Ideology*, *op. cit.*, p. 81.

poder adquire legitimidade. O marxismo oferece um diagnóstico científico da ideologia, reduzindo-a a um sintoma e demonstrando como as coisas *realmente* são por trás dos fetiches. Ao fazê-lo, "abre nossos olhos" para a verdade: vemos a exploração e a injustiça onde previamente víamos o contrato e a livre troca. A tela ilusória das mercadorias, na qual as relações entre as pessoas surgem como movimento legal das coisas, se desfaz diante de nós e revela a realidade humana, cruel, sem adornos e mutável. Em resumo, ao rasgar o véu da ideologia, preparamos o caminho para a revolução.

Mas, nesse caso, pergunta Žižek de modo muito razoável, por que a revolução não chega? Por que o capitalismo, tendo adquirido consciência de si mesmo, continua a impor sua sempre crescente dominação, sugando mais e mais da vida humana para o turbilhão do consumo de mercadorias? Sua resposta é que a ideologia é renovada por meio da fantasia. Agarramo-nos ao mundo das mercadorias como cenário de nossa profunda *jouissance* e evitamos a realidade além, o Real que se recusa a ser conhecido. Passamos a entender a ideologia não como servindo ao capitalismo, mas como servindo a si mesma — ela é agradável em si, da mesma maneira que a arte e a música. Entramos em uma condição que foi descrita por Gilles Lipovetsky e Jean Serroy como "estetização do mundo".[65]

A ideologia se torna um brinquedo em nossas mãos — tanto a aceitamos quanto rimos dela, sabendo que tudo tem seu preço em nosso mundo de ilusões, mas que nada de valor jamais surgirá nele. Ao menos é assim que leio observações como esta, uma das mais claras sobre o tópico:

---

[65] Gilles Lipovetsky e Jean Serroy. *L'esthétisation du monde: vivre à l'âge du capitalisme artiste*. Paris, 2013. Esse livro, escrito subsequentemente à obra mais conhecida de Žižek, contém abundante e fascinante material ligado ao mundo das coisas desejadas — um mundo simultaneamente encantado e desencantado, dado que se sabe que todas as ilusões brilhantes são ilusões e, mesmo assim, nenhuma realidade pode intervir para desacreditá-las.

> Por que essa inversão da relação entre objetivo e meios deve permanecer escondida, por que sua revelação é contraproducente? Porque revelaria o gozo que está em ação na ideologia, na própria renúncia ideológica. Em outras palavras, revelaria que a ideologia serve a seu próprio propósito, que não serve a nada — que é precisamente a definição lacaniana de *jouissance*.[66]

Nesse ponto, todavia, a clareza é imperativa. Ele está nos dizendo que o mundo das mercadorias e mercados está conosco para ficar e que devemos aprender a tirar o melhor dele? O que significa ter chegado a essa posição ao empregar aquelas estranhas categorias lacanianas que surgem em sua prosa no lugar dos fundamentos, mas que são, em si, inteiramente sem fundamento? Há um argumento real aqui, que possa persuadir alguém que não teve o benefício de uma lavagem cerebral nas mãos de Jacques-Alain Miller? Quase sempre, no momento crítico, quando um argumento claro é necessário, ele se refugia atrás de uma questão retórica na qual embala todos os misteriosos encantamentos da liturgia lacaniana:

> Não é a paradoxal topologia do movimento do capital, o fundamental obstáculo que resolve e reproduz a si mesmo por meio da atividade frenética, poder *excessivo* como a própria forma de surgimento de uma fundamental *impotência* — essa passagem imediata, essa coincidência de limite e excesso, de falta e excedente — precisamente aquela do *objet petit a* lacaniano, do resto que corporifica a fundamental e constitutiva ausência?[67]

A pressão sintática exercida por tais questões retóricas pretende levar à resposta de que "é claro, eu já deveria saber disso". O objetivo é *fugir da questão real*, que é a do significado e dos fundamentos dos

---

[66] *The Sublime Object of Ideology*, *op. cit.*, p. 84.
[67] Idem, p. 53.

termos. Eis outro exemplo espetacular, uma vez que é diretamente relevante ao tema:

> Não é o domínio último da psicanálise a conexão entre a Lei simbólica e o desejo? Não é a miríade de satisfações perversas a própria forma na qual a conexão entre Lei e desejo é realizada? Não é a divisão lacaniana do sujeito a que concerne precisamente ao relacionamento do sujeito com a Lei simbólica? Ademais, não é a confirmação última desse "Kant *avec* Sade" de Lacan, que postula diretamente o universo sadista de mórbida perversão como "verdade" da mais radical asserção de peso moral da Lei simbólica na história humana (ética kantiana)?[68]

Se você disse "não" a qualquer uma dessas perguntas, a resposta seria "Não? O que diabos você quer dizer com não?", pois a questão *real* é: "O que diabos *você* quer dizer?"

Mas isso me leva ao coração do esquerdismo de Žižek. O Real, tocado pela varinha mágica de Lacan, desaparece. É a ausência primária, a "verdade" que também é a castração. A varinha faz desaparecer a realidade e, consequentemente, dá vida nova ao sonho. É no mundo dos sonhos, portanto, que moralidade e política agora são implantadas. O que importa não é o desacreditado mundo dos meros eventos empíricos (que não são Eventos *reais*, como demonstrou Badiou), mas o que se passa no mundo dos sonhos, o mundo dos intelectuais exaltados, para os quais ideias e entusiasmos cancelam meras realidades.

Assim, em um ensaio singularmente repulsivo sobre "terror revolucionário", Žižek elogia o "terror humanista" de Robespierre e Saint-Just (oposto ao "anti-humanista" ou "inumano" terror dos nazistas), não porque tivesse qualquer consideração pelas vítimas,

---

[68] *The Ticklish Subject*, *op. cit.*, p. 152.

mas porque expressava o entusiasmo, as "utópicas explosões de imaginação política" de seus perpetradores.[69] Não importa que esse terror tenha levado ao aprisionamento de meio milhão de pessoas inocentes ou à morte de muitas mais. As estatísticas são irrelevantes, mandadas embora pela varinha de Lacan, reduzidas à raiz quadrada de menos um — um número puramente imaginário. O que é relevante é a maneira pela qual, em discursos que Žižek reconheceria como bombasticamente autoelogiosos se suas faculdades críticas não o tivessem abandonado em face de um herói revolucionário, Robespierre "redimiu o conteúdo virtual do terror de suas atualizações".[70]

Desse modo, para Žižek, o pensamento cancela a realidade quando é pensamento "de esquerda". O que você faz importa menos do que o que pensa que está fazendo, desde que o que pensa que está fazendo tenha como objetivo último a emancipação — a *égaliberté*, como disse um discípulo de Althusser, Étienne Balibar.[71] O objetivo não é igualdade ou liberdade concebidas no sentido qualificado em que você ou eu entendemos esses termos. É igualdade absoluta (com um pouquinho de liberdade no meio, se você tiver sorte), que pode, por sua natureza, ser conseguida apenas por um ato de total destruição. Perseguir esse objetivo também pode significar ser obrigado a reconhecer sua impossibilidade — não é a isso que se resumem tais projetos "totais"? Não importa. É precisamente a impossibilidade da utopia que nos prende a ela: nada pode macular a pureza absoluta daquilo que jamais será testado.

Não devemos ficar surpresos, portanto, quando Žižek escreve que "a minúscula diferença entre o *Gulag* stalinista e o campo de

---

[69] *In Defense of Lost Causes, op. cit.*, p. 175. Ver também a introdução de *Virtue and Terror, op. cit.*

[70] Idem, p. 164. Há, nessa frase, uma oblíqua referência a Deleuze, cuja "redenção do virtual" às vezes é destacada para elogio, nas bases de que o virtual é outro tipo de real. Devemos entrar nessa névoa?

[71] Étienne Balibar. *La proposition de l'égaliberté*. Paris: Presses Universitaires de France, 2010.

aniquilação nazista também foi, naquele momento, a diferença entre civilização e barbárie".[72] Seu único interesse é o estado mental dos perpetradores: foram movidos, de qualquer oblíqua maneira, por entusiasmos utópicos ou, ao contrário, por alguma ligação desacreditada? Se você se afastar um pouco das palavras e se perguntar onde está, exatamente, a linha entre barbárie e civilização em uma época na qual os conjuntos rivais de campos de morte competiam em termos de contagem de corpos, certamente colocará a Rússia comunista e a Alemanha nazista em um lado da linha e alguns poucos outros lugares, como Grã-Bretanha e Estados Unidos, por exemplo, no outro. Para Žižek, isso seria um ultraje, uma traição, uma patética recusa em ver o que realmente está em jogo. Pois o que importa é o que as pessoas *dizem*, não o que fazem, e o que dizem é redimido por teorias, por mais estúpida ou descuidadamente que sejam implantadas e por maior que seja seu desdém pelas pessoas reais. Resgatamos o virtual do real por meio de nossas palavras e os atos não têm nada a ver com isso.

Lendo Žižek, lembro-me de uma visita que fiz certa vez ao cemitério de Devichye Pole, em Moscou, no tempo de Gorbachev. Meu guia, um dissidente intelectual não muito diferente de Žižek em aparência e modo de agir, levou-me à cova de Kruchev, na qual havia um monumento projetado pelo escultor Ernst Neizvestni, escolhido para particular denúncia por Kruchev quando, em seguida à visita a uma exposição de arte moderna, decidira atacar toda a comunidade artística. Meu guia encarava essa pirraça de Kruchev com muito mais seriedade que sua destruição de 25 mil igrejas, e não achava nada errado em seu sepultamento ali, no que já fora solo sagrado.

O monumento mostra a cabeça de Kruchev montada sobre dois troncos de pedra, um preto, outro branco, simbolizando as contradições do caráter do líder. Afinal, insistiu meu guia, fora ele quem

---

[72] *Lost Causes, op. cit.*, p. 262.

denunciara Stalin e se mostrara amigo dos intelectuais, assim como fora ele quem denunciara o modernismo artístico e se declarara inimigo dos intelectuais. Compreendi dolorosamente que o povo russo em nada contara para a história intelectual do comunismo russo, nem nas mentes de seus defensores, nem nas mentes de seus críticos, para quem todo o período moderno tem sido uma espécie de diálogo — conduzido com toda a força dos pulmões e cada arma disponível — entre o Partido e a intelligentsia. Os milhões de servos foram silenciosamente para o túmulo simplesmente para ilustrar alguma conclusão intelectual e dar aos argumentos o poder da prova decisiva de outro sofrimento sem esperança.

Essa desconsideração pela realidade nos faz lembrar de um fato crucial: que o objetivo da emancipação suprema, que também é o reino da igualdade total, é uma questão de fé, não de predição. Ela expressa uma necessidade religiosa que não pode ser descartada e que sobreviverá a todas as provas reunidas para sua refutação. Por algum tempo, após 1989, pareceu que a agenda comunista fora derrotada e que as evidências indicavam a decisiva rejeição das ideias que haviam escravizado os povos da Europa Oriental desde a guerra. Mas a máquina de nonsense foi empurrada para a frente, a fim de obliterar os rebentos de argumento racional, cobrir tudo em uma névoa de incerteza e reviver a ideia — já presente e venenosa em Lukács — de que a real revolução ainda está por vir e será uma revolução do pensamento, uma libertação interna, contra a qual o argumento racional (que é mera "ideologia burguesa") não tem defesa. Dessa maneira, o reino do nonsense enterrou a questão da revolução tão profundamente sob a possibilidade de pesquisa racional que ela já não pode ser declarada diretamente.

Ao mesmo tempo, os alquimistas jamais cessaram de propor a revolução como objetivo, a coisa que finalmente seria conjurada da escuridão que seus sortilégios criaram. O que, exatamente, eles esperam? Voltemos ao mundo da análise racional, a fim de notar que há ao menos dois tipos de revolução e que é importante, quando transformamos essa palavra em ídolo, saber de qual dos dois estamos falando. Há o tipo exemplificado pela Revolução Gloriosa de 1688 e pela Revolução Americana de 1783, nas quais pessoas essencialmente cumpridoras da lei tentam definir e proteger seus poderes contra a usurpação. E há o tipo exemplificado pela Revolução Francesa de 1789 e pela Revolução Russa de 1917, nas quais uma elite toma o poder de outra e estabelece para si um reino de terror.

A diferença entre essas duas coisas é enorme e de vasta importância para nós, olhando para o curso da história moderna. Mas, de Althusser a Žižek, os alquimistas desdenham dessa distinção com um sorriso de escárnio. Para Badiou, as revoluções americana e inglesa não foram verdadeiros Eventos, mas no máximo "simulacros". Elas não cintilaram na imaginação dos exultantes intelectuais, mas meramente pressionaram por existência através das necessidades das pessoas reais. Em vez de examinar o que tais revoluções conquistaram, se talvez não tenham sido suficientes e se foram o melhor que poderíamos esperar, pensadores como Althusser, Badiou e Žižek preferem se enterrar em disputas escolásticas com seus colegas esquerdistas, alternando blocos de formidável novilíngua em torno do santuário no qual o ídolo foi escondido e salpicando as muralhas com nonsense.

Aqueles que imaginaram, em 1989, que nunca mais os intelectuais seriam pegos defendendo o Partido Leninista ou advogando os métodos de Josef Stalin não consideraram o poder devastador do nonsense. Na urgente necessidade de acreditar, de encontrar o mistério central que seria o verdadeiro sentido das coisas e ao qual uma vida pode ser dedicada, o nonsense é muito preferido ao sentido. Pois constrói um modo de vida em torno de algo que *não pode ser questionado.* Nenhum ataque razoável é possível contra aquilo que nega a possibilidade de ataque razoável. E foi assim que a utopia entrou novamente, não questionada, no lugar deixado pela teologia, a fim de erigir seu próprio *mysterium tremendum et fascinans* no centro da vida intelectual. Uma nova geração redescobriu a autêntica voz do proletariado, que fala a língua da máquina de nonsense. E, a despeito de todas as decepções, é-lhe garantido que "a ditadura do proletariado" permanece uma opção — de fato, a única opção. As provas disso estão na prosa de Žižek; ele deu sua palavra.

Nas pessoas de Badiou e Žižek, encontramos chocante evidência de que a "hipótese comunista", como Badiou a descreve, jamais desaparecerá. Apesar das tentativas de Marx de apresentá-la como conclusão de uma ciência, a "hipótese" não pode ser testada e refutada. Pois não é uma predição nem, em nenhum sentido real, uma hipótese. É uma declaração de fé no incognoscível, no inominável, na "errância do nada". Badiou e Žižek, sem hesitação, acrescentam seu peso a toda causa dirigida, de qualquer maneira, contra a ordem estabelecida das democracias ocidentais. Eles até mesmo se posicionam contra a democracia parlamentar e não têm problemas em defender o terror (adequadamente estetizado) como parte de seu glorioso distanciamento. Mas não reconhecem a obrigação de examinar ou mesmo propor uma alternativa.

Suas poucas e vazias evocações de igualdade não vão mais longe que os clichês da Revolução Francesa e são logo reeditadas como matemas, a fim de protegê-las do argumento. Mas, quando se trata de política real, eles escrevem como se a negação fosse suficiente. A intifada palestina, o IRA, os chavistas venezuelanos, os *sans-papiers* franceses ou o movimento Occupy — qualquer que seja a causa radical, o que importa é o ataque ao "Sistema". A alternativa é "inominável na linguagem do sistema". Paul Cohen não provou isso?

Em 1789, em 1917, na Longa Marcha de Mao, no Grande Salto Adiante e na Revolução Cultural, a obra de destruição se alimentou de si mesma. O Evento é "o vazio no coração do real". Lealdade ao Evento significa comprometimento com nada. O saco de vento de Žižek e os nonsemas de Badiou servem ao propósito de desviar a atenção do mundo real, das pessoas reais, da moral ordinária e do raciocínio político. Existem para promover uma única e absoluta causa, a causa que não admite crítica nem compromisso e oferece redenção a todos que a esposarem. E que causa é essa? A resposta está em cada página de seus fátuos textos: o Nada.

9.

O que é a direita?

Fundamental para a maneira de pensar da esquerda é a ordem linear implicada em seu nome. As pessoas que se descrevem como "de esquerda" acreditam que opiniões e movimentos políticos podem ser distribuídos da esquerda para a direita e que, se você não está à esquerda, está à direita. Ao mesmo tempo, por uma incansável campanha de intimidação, os pensadores de esquerda tentaram tornar inaceitável estar à direita. Como regra, eles não definem em que consiste a "direita" nem explicam por que os nacional-socialistas, fascistas e liberais econômicos deveriam ser incluídos nessa categoria. Mesmo assim, são claros sobre uma coisa. Uma vez identificado como de direita, você está além do argumento, suas visões são irrelevantes, seu caráter é desacreditado e sua presença no mundo é um erro. Você não é um oponente com o qual argumentar, mas uma doença a ser evitada. Essa tem sido minha experiência, assim como a de todos os dissidentes que conheço. Se livros de autores de direita são notados por críticos de esquerda (e, no mundo acadêmico, críticos de esquerda são a norma), é somente a fim de destruí-los.

Você pode achar que tudo isso coloca sobre os pensadores da esquerda o enorme ônus de definir sua alternativa. Mas, olhando para o sombrio cenário que percorri neste livro, vejo apenas negativas. É feita propaganda ocasional de um Estado de "emancipação", "igualdade" ou "justiça social". Mas esses termos raramente saem do reino das abstrações ou são sujeitos a sério exame. Eles não são, como regra, usados para descrever uma ordem social imaginada que seus defensores estão prontos para justificar. Em vez disso, recebem uma aplicação puramente negativa. São usados para condenar cada instituição mediadora, cada associação imperfeita, cada tentativa falha que os seres humanos já fizeram de viver juntos sem violência e com o devido respeito pela lei. É como se o ideal abstrato tivesse sido escolhido precisamente para que nada real possa personificá-lo.

Busquei, em vão, nas obras de Hobsbawm, Thompson, Badiou, Lukács e Adorno, uma descrição de como a "igualdade dos seres" defendida em seus atormentados manifestos pode ser alcançada. Quem controla o que e como no reino da pura igualdade e o que é feito para garantir que os ambiciosos, os atraentes, os dinâmicos e os inteligentes não perturbem o padrão que seus sábios mestres lhes impuseram? Tudo permanece no nível da caçada, da pesca e da crítica literária prometidas em *A ideologia alemã*. E quando, nos textos de Adorno, descubro que a alternativa ao sistema capitalista é a utopia, congratulo o escritor por sua honestidade, dado que isso é outra maneira de dizer que não há alternativa. É claro que se pode reescrever utopia como uma "situação ideal de fala", um *groupe en fusion*, uma *procédure générique* ou mesmo um *fascio* — mas essas descrições são descrições do nada. Elas propõem uma sociedade da qual tudo que torna a sociedade possível — leis, propriedade, costumes, hierarquia, família, negociação, governo, instituições — foi removido.

Em um momento de dúvida sobre a história socialista, Eric Hobsbawm escreveu: "Se a esquerda precisa pensar mais seriamente sobre a nova sociedade, isso não a torna menos desejável ou necessária, nem torna menos persuasiva a causa contra a sociedade atual."[1] Eis, em poucas palavras, o resumo do compromisso da Nova Esquerda. Nada sabemos sobre o futuro socialista, salvo que é tanto necessário quanto desejável. Nossa preocupação é com a "persuasiva" causa contra a sociedade atual, que nos leva a destruir o que não sabemos substituir.

Uma fé cega arrasta os esquerdistas radicais de "luta" em "luta", garantindo-lhes que tudo feito em nome da igualdade é bem-feito e que qualquer destruição do poder existente levará na direção do objetivo. Eles desejam saltar do mundo maculado que os cerca para o puro, mas incognoscível, reino da emancipação total. Esse salto para o Reino dos Fins é um salto de pensamento que jamais pode ser reproduzido na realidade. A "práxis revolucionária", portanto, confina-se ao trabalho de destruição, não tendo nem o poder, nem o desejo de imaginar, em termos concretos, o fim para o qual trabalha. Não deve nos surpreender, portanto, que a busca por uma igualdade não mediada tenha produzido, em tempos recentes, um mundo de escravização real, cujos brutais arranjos são incongruentemente descritos na linguagem da emancipação: "libertação", "democracia", "igualdade", "progresso" e "paz" — palavras que, no mundo do qual me lembro, jamais foram proferidas pelo cidadão de um Estado socialista sem um sorriso sardônico e doloroso.

Exatamente o mesmo resultado pode ser discernido nas "guerras culturais" que, sob a influência de Gramsci, ofereceram uma versão acolchoada da luta revolucionária. Aqui também o "trabalho do negativo" conseguiu apagar a face de nossa cultura herdada, derrubando monumentos e bloqueando as avenidas da consolação. Mas nada surgiu no lugar dessa cultura, com exceção do relativismo *soft* de Rorty ou da desonesta inimizade de Said. O resultado final das guerras culturais tem sido uma forçada correção política pela qual o

---

[1] E. J. Hobsbawm. "Should Poor People Organise?" Em: *Worlds of Labour*. Londres, 1984.

devastado cenário da arte, da história e da literatura é policiado por sinais residuais de modos de pensar racistas, sexistas, imperialistas ou colonialistas.

Nesse momento, enfrento um desafio do leitor inteligente, que dirá que, em meu ataque à negatividade da esquerda intelectual, também tenho sido meramente negativo. Pode ser razoável criticar a esquerda por oferecer somente irrealidades, mas qual é a alternativa *real*? Neste capítulo, esboçarei uma resposta a esse desafio. Não será uma resposta completa. Mas pode servir como introdução adequada às ideias que desenvolvi mais extensamente em outros textos.[2]

Os pensadores de esquerda frequentemente começam sua crítica de nossos sistemas sociais e políticos com um ataque à linguagem, como parte de uma estratégia mais ampla de colocar o poder e a dominação no topo da agenda política enquanto ridicularizam as maneiras pelas quais as relações humanas são mediadas pela busca por acordo. A novilíngua esquerdista é uma ferramenta poderosa, não apenas porque apaga a face de nosso mundo social, mas também porque descreve uma suposta realidade subjacente à aparência e sempre explica essa aparência como ilusão. As "forças materiais", as "relações antagônicas de produção" e a "superestrutura ideológica" de Marx; a "episteme" governante e as "estruturas de dominação" de Foucault; a "forçação", os "conjuntos genéricos" e os "procedimentos verdadeiros" de Badiou; o grande Outro de Lacan e Žižek; a "reificação" e o "fetichismo da mercadoria" de Lukács — todas essas mistificantes tecnicalidades têm o objetivo de confiscar a realidade de nosso entendimento humano ordinário. O efeito é colocar o mundo social para além do alcance da política. Estamos sendo convidados a acreditar que não pode haver resolução

---

[2] Ver *A Political Philosophy: The Case for Conservatism*. Londres: Continuum, 2008; *Culture Counts*. Nova York: Encounter Books, 2009; e *Como ser um conservador*. Rio de Janeiro: Record, 2015.

de nossos conflitos sem uma transformação total, revolução total ou, como o professor Joseph Conrad a expressou em *O agente secreto*, "a destruição de tudo que é".

A maior tarefa da direita, portanto, é resgatar a linguagem da política: recolocar em nosso poder o que foi forçosamente removido pelo jargão. É somente quando reencontramos a linguagem que nos é natural que podemos responder às grandes acusações constantemente feitas a nosso mundo pela esquerda. E é somente ao encontrar essa linguagem que podemos nos mover de dicotomias unidimensionais de esquerda/direita, conosco/contra nós, progressivo/reacionário que tão frequentemente tornam impossível a discussão racional.

Duas acusações contra nossa herança política se alojaram nos cérebros que examinei neste livro: primeira, que a sociedade "capitalista" é baseada no poder e na dominação; segunda, que "capitalismo" significa "mercadorização", redução de pessoas a coisas e fetichização de coisas como agentes. Diferentes agentes expressaram essas queixas de diferentes maneiras. Mas elas sempre estão lá, e o primeiro passo para oferecer uma alternativa real à esquerda é respondê-las.

O "capitalismo" é, na maioria de seus usos, um termo da novilíngua. Ele sugere uma teoria abrangente para explicar nossa sociedade e uma estratégia para substituí-la. Mas não há tal teoria nem tal estratégia. Sabemos disso a partir de uma simples observação, ou seja, que, após todas as transformações sociais, por mais fundamentais que tenham sido, após todas as adaptações, adquiridas com qualquer nível de esforço e qualquer que tenha sido o custo, o termo "capitalismo" ainda emerge como descrição do resultado. Isso é verdade até mesmo para o Estado que resultou da revolução comunista na Rússia, descrito como "capitalista" pelos pensadores da Escola de Frankfurt. O crescimento do Estado de bem-estar social, a expansão da propriedade residencial, a mobilidade social cada vez maior, a evolução das cooperativas, do emprego autônomo e das ações abertas — nenhuma das maneiras pelas quais a sociedade evoluiu desde Marx ou se adaptou às necessidades de seus membros relaxou o punho dessa potente palavra que, por se aplicar a tudo, nada diz.

Vamos substituí-la por uma descrição verdadeira. As pessoas em nossas sociedades possuem coisas, incluindo seu trabalho, e podem trocar essas coisas livremente com outras pessoas. Podem comprar, vender, acumular, poupar, partilhar e dar. Podem gozar de tudo que seu trabalho livremente exercido lhes assegura e até mesmo, se assim escolherem, nada fazer e ainda assim sobreviver. Você pode retirar a liberdade de comprar e vender; pode compelir as pessoas a trabalharem em termos que não aceitariam livremente; pode confiscar propriedade ou proibir essa ou aquela forma dela. Mas se essas são as alternativas ao "capitalismo", não há, hoje, nenhuma alternativa real que não seja a escravidão.

A velha queixa socialista rasteja por trás da novilíngua: onde há propriedade privada, também há poder — o poder daquele que possui sobre aquele que necessita, de grupo sobre grupo, de classe sobre classe. Sempre, após o ataque ao capitalismo, vem o desejo por um mundo "sem poder". Mas esse desejo, que encontra sua expressão mais eloquente nos textos de Foucault, é incoerente. A condição para a sociedade é essencialmente de dominação, com pessoas comprometidas umas com as outras por meio de suas ligações, distinguidas pelas rivalidades e pela competição. Não há sociedade que transcenda essas realidades humanas, nem deveríamos desejar uma, pois é dessas coisas que nossas satisfações mundanas são compostas. Mas onde há ligação há poder e onde há rivalidade há necessidade de governo. Como disse Kenneth Minogue certa vez: "o verme da dominação jaz no coração do que é humano, e a conclusão é que a tentativa de extinguir a dominação, como essa ideia é metafisicamente compreendida na ideologia, é uma tentativa de destruir a humanidade"[3]. Nossa preocupação como seres políticos deveria ser não a de abolir os poderes que mantêm a sociedade unida, mas sim a de mitigar seu exercício. Não devemos visar um mundo sem poder, mas um mundo no qual o poder seja consentido e no qual os conflitos sejam resolvidos de acordo com uma concepção partilhada de justiça.

Os pensadores da esquerda têm sido impacientes com a "justiça natural" que jaz dormente no interior de nossas relações sociais e cuja operação descrevi no capítulo 3. Eles ou a descartam, como os marxistas, como fragmento de "ideologia burguesa" ou a afastam de seu curso natural, substituindo-a por uma concepção de "justiça social" que ignora direitos, deveres e méritos históricos a fim de "tratar todos como iguais", assumindo que essa é a maneira de *respeitar* direitos, em vez de suprimi-los. Essa segunda postura — ilustrada na obra de Dworkin — é antirrevolucionária em seus métodos, mas revolucionária em seus objetivos. Os liberais americanos estão tão convencidos dos males da dominação quanto os *gauchistes* parisienses, mas se distinguem por reconhecer que, no fim, as instituições são necessárias a seus propósitos e que a ideologia não é um substituto para o paciente trabalho da lei.

A Nova Esquerda, em geral, não tem partilhado desse louvável respeito pelas instituições. Suas denúncias do poder, desse modo, não têm sido acompanhadas por nenhuma descrição das instituições do futuro. O objetivo tem sido uma sociedade *sem* instituições: uma sociedade na qual as pessoas se agrupem espontaneamente em glóbulos vivos dos quais a casca morta das leis e dos costumes foi removida. Na busca por esse mundo sem poder, os escritores de esquerda se veem assombrados não somente pelas instituições reais, mas também por seus males ocultos. O poder está em toda parte, implantado pelas ideias forasteiras da ordem dominante. Como escreve Foucault:

---

[3] Kenneth Minogue. *Alien Powers: The Pure Theory of Ideology*. Londres, 1985, p. 226.

> Um déspota estúpido pode prender seus escravos com correntes de ferro, mas um verdadeiro político os amarra ainda mais firmemente com as correntes de suas próprias ideias [...] o elo é ainda mais forte porque não sabemos do que é feito.[4]

Mas a tentativa de conseguir ordem social sem dominação inevitavelmente leva a um novo tipo de dominação, muito mais sinistra que a deposta. As sementes da nova estrutura de poder estão presentes na organização necessária para a violenta derrubada da velha, pois, como Andrew Marvell disse de Cromwell:

> [...] aquelas artes que ganharam
> O poder devem mantê-lo.

Um estudo da lógica da "práxis revolucionária" confirma a celebrada observação de Robert Michels de que uma "lei de ferro da oligarquia" compele todos os grupos revolucionários na direção oposta à de seu objetivo emancipatório.[5] Faz um século desde que Michels — ele mesmo socialista radical — expressou esses pensamentos, e nenhum socialista se preocupou em respondê-lo, mesmo que a história tenha confirmado todos os pontos de sua conclusão.

Mas, e quanto à outra queixa contra nosso mundo — a queixa contra "mercadorização", "reificação", "consumismo", "instrumentalização" e "fetichismo"? Os rótulos são muitos, mas a queixa é uma só. A novilíngua encobre a realidade e nos impede de perceber isso. Aqui também devemos encontrar a linguagem com a qual o mal pode ser acuradamente descrito e que não apenas identificará o problema, mas também nos dirá que o problema é *nosso*, não para ser solucionado através da política, mas para ser gerenciado, se o for, através de uma *mudança de vida*.

---

[4] *Surveiller et punir*. Paris, 1975. [*Vigiar e Punir*. Petrópolis: Vozes, 2014.]

[5] Robert Michels. *Political Parties*. Tradução de C. e E. Paul. Londres, 1915.

Os protestos legítimos contra a cultura de "consumo" nos urgem a distinguir entre duas maneiras de viver. Kant nos disse que somos pessoas e devemos ser tratados como fins, e não meios. Hegel invocou nossa "realização" como sujeitos livres em um mundo de objetos. Aristóteles argumentou que devemos disciplinar nossos apetites para que a virtude triunfe sobre o vício. Oscar Wilde distinguiu as coisas com valor das coisas com preço. Fins/meios, sujeito/objeto, virtude/vício, valor/preço são maneiras de trabalhar em torno de uma única distinção, entre seres livres e as tentações que os ameaçam. Respeitar a humanidade é colocar o sujeito humano acima do mundo dos objetos, em um reino de escolha responsável. E desse reino, como aprendemos no mito fundador de nossa cultura, uma pessoa pode "cair" no mundo das meras coisas e se tornar ela mesma uma coisa.

Quando todos os nossos objetivos são apetites, tudo que buscamos é efêmero e substituível. Os mercados existem precisamente por essa razão, porque os objetos de apetite são permutáveis. Eles podem ser trocados e precificados. Mas as coisas que realmente importam para nós não podem ser trocadas. O sexo, por exemplo, e o amor que deriva dele não são comercializáveis. Colocá-los à venda é esvaziá-los de sua essência humana — e se sabe disso e se avisa contra isso desde o início dos tempos, senão por que falaríamos da "profissão mais antiga do mundo"? É claro que, quanto mais abundantes os objetos de apetite, mais capturam nossa atenção, mais fáceis se tornam de obter e mais espessamente se sobrepõem e obscurecem o reino dos valores intrínsecos.

Em todas as áreas de interesse humano, a distinção entre coisas com valor e coisas com preço se manifesta. As coisas com valor recompensam a busca por elas de maneiras que não podem ser previstas, dado que respondem ao que somos, e não ao que meramente queremos. Somos seres intensamente tentados e buscamos satisfação sob a ilusão de que essa ou aquela bugiganga pode nos fornecer um substituto conveniente. O Velho Testamento adverte contra a idolatria, que é o hábito de investir meras coisas com uma alma; a moderna psicologia adverte contra o vício, no qual a "dose de dopamina" expulsa do coração os projetos de longo prazo; os aristotélicos nos dizem que a felicidade reside na virtude, na qual a razão triunfa sobre o desejo imediato; Adorno nos diz que a arte real engaja o que realmente somos e que o fetiche popular nos envolve no cálido nada dos clichês. Devemos olhar para todas essas coisas da perspectiva de nosso próprio autoconhecimento e reconhecer que nossa felicidade depende de querer as coisas certas, não as que capturam nossa atenção ou inspiram nossa luxúria. Superar a tentação é uma tarefa espiritual. Nenhum sistema político, nenhuma ordem econômica e nenhuma ditadura imposta de cima podem substituir a disciplina moral que devemos ter se quisermos viver em um mundo de abundância, mas sem colocar tudo que nos é mais caro — amor, moralidade, beleza, o próprio Deus — à venda.

Isso não significa que as coisas não mudaram para pior. Mas, se o problema é a abundância, devemos recuar dela, para um mundo no qual novamente sofremos necessidades? Se o problema é a maleabilidade do apetite, como o controlaremos e com que decretos? O fato é que conhecemos a solução, e ela não é política. Devemos *mudar nossas vidas*. E, para fazer isso, precisamos de autoridade espiritual, da habilidade de fazer sacrifícios e da recusa em sermos degradados e transformados nas *machines désirantes* de Deleuze e Guattari. Esse modo de vida modificado não vem da política. Vem da religião e da cultura, em particular da cultura imbuída de Deus que os pensadores discutidos no capítulo 7 desejariam substituir por uma maneira puramente política de ver as coisas.

Esse, certamente, é apenas o primeiro passo na direção de uma resposta aos muitos pensadores que focaram na idolatria, na sensualidade e no materialismo como males de nosso tempo — sem usar essas palavras, no entanto, pois são palavras naturais da cultura existente. Não nego que as pessoas estão mais perdidas em prazeres viciantes do que estavam antes, que os negócios são cada vez mais devotados à manufatura de apetites destrutivos, que o kitsch e o clichê assoreiam os canais de comunicação como jamais antes. Mas aqueles na esquerda que notaram esses fatos — especialmente Adorno — não ofereceram nenhuma solução que não fosse Utopia, pela exata razão de que a solução, se existe, não é política. É claro que podemos censurar a publicidade e a mídia, regular a distribuição de mercadorias e, até certo ponto, dirigir subsídios públicos para o tipo de arte e de música que se recusa a ser kitsch. Mas isso não envolve rejeitar o sistema "capitalista" nem será efetivo se as pessoas não tiverem recursos espirituais para ajudá-las a lutar contra sua natureza decaída. Sem esses recursos, todas as queixas da esquerda são lamentos fúteis, exortações à revolução contra o pecado original.

Mas isso me devolve à questão real. Qual é a alternativa e como organizamos uma política que a respeite e aplique? Parece-me que três ideias são fundamentais para qualquer resposta substancial aos argumentos que examinei neste livro: sociedade civil, instituições e personalidade. Discutirei uma de cada vez.

A distinção entre Estado e sociedade civil foi feita de diferentes maneiras por Burke e Hegel. Ambos respondiam à Revolução Francesa e ao confisco da herança social francesa que a revolução iniciou. A experiência universal do século XX é que o Estado socialista absorve e extingue a livre associação, substituindo-a por burocracias próprias, impostas de cima para baixo. Na visão esquerdista radical, todos os poderes no interior da sociedade civil são concedidos, explícita ou implicitamente, pelo Estado ou pela "classe" que o controla. Eles pertencem à "hegemonia" governante (Gramsci) ou ao "aparato ideológico do Estado" (Althusser). Para o esquerdista, cada associação, cada instituição, cada "pequeno pelotão" é "já e sempre" político. Desse modo, quando o Estado abole as escolas privadas, nacionaliza as indústrias, confisca propriedades da

Igreja, substitui o esquadrão de resgate local ou criminaliza alguma atividade "incorreta", como caçar raposas ou fumar em pubs, isso não parece abuso de autoridade. O Estado está encarregado da vida social e, em tais casos, meramente substitui uma forma de sociedade por outra melhor.

Ao mesmo tempo, há na visão esquerdista pouco conhecimento, e muito menos simpatia, em relação ao pequeno pelotão. Notei a ausência, nos sombrios relatos de Habermas, de tudo que a arte, a literatura e a música alemãs nos disseram sobre a beleza das associações: como se os alemães jamais se reunissem, exceto quando organizados pelos burocratas. O *groupe en fusion* de Sartre é uma "vontade geral" sem casa, um quadro não mediado de ativistas que não é nem pacífico nem sem propósito, estando sempre em marcha para o próximo campo de batalha.[6] Apesar de elogiar a "lealdade" de São Paulo a sua igreja, a própria Igreja, como lugar de adoração, encontro e oração, não tem lugar na filosofia de Badiou. Williams e Thompson foram líricos sobre a solidariedade da classe operária urbana, mas onde, em seus textos, encontramos as capelas, bandas de música, corais, grupos de estudo, feiras, clubes de críquete, escolas locais, institutos de mecânica, clubes de dança, teatro e lazer e a rica vida social que meu pai conheceu nas favelas de Ancoats, que eu conheci em minha cidade natal, Marlow on Thames, e que são familiares a todos nós por causa de Arnold Bennett e Thomas Hardy? Em sua visão "totalizadora", a esquerda falha em distinguir a sociedade civil do Estado e em entender que os objetivos da vida surgem de nossas livres associações, e não da disciplina coercitiva de uma elite igualitária, seja ou não inspirada por Althusser e Gramsci.

Graças à lei dos fundos, nós da anglosfera podemos estabelecer instituições e clubes sem permissão do Estado. Em outros lugares,

---

[6] Ver a crítica à obra tardia de Sartre em Raymond Aron. *D'une Sainte Famille à une autre*. Paris, 1975.

a aprovação oficial é necessária e, sem o carimbo do burocrata, cidadãos não podem fundar igrejas nem escolas ou se intrometer de qualquer outra maneira no território sagrado que o Estado deseja controlar. Mesmo na Grã-Bretanha e nos Estados Unidos, o território é cuidadosamente guardado. Foi somente após uma longa briga com os Amish que a Suprema Corte americana concedeu o direito de educar crianças em casa e, na Grã-Bretanha, todas as reuniões devem agora estar em conformidade com as vigilantes demandas de segurança e saúde pública e com as regras de não discriminação que tornaram escoteiros, bandeirantes e clubes da juventude áreas incertas para aqueles ainda ligados a seu ethos cristão. Mesmo assim, as instituições sobrevivem e crescem, e é por sua presença mediadora que a política é suavizada e as pessoas são protegidas dos piores tipos de ditadura.

Considere as instituições da lei. Na Grã-Bretanha, elas não são e jamais foram um ramo do governo. O sistema legal responde ao governo sem ser controlado por ele, e as decisões dos tribunais não podem ser anuladas nem ditadas pelo processo político. Juízes e advogados pertencem aos "Inns of Court", sociedades privadas estabelecidas em torno da antiga Igreja dos Cavaleiros Templários, em Londres. A filiação a um Inn traz tanto status profissional quanto vida social. Meu próprio Inn, o Inner Temple, mantém um belo coral e uma igreja antiga, famosa por seus serviços solenes. Temos um clube de teatro, outro de debates e palestrantes convidados, jantares de gala e concertos. E, por meio dessa sociedade colegiada, as leis ganham uma face humana e a partilhada devoção por seus duradouros valores.

Coisas similares podem ser ditas de faculdades e escolas, clubes, regimentos, orquestras, corais e ligas esportivas — todos oferecendo, juntamente com os benefícios da filiação, um ethos distintivo que lhes é próprio. Ao se unir a essas associações, você não somente se coloca sob as convenções, tradições e obrigações do grupo, mas também adquire um senso de seu próprio valor como membro e um laço de associação que dá significado a seus atos. Tais instituições se colocam entre o cidadão e o Estado, oferecendo disciplina e ordem sem as sanções punitivas por meio das quais o Estado exerce sua soberania. Elas são aquilo em que consiste a civilização, e sua ausência nos Estados socialistas dos tempos modernos é totalmente explicável, dado que a livre associação torna impossível conseguir a "igualdade dos seres" a que os socialistas aspiram. Dizendo de modo mais simples, associação significa discriminação e discriminação significa hierarquia.

Minha filosofia política alternativa, portanto, defenderia não somente a distinção entre sociedade civil e Estado como também tradições de construção de instituições fora do controle do Estado. A vida social deveria ser fundada na livre associação e protegida por corpos autônomos, sob cujos auspícios as pessoas poderiam progredir de acordo com sua natureza social, adquirindo comportamentos e aspirações que deem sentido a suas vidas. A visão "de direita" da política não será devotada somente às estruturas de governo ou as estratificações sociais e divisões de classe tão obsessivamente mencionadas pela esquerda. Será amplamente devotada à construção e governança de instituições e aos milhares de maneiras pelas quais as pessoas enriquecem suas vidas por meio de corporações, tradições e esferas de responsabilidade. Também se referirá à política — à estrutura das instituições representativas, à divisão dos poderes e à delegação de autoridade aos corpos civis e ao governo local (todas questões que parecem não ser de interesse dos escritores que considerei neste livro). Mas reconhecerá que a construção de instituições é tanto condição para a política quanto resultado dela e olhará com respeito para as antigas tradições de colegiado e associação eclesiástica e recreativa que modelaram as formas europeias de ordem pacífica.

Isso me leva ao tópico da personalidade. Com esse termo, quero dizer tudo que se relaciona à agência e à responsabilidade dos seres humanos individuais e também das instituições que os incluem. Neste livro, tive de lidar com atitudes em relação às classes e aos conflitos de classe que foram retirados diretamente da teoria marxista, de acordo com a qual as classes não são agentes, mas subprodutos da ordem econômica. A despeito dos avisos de Marx, os pensadores de esquerda são constantemente tentados a identificar as classes como agentes, que podem ser louvados ou culpados pelo que fazem. Se assim é, pode-se argumentar que os atos de retribuição provocados pela opressão do proletariado pela burguesia como classe são não apenas justificados, mas merecidos. A agência coletiva da classe governante também é responsabilidade coletiva e, se esse ou aquele burguês for despido de seus direitos pelo bem da nova sociedade, isso será apenas justo retorno pelo sofrimento que sua classe infligiu.

O padrão de pensamento leva tão logicamente ao *Gulag* quanto a ideologia de raça nazista levou a Auschwitz. E, como a ideologia nazista, ele está tomado pela confusão intelectual e pela exorbitância moral. A Nova Esquerda, ao atribuir agência àquilo que não a possui, foi conivente com a remoção da responsabilidade daqueles que a possuem — o Estado e o partido. O mundo do comunismo é um mundo de dominação impessoal no qual todo o poder está nas mãos de um partido que jamais é acusado por suas ações ou responde por elas. Esse estado de coisas não é acidental quando se tem uma filosofia dominante que encoraja o mito de agência das classes e vê cada instituição moderadora, incluindo a própria lei, como elaborada conspiração contra a classe operária.

Foi precisamente ao localizar a agência em entidades que não tinham responsabilidade por nada que o comunismo criou tal agência e a colocou na cúpula do poder. Ao se identificar com uma "classe", o Partido Comunista se apropriou tanto da agência que sua teoria atribuiu erroneamente ao proletariado quanto da falta de responsabilidade que, de fato, se liga a cada classe social. Creio que essa foi a fonte de seu *momentum* criminoso. O Partido foi um agente cujas decisões coletivas não estavam sujeitas a nenhuma lei e não respondiam a nenhum propósito humano que não o seu.

A alternativa é o governo genuinamente pessoal, no qual os agentes coletivos também são pessoas jurídicas, responsáveis por suas ações e sujeitos à lei. A lei romana, o *Genossenschaftsrecht* da Alemanha medieval e a lei inglesa de fundos e corporações são sistemas legais que reconhecem que as características dos seres humanos individuais — por meio das quais somos levados a elogiá-los ou culpá-los, conceder-lhes direitos e responsabilidades e nos opormos ou aliarmos a eles — podem ser apresentadas por entidades coletivas. Tais sistemas também reconhecem que a agência coletiva é um perigo até que seja levada perante a lei como pessoa composta, igual ao indivíduo que, de outro modo, poderia oprimir.

Pelo mecanismo da personalidade jurídica, o mundo "capitalista" assegurou que, onde houver agência, haverá responsabilidade. Não havia tal máxima no mundo comunista, no qual o Partido, embora fosse o agente supremo no interior do Estado, estava fora da esfera da lei e não podia ser condenado por crimes nem processado em ações civis. Essa diferença entre os mundos comunista e capitalista tem sido ignorada ou minimizada pela esquerda, especialmente por Galbraith, Thompson, Hobsbawm, Foucault e Habermas. Mas é muito mais importante que qualquer similaridade.

A abolição da verdadeira responsabilidade jurídica no mundo comunista significa a abolição da lei efetiva, e isso também foi resultado direto dos modos de pensar esquerdistas. Convencidos do mal absoluto da dominação, os pensadores da esquerda veem como sua tarefa abolir o poder. Assim, são impacientes com as instituições que têm a limitação, e não a abolição, do poder como objeto primário. Tal foi a postura de Foucault em seus textos iniciais. Além disso, como a violenta derrubada da velha ordem requer um poder maior que aquele sobre o qual ela repousava, as revoluções de esquerda sempre sancionaram a destruição das instituições limitantes, incluindo o direito.

O caso de Foucault mostra isso claramente. O judiciário é visto meramente como parte do "aparato ideológico do Estado" de Althusser. A linguagem oferecida por Althusser e Gramsci, do mesmo modo, leva à desvalorização do direito, à recusa em julgá-lo por seus próprios critérios internos e à espúria evocação da "luta de classes" como fato fundamental de qualquer conflito. A independência judicial já não é vista pelo que é — um modo de se distanciar das disputas humanas a fim de solucioná-las —, mas como outro instrumento de dominação, outro mecanismo funcional pelo qual o poder da velha classe governante foi preservado por uma ficção ideológica de justiça.

Assim, durante o período de sua ascendência, os pensadores da Nova Esquerda foram pródigos em desculpas para os regimes comunistas e incapazes de ver a real diferença entre o governo do Partido e o estado de direito. Nossos sistemas legais europeus, pacientemente construídos sobre os resultados estabelecidos do direito romano, canônico e consuetudinário das nações europeias, incorporam séculos de minuciosa reflexão sobre as realidades da rivalidade humana e os procedimentos para amenizá-la. Tais sistemas legais tentaram definir e limitar as atividades de cada poder social importante e instalar, no coração da ordem social, um princípio de responsabilidade do qual nenhum agente pode escapar.

O estado de direito não é uma conquista simples, para ser comparado com os benefícios de algum esquema político rival. Ele é o *sine qua non* da liberdade política, disponível apenas onde o direito é independente do poder executivo e capaz de se sobrepor a ele em julgamento. Sem estado de direito, a oposição não tem garantia de segurança e, onde a oposição não é protegida, ela desaparece. Um governo sem oposição não tem meios de corrigir seus próprios erros ou mesmo notar que os está cometendo — tal tem sido, de fato, o tipo de governo introduzido pelos regimes de esquerda sempre que chegam ao poder por um *coup d'état* ou revolução.

Quase todos os pensadores que discuti neste livro adotaram com seus oponentes a mesma abordagem aniquiladora dos partidos esquerdistas no poder. Pois o oponente é o inimigo de classe. Se ele colocar a cabeça sobre o parapeito durante as guerras culturais, não se deve argumentar com ele, pois é incapaz de dizer a verdade: ele é o falso intelectual de Sartre, o devoto do "simulacro" de Badiou, a pessoa cujas ideias, nas palavras de Žižek, "são um exercício sofista sem valor, uma pseudoteorização dos mais baixos e oportunistas medos e instintos de sobrevivência [...]". Tal inimigo não deve ser objeto de negociação ou compromisso. Somente após sua eliminação final da ordem social a verdade será perceptível.

A fim de abafar a ainda baixa voz da discordância, os partidos comunistas recorreram à ideologia — um conjunto de doutrinas, na maior parte de assombrosa imbecilidade, criadas para fechar as avenidas da investigação intelectual. O propósito dessa ideologia não era que o povo acreditasse nela. Ao contrário, o propósito era tornar a crença irrelevante, livrar o mundo da discussão racional em todas as áreas reivindicadas pelo Partido. A ideia de "ditadura do proletariado" não pretendia descrever uma realidade; pretendia pôr fim às indagações, de modo que a realidade não pudesse ser percebida.

Essa característica da ideologia é aparente há muito.[7] Mas exatamente o mesmo objetivo de esconder a realidade por trás das invioláveis telas de palavras pode ser encontrado nos matemas de Lacan e Badiou, nas litanias de Deleuze e Guattari e nas perguntas retóricas de Žižek enquanto patrulha o mundo em busca daqueles que ainda possuem a risível crença no grande Outro e ainda não descobriram que não ex-sistem.

A direita apoia seu caso na representação e na lei. Ela defende instituições autônomas que façam a mediação entre o Estado e os

---

[7] Ver Leszek Kołakowski. *Main Currents of Marxism*. Oxford, 1978; Raymond Aron. *L'Opium des intellectuels*. Paris, 1955; Alain Besançon. *The Intellectual Origins of Leninism*. Tradução de Sarah Matthews. Oxford, 1981.

cidadãos, bem como uma sociedade civil que cresça de baixo, sem pedir permissão a seus governantes. Vê o governo como responsável em todas as instâncias: não uma coisa, mas uma pessoa. Tal governo responde a outras pessoas: aos cidadãos individuais, às corporações e aos outros governos. Também responde à lei. Tem direitos contra os cidadãos individuais e também deveres para com eles: é tutor e companheiro da sociedade civil, o alvo de nossas piadas e, ocasionalmente, recipiente de nossa raiva. Está perante nós em uma relação humana, e essa relação é defendida e promovida pelo direito, perante o qual o governo é uma pessoa entre outras, em pé de igualdade com aqueles que estão sujeitos a sua soberania.

Tal Estado pode fazer acordos e barganhas. Ele reconhece que deve respeitar as pessoas não somente como meios, mas como fins em si mesmas. Tenta não liquidar a oposição, mas acomodá-la, e os socialistas também desempenham um papel nesse processo, desde que reconheçam que nenhuma mudança, nem mesmo a mudança na direção que desejam, é ou deveria ser "irreversível". A imensa conquista representada por tal Estado não é nem respeitada nem notada pelos esquerdistas radicais, que o rejeitarão como "capitalo-parlamentarismo", para usar a novilíngua de Badiou. Ao rebaixar o direito e a política a epifenômenos e ver todos os Estados como "sistemas" baseados em estruturas de controle econômico, o pensamento de esquerda efetivamente apaga as reais distinções entre governo representativo e ditadura totalitária. Ele compara os organismos políticos como um anatomista compara corpos: reconhecendo a similaridade em função e estrutura, mas falhando em ver a pessoa, cujos direitos, deveres, razões e motivos são os verdadeiros objetos de nossa preocupação.

A busca de igualdade a qualquer custo e de uma emancipação puramente numênica é vã e mesmo contraditória. Todavia, por mais devastadora que seja a prova de que a igualdade só pode ser conseguida à custa da liberdade e a liberdade não mediada à custa da política consensual, a posição de esquerda se mantém. Žižek, o faz-tudo, e Badiou, o mágico, estão dançando no palco e Deleuze sorri abertamente de seu caixão.

Por quê? Por que, após um século de desastres socialistas e um legado intelectual que já foi detonado vezes sem conta, a posição de esquerda permanece sendo a posição padrão para a qual as pessoas pensantes gravitam automaticamente quando são chamadas a contribuir para uma filosofia abrangente? Por que os "direitistas" são marginalizados no sistema educacional, denunciados na mídia e vistos por nossa classe política como intocáveis, aptos apenas para fazer a limpeza após as orgias de luxuoso nonsense de nossos superiores morais? É como dizem os psicólogos evolucionários, quando afirmam que as atitudes igualitárias resultam de uma adaptação sofrida pelos bandos de caçadores-coletores na época em que partilhar comida era o laço social primário? É como dizem os kantianos, quando afirmam que chegamos ao alicerce da razão prática somente quando dispensamos todas as condições empíricas e somos deixados com nada além de nossos seres numênicos, para os quais a igualdade é a única condição concebível, dado que os númenos não distinguem características? Ou é como nos disse Nietzsche, quando afirmou que o ressentimento é a real condição dos seres sociais, que sabem apenas que o outro tem o que querem e deve sofrer por isso?

Qualquer que seja a explicação, vimos, em cada escritor considerado neste livro, a presunção de uma correção apriorística. Não importa que a igualdade não possa ser definida ou concretamente situada. É *óbvio* que essa é a resposta, tão óbvio que não precisamos definir a pergunta. Ao mesmo tempo, existe na esquerda um notável medo da heresia, um desejo de proteger a ortodoxia e caçar o dissidente — como testemunham a resposta de Althusser ao humanismo marxista, os ataques de Anderson a E. P. Thompson, a denúncia de Badiou daqueles que buscam o "simulacro" em vez do verdadeiro

Evento, a assombrada busca de Lukács pelo "ismo" maligno da vez e a denúncia de Sartre dos "falsos intelectuais".

Claramente, estamos lidando com uma necessidade religiosa, uma necessidade plantada profundamente em nosso "ser genérico". Existe um desejo por pertencimento que nenhuma quantidade de pensamento racional, nenhuma prova da absoluta solidão da humanidade ou da natureza irredimível de nossos sofrimentos pode erradicar. E esse desejo é mais facilmente recrutado pelo deus abstrato da igualdade que por qualquer forma concreta de compromisso social. Defender o que é meramente real se torna impossível quando a fé surge no horizonte com seus atraentes presentes de absolutos. Cada realidade deve então encolher, reduzir-se a um fragmento da velha "hegemonia", condenada como um fetiche e um simulacro, estrangulada por rizomas, separada de suas raízes pela raiz quadrada de menos um. Como Žižek nos lembra, o Real é uma ilusão e você, que busca defendê-lo, não ex-siste.

Ninguém percebeu mais claramente que o totalitarista reformado Platão que o argumento muda de caráter quando o ônus é transferido daquele que gostaria de introduzir uma nova ordem de coisas para aquele que gostaria de mantê-las como estão: "Como argumentar em favor da existência dos deuses de modo não passional? Pois estamos exaltados e indignados com os homens que foram, e ainda são, responsáveis por depositar sobre nós o fardo do argumento."[8] Como Platão, neste livro tentei devolver o fardo para aqueles que o criaram. E, como Platão, sei que esse ônus jamais será aceito.

---

[8] *As leis*, X, 887.

Índice onomástico

Índice por assunto

Este livro foi composto na tipografia Palatino
LT Std, em corpo 11/16, e impresso em
papel off-white no Sistema Cameron da
Divisão Gráfica da Distribuidora Record.